Bürger, Joachim H.:
MEIN KRIEGSTAGEBUCH
2024
Die Märchenstunden der deutschen Medien?

Bibliografische Information der Deutschen Nationalbibliothek:
Die Deutsche Nationalbibliothek verzeichnet diese Publikation in der
Deutschen Nationalbibliografie; detaillierte bibliografische Daten sind im
Internet über http://dnb.dnb.de abrufbar.

Umschlaggestaltung, Typographie und Layout: Sabine Orth

Kontaktaufnahme zum Autoren: buerger@zmart.gmbh

Verlag: BoD · Books on Demand GmbH, In de Tarpen 42,
22848 Norderstedt, bod@bod.de

Druck: Libri Plureos GmbH, Friedensallee 273, 22763 Hamburg

ISBN: 9783769351989

JOACHIM H. BÜRGER

MEIN KRIEGSTAGEBUCH

2024

Die Märchenstunden der deutschen Medien?

Vorwort

1.040 Tage Krieg in der Ukraine per 31.12.2024. Eine Propaganda-Inszenierung, wie sie „im Buche" steht.

Ein Tagebuch, das einen relevanten Krieg vom ersten Tag an begleitet, gab es noch nie. Möglich wurde es, weil im Zeitalter der Online-Medien die unendlich breite Informationsfülle per Mausklick binnen Sekunden abrufbar und speicherbar geworden ist. Damit bot sich für den aufmerksamen Beobachter die Möglichkeit, den manipulativen Zweck hinter der Medienlawine zu erkennen und manipulationssicher „schwarz auf weiß" auf Papier gedruckt der Nachwelt zu erhalten.

Dabei wäre „irgendein" Krieg auf der Welt (2024: Sudan, Palästina, Jemen, Kongo u.v.m.) durch seinen eher regionalen Charakter für den historischen Erhalt in Buchform eher ungeeignet. Aber der Krieg zwischen dem größten Flächenland der Welt – Russland – gegen den (Noch-)Global-Leader – USA – ausgetragen auf dem Boden des ärmsten Landes Europas – der Ukraine - hat das Potential, in die Geschichte einzugehen.

Hierbei geht es nicht um einen Konflikt regionaler Haudegen, sondern um die Umgestaltung der Weltordnung. Dieser Krieg trägt in sich das Potential, sich zum Weltkrieg zu entwickeln, weil der finanziell angeschlagene und Energieressourcen-arme Westen seine Macht nicht zugunsten einer multipolaren neuen Weltordnung (Russland, China, Lateinamerika) abtreten möchte. Nun würde eine pure zeitgeschichtliche Dokumentation vom ersten Tag des Geschehens an die eigentliche Absicht der Verantwortlichen hinter diesem Krieg in keiner Weise vollumfänglich beschreiben. Denn beim Ukraine-Krieg geht es nicht um die Interessen und das Wohlergehen der dort lebenden Menschen. Es geht um die weitere Ausdehnung des amerikanischen Einflussbereiches bis hin zur Vereinnahmung Russlands. Solche Planungen werden nie mit dem Ziel der kurzfristigen Umsetzung entwickelt, sondern sind immer als Langfrist-Ziele über Generationen hinweg geplant. Russland ist das Wunschland für Imperialisten: Unglaubliche Rohstoff-Reserven und Landflächen machen es attraktiv. Dieser Krieg ist deshalb gewollt – von den USA.

Nun bedurfte es eines journalistischen Kniffes, um das Tagesgeschehen, das sich seit Kriegsbeginn in rund 10.000 Headlines sogenannter „Qualitätsmedien" äußert, zu einer spannenden Story auszubauen. Denn wenn der Krieg sein Ziel erreichen soll (Beibehaltung der Weltführerschaft durch die USA), dann sind die Medien zwangsweise eingebunden, um das politische Ziel in den Köpfen der Bürger einzumeißeln. („Russland böse – Amerika gut"). Tatsächlich spielen alle sogenannten „Qualitätsmedien" mit, wenn es darum geht, das Märchen vom bösen Iwan und vom guten Uncle Sam aufrechtzuerhalten. Zusätzlich sorgen sämtliche

Altparteien, ihre Politiker und Mitglieder für die Aufrechterhaltung dieses Narrativs. Die wirtschaftlichen Nöte der Print-Medien, die mit finanziellen Zuwendungen auf Propaganda-Kurs gehalten werden, machen Verleger sehr elastisch: *"Wes Brot ich ess', des Lied ich sing"* .

Damit sind wir beim journalistischen Konzept dieser Tagebuch-Reihe: Tag für Tag versetzt der Autor sich in die Situation eines Lesers, der immer noch alles glaubt, was ihm an politisch-gelenkter Manipulation von FAZ, SPIEGEL, SZ, DIE ZEIT, Frankfurter Rundschau, Münchner Merkur, WAZ, ARD, NTV und vielen anderen „Qualitätsmedien" vorgesetzt wird. Für den kritischen Leser, der längst durchschaut hat, wie die Gehirnwäsche funktioniert, ist die in diesem Jahrbuch gebotene Zusammenfassung des Tagesgeschehens Ironie & Zynismus pur. Denn nunmehr im dritten Jahr wirken im Rückblick die vielen kleinen Tages-Episoden vielfach als „Lachnummer". Nur um einige Highlights zu nennen: Die sechs tödlichen Erkrankungen 2022 des russischen Präsidenten ("Der Tyrann") sind heute wie weggeblasen. Die Flut an Awards und sonstigen Ehrungen 2023 für den ukrainischen Präsidenten („Der Heldenpräsident") sind ausgereizt – er hat alle! Das Todesdrama um Herrn Navalny und die anschließende politisch-inszenierte „Heiligsprechung" seiner Ehefrau Julija 2024 war eine Daily-Soap, die zu Herzen ging. Auch die Hobbytaucher-Nummer der NORDSTREAM-Sprengung vor wenigen Monaten wirkt im Nachhinein wie das Drehbuch zu einer Slapstickkomödie.

Nun wünsche ich viel Vergnügen beim Schmökern durch 365 Tage Märchenerzählungen aus dem Kriegsjahr 2024. Der Lesetipp: Am besten jeden Morgen beim Frühstück einen Blick auf den Tag des Vorjahres werfen. Und noch was

Die Märchenstunden der deutschen Medien

Wichtiges: Legen sie das Jahrbuch in ihren Nachlass, damit die Enkelkinder in zwanzig Jahren nachlesen können, welchen Stuss ihre Eltern zu Lebzeiten ertragen mussten.
Mein Dank gilt auch dieses Jahr wieder Sabine Orth, die wie immer ehrenamtlich diesem Buch einen ansprechenden typographischen Rahmen verliehen hat.

Joachim H. Bürger

Im Januar 2024

MEIN KRIEGSTAGEBUCH ***2024***

 Joachim H. Bürger
01. Januar 2024 · 🌐

•••

Mainstream-Pressespiegel vom 1.1.2024. Märchenonkel Asselborn aus Luxemburg hat die geniale Idee zum Jahresauftakt: Europa braucht wieder eine „Erzählung". Da ist sie: Der Tyrann plant den fünfjährigen Atomkrieg. Prompt folgt die Lösung der grünen Pazifisten: "Er darf einfach nicht gewinnen". Egal, wie viel Tote es uns kostet. Angst bildet den Spannungsbogen der „Erzählung" und eint Europa. Der Ami lacht sich schlapp. Als Retter in der Not lädt der Heldenpräsident zum Endsieg. Sein Credo lautet: „Der Terrorist wird scheitern". Das wiederum gefällt den Kriegsfetischisten in Berlin so sehr, dass sie mit Milliarden-Sponsoring winken. Gegen die Macht unseres sogenannten „Sondervermögen" hat der Iwan keine Chance. Deshalb ist der Kinees muffig. Der erhoffte sich die Schwächung des Westens. Zum Jahresbeginn wird es eng für den Tyrannen. Im Schwarzen Meer dominieren die Helden. Und an der Front ist im Neuen Jahr die neue NATO-Waffe die „größte Angst" des Tyrannen. Habe ich „Qualitätsmedien" entnommen. Soll ich es glauben? Oder besser nicht?

Nato-Waffe weckt Putins größte Angst

„Welt-Mehrheit" auf Atomschlag vorbereiten

„Terror muss immer scheitern": Selenskyj ruft zu gemeinsamem Kampf gegen Russland auf

"Europa braucht wieder eine große Erzählung"

Jetzt lacht die USA

Er darf einfach nicht gewinnen

Wie die Ukraine das Schwarze Meer dominiert

Peking zieht Schlüsse: Putin versprach Chinas Xi wohl langen Krieg in der Ukraine

Bundesregierung versichert Ukraine weitere EU-Finanzhilfen

Putin soll „fünfjährigen Krieg" planen

Selenskyj ruft für 2024 zum Kampf gegen Russland

01.01.2024

Geht Russlands Wirtschaft bald das Geld aus?

Die Märchenstunden der deutschen Medien

Mainstream-Pressespiegel vom 2.1.2024. Der Heldenpräsident hat's drauf. Er setzt 2024 auf „flache Hierarchien". Jeder Held soll seine Zukunft selbst in die Hand nehmen. Keiner will wieder im Stalinismus landen. Deshalb ist jetzt jeder scharf darauf, das Häuflein Bolschewiken zu stoppen. Angst vor denen hat keiner. Es ist eine „Massenarmee von geringer Qualität" – kein ernstzunehmender Gegner. Der einfachste Weg wäre, dem Tyrannen ein Ultimatum zu stellen: "Hau ab"! Wäre der nicht so uneinsichtig. Startet erneut Drohnenangriffe. Die Helden antworten ad hoc und erfolgreich mit Luftangriffen im Iwan-Land. So konsequent, dass der Luftwaffenchef in Partylaune schwelgt. Ja, die Helden haben es verdient, dass unser Kanzler endlich die Taurus-Raketen freigibt. Das schützt uns präventiv, bevor der Tyrann losmarschiert. Denn sollte der Ami kein Geld nachschießen, um die Helden zu sponsern, wird der Iwan uns den Stalinismus aufzwingen. Gott behüte! Habe ich „Qualitätsmedien" entnommen. Soll ich es glauben? Oder besser nicht?

Selenskyj fordert Bevölkerung auf, Zukunft zu gestalten

Reaktion auf Putins Luftschläge: Taurus-Systeme für Ukraine

Russland rückt vor: Ukraine wäre nur der Anfang

USA könnten Ukraine fallen lassen: Diese drastischen Folgen drohen Deutschland

„Massenarmee von geringer Qualität": Russlands Armee

Kiew antwortet mit Luftangriffen

Kiews Luftwaffenchef feiert Abwehrerfolge

Ukrainischer Angriff auf russische Stadt

"Russland auf Weg in Stalinismus"

Putin „muss gestoppt werden"

Russland startet neuen Drohnenangriff

02.01.2024

Putin quasi ein Ultimatum stellen

Mainstream-Pressespiegel vom 3.1.2024. Erstaunlich, welche Erfolge die Helden erzielen. Dabei haben sie noch nicht einmal richtig angefangen: „Der Tyrann wird unseren wahren Zorn noch kennenlernen", warnt ihn der Heldenpräsident. Unsere Landesverteidiger bescheinigen ihm ebenfalls tolle militärische Erfolge. Vielleicht sind es die deutschen Panzer, die „plötzlich" überall auftauchen und helfen, „das Böse" zu vernichten? Deshalb ist die Frage obsolet, warum hunderttausende Helden, die bei uns leben, nicht mitkämpfen wollen. Da sich die Bolschewiken „massenhaft" ergeben werden, ist ihre Mitarbeit nicht erforderlich. Es ist auch möglich, dass Deutsche demnächst statt der Helden kämpfen. Eine Nachricht schockt: Ein ZDF-Team wurde bei der Recherche nach dem Bösen „verletzt". Jetzt reicht's aber! Es wird Zeit, dem Tyrannen die Rechnung zu präsentieren. Habe ich „Qualitätsmedien" entnommen. Soll ich es glauben? Oder besser nicht?

Selenskyj: Russland wird "unseren wahren Zorn" kennenlernen

Plötzlich tauchen deutsche Panzer in neuer Brigade auf

Bundeswehr-General bescheinigt Ukraine im Krieg militärische Erfolge

Selenskyj: "Ihr haltet das Böse zurück"

Ukraine-Krieg: Warum wollen so viele Männer nicht kämpfen?

03.01.2024

»Wir können nicht ausschließen, dass deutsche Soldaten in wenigen Jahren kämpfen müssen«

Ukraine: Russische Soldaten sollen sich "massenhaft" ergeben

Erstaunliche Erfolge gegen Russland: Ukraine setzt eventuell schon F-16-Kampfjets ein

ZDF-Team bei Russen-Angriff verletzt

Ukraine-Krieg: Es wird Zeit, Russland die Rechnung zu präsentieren

Mainstream-Pressespiegel vom 4.1.2024. Die Helden gehen vital ins neue Kriegsjahr. Für den Iwan hingegen hat das Ausbluten begonnen. Wir können uns getrost „Russland wegdenken". Die wiederholen jeden dummen Fehler und haben keinen konkreten Kriegsplan. Deshalb ist das Heldenland wie geschaffen für die Waffen- und Strategie-Tests der Amis. Hier üben sie mit dem Heldenpräsident genannten CEO den ersten Drohnenkrieg der Welt. Sie haben nun Order gegeben, dafür 1 Mio. Drohnen p.a. direkt vor Ort zu fertigen. Hier erprobt man den „Tod auf Knopfdruck" und finanziert die Entwicklung eigener Langstreckenraketen. Ganz Clevere fordern eigene EU-Atombomben, die wir dem Iwan auf die Mütze werfen. Wir müssen dankbar sein, die Helden an unserer Seite zu wissen: Eine Heldin hat unser Schulsystem gerettet. Es geht wieder aufwärts! Habe ich „Qualitätsmedien" entnommen. Soll ich es glauben? Oder besser nicht?

Russland wegdenken

Putins Jahr des Ausblutens

Putin hat keinen konkreten Kriegsplan

Der erste Drohnenkrieg der Welt findet in der Ukraine statt

Tod per Knopfdruck – So plant Kiew den intelligenten Krieg

In Wiesbaden spielen die Amerikaner Szenarien für die Ukraine durch

Selenskyj kündigt Aufrüstung an: Eine Million zusätzliche Drohnen

Ukraine entwickelt eigene Langstreckenraketen und Shahed-Drohnen

Europäische Atombombe gegen Putin

04.01.2023

🔲 Wie eine ukrainische Lehrerin das deutsche Schulsystem rettet

Ukraine geht gestärkt ins neue Kriegsjahr

Russische Truppen begehen Fehler doppelt

Mainstream-Pressespiegel vom 5.1.2024. So geht humanitäre Hilfe: 200.000 wehrfähige Helden werden durch deutsche Steuerzahler nutrifi-zert. Wir ersparen ihnen den Knochenjob. Das reicht dem Heldenpräsident aber nicht. Er erwartet, dass wir selbst kurz vor dem Sieg keine Schwächen zeigen. Er geht mit gutem Beispiel voran: Der Iwan erleidet „schwere Ver-luste". Sein Intimus weiß sogar: „Alle Russkis tot". War es nuklearer Fallout aus dem brennenden Atomschiff der 'maroden' Schwarzmeer-Flotte? Wichtig ist, dass dieses "ungebildete Wesen" bald die Biege macht. Solche Pöbeleien frustrieren den Tyrannen. Er kontert mit einer 'Propaganda-Lüge', will die Helden „wegblasen". Dummerweise haben seine Bolschewi-ken zeitgleich ein Russki-Dorf „weggeblasen". Der Untergang des Iwan hat gute Seiten: Wir brauchen keine neuen Leos liefern. Deutsche Hochtech-nologie ist für die Bolschewiken-Hatz überqualifiziert. Habe ich „Qualitäts-medien" entnommen. Soll ich es glauben? Oder besser nicht?

Mehr als 200 000 potenzielle Soldaten bekommen bei uns Stütze

Selenskyj warnt Westen vor Schwäche

Leopard 2 macht auf Schlachtfeld schlapp

Selenskyj–Berater: „Russland ist bereits tot"

Ärger für Putins marode Flotte: Russland vertuscht Brand auf Atomschiff

Bürgergeld statt Krieg

Kiew lästert über das „ungebildete Wesen" Wladimir Putins

Putin reagiert mit Drohung und Propagandalüge: „Der Feind wird weggeblasen"

Nur noch "sehr geringe Zahl" Leopard-Panzer im Kampfeinsatz

Selenskyj: Russland erleidet schwere Verluste auf dem Schlachtfeld

05.01.2024

Russen verwüsten eigenes Dorf

Die Märchenstunden der deutschen Medien

Mainstream-Pressespiegel vom 6.1.2023. Jetzt hat ER ein Problem: Seine Elite-Einheit steht vor dem Kollaps. Sein Terror versagt. Denn die Helden haben sich zur Drohnenmacht entwickelt. Deshalb ist die Frage aktueller denn je: Wie lange können die Bolschewiken den Krieg noch führen? Als letzte Rettung setzt der Iwan auf Kinschal-Raketen. Sie unterschätzen dabei die unheimliche Dynamik des „Heldentums": Die Raketen holen die Unbesiegbaren wie Tontauben vom Himmel. Kaum meldet der Iwan mal „abgewehrte Angriffe", zerlegen ihm die Helden das neue Radarsystem. Mannomann: Dieser Krieg kommt den Iwan teuer zu stehen. Es ist aber müßig, beim Tyrann auf Einsicht zu spekulieren. Vielmehr will bei uns einmarschieren. Will sich EU, NATO und Demokratie „zum Abendessen" einverleiben. Der Heldenpräsident fordert deshalb „seine Bestrafung". Knallhart und absolut angemessen. Habe ich "Qualitätsmedien" entnommen. Soll ich es glauben? Oder besser nicht?

„Die Ukraine ist in den letzten zwei Jahren zu einer Drohnenmacht geworden"

Wie lange kann Russland noch Krieg führen?

„So sieht Heldentum aus": Ukraine feiert den Abschuss von Putins „unbesiegbaren" Kinschal-Raketen

Kinschal-Raketen sind Russlands Hoffnung

Putins Krieg kommt Russland teuer zu stehen

Neue Strategie? Warum Putin seine Kriegsziele gegen den Westen ausweitet

Putins Elite-Einheit vor dem Kollaps

Russlands Terror versagt

Nicht auf Einsicht Putins hoffen

Selenskyj fordert Bestrafung Russlands

Ukraine-Warnung vor Putin: „Frisst EU, Nato und Demokratie zum Abendessen"

06.01.2024

Russland meldet abgewehrte Angriffe auf Belgorod und die Krim

Erst seit Kurzem im Einsatz: Neues Radarsystem der Russen direkt zerstört

MEIN KRIEGSTAGEBUCH ***2024***

Mainstream-Pressespiegel vom 7.1.2024. „Kaputt gibt neu", denkt sich der Tyrann und lockt Söldner per Einbürgerungs-Versprechen. Bei 300 toten Bolschewiken pro Tag ist deren Chance auf den Iwan-Pass aber marginal. Ansonsten bleibt er seinem Kriegsziel treu: Ganz Europa will er sich einheimsen. Das gefällt den Amis nicht! Deutschland ist schließlich ein US-Protektorat. Leider ist der Ami „etwas klamm", sodass wir uns 'Sondervermögen' pumpen müssen. Das schenken wir dann den Helden. Die schützen uns dafür vor dem Einmarsch der Bolschewiken. Ziemlich verwirrend. Aber egal: „Deutschland ist gefordert, eine größere Rolle spielen". Auf Weisung der Amis investieret die EU deshalb X-Milliarden in eintausend Patriot-Flugabwehr-Raketen. Da wird der Iwan nicht mithalten, weil der die Nummer mit dem „Sondervermögen" nicht drauf hat. Habe ich „Qualitätsmedien" entnommen. Soll ich es glauben? Oder besser nicht?

Brutaler Verschleiß für Putins Truppe – 300 Verluste am Tag?

07.01.2024

➕ **Mehr Militärhilfe für Kiew – denn Europa muss sich vorbereiten**

Ukraine-Krieg: "Nun sind die Europäer gefordert, eine größere Rolle zu spielen"

Nato und Ukraine wollen über Stärkung der Flugabwehr beraten

Schwerer Schlag für Putin: Russlands Ölgeschäft gerät ins Stocken – weil es Geld-Probleme gibt

Nato kauft 1.000 Patriot-Raketen

Putin lockt neue Söldner

Weißes Haus: Geld für Ukraine ist ausgegangen

Ukraine-Ticker: USA - Haben Strategie nicht geändert

Putins angebliches Kriegsziel: Der Westen, nicht die Ukraine

Die Märchenstunden der deutschen Medien

Mainstream-Pressespiegel vom 8.1.2024. Der Tyrann liefert uns den Grund für einen Einmarsch = Er rüstet auf! Will sich ganz Europa krallen. Doch Münchens Vorturner rettet den Westen: Er sichert den Helden "Solidarität zu, solange es auch dauert". Na, dann kann ja nix' mehr passieren. Alle Fakten sprechen für den Untergang des Iwan: Hunderttausende sind tot oder kampfunfähig. In Massen desertieren sie. Ihre Hyperschallraketen werden im Anflug zerstört. Panzerkolonnen fahren „ins Verderben". Die Elite-Einheit ist ein Schatten ihrer selbst. Wenn wir ihm nicht Einhalt gebieten, ärgert der Tyrann uns ständig weiter. Es gibt aber drei Wege, ihn auf die Knie zu zwingen: Wegschießen. Einmarschieren. Plattmachen. Habe ich „Qualitätsmedien" entnommen. Soll ich es glauben? Oder besser nicht?

Putin rüstet auf

Münchens OB Reiter sichert Kyiv weiter Solidarität zu – „Solange es auch dauert"

08.01.2024

Kriegsziel nicht Ukraine, sondern der Westen

Ukraine: Deshalb desertieren russische Soldaten in Massen

Wohl mehr als 363.000 Soldaten aus Russland verwundet oder gestorben

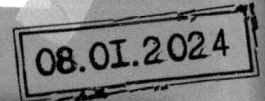 *Putin wird so weit gehen, wie wir ihn gehen lassen*

Ukraine wehrt Angriffswelle russischer Hyperschall-Raketen ab

Drei Wege, um Putin in die Knie zu zwingen

Russische Panzerkolonne fährt ins Verderben

Putins Armee erzielt bei Ukraine-Offensive kaum Erfolge

Nur ein Schatten ihrer selbst – Putins Elite-Einheit

MEIN KRIEGSTAGEBUCH ***2024***

Mainstream-Pressespiegel vom 9.1.2024. Wir sind wieder wer: "Es kommt auf Deutschland an"! Endlich ist dieser Krieg auch unser Krieg. Der Heldenpräsident hat ad hoc drei Berliner Kriegs-Fetischisten mit dem Verdienstorden geehrt. Zum Dank liefern wir Munition für zwei Tage. Dem bayrischen Kriegsfan Söder reicht das nicht: Marschflugkörper müssen her! Warum nicht gleich Atomwaffen? Können wir uns sparen. Die Verluste des Iwan sind enorm. Das Russki-Land ist geschwächt durch „absolutes Gemetzel", den Abschuss seiner Jets und eine zerstörte Kommandozentrale. Selbst die gefürchteten neuen Waffen haben längst ihren Schrecken verloren. Was der Heldenpräsident will, setzt den Tyrannen unter Druck und zwingt ihn zur Demut. Habe ich „Qualitätsmedien" entnommen. Soll ich es glauben? Oder besser nicht?

Selenskyj verleiht Baerbock, Hofreiter, Strack-Zimmermann Verdienstorden

Deutschland liefert Munition für zwei Tage

Söder fordert Marschflugkörper-Lieferung

Das „absolute Gemetzel": Russland verliert mehrere Panzerfahrzeuge

Sind Atomwaffen die Lösung?

Russlands Verluste „enorm"

Russland nach Abschuss von Jets geschwächt

Russlands gefürchtete Waffe verliert ihren Schrecken

09.01.2024

Kiew meldet Zerstörung russischer Kommandozentrale

In der Ukraine kommt es auf Deutschland an

Putin in die Demütigung gezwungen

Mainstream-Pressespiegel vom 10.1.2024. Heute geht's dem Iwan voll an den Kragen. Die Zahl der Toten steigt rasant. Neue Bolschewiken werden „zum Schlachten" geführt. Die Helden haben zum Halali geblasen, um jede Menge Russkis zu töten. Kampfroboter sind auf dem Vormarsch. Der Heldenpräsident rechnet mit einer halben Million erlegter Bolschewiken. Ja, der Iwan ist keine Übermacht, sondern ein verlorener Haufen. Dieses Jahr werden die Helden den Turbo einlegen. Denn der Heldenpräsident wird seine Rüstungs-Produktion massiv hochfahren. Dem Beruf-Christen Gauck ist das Russen-Meucheln aber nicht effizient genug. Er plädiert auf sofortige Lieferung von allem, was den Iwan schneller tötet. BILD liegt sogar „der geheime Krim-Kriegsplan" dafür vor. Das wichtigste Problem ist auch gelöst: Kiew soll nur noch landessprachlich Kyiv genannt werden. Also: „Kyiv" siegt! Habe ich „Qualitätsmedien" entnommen. Soll ich es glauben? Oder besser nicht?

Russlands tägliche Verlust-Zahlen steigen immer weiter

Russische Soldaten im Ukraine-Krieg: „Zum Schlachten geschickt"

Die Jagd beginnt: Unterwegs mit ukrainischen Drohnenpiloten, die Russen töten

Hilfreich und tödlich – Kampfroboter in der Ukraine auf dem Vormarsch

IO.OI.2024

Russland könnte bis zu 500.000 Soldaten verlieren

Russland ist keine Übermacht

Selenskyj will Rüstungsproduktion in Ukraine massiv ausbauen

Joachim Gauck fordert, Ukraine »ohne Wenn und Aber« mit Waffen zu unterstützen

Der geheime Krim-Kriegsplan

Kiew oder Kyiv: Schreibweisen werden im Ukraine-Krieg zum Politikum

Mainstream-Pressespiegel vom 11.1.2024. Der Heldenpräsident ist sich seines Sieges sicher. Denn Russland ist geschwächt. Die Lage an der Front ist stabil. Gegen die Krim-Besatzer gelingen erfolgreich „Schläge". Die Russkis fliehen aus „Angst" vor den Gegenangriffen. Plötzlich ist der Durchbruch der Helden ganz nah. Mit den Helden werden wir schon bald das „amerikanische Imperium Europa" begründen. Der zum „Sonnen-könig" mutierte Tyrann mit seiner Idee einer neuen „russisch geprägten Weltordnung" kann uns gestohlen bleiben. Wir lassen uns weiter vom Ami beschützen. Das Russki-Land ist doch geschwächt. Außerdem verdichten sich wieder die Hinweise, dass ER nicht mehr lebt, sondern ein Doppel-gänger seine Rolle spielt. Aber auch der ist derzeit von der Bildfläche verschwunden. Alles Zeichen dafür, dass das Ende naht. Habe ich „Quali-tätsmedien" entnommen. Soll ich es glauben? Oder besser nicht?

Russland geschwächt

II.OI.2024

Selenskyj glaubt weiter an Sieg

+++ Laut dem ukrainischen Präsidenten Selenskyj ist die Lage auf den Schlachtfeldern „stabil".

Ukraine gelingen Schläge gegen Krim-Besatzer

Jetzt müssen Russen aus ihren Städten fliehen

Evakuierung aus Belgorod

Angst vor ukrainischen Gegenangriffen

Plötzlich ist ein ukrainischer Durchbruch wieder in Reichweite

Die Hoffnung heißt Imperium Europa

Putins Idee einer neuen Weltordnung

Russlands Sonnenkönig

London sieht Russland geschwächt

KI, Doppelgänger, toter General

Neue Gerüchte um Putin

Putin von der Bildfläche verschwunden!

Die Märchenstunden der deutschen Medien

Mainstream-Pressespiegel vom 12.1.2024. Es sieht nicht gut aus für den Tyrannen: Pannen überall. Die Helden greifen ihn mit Raketen an, seine Offensive steht vor dem Scheitern, die Verluste sind „enorm". Schwedische High-Tech-Kanonen heizen den Bolschewiken künftig ein. Sein Propaganda-Liebchen wurde hinterrücks vergiftet. Zu allem Übel verhöhnt ihn ein Brite. Denn der Tyrann hält seine eigenen Soldaten gefangen, während er Mörder auf freien Fuß setzt. Hinzu kommt, das er 20.000 Heldenkinder verschleppt hat. Was will er nur mit so viel Kindern? Dafür droht ihm der Heldenpräsident mit Vergeltung. Unsere Waffen-Lobbyistin (die mit der Hartfaserfrisur) will den Kreml mit Eurofighter wegbomben. Die wichtigste Nachricht: Kaum aus der Gefangenschaft zurück, bekommt eine Helden-Ärztin sofort einen Heiratsantrag. Allerliebst! Habe ich „Qualitätsmedien" entnommen. Soll ich es glauben? Oder besser nicht?

Pannen für Putin überall

Ukraine greift mit Raketen an

Russen-Offensive vor dem Scheitern

Russlands Verluste „enorm"

Der Bogenschütze: High-Tech-Kanone aus Schweden heizt Putins Truppen künftig ein

Putins Propagandistin tot aufgefunden

Britischer Minister verhöhnt Putin

Russland hält offenbar eigene Soldaten gefangen

12.01.2024

Russland setzt Mörder wieder auf freien Fuß

Ukraine vermutet rund 20.000 verschleppte Kinder in Russland

Selensykj droht Russland mit Vergeltung

Strack-Zimmermann zu Eurofightern: Taurus an Ukraine liefern

Ukrainische Ärztin erhält Heiratsantrag

Mainstream-Pressespiegel vom 13.1.2024. Der 'Young Global Leader' Wolodimir ist virtuell oder live auf Promo-Tour beim Great-Rest-Guru Schwab auf dem World-Economic-Forum in Davos. Alles schwer geheim. Viele Jetsetter seines Wohnortes Kiew wohnen derzeit näher dran - z.B. in Monte Carlo oder am Elbufer. Da der Geldadel fernab der Front verweilt, versucht der Tyrann es erneut mit einer Angriffswelle. Ein fataler Irrglaube. Die Front wird zum Panzerfriedhof für die Russkis. Der Iwan daheim hat längst dem Krieg abgeschworen. Überall geht es „den Bach runter". So übel, dass die Armee eine Bedrohung für das ganze Volk darstellt. Sie bombardieren aus Frust die eigene Bevölkerung! Denn die Helden zerstören ihnen die Kommandobunker und Eisenbahnbrücken oder werfen mit „geheimnisvollen Drohnen" Minen hinter den russischen Linien ab. Habe ich „Qualitätsmedien" entnommen. Soll ich es glauben? Oder besser nicht?

Selenskyj in Davos erwartet

Klitschko-Villa und "Monaco-Batallion"

Neue Angriffswelle gegen Ukraine

Masala: Putins Terror-Taktik folgt einem großen Irrglauben

Front wird zu russischem Panzer-Friedhof

Drastischer Wandel in Russland: Putin verliert Zuspruch für Ukraine-Krieg

"Es geht den Bach runter"

„Eigene Armee ist eine Bedrohung"

Russland bombardiert erneut die eigene Bevölkerung

Ukraine meldet Zerstörung von Kommandobunker auf der Krim

Ukraine zerstört im Krieg Eisenbahnbrücke nach Russland

13.01.2024

Geheimnisvolle Drohnen werfen Minen hinter russischen Linien ab

Die Märchenstunden der deutschen Medien

Mainstream-Pressespiegel vom 14.1.2024. Yippie: Erfolg gegen Putin! Deshalb ist der Heldenpräsident strikt gegen Waffenstillstand - so kurz vor dem Sieg. Die Offensive des Tyrannen steht vor dem Scheitern. Hunderte Panzer und tausende Soldaten blieben auf der Strecke. Keine Frage, der Iwan steht schwer unter Druck. Die haben ein „großes Defizit". Deshalb lehnt auch der Westen Friedenverhandlungen ab, und die NATO ist scharf auf Mitwirkung durch „verstärktem Schutz"= Einmarschieren! Unsere Sozis wollen dafür spontan mehr Waffen liefern. Auch die Rufe nach Taurus-Raketen werden wieder lauter. Die Helden sind gut gelaunt und ziehen im Eiltempo neue „Todeszonen" hoch. Auch der Heilige Stuhl hängt sich rein und verdammt den Tyrannen. Habe ich „Qualitätsmedien" entnommen. Soll ich es glauben? Oder besser nicht?

Erfolg gegen Putin

Selenskij strikt gegen Waffenstillstand

14.01.2024

Russen-Offensive vor dem Scheitern

Hunderte Panzer und Tausende Soldaten verloren

Russland steht unter Druck

Russland hat offenbar mit „großem Defizit" an der Front zu kämpfen –

Westen lehnt Friedensverhandlungen mit Russland ab

SPD-Politiker: Mehr Waffen für die Ukraine

Rufe nach Taurus-Lieferung werden lauter

Nato berät mit Ukraine über verstärkten Schutz

Umfrage zur Stimmung in Kriegszeiten „Die Ukrainer bewahren ihren Optimismus"

Ukraine zieht im Eiltempo neue Todeszone vor die Front

Papst verurteilt russische Attacken

MEIN KRIEGSTAGEBUCH ***2024***

Mainstream-Pressespiegel vom 15.1.2024. Der Iwan droht uns mit Atomkrieg. Die Nachricht kommt wie bestellt zum Start des Schwab-Great Reset-Weltverbesserer-Zirkus in Davos: „Dieser Krieg ist unser Krieg". Zusätzlich stellt der Heldenpräsident seinen 10-Punkte-Plan vor: 1 – 5 = Der Iwan soll sich vom Acker machen. 6 -10 = Die Helden kriegen alles. Die Briten reagieren sofort: Der Inder aus der Downing Street verspricht dem Heldenpräsidenten die ewige Mitarbeit bei der Russen-Exekution. Der III. Weltkrieg soll in Schweden starten. Dort rechnet man mit dem Einmarsch und rät, stets das Smartphone aufgeladen zu halten. Die EU kurbelt die Waffenproduktion an. Aus Deutschland, Litauen, Lettland, Frankreich, Japan strömt massenhaft Militärhilfe. Als kriegsentscheidend darf die Schweizer Hilfe gelten: Sie schicken ausgediente Straßenbahnen. Leider sind die eigentlichen Initiatoren des Debakels von der Rolle: Ami-Militärhilfe fällt aus. Habe ich „Qualitätsmedien" entnommen. Soll ich es glauben? Oder besser nicht?

Putin-Vertrauter droht Ukraine mit Atomschlag

Konferenz in Davos – Selenski stellt Zehn-Punkte-Plan vor

„Der Ukraine-Krieg ist unser Krieg"

Großbritannien und Ukraine vereinbaren Sicherheitspartnerschaft

„Es kann Krieg in Schweden geben": Minister warnt vor Putin

EU-Kommissar will Waffenproduktion in der EU ankurbeln

Litauen liefert der Ukraine Abwehrgeschütze und Hubschrauber

15.01.2024

Lettland sagt weitere Militärhilfe zu

Deutschland liefert Ukraine neue Waffensysteme

Frankreich sagt Ukraine weitere Unterstützung zu

Japan beschließt weitere Waffenexporte

Schweiz schickt ausgemusterte Trams in die Ukraine

US-Militärhilfe an Ukraine «ist jetzt zum Stillstand gekommen»

Mainstream-Pressespiegel vom 16.1.2024. Der Gottgesandte ist in Davos gelandet. Während er vor den Großen dieser Welt seine Visionen offenbart, schaffen unsere Bundes-Wehrwölfe Fakten. „Einige Zehntausend" werden derzeit für das Russki-Killen abgerichtet. Überall gibt es Konzepte, wie der Westen den Iwan beseitigen kann. Leider haben wir es beim Tyrannen mit einem „Paranoiden" zu tun. Sollte er noch leben! Es tauchen wieder „Gerüchte" auf, dass er tot sei. Seine Tochter aber lebt und kommt ʼganz auf Papaʼ. Sie sinniert „grotesk" von „menschlichem Leben" im Russki-Reich. So ein Quatsch: Das Land ist die Hölle auf Erden! = Die Piloten sind „müde". Die Iwankas sind erbost, da alle Männer nur horizontal per Zinksarg in die Datscha zurückkehren. Es gibt kaum noch Medikamente. Die Verluste sind „verheerend" und werden noch größer, wenn die „Panzerkiller" der Amis zum Einsatz gelangen. Da die Unbesiegbaren die Geheim-Infos eines Waffen-Konzerns erbeutet haben, ist die Heldennation auf der Überholspur. Habe ich „Qualitätsmedien" entnommen. Soll ich es glauben? Oder besser nicht?

Selenskyj in der Schweiz eingetroffen

16.01.2024

Bundeswehr bereitet sich auf Putin-Angriff vor

Wie der Westen Putin besiegen kann

"Putin is paranoid"

Gerüchte um Putins Tod: Kreml-Sprecher nennt neue Details

Putins Tochter sinniert grotesk

"In Russland hat menschliches Leben den höchsten Wert"

Putins Piloten „müde"

SOLDATENFRAUEN IN RUSSLAND
Sie wollen nicht auf einen Zinksarg warten

Verheerende Verluste für Russland – Fehler macht Putin nun Panzer-Probleme

Ukraine-Krieg hat Folgen für russisches Gesundheitswesen

Ukrainisches Militär wünscht sich "Panzerkiller" der USA

Ukraine erbeutet angeblich Geheiminfos von Waffen-Konzern

MEIN KRIEGSTAGEBUCH ***2024***

Mainstream-Pressespiegel vom 17.1.2024. Ohne Frage, der Heldenpräsident ist einer der ganz Großen. In Davos schwört er uns auf ein gemeinsames Feindbild gegen den Tyrannen ein. Dabei geht er stets mit gutem Beispiel voran. Sein Masseneinsatz von Drohnen macht dem Iwan schwer zu schaffen. Dann das: Jetzt steckt der Tyrann auch in der „Eierkrise". Nein, nicht das, was man bei seinen vielen Krankheiten vermutet. Das Frühstücksei kann sich der Russki nicht mehr leisten. Zu allem Elend kommt die ‚mangelnde Energieversorgung' hinzu: Alle frieren! An der Front spielen sich chaotische Szenen ab. Heldenfrauen vergiften reihenweise Bolschewiken. Die besten Kommando-Flugzeuge werden vom Himmel geballert. Unter den Russkis bricht Panik aus. Wer es grade noch schafft, der macht flink rüber zu den Helden. Denn es wird immer schlimmer: Wunderwaffen des Tyrannen fliegen in die Luft. Ein halbes Tausend Bolschewiken beißt pro Woche ins Gras. Selbst das neueste Kriegssystem wurde von den Unverwundbaren geschreddert. Habe ich „Qualitätsmedien" entnommen. Soll ich es glauben? Oder besser nicht?

Selenskyj ruft den Westen zum Zusammenhalt gegen Russland auf

17.01.2024

S+ Putins Eierkrise

Drohnen-Krieg: Ukraine setzt auf Masse

Proteste in Russland: „Wir frieren!"

Ukraine-Invasion verläuft „sehr schlecht"

Giftanschläge auf russische Soldaten

Ukraine schießt Russlands beste Kommando-Flugzeuge ab

Putins Truppen unter Beschuss – plötzlich bricht Chaos aus

"Putin-Wunderwaffe" fliegt bei Raketenangriff in die Luft

Russlands neuestes elektronischen Kriegssystem zerstört

Ukraine schaltet Drohnen-„Killer" aus

Russland verliert wohl über 5000 Soldaten in einer Woche

Befehle verweigert: Halbes Bataillon aus Russland flieht von den Kämpfen

Die Märchenstunden der deutschen Medien

Mainstream-Pressespiegel vom 18.1.2024. Welche Weisheit spricht aus diesen Worten: „Der Tyrann ist die Verkörperung von Krieg". Die Eidgenossen und die Helden haben deshalb Weltbewegendes vor. Sie planen einen „Friedensgipfel" – ohne den Kriegs-Körper. Der Heldenpräsident hält sich aber ein Hintertürchen offen. Die Krim will er sich vorher noch komplett unter den Nagel reißen, bevor er dem Tyrannen den Frieden aufzwingt. „2023 war nur der Anfang" seiner Krim-Okkupation. Den Bolschewiken geht es dreckig: Mit einem "Kampf-Taxi" zerlegen die Helden ihnen ruckzuck den Superpanzer. Der tägliche Abschuss von Russki-Kampfjets ist längst zur Normalität geworden. Hinzu kommt die „taumelnde Wirtschaft". Na ja, der Iwan ist eben keine Supermacht. Dennoch sollen wir uns vor ihm fürchten. Sein Angriff 2024 auf Deutschland ist nah, so heißt es. Wir können von Glück reden, dass wir Mitglied der NATO sind. 300.000 Soldaten werden seine 1.2 Mio. überrennen. Habe ich „Qualitätsmedien" entnommen. Soll ich es glauben? Oder besser nicht?

Selenskyj in Davos – „Putin ist die Verkörperung von Krieg"

Schweiz und Ukraine planen internationalen Friedensgipfel

„2023 war nur der Anfang": Ukraine nimmt verstärkt die Krim ins Visier -

18.01.2024

Ukraine-„Kampftaxi" zerstört Putins Superpanzer

Kiew meldet Abschuss russischer Flugzeuge

Russlands Wirtschaft im Taumel

300.000 NATO-Soldaten sollen Putin abwehren

Putin-Angriff „näher als die meisten denken"

Putin: „Bedrohung für Deutschland"

"Die Realität ist, dass Russland keine Supermacht ist"

Kiew greift die russische Luftaufklärung an

Eskalation gegen Nato schon 2024

Mainstream-Pressespiegel vom 19.1.2024. Seitdem die Sekte des Great-Reset-Schwab die Alpen unsicher macht, liest man viel vom III. Weltkrieg: Greift Putin die Nato an? Andere meinen, wir stecken mittendrin. Sorgen müssen wir uns keine machen. Ursel hat längst das Scheitern des Iwan ausgemacht. Für den Tyrannen war es wie so oft ein Schwarzer Tag. Die Helden zerlegen grade seine Luftaufklärung. Das Heldenland gleicht einem russischen Panzerfriedhof. Neuerdings lassen die Russkis aber zerstörtes Kriegsgerät wegschleppen. Aus drei Schrottkisten schrauben sie einen neuen Panzer. An die Helden kommen sie längst nicht mehr ran. Die bauen ihre Befestigungen aus, während der Tyrann wieder seinen „Fleischwolf" mit 30.000 jungen Männern befüllt. Möglich, dass er sie für die eigene Ernährung benötigt. Denn er ist „ein Raubtier und begnügt sich nicht mit Tiefkühlkost". Sagt der Heldenpräsident. Habe ich „Qualitätsmedien" entnommen. Soll ich es glauben? Oder besser nicht?

Greift Putin die Nato an?

„Dritter Weltkrieg läuft bereits"
Selenskyj drängt auf Nato-Beitritt

19.01.2024

Von der Leyen sieht Scheitern Russlands

Schwarzer Tag für Putin

Kiew greift die russische Luftaufklärung an

„Die Ukraine ist für die russischen Landstreitkräfte ein Panzerfriedhof"

Russland lässt zerstörtes Kriegsgerät abschleppen

Ukraine baut Befestigungen aus: Der Bewegungskrieg ist eingefroren

Putins „Fleischwolf" dreht sich weiter: 30.000 neue Rekruten monatlich – gegen die Verluste

"Putin ist ein Raubtier und begnügt sich nicht mit Tiefkühlkost"

Die Märchenstunden der deutschen Medien

Mainstream-Pressespiegel vom 20.1.2024. Schwabs Alpensause ist Schnee von gestern. Aber die Dramaturgie für das Kriegs-Drehbuch wurden neu definiert. 2024 MUSS „die Entscheidung" fallen. Die Helden werden sich die Lufthoheit schnappen. Es geht nur noch um den Westen. Wir übernehmen den Krieg im fliegenden Wechsel. Der Iwan MUSS verlieren lernen. Die Politik Russlands MUSS scheitern. Punkt! Dafür schickt Europa die Waffen. Unser Kanzler soll sich nicht so zieren und gefälligst den Taurus liefern. Der Ami hat ihm beim letzten Telefonat doch längst 'ne neue To-Do-Liste untergejubelt. Ohne Angriffskrieg kriegen wir den Tyrannen allerdings nie platt. Dafür müssen wir nur so tun, als wären wir ihm überlegen. Dann wird er lernen, dass der Preis für ihn zu hoch ist. Und zack, gerät sein Ziel, Europa zu russifizieren, ins Stocken. Dann muss unser Vizekanzler sich keinen Sorgen mehr machen, dass aus Deutschland ein „zweites Russland" wird. Habe ich „Qualitätsmedien" entnommen. Soll ich es glauben? Oder besser nicht?

Selenskyj: 2024 muss die Entscheidung bringen

Außenminister Kuleba: Ukraine will 2024 Lufthoheit im Krieg gegen Russland erlangen

Russland muss Verlieren lernen

20.01.2024

Waffen für die Ukraine

"Politik Russlands muss scheitern"

Deutschland muss den Taurus liefern

Scholz und Biden sprechen über Unterstützung für Ukraine

Europa muss "abschreckungsfähig" werden

Stoltenberg: Irgendwann wird der Preis für Russland zu hoch

Russland gerät bei „wichtigstem Ziel" ins Stocken

Habeck: Rechte wollen aus Deutschland zweites Russland machen

Mainstream-Pressespiegel vom 21.1.2024. Der Gottgesandte ist ein würdiger Nachfolger von Nostradamus. Er weissagt eine „große Krise für ganz Europa". Doch unsere GRÜNEN haben dagegen die rettende Idee: „Angriff auf Russland"! Die Zeit ist reif. Der Winter spielt den Helden in die Hände. Deshalb rüstet die NATO mächtig auf – leider hält sich der Ami ziemlich bedeckt. Die Helden machen dennoch einen guten Job: Die misslungene Attacke gegen Odessa hat den Bolschewiken hohe Verluste eingebrockt. Dazu diese einzigartigen „Köder-Drohnen" der Helden, mit denen sie die Flugabwehr „in die Irre" führen. Fliegende Kommandozentralen und Öl-Depots sind Lieblingsziele den Helden. Wenn sich eher zufällig Russendrohnen verirren, schießen die Helden sie alle ab. Aus Gnatz haben sie die Heimatstadt des Tyrannen angegriffen: St. Petersburg. Mit EINER Drohne, über 800 Kilometer. Sensationell! Die Welt ist verzückt. Habe ich „Qualitätsmedien" entnommen. Soll ich es glauben? Oder besser nicht?

Selenskyj warnt Europa

Krieg in der Ukraine: Selenskyj warnt vor "großer Krise für ganz Europa" – „Winter spielt eher Ukrainern in die Hände"

NATO-Staaten rüsten auf – aus Angst vor Putin

NATO-Unterstützung der USA auf der Kippe

Ukraine-Krieg: Russland attackiert Odessa und erleidet hohe Verluste

Nato beginnt Manöver mit 90.000 Soldaten zur Abschreckung Russlands

Ukraine greift erstmals Putins Heimatstadt St. Petersburg an

Treffer gegen Putins Armee auf der Krim: Köder-Drohne führt Flugabwehr in die Irre

21.01.024

Russland verliert fliegende Kommandozentralen

Ukraine greift Öldepot im Norden Russlands an

Ukraine wehrt russische Drohnen ab

Grünen-Sprecherin befürwortet Angriff auf Russland

Angriff 800 Kilometer hinter der Front

Mainstream-Pressespiegel vom 22.1.2024: "Große Fresse – nix dahinter": Kreml-Truppen „nicht wirksam". Angriffe des Iwan „verpuffen wirkungslos". Der Iwan verbrennt „sinnlos" sein Geld. Die NATO erfreut sich an den „erheblichen Erfolgen" der Helden. Die Amis verhindern mit ihren Panzern jeden Durchbruch. Dabei werden die Russki-Schrottkisten unter Dauerfeuer genommen. Im Land selbst das gleiche Desaster. Billionen muss der Tyrann raushauen, um seine Wirtschaft vor dem Zusammenbruch zu retten. Dennoch meint Centurio Pistorius, der Tyrann hätte noch die Kraft, uns zu überfallen. Er fiebert dem Tag entgegen, an dem es losgeht. Dann ist Schluss mit Lustig! Wir halten ein Strafgericht bereit, um ihn wegzusperren, sobald er in Berlin eintrifft. Bis wir ihn einlochen, verschleißt der sich weiter auf Nebenkriegsschauplätzen: Jagt Verräter und führt einen Krieg gegen Klos für Menschen, die nicht wissen, ob sie Männchen oder Weibchen sind. Habe ich „Qualitätsmedien" entnommen. Soll ich es glauben? Oder besser nicht?

Kreml-Truppen "nicht wirksam"

„Militärisch wirkungslos": Russlands Angriffe verpuffen

Russland verbrennt im Ukraine-Krieg sein Geld

NATO-Admiral sieht "erhebliche ukrainische Erfolge"

US-Panzer verhindert Russen-Durchbruch

Russen-Panzer unter Dauerfeuer

Der russische Staat wendet Billionen auf, um die Wirtschaft zu stützen

Pistorius warnt vor Putin-Angriff

„Das wird ein Krieg zwischen Nato und Russland"

Ein Gericht, maßgeschneidert für Putin und seine Helfer

Putins Jagd auf „Verräter"

Putins Krieg gegen genderneutrale Toiletten

22.01.2024

Mainstream-Pressespiegel vom 23.1.2024. Welch zielführende Erkenntnis: Der Tyrann ist „wahnsinnig". Er will sein Russki-Land voll an die Wand fahren. Hinter einer "Fassade der Unbesiegbarkeit". So kommt er niemals weiter! Wenn's läuft, dann läuft's: Schnell mal 'nen Russendampfer versenkt, dann ein Duell gegen den Superpanzer gewonnen und flink die Strichliste „Tote Bolschewiken" aktualisiert: Rekord. 375.000 weggeschossen. Eigene Verluste? Nicht erwähnenswert. Der Heldenpräsident beweist Weltformat. Lädt diplomatisch geschickt den wahrscheinlichen US-Präsidentschaftswahl-Sieger ein: „Komm' nach Kiew, bei uns vibriert das Leben". Tolles Survival-Ziel für 'nen City-Stroll. Frieden bietet er den Russkis erst an, wenn die den Tyrannen in die Wüste schicken. Rubel und Goldreserven müssen sie zusätzlich abdrücken, bevor sie die Chance zur Kapitulation bekommen. Habe ich „Qualitätsmedien" entnommen. Soll ich es glauben? Oder besser nicht?

Selenskyj wirft Putin »Wahnsinn« vor

23.01.2024

"Ich befürchte, dass wir uns auf den dritten Weltkrieg zubewegen"

Russland kommt wohl nicht weiter

Fünf vor 8:00 / Wladimir Putin

Schwächezeichen hinter der Fassade der Unbesiegbarkeit

Ukraine versenkt russisches Schiff

Ukrainer gewinnen ungleiches Duell gegen Putins Superpanzer

Schwere Verluste für Russland: Mehr als 375.000 Soldaten gefallen oder verwundet

Wolodymyr Selenskyj lädt Donald Trump nach Kiew ein

„Fahrt nach Kiew und seht die Stadt vibrieren"

Selenskyj: Frieden mit Russland nur ohne Putin möglich

Mit russischem Geld die Ukraine wiederaufbauen

Mainstream-Pressespiegel vom 24.1.2024. Die Helden-Wirtschaft boomt. Man liest nur noch von Erfolgen der Helden und toten Russkis. Gebeutelt vom Misserfolg sucht der Tyrann womöglich Asyl beim Korea-Kim. Das Russki-Land selbst ist völlig abgebrannt. Sogar Gas-Terminals brennen nach Angriffen der Helden wie Zunder. Alle Bolschewiken sind faktisch tot. Jetzt wird sogar am Himmel die Luft für den Iwan „dünn". Der Helden-präsident beweist als Global-Leader weltweite Führungskompetenz und „proklamiert" eine „neue Architektur der Sicherheit". Welche Karriere: Vom TV-Clown zum Welt-Visionär. Dazu gehört Abschreckung – aber mit Bedacht! Zur Ostsee bekommt der Tyrann keinen Zugang mehr. An der Grenze zum Russkis-Reich entstehen hunderte Bunker, wie 1912 an der Maginot-Linie. Ja, wir ziehen den Kalten Krieg eiskalt durch. Mit dem III. Weltkrieg machen wir ein für alle Mal Schluss mit dem Russendrama. Und wir bekommen Unterstützung aus dem Volk: EINE Soldatenfrau fordert ihren Mann zurück. Kuckst Du, Tyrann? Habe ich „Qualitätsmedien" ent-nommen. Soll ich es glauben? Oder besser nicht?

Ukraine-Wirtschaft wächst

Nordkorea erwartet Putin

Russland verbrennt im Ukraine-Krieg sein Geld

24.01.2024

Gasterminal in Russland in Brand

„Die modernen russischen Streitkräfte sind de facto zerstört"

Drängt eine neue Waffe Russlands Flieger in die Defensive?

+++ 20:14 Selenskyj proklamiert "neue Architektur" der internationalen Sicherheit +++

Abschreckung, aber mit Bedacht

Lettlands Armeechef: Nato soll unverzüglich Kontrolle über Ostsee übernehmen

Baltische Staaten planen Hunderte Bunker an Grenze zu Russland

Russland: Nato-Übung Rückfall in Kalten Krieg

Soldatenfrau fordert ihren Mann zurück

Mainstream-Pressespiegel vom 25.1.2024. 'The US-Global-War-Show' kommt zum Showdown: Der III. Weltkrieg kommt. Diesmal muss der Iwan dran glauben. Kleiner Wermutstropfen: Centurio Pistorius rechnet erst in fünf bis acht Jahren damit, dass wir uns gegenseitig atomar aus-löschen. Fest steht: WIR fangen den Krieg an = „Vorwärtsverteidigung". Die FDP-Waffenlobbyistin will Legionäre „ohne deutschen Pass" einzu-setzen. Toll! Die Migration hat uns hunderttausendfach junge, wehrfähige, kriegserprobte Morgenländer ins Land gespült. Der Tyrann macht's nach und will Kineesen opfern. Allerdings müssen wir uns dafür bis Oberkante Unterlippe verschulden und bis zum Nuklear-Siechtum Hightech-Waf-fen liefern. Zu Wasser, zu Lande und in der Luft haben die Helden sich die Überlegenheit gesichert: Eine Million Landdrohnen, dazu Seedrohnen und „Drachenfeuer" halten den Iwan auf Distanz. Habe ich „Qualitätsmedien" entnommen. Soll ich es glauben? Oder besser nicht?

Das wird ein Krieg zwischen Nato und Russland

Pistorius warnt Deutschland vor Krieg mit Russland in „fünf bis acht Jahren"

25.01.2024

Kalter Krieg „reloaded": Deutschland braucht wieder „Vorwärtsverteidigung"

Strack-Zimmermann spricht sich für Soldaten ohne deutschen Pass aus

Faktencheck: Droht Russlands Präsident Putin, Chinesen an die Front im Ukraine-Krieg zu schicken?

Pistorius: „Mit einer Schuldenbremse kommen wir nicht schadlos durch diese Krisen"

„Hightech-Waffen sind das einzige Szenario", sagt Selenskyjs Berater

Eine Million Drohnen gegen Putin

„Drachenfeuer" holt Luftziele vom Himmel

Seedrohnen – die Wunderwaffe der Ukrainer im Schwarzen Meer

Die Märchenstunden der deutschen Medien

Mainstream-Pressespiegel vom 26.1.2024. Jeder kann jetzt Sieger sein: Den oliv-braunen Selenski-Pullover gibt es für angehende Young-Global-Leader für 53 SFR. Gegen die Phalanx von Millionen Selenski-Doubles ist der Iwan chancenlos. Dieser Krieg ist gelaufen. Neue „Verteidigungspakete" sind so effektiv, dass es nicht einmal mehr eine neue Mobilmachung gibt. Da, wo noch etwas Krieg aufflackert, werden reihenweise die letzten Bolschewiken in den Tod getrieben. Der Tyrann greift zum letzten Strohhalm: Er will Kriegsgegner enteignen und mit deren Rubel die Löcher stopfen. Hilft alles nix'. Im Land mit den größten Energiereserven frieren die Menschen sich die Hacken ab. Söldner werden „wie Vieh" behandelt. Überall Proteste und Wut über inflationäre Preise und die marode Infrastruktur. Alles im Arsch! Doch Rettung naht: Die ersten basteln an Putins Sturz und wollen „den Kreml erobern". Habe Ich „Qualitätsmedien" entnommen. Soll ich es glauben? Oder besser nicht?

Der Selenski-Pullover kostet 53 Franken

26.01.2024

Putins Soldaten chancenlos

Russland wird sich verantworten müssen

Selenskyj: Kein Bedarf für neue Mobilmachung

Selenskyj kündigt neue Verteidigungspakete an

Schlacht um Awdijiwka: Video zeigt, wie Russland Soldaten in den Tod schickt

Russland will Kriegsgegner enteignen

Proteste, Preis-Wut, keine Heizung: Putins Russland im Aufruhr – ausgerechnet jetzt

Kaum Reparatur: Russen frieren wegen maroder Infrastruktur

„Werden wie Vieh behandelt": Putins enttäuschte Söldner aus Serbien

„Müssen den Kreml erobern": Ex-Duma-Abgeordneter kämpft für Putin-Sturz

Mainstream-Pressespiegel vom 27.1.2024. Mannomann, wie rasant der Tyrann untergeht! Kollektive Wut kocht in Millionen Russkis hoch. Der Typ hat nix' mehr im Griff. Nur unkoordinierte, schlecht ausgebildete Bolschewiken an der Front. Die hinlänglich Qualifizierten verweigern das Rumballern. Jetzt wurde sein „Superpanzer" besiegt. Von jungen Helden, die das als Kinder „per Videospiel" geübt hatten. Der Heldenpräsident macht das einzig Richtige: Er „verbannt" alles Russische für die nächsten fünfzig Jahre. Denn der Iwan will die US-Welt destabilisieren. Will mitmischen in der Weltpolitik! Hat aber nicht mal „einfache Einheiten" für den Krieg auf. Das Ansinnen werden wir ihm austreiben. Mit Waffengewalt! Polskis und Helden planen deshalb eine gemeinsame Rüstungsproduktion. Die Heldennation ist wieder ganz oben. Noch wie waren die Agrar-Exporte so hoch. Deshalb bietet sich das Land wieder als Urlaubs-Hotspot an. Reisewarnungen wurden entschärft. Habe ich „Qualitätsmedien" entnommen. Soll ich es glauben? Oder besser nicht?

Wut auf Putin steigt

27.01.2024

Unkoordiniert und schlecht ausgebildet: Russlands Truppen

Ukraine erwägt "Bann alles Russischen"

„Elitetruppen" verweigern sich Putins Ukraine-Strategie

Superpanzer besiegt

Videospiele halfen der Besatzung

Putin fehlen die „einfachen" Einheiten

Moskaus Koalition: Ziel ist die Destabilisierung der Weltordnung

Polen und Ukraine planen gemeinsame Rüstungsproduktion

London: Agrarexporte der Ukraine so hoch wie nie seit Kriegsbeginn

UKRAINE-TICKER-Großbritannien entschärft Reisewarnung für die Ukraine

Die Märchenstunden der deutschen Medien

Mainstream-Pressespiegel vom 28.1.2024. Die Lage ist katastrophal. Der Tyrann verliert massenhaft Bolschewiken, da die Helden denen vergifteten Wodka verhökern. Da kaum noch Gegenwehr zu spüren ist, will der Heldenpräsident den Krieg jetzt ins Russki-Reich tragen. Mit einer heimlichen Spezialeinheit wird ihm das gelingen: Frontkatzen - die Superkiller! Außerdem sind Russki-Regionen, die überwiegend von Helden bewohnt werden, ab sofort wieder Heldenland. Der Iwan stellt KEINE militärische Bedrohung mehr dar! Damit das so bleibt, liefern wir Militärhubschrauber. Eigentlich nicht nötig, denn Iwankas gehen millionenfach gegen den Tyrannen auf die Straße. Und die Iwans stehen Schlange für die Unterstützung der Präsidentschaftsbewerbung vom Kriegsgegner. Deswegen können sich die Schweden Angst vor dem Krieg sparen. Überhaupt gab es bisher keinen Krieg in Kiew - sagt der Slowaken-Präses. Helden sind schließlich unbezwingbar! Habe ich „Qualitätsmedien" entnommen. Soll ich es glauben? Oder besser nicht?

Lage für Russland „katastrophal"

Putin verliert massenhaft Soldaten

Russische Soldaten finden durch Wodka den Tod

Ukraine will den Krieg nach Russland tragen

Heimliche Spezialeinheit

Ukrainer setzen auf Frontkatzen

28.01.2024

Selenskyj nennt russische Regionen von Ukrainern bewohntes Land –

Russland derzeit keine militärische Bedrohung

Slowakischer Regierungschef: Gibt keinen Krieg in Kiew

Deutschland liefert Ukraine erstmals Militärhubschrauber

Russen stehen Schlange für Präsidentschaftsbewerbung von Kriegsgegner

Jetzt gehen russische Frauen gegen Putin auf die Barrikaden

Schweden hat Angst vor dem Krieg

MEIN KRIEGSTAGEBUCH ***2024***

Mainstream-Pressespiegel vom 29.1.2024. Damit das klar ist: Was auch immer der Iwan sagt – es ist bedeutungslos! Nur Helden-Statements haben Gültigkeit - z.B. was die Verluste der Russkis betrifft. Jede Mitteilung steht zur Sicherheit unter „100%-Faktencheck" der Amis. Die haben den Iwan zum „offenen Ziel" erklärt: "WANTED: DEAD OR ALIVE". Die „Trümmergruppe" ist so dermaßen fertig, dass sie Kühlschränke ausschlachtet, um Panzer zu reparieren. Dennoch wollen sie willkürlich irgendeinen NATO-Staat angreifen. Da ist es unsere „verdammte Pflicht", uns vorzubereiten. Unangenehm wären uns „Fleischangriffe" des Tyrannen. Wohin mit den vielen zerfetzten Bolschewiken? Viel Häme gibt's für die Frankenstein-Panzer des Tyrannen = Schrott! Toll ist, dass wir den Helden dauerhaft helfen werden, die Bolschewiken abzumurksen. Zum Ausgleich macht der Heldenpräsident Schönwetter bei der aktuellen Nazi-Hype. Und für unsere Energie-Sicherheit plant er zusätzlich vier neue Atomkraftwerke. Habe ich „Qualitätsmedien" entnommen. Soll ich es glauben? Oder besser nicht?

Was Moskau sagt, hat nichts zu sagen

Ukraine beziffert russische Verluste

Ukraine unter „totaler Kontrolle der Vereinigten Staaten" –

Viel Häme für Putins Frankenstein–Panzer

Putins Trümmertruppe: Russlands Armee „schlachtet Kühlschränke aus" – um Panzer zu reparieren

„Russland wird einen Nato-Staat angreifen"

Um Verluste durch Krieg zu kompensieren
Ukraine plant vier neue Atomkraftwerke

Selenskyj gedenkt der Opfer des Holocaust

„Offenes Ziel" über Russland: Ukraine spottet über Putins Luftverteidigung

29.01.2024

Scholz und Selenskyj wollen Sicherheitsabkommen abschließen

„Fleischangriffe": Grausame Taktik überlässt Putins Soldaten dem sicheren Tod

+++ 07:14 Guttenberg: "Unsere verdammte Pflicht", uns auf Russen-Angriff vorzubereiten +++

Mainstream-Pressespiegel vom 30.1.2024. Der Kanzler muss Männchen-Machen beim Global-Leader. Um dort zu glänzen, hat er den Helden vorsorglich neue Waffen zugeschustert. In White House steht der 'Operationsplan Deutschland' zur Abstimmung an: Wann, wo und wie startet Deutschland für den Pentagon den III. Weltkrieg? Die Taurus-Lieferung vorab ist nur noch eine Frage von Tagen. Zeitgleich starten die Amis fernab von den USA mit Atomraketen aus England heraus. Der Heldenpräsident zaubert 'ne ganz geile Nummer aus dem Hut: Mit „autonomen U-Booten" wird er die Schwarzmeerflotte auf einen Schlag versenken. Mit seiner Propaganda hat der Tyrann sich 'nen Griff ins Klo geleistet: Baerbockige „Digitaldetektive" deckten das „Trommelfeuer russischer Lügen" auf. Beim Heldenpräsident herrscht wieder mal Feierlaune. Denn ein Partisanenschlag hat die Luftwaffe des Iwan schwer getroffen. Habe ich „Qualitätsmedien" entnommen. Soll ich es glauben? Oder besser nicht?

Olaf Scholz reist im Februar nach Washington

Scholz sichert Ukraine mehr Waffen zu

"Operationsplan Deutschland" für den Ernstfall

„Die Ukraine braucht Taurus" - Ampel-Revolte gegen Raketen-Ringtausch

Bericht: USA wollen Atomwaffen in Großbritannien stationieren

Wie bei Jules Verne – Ukraine bringt autonome U-Boote gegen Putin in Stellung

Jetzt wollen Ukrainer die Schwarzmeerflotte versenken

30.01.2024

Ukraine feiert Partisanenanschlag auf Putins Luftwaffe

Putins Griff ins Klo

Baerbocks Digitaldetektive decken russische Desinformationskampagne auf

MEIN KRIEGSTAGEBUCH ***2024***

Mainstream-Pressespiegel vom 31.1.2024. Wie üblich, zeigen sich die Helden wieder mal von der knallharten Seite. Sie wollen „Leichen sehen". Aus einem Flieger, den sie vor Tagen vom Himmel geballert haben. Der Iwan tut es sich aber an der Front extrem schwer. Da sie keinen Fuß auf den Boden kriegen, nehmen sie Deutschland „ins Visier". Natürlich mit Atomwaffen. Meinen die Schlapphüte vom BND. Deshalb gab es Schulter-klopfen für unsere 100-Mrd-Aufrüstung vom Gruß-August der Tötungs-maschinen-Industrie. Mit unserer Hilfe haben die Helden bereits 6.000 Iwan-Panzer zerstört. Andere meinen, es seien nur 2.600 gewesen. Peanuts. Alles in allem zerstören sie hocheffizient, denn sie schnappen sich stets zwei Panzer auf einen Schlag. Heute greifen sie „mit einfachen Mit-teln" zusätzlich die „Milliardenindustrie" des Tyrannen an. So clever! Klar, dass der Tyrann verhandeln will. Dafür gibt es keine Veranlassung. Habe ich „Qualitätsmedien" entnommen. Soll ich es glauben? Oder besser nicht?

Kiew will Leichen sehen

„Russen tun sich an der Front extrem schwer"

Kreml nimmt Deutschland ins Visier

Es gibt keine Chance für Putin

Russland hat seit Kriegsbeginn 2.600 Panzer verloren

Ukraine will bereits über 6000 russische Panzer zerstört haben

Befeuern Russlands Verluste die nächste Gefahr? Atomwaffen rücken laut Thinktank in Putins Fokus

31.01.2024

Ukraine greift Milliardenindustrie an – mit simplen Mitteln

Zwei auf einen Schlag: Ukrainische Drohnen erledigen russische Panzer

Ukraine-Ticker: Rheinmetall-Chef lobt Tempo bei Aufrüstung

Will Putin verhandeln?

BND hält Angriff Putins auf Nato für möglich

Die Märchenstunden der deutschen Medien

Mainstream-Pressespiegel vom 1.2.2024. Alle Russkis sind unzufrieden! Sie haben keinen Bock auf ein recyceltes Zarenreich, sondern sehnen sich nach US-Imperialismus. Die Kampf-Amazone Strack-Zimmermann soll es als „Eurofighterin" richten: Mit Kampfjets aus Deutschland soll das Töten effektiver werden. Der Iwan hat nichts entgegenzusetzen - außer „Kanonenfutter". Wo man hinschaut, dominiert das Elend. Tyrannen-Panzer unterliegen beim Duell, tappen in tödliche Drohnenfallen. Die Schlacht ums Schwarze Meer ist bereits zu Gunsten der Helden entschieden. Science-Fiction-Roboter sind die neueste Geheimwaffe. Gestern wurden zum x-ten Mal 1000 Bolschewiken kalt gemacht. Der Erfolg macht den Heldenpräsidenten zum glücklichsten Potentaten. Übermütig fragt er: „Wieviel Krieg will der Tyrann noch haben"? Es kann ihm nicht genug sein. Neben uns steht auch Norwegen bereit, um dem Iwan das Totenglöckchen zu läuten. Habe ich „Qualitätsmedien" entnommen. Soll ich es glauben? Oder besser nicht?

Unzufriedenheit der Russen wächst

„Putins Ziel ist die Wiederherstellung eines zaristischen Russlands"

Die »Eurofighterin« soll es richten

Und jetzt die Kampfjets, bitte!

Die erste Welle der Russen ist reines Kanonenfutter

Gegen Putins Fallen: Ukraine soll heimlich Science-Fiction-Roboter entwickeln

Putins T-90 unterliegt im Duell – ein stählerner Koloss voller Schwachstellen

Putins Panzer geraten in der Ukraine in tödliche Drohnenfalle

Moskau verliert über 1000 Soldaten an einem Tag

Russland verliert die Schlacht um das Schwarze Meer

01.02.2024

Der glücklichste Präsident der Welt

Wie viel Krieg will Putin?

Norwegens Armee rüstet sich für Ernstfall

Mainstream-Pressespiegel vom 2.2.2024. Auf unseren Warlord Scholz ist Verlass: Er ist der „Antreiber" Europas im Kampf gegen den Tyrannen. Wir sind „das Rückgrat der Verteidigung". Der Iwan versucht den Vormarsch nach Berlin über Rügen. Aber unsere Truppe ist gut vorbereitet und wird ihn das Fürchten lehren. Wie er ,uns' schaffen will, steht in den Sternen: Er hat keine Bolschewiken mehr. Die Kasse ist leer. Der Kriegswirtschaft ist die Puste ausgegangen. Jetzt schenkt die EU den Helden auch das konfiszierte Russki-Vermögen. Denn die Unbesiegbaren kämpfen nicht – sie „arbeiten" für uns. Im Gegensatz zu den Russkis, die auf Dope herumlungern und ständig Las Vegas spielen. Logo, dass die Panzer der Zugedröhnten unproblematisch in den Hinterhalt gelockt und gekapert werden. Eine Debatte beherrscht das Heldenland: Darf Sperma getöteter Helden zur Nachzucht von Unbesiegbaren genutzt werden oder nicht? Eine wichtige Frage! Habe ich „Qualitätsmedien" entnommen. Soll ich es glauben? Oder besser nicht?

Scholz, der Antreiber   02.02.2024

Deutschland ist das Rückgrat der Verteidigung Europas

Alarmstart bei der Bundeswehr
Russischer Aufklärungsflieger vor Rügen

Bundeswehr bereitet sich auf Putin-Angriff vor

Putin gehen die Soldaten aus

Russischer Kriegswirtschaft geht die Puste aus

++ EU plant Nutzung russischer Gelder für Ukraine

Russlands Kriegskasse leer

Die ukrainischen Soldaten kämpfen nicht, sie "arbeiten"

Drogen bei russischen Soldaten: „Es ist wie in Las Vegas"

Russische Panzer fahren in ukrainischen Hinterhalt - und kommen nicht mehr raus

Debatte um Nutzung von Sperma getöteter ukrainischer Soldaten

Mainstream-Pressespiegel vom 3.2.2024. Wenn das keine gute Nachricht ist: „Europa hält die Front". Jawoll, es ist UNSER Krieg! Geschafft! Als „Mitgift" bekommen die Helden für die kommenden drei Jahre noch einmal 50.000 Mio. € cash auf die Kralle. Plus Waffen für 21.000 Mio. €. 700.000 der Unbesiegbaren nutrifizieren wir mit Bürgergeld. Und 'on top' schulen wir 10.000 Helden im Russki-Erschießen. Geil! Da hilft es dem Iwan nix', dass er aus der stinkenden Kanalisation herauskriecht, um sich mit uns zu duellieren. Wir werden russisches Gebiet angreifen!! Denn wir befinden uns „definitiv" im III. Weltkrieg. Deutschland ist das Ziel des Tyrannen – soviel ist sicher. Doch „Freund Olaf" wird uns todsicher durch Elend und Verwüstung leiten. Die Helden arbeiten wie ein Uhrwerk: Attackieren den Iwan mit Cyberangriffen, zerstören seine Lager und mischen „mit verblüffendem Erfolg" die Krim auf. Europa wird diesen Krieg gewinnen. Habe ich „Qualitätsmedien" entnommen. Soll ich es glauben? Oder besser nicht?

Europa hält die Front

EU-Länder einigen sich auf 50-Milliarden-Hilfspaket für die Ukraine

03.02.2024

Waffen im Wert von 21 Milliarden Euro

Bundeswehr soll weitere 10.000 ukrainische Soldaten ausbilden

Die Russen kamen aus der Kanalisation

Ukraine-Marine im Umbruch: Vize-Admiral will russisches Gebiet angreifen

"Das ist definitiv der Dritte Weltkrieg": Ist Deutschland Putins nächstes Ziel? Appell an "Freund Olaf"

Ukraine meldet Cyberangriff auf russisches Verteidigungsministerium

Angriff mitten in der Nacht: Ukraine zerstört russisches Lager

Ukraine: Saboteure mischen Krim auf – verblüffender Erfolg

Diese Roboter werden für Putins Truppen zur Gefahr

MEIN KRIEGSTAGEBUCH ***2024***

Mainstream-Pressespiegel vom 4.2.2024. Kriegsangst in Deutschland, nur weil der Tyrann den „dauerhaften Krieg" gegen uns plant? Ruhig Blut. Der CIA-Chef unserer Weltregierung weiß zu berichten, dass das Monster eine Lusche ist, die durch „verheerende Fehlschläge" auffällt. Raus aus der Lähmung: Krieg ist prickelnd! Der Iwan flüchtet, sobald ihn Drohnen anfliegen. Eine neue „Wunderwaffe" der Amis erledigt demnächst den Rest. Ein 64-Mio-Raketenschiff wurde 'en passant' mit einer Kamikaze-Drohne versenkt. Bingo! Die Helden planen jetzt Angriffe direkt im Tyrannen-Land. Mangels wehrfähiger Bolschewiken versucht der Tyrann, mithilfe seiner Banken seine Position zu halten. Die Geld-Haie bekommen dafür die Rubel, die er zuvor bei reichen Kriegs-Gegnern abgreifen wird. Alles hilflose Versuche, den Untergang aufzuhalten. Habe ich „Qualitätsmedien" entnommen. Soll ich es glauben? Oder besser nicht?

Kriegsangst in Deutschland

04.02.2024

Plant Russland dauerhaften Krieg mit Westen?

Angst vor Krieg? Raus aus der Lähmung!

„Russland beschämt": CIA-Chef teilt gegen Putin aus

Verheerende Fehlschläge im Krieg

Ukraine-Drohnen lassen Putins Soldaten flüchten

Hochpräzise und tödlich: Ukraine testet neue Wunderwaffe aus den USA

Ukrainische Kamikaze-Drohne versenkt Putins 64 Millionen Kriegsschiff

Putin will Banken in eroberte ukrainische Gebiete schicken

Ukrainischer Geheimdienst kündigt verstärkte Angriffe auf Russland an

Russisches Parlament will Kriegsgegner enteignen

Die Märchenstunden der deutschen Medien

Mainstream-Pressespiegel vom 5.2.2024. Den Tyrannen verlassen die Freunde. Die Supermacht Armenien (2.8 Mio. EW) kuschelt mit dem Westen. Denn der Tyrann „riecht Blut und will alle fressen". Eine europäische Armee soll deshalb den Iwan unter Führung der Amis ausrotten. Sie ergänzt die „rollende Roboterarmee der Helden". Das reicht nicht! Deutschland braucht Atombomben! Nachdem unser Kanzler sich als Warlord einen Namen gemacht hat, krault der Heldenpräsident den „lieben Olaf" wie seine bessere Hälfte. Da meint Herr Lauterbach, dass er auch was beisteuern möchte. Er verspricht ewige medizinische Unterstützung. An der Front alles paletti: Komplette Panzerflotten „leichte Beute" für die Unbesiegbaren. Selbst unser ältester Panzer wird dem Iwan noch gefährlich. Deswegen kann der Tyrann sich Großmachtträume von der Backe schmieren. Bis 2030 will der das Heldenland annektiert haben. In sechs Jahren? Träum weiter! Habe ich „Qualitätsmedien" entnommen. Soll ich es glauben. Oder besser nicht?

ABWENDUNG VON RUSSLAND

Armeniens Regierungschef will sich USA und Frankreich annähern

05.02.2024

Putin riecht Blut und wird euch fressen

USA kein Dauerbeschützer - Europäische Armee als Alternative

Die rollende Roboterarmee der Ukraine

Ukrainische Drohne "fängt" russischen Soldaten

Deutschland reif für die Bombe

„Lieber Olaf": Selenskyj dankt Scholz

Russische Verluste im Ukraine-Krieg nehmen zu

Deutschland sagt Ukraine weitere Gesundheits-Kooperation zu

Drohnen-Schwarm zerstört elf Putin-Panzer

Putins Großmachtträume - Annexion der Ukraine bls 2030?

Marder-Panzer: Bundeswehr-Oldtimer wird Putins Russland immer noch gefährlich

Mainstream-Pressespiegel vom 6.2.2024. Phantastisch, wie konsequent unser Kanzler uns in den Krieg führt. Wir produzieren Waffen auf Teufel komm' raus. Wir „tüfteln" an ‚nem „Befreiungsschlag", um den Iwan final plattzumachen. Vorab wird zunächst die Schwarzmeerflotte des Iwan „Schiff für Schiff versenkt". Für den Landkrieg gibts neue Luftabwehr-Systeme. Die Helden haben wie immer Oberwasser. „Aktive Verteidigung" nennt man das. Der Iwan kann seine Panzer nicht gegen Heldenangriffe verteidigen. Er „blutet aus". Voller Wut reagiert das gemeine Russki-Volk auf den Untergang. Gut, dass der Tyrann sich wegen seiner „Fleischwolf-Orgien" vor dem Strafgerichtshof verantworten muss. In Berlin hat die First Ackerland-Lady ein Shopping-Date mit unserer Präsidenten-Gattin zum Anlass genommen, daran zu erinnern, dass wir uns im Krieg befinden. Keine Sorge Madame, wir sind mit Verve dabei. Habe ich „Qualitätsmedien" entnommen. Soll ich es glauben? Oder besser nicht?

Der Kanzler kurbelt die Rüstungsproduktion an

06.02.2024

Ohne Amerikaner: Deutschland tüftelt an Ukraine-Befreiungsschlag

Schwarzmeerflotte wird Schiff für Schiff versenkt

Kiew erhält zwei neue Luftabwehrsysteme

„Aktive Verteidigung": Ukraine nimmt Russlands Versorgungsrouten ins Visier

Russland kann seine Panzer nicht gegen Drohnenangriffe aus der Luft verteidigen

Russischen Streitkräfte auszubluten lassen - Kiew schont eigenen Truppen im Ukraine-Krieg

Russlands Verluste lösen Wutausbruch in Putins Staats-TV aus

Moskau vor Gericht

Menschen als Kanonenfutter

First Lady der Ukraine: „Der moderne Krieg ist überall"

Die Märchenstunden der deutschen Medien

Mainstream-Pressespiegel vom 7.2.2024. Es steht viel schlimmer um den Iwan, als allgemein erwartet. Seiner Kriegswirtschaft „geht die Puste aus". Der gemeine Russe ist längst auf Abwege geraten. Sein Staatsvermögen soll den Helden geschenkt werden, meint eine ehemalige Küchenhilfe, die im Reichstag eine gut dotierte Bleibe gefunden hat. Dolle Idee. Denn um den Iwan herum ist alles kaputt. Täglich nippeln 900 Bolschewiken ab. Täglich wird ein Kriegsschiff versenkt. Täglich sind Russki-Panzer „leichte Beute" für die Unbesiegbaren. Mit Hightech-Drohnen „fangen" sie Bolschewiken oder nehmen den Iwan generell unter Beschuss. Noch 'ne gute Nachricht: Die Schweden stellen die Untersuchungen in Sachen NORD-STREAM-Sprengung ein. So bleibt der Tyrann in der Zeitgeschichte als Übeltäter zurück. Pfiffig! Habe ich „Qualitätsmedien" entnommen. Soll ich es glauben? Oder besser nicht?

Putin: Es steht viel schlimmer um seine Armee als erwartet

Russischer Kriegswirtschaft geht die Puste aus

Gebt der Ukraine das Geld der Russen

07.02.2024

Russe auf Abwegen

Göring-Eckardt will eingefrorenes russisches Staatsvermögen an Ukraine weitergeben

Schwere Verluste für Russland: Fast 900 Soldaten an nur einem Tag

Ukraine will weiteres russisches Kriegsschiff versenkt haben

Panzer-Flotte ist für Ukraine leichte Beute

Ukrainische Drohne nimmt russischen Soldaten „gefangen"

Schweden wird Nord-Stream-Ermittlungen einstellen

Ukraine-Krieg: Russische Besatzungstruppen im Osten unter Beschuss

MEIN KRIEGSTAGEBUCH ***2024***

Mainstream-Pressespiegel vom 8.2.2024. Der Iwan pfeift aus dem letzten Loch, während die Helden immer neue Erfolge verbuchen. Auf die Leichnam genau haben die Helden bis heute 390.480 Russkis abgemurkst. Echt Spitze. Um den Untergang zu beschleunigen, planen die Eurokraten ein x-tes Sanktionspaket. Der Heldenpräsident will ergänzend dazu „die Staatsspitze verändern". Hoffentlich wird er uns nicht verlassen, um in Panama vom Eingemachten zu leben. Was auch immer passiert, es wird ein schnelles Ende des Krieges ohne langes Leiden der Bolschewiken angestrebt. Militärtechnisch brillieren wie immer die Helden. Ein Leopard-Nachfolgemodell lehrt den Iwan „das Fürchten". Mit einer „Drohnen-Offensive" wird er „in seine Schranken verwiesen". Die Drohnen-Leitstelle des Iwan wurde weggebombt. Hyperschall-Wunderraketen werden von den Unbesiegbaren reif für die Schrottpresse geschossen. Sie setzen dabei nur 1A-Waffentechnik ein. Australische Kampfjets sind „fliegender Müll". Um es heute mal wieder 'rund' zu machen, sprengen die Helden 40 Tanklastzüge auf einen Rutsch weg. Habe ich „Qualitätsmedien" entnommen. Soll ich es glauben? Oder besser nicht?

Putins Endkampf — **Ukraine vermeldet Erfolge**

Ukrainer beziffert russische Verluste jetzt auf 390.580

EU soll neues Sanktionspaket gegen Russland planen

Ukrainischer Präsident stellt Neuordnung der Staatsspitze in Aussicht

Leopard-Nachfolger: Neuer Panzer soll Putin das Fürchten lehren

Drohnen-Offensive soll Putins Truppen in die Schranken weisen

Ukraine lehnte 41 australische Kampfjets ab: „Wollen euren fliegenden Müll nicht"

Schnelles Ende oder langes Leiden: Putins Soldaten werden von ihren Offizieren belogen

08.02.2024

Aus „Wunder" wird Schrott: Nächste Hyperschallrakete Russlands am Boden

Verluste für Russland: Ukraine zerstört mehr als 40 Tanklastzüge

Russische Leitstelle für Kampfdrohnen zerstört

Die Märchenstunden der deutschen Medien

Mainstream-Pressespiegel vom 9.2.2024. Der Kanzler verdingt sich heute bei den Amis als Koberer für White-House-Club. Artig notiert er alle Anweisungen für den „ganz großen Krieg". Alle sind sich einig – der Iwan kommt, um „Ziele in Europa anzugreifen". Womit der das schaffen will, bleibt sein Geheimnis. Seine „Wunderraketen" sind Schrott. Ölanlagen gehen in Flammen auf. Die Helden schlagen „immer häufiger" brutal zu. Der Chef-Legionär der Helden hat sich dabei einen Burnout eingefangen. Jetzt musste schnell Ersatz her, um an den Erfolg anzuschließen. Denn das Helden-Land boomt wie nie zuvor. Atomstrom wird wieder exportiert. Die Wirtschaft wird vom Heldenpräsidenten persönlich gefördert. Auch deutsche Steuerzahler dürfen sich glücklich schätzen, dieses perspektivreiche Land zu unterstützen. Unsere Regierung tut ein Übriges, um dem Tyrannen die Nerven zu rauben: Der Platz vor der Russki-Botschaft in Berlin soll in Selenskyj-Platz umbenannt werden. Wie listig! Habe ich „Qualitätsmedien" entnommen. Soll ich es glauben? Oder besser nicht?

Bereitet Putin jetzt den ganz großen Krieg vor?

09.02.2024

Scholz ruft US-Kongress zu mehr Ukraine-Hilfe auf

Nato-Führungskräfte warnen: Russland könnte Ziele in Europa angreifen

Minister: Polen bereitet sich auf drohenden Krieg mit Russland vor

Aus „Wunder" wird Schrott: Nächste Hyperschallrakete Russlands am Boden

Ukraine verstärkt Angriffe auf Ölanlagen

Ukraine will häufiger in Russland mit Drohnen zuschlagen

Selenskyj tauscht Armeespitze aus

Ukraine kann wieder Strom exportieren

Selenskyj will Wirtschaft der Ukraine weiter stärken

EU sichert ukrainische Finanzen

Ukraine-Krieg: Russische Botschaft in Berlin bald am Selenskyj-Platz?

Mainstream-Pressespiegel vom 10.2.2023. Die Marschrichtung wird vom greisen Ami-Boss vorgegeben: >ANGRIFF< Die EU beschwört bei Standing Ovation in Brüssel: „Unterstützung bis zum Sieg". Der Heldenpräsident weiß, dass sein Sieg die Welt verändern wird. Centurio Pistorius sagt JA – die Helden müssen siegen! Die Ex-Kellnerin definiert hierzu die strategischen Ziele. Waffen-Lobbyistin Agnes ist in Aachen zur jecken „Kriegshexe" mutiert. Eine Frau „Major" (Nomen est omen = Militär-„Expertin") fordert 'Industrieumstellung auf Helden-Bedürfnisse'. Fein formuliert für: Statt Kochtöpfe von WMF dann Stahlhelme aus Württemberg? Alle grölen: Meuchelt den Iwan! Nur durch Waffen in rauen Mengen tritt Frieden ein. Wieder was gelernt! Fast der komplette Reichstag lustwandelt im Kriegstaumel. Alles wie damals. Ran an die Ostfront. Die Voraussetzungen sind besser denn je: Der Tyrann demontiert seinen Staat und trickst sich selbst aus. Die 'Kohle' wird ihm knapp. Dumm gelaufen! Habe ich den „Qualitätsmedien" entnommen. Soll ich es glauben? Oder besser nicht?

"Die Nation am Wendepunkt"
Ein selbstbewusster Biden schaltet in den Angriffsmodus

`10.02.2024`

„Unterstützung bis zum Sieg"

Selenski wird in Brüssel gefeiert

"Dieser Sieg wird die Welt verändern"

INTERVIEW MIT BORIS PISTORIUS IN KIEW
Muss die Ukraine den Krieg gewinnen? „JA"

Esken nennt strategisches Ziel für Krieg

Kriegshexe Strack-Zimmermann

Sicherheitsexpertin bei Lanz
Claudia Major fordert Industrieumstellung auf ukrainische Bedürfnisse

„Es geht um Waffen, die für den Frieden notwendig sind"

 PUTINS DEMONTAGE DES STAATES

"Kreml trickste sich selbst aus"

Putin braucht Geld

Mainstream-Pressespiegel vom 11.2.2024. Der jahrzehntelange „Konflikt" mit dem Iwan ist eingestielt, nachdem „Klartext-Kanzler-Scholz" beim Ami Tacheles gesprochen hat. Es läuft für uns phantastisch: Von oben sieht man das ganze Desaster des Russki-Zusammenbruchs. Als Rettungsanker bereitet der Tyrann den Volkssturm vor. Die „Heimatfront" soll den Sieg bringen. Da wird nix' draus! Denn bei den Bolschewiken an der Front „rumort es kräftig". Das liegt an den Helden, die überall darauf lauern, mit hochmodernen Schrotflinten den billigen Iwan-Drohnen-Tand vom Himmel holen. Ein Beweis, dass die Berufung des „Schlächters" genau die richtige Personal-Entscheidung war. Eine DEUTSCHE (!) Panzer-Brigade wandelt zusätzlich die Panzer des Iwan in Schrotthaufen um. Aus Personalmangel ist der Tyrann gezwungen, kranke Bolschewiken als Kanonenfutter an die Front zu jagen. Wie brutal! Mit seinem enormen Kriegs-Knowhow besucht der Heldenpräsident auf Einladung der Amis in Kürze die SIKO-Sicherheitskonferenz in München, um der NATO bei der Rettung Europas zu dienen. Habe ich „Qualitätsmedien" entnommen. Soll ich es glauben? Oder besser nicht?

Klartext-Kanzler Scholz

NATO-Chef hält jahrzehntelange
Konfrontation mit Moskau für möglich

II.02.2024

Putin beschwört die "Heimatfront"

Satellitenbilder zeigen schwere Verluste für
russische Artillerie

Putin will „alles für den Sieg" – aber
in seiner Armee rumort es kräftig

„Männer werden abgestellt, um mit
Schrotflinten auf Drohnen zu halten"

Ein „Schlächter" löst den Intellektuellen ab: Bringt ein
neuer Oberbefehlshaber der Ukraine den Sieg?

Marder und Leoparden: Ukraine baut
sich eine „deutsche" Panzer-Brigade

Ein Wrack nach dem nächsten – Ukraine
erhöht massiv die Abschusszahlen von
Putins Panzern

Kranke Soldaten werden Kanonenfutter:
Verluste zwingen Russland zu drastischem
Schritt

Bericht: Selenskyj kommt zur
Münchner Sicherheitskonferenz
nach Deutschland

MEIN KRIEGSTAGEBUCH ***2024***

Mainstream-Pressespiegel vom 12.2.2024. Helau und Alaaf: Der „Albtraum" des Tyrannen wird wahr: Die Helden werden Weltmacht! Sie werden als Gewinner das Schlachtfeld verlassen. Dass alles so gut gelaufen ist, haben sie den Sanktionen der EU und unserem Kriegskanzler zu verdanken. Das „Heldenland ohne Flotte" hat dem Iwan den Wind aus den Schwarzmeer-Segeln genommen, viele Stellungen zurückerobert und ein „Desaster auf der Krim" herbeigeführt Die Russkis sind finanziell so ausgemergelt, dass sie Rechnungen vom Kinees nicht mehr bezahlen können. Ihrer Logistikbranche droht der Zusammenbruch. Logo, dass der Heldenpräsident noch das Restvermögens sichern will. Die Helden beschützen schließlich jeden Einzelnen von uns. Noch ein Ritterschlag: Wir sind Musterschüler in Sachen Pressefreiheit. Deshalb übernimmt das Ministerium unserer Diplomatie-Koryphäe 2024 den Vorsitz der 'Media-Freedom-Coalition', den Wächtern der freien Meinungsäußerung. Habe ich „Qualitätsmedien" entnommen. Soll ich es glauben? Oder besser nicht?

Putins Albtraum wird wahr: Ukraine ist auf dem Weg zu einer Drohnen-Weltmacht

Heusgen: „Die Ukraine wird als Gewinnerin vom Feld gehen"

Nach fast zwei Jahren Ukraine-Krieg Die westlichen Sanktionen wirken besser als viele Kritiker glauben

Ein Land ohne Flotte gewinnt den Kampf im Schwarzen Meer

Ukraine erobert Stellungen zurück

Putins Desaster auf der Krim

Selenskyj fordert Übertragung russischer Vermögen an die Ukraine

Russland droht „Logistikzusammenbruch"

Klitschko: "Wir beschützen jeden von Euch"

Pressefreiheit: Deutschland übernimmt Vorsitz der Media Freedom Coalition

Russische Firmen können Rechnungen in China nicht zahlen

12.02.2024

Die Märchenstunden der deutschen Medien

Mainstream-Pressespiegel vom 13.2.2024. Wow: Offizieller Aufruf zum Mord am Tyrannen. Ist die ehemalige DDR-Küchenhilfe deshalb gen Osten gedüst? Wir wissen es nicht. Wissen tun wir, dass die NATO den „Affront" genannten Weltkrieg wagen soll. CDU-Kiesewetter wünscht, dass wir SOFORT „den Krieg zum Iwan tragen". Zauderer meinen, wir sollten zunächst „kriegstüchtig" werden und in fünf Jahren einmarschieren. Bis zur „Kriegsreife" wird der Tyrann bestimmt warten. Zunächst müssen wir die Waffenproduktion erhöhen! Bei MIELE u.v.a. sind Bandstraßen frei. Als Ad-Hoc-Maßnahme werden wir die Wiederwahl des Tyrannen nicht anerkennen. Unsere Strategie funktioniert, weil der Russki sich „von seiner Zukunft verabschiedet hat". Die Frontschweine prangern die Kriegspraktiken des Tyrannen an. Der entführt vieltausendfach Heldenkinder. Das gehört sich nicht! Regelrecht genial ist die Idee, dass wir uns auf Teufel komm raus verschulden, um die Helden zu unterstützen. Habe ich „Qualitätsmedien" entnommen. Soll ich es glauben? Oder besser nicht?

"Putin muss vernichtet werden"

Bundestagsvizepräsidentin Göring-Eckardt in der Ukraine eingetroffen

13.02.2024

Nato könnte Affront gegen Putin wagen – Aus Sorge vor Trumps Wahlsieg

„Krieg muss nach Russland getragen werden": CDU-Experte fordert Eskalation

»In fünf Jahren müssen wir kriegstüchtig sein«

»Der Westen sollte Putins Wahl nicht anerkennen«

Stoltenberg: Europäische Wirtschaft stärker auf Waffenproduktion ausrichten

Wie sich Russland von seiner Zukunft verabschiedet

Russische Soldaten prangern Kriegspraktiken an

Putins Opfer: Entführte ukrainische Kinder sind in Russland

Gemeinsame Schulden zur Unterstützung der Ukraine

MEIN KRIEGSTAGEBUCH ***2024***

Mainstream-Pressespiegel vom 14.2.2024. Alles im GRÜNEN Bereich: Ab heute schocken wir den Iwan. Vier Monate mit 90.000 Soldaten. Unheimlich, wie die NATO dem Tyrannen mit STEADFAST DEFENDER „Grenzen" aufzeigt. Da die Baller-Männer da sind, könnten sie doch gleich durchmarschieren? Wie der Tyrann es damals vorexerziert hat. Termingerecht baut der Heldenpräsident seine Militärspitze NATO-affin um. Die Donaukommission wirft die Russkis raus. Deren Luftwaffe strauchelt. Die geschnorrten Korea-Granaten schaffen Mordsprobleme. Schweden-Panzer mischen die Front auf. Dem Ganzen versucht der Tyrann mit Gewehren aus dem Ersten Weltkrieg Paroli zu bieten. Für uns ist sogar der Einsatz von Atomwaffen kein Tabu mehr. Dank an Herrn Habeck: Er warnt vor der AFD. Die wollen, dass wir so leben wie die Russkis = Verschwenderisch beim Heiz-, Strom- und Benzinverbrauch. Ohne Klima-Scham, Gender-Wahn, Queer-Toleranz, Geschlechter-Vielfalt, Willkommenskultur? Niemals! Habe ich „Qualitätsmedien" entnommen. Soll ich es glauben? Oder besser nicht?

„Steadfast Defender 2024": „Übliches Säbelrasseln"

➕ **Im Westen viel Neues: Nato will Russland die Grenzen aufzeigen**

Selenskyj baut Militärspitze komplett um

14.02.2024

Die Donaukommission wirft Russland raus

Russland berichtet von Problemen mit Drohnen

Russlands Luftwaffe strauchelt nach wichtigem Ukraine-Schlag

Granaten bereiten Russlands Soldaten Probleme

Ernstfall für Putins Truppen: Schweden-Panzer mischt die Front auf

Robert Habeck warnt: „AfD will aus Deutschland einen Staat wie Russland machen"

Gewehre aus dem Ersten Weltkrieg? Russen über Uralt-Waffen erbost

Atomwaffen sind kein Tabu mehr

Die Märchenstunden der deutschen Medien

Mainstream-Pressespiegel vom 15.2.2024. Derzeit beginnt passend zum NATO-Aufmarsch die „SIKO-Sicherheits-Konferenz" in München. Seit Tagen heißt die Nachricht: „Den Helden geht die Munition aus". Ist der Krieg dann zu Ende? Keineswegs! Die NATO-Expansion ist doch der eigentliche Kriegsgrund gewesen. Schlau eingefädelt. Bald soll es losgehen. Denn es ist „Tiefgreifenderes" im Gange. Sonst kommen zehn Mio. Fachkräfte auf einen Rutsch zu uns. Zuviel! Deshalb war unser Kriegskanzler zur Koordination im Ami-Land. Allmählich wird „der Bürger" auf den Krieg eingeschworen. Denn noch fürchtet der Michel „Ankommende" mehr als den Iwan. Das muss sich ändern! Empörend ist, dass Herr Trump dem Tyrannen den Tipp gab, bei uns einzumarschieren. Die Helden schaffen es leider nicht mehr allein, den Iwan zu verdrängen. Die NATO muss Europa retten! Wir brauchen den Krieg gegen Russland. Der grüne Kriegsdienst-Vermeider Hofreiter empfiehlt die Schaffung von Sondervermögen. Holen wir uns nach dem Sieg vom Iwan zurück. Habe ich „Qualitätsmedien" entnommen. Soll ich es glauben? Oder besser nicht?

Sicherheitskonferenz in München

Die neue Weltordnung

15.02.2024

Der Ukraine geht die Munition aus

UKRAINE: IST DER KRIEG ZUENDE?

Stoltenberg räumt ein: Nato-Expansion war Kriegsgrund

Bericht: Regierung rechnet mit zehn Millionen Flüchtlingen bei Zerfall der Ukraine

„Weit über die Ukraine hinaus ist etwas sehr viel Tiefgreifenderes im Gange"

Bürger sollen sich auf einen Krieg mit Russland vorbereiten

Trump ermutigt Putin zum Nato-Angriff

Deutsche fürchten Migranten viel mehr als Putin

Das Schicksal der Ukraine liegt in der Hand Europas

Hofreiter nennt Festhalten an Schuldenbremse ein »Sicherheitsrisiko«

Krieg gegen Russland

MEIN KRIEGSTAGEBUCH ***2024***

Mainstream-Pressespiegel vom 16.2.2024. Zur heutigen SIKO-Kriegs-konferenz meldet sich die Ex-Küchenhilfe verängstigt aus dem Bunker. Rettet sie! Schickt ihr Taurus! Kollegin Baerbock verspricht Beistand. Sie wird Europa „kriegstüchtig" machen. Grotesk: Ausgerechnet der Tyrann bezeichnet den grünen Friedensengel als „feindselig"? In Sachen Welt-krieg wird überall „neu gedacht". Wir wissen, dass der Tyrann ein „globales Projekt der Zerstörung" verfolgt. Deshalb wird die Rüstung massiv hoch-gefahren. Atomwaffen bringen es! Wir lassen uns vom Tyrannen doch nicht als „Weicheier" titulieren! Trump ist auch nicht besser. Er gibt uns als „Freiwild" dem Abschuss preis. Denen zeigen wir, wo der Hammer hängt: Der Heldenpräsident wird den Iwan zunächst mit elektronischer Kampfführung aufschrecken. Die Bolschewiken betteln aus Kellern heraus um Mitgefühl für ihre beschissene Lage. Gut, dass die Russki-Wirtschaft fertig ist. Leider können unsere NATO-Auftragsmörder nicht jeden Bol-schewiken für uns kalt machen. Deshalb tingelt der Heldenpräsident nach einem Kaffeeklatsch beim Kriegskanzler als Keynote-Speaker zur SIKO, um Todesschwadronen zu werben: Tschakka! Habe ich „Qualitätsmedien" ent-nommen. Soll ich es glauben? Oder besser nicht?

16.02.2024

Angriff auf Kiew: Grünen-Politikerin meldet sich aus Bunker

Göring-Eckardt fordert "Taurus"

Ukraine-Krieg: Annalena Baerbock will Europa kriegstüchtig machen

Den Krieg neu denken:

Putin bezeichnet Baerbock als „feindselig"

„Putin verfolgt globales Projekt der Zerstörung"

Rüstungsproduktion massiv hochfahren *Alle reden über Atomwaffen*

Putin „hält uns für Weicheier" **Trump hält uns für Freiwild**

Selenskij kündigt Ausbau der elek-tronischen Kampfführung an

„Wir sind Fleisch" – Soldaten betteln Putin aus Kellern heraus um Mitgefühl an

„Wirtschaft bricht zusammen": Putin führt Russland in die Sowjetfalle

Wir können nicht jeden Russen töten!

Selenskyj reist nach Berlin und München

Mainstream-Pressespiegel vom 17.2.2024. Im „Hinterzimmer" der 'Munic-War-Games' präsentiert der Heldenpräsident seine „Sicherheits-architektur". Ampel-Frontmann Scholz ist die Rolle des „Kriegskanzlers" zugefallen. Allerdings erfordert Kriegsführung das „Töten von Menschen". Scheißegal! Macht der Tyrann doch auch. Aufrüsten ist Chefsache: Per Spatenstich zelebriert der Kriegskanzler den Bau des neuen Rheinmetall-Werks für Tötungs-Technik. Jubel allerorten. Für das Verballern fordert CDU- Kiesewetter 300 (!!) Mrd. € „Sondervermögen". Das ist 'ne Ansage! Aus Sorge vor dem Untergang will der Tyrann atomar im All aufrüs-ten. Dagegen müssen wir „ankämpfen". Denn würde der Tyrann jemals gewinnen, würden alle Diktatoren der Welt uns attackieren: Korea-Kim, Chinas Xi-Jingping, Taliban... Auweia! Der Erfolg der Helden macht Mut: Eine halbe Million Bolschewiken haben sie bis heute unter die Grasnarbe befördert und die Drohnenproduktion um das „120-fache gesteigert". Gefährlich könnte die AFD- Bundestagsfraktion werden. Die recht Extre-men spionieren allesamt für den Iwan. Pfui!! Habe ich „Qualitätsmedien" entnommen. Soll ich es glauben? Oder besser nicht?

I7.02.2024

MÜNCHNER »SICHERHEITSKONFERENZ«

Hinterzimmertreffen

Selenskyj kündigt neue Sicherheitsarchitektur an

Plötzlich Kriegskanzler

„Führung erfordert das Töten von Menschen"

Rheinmetall baut neues Werk in Deutschland

Aufrüsten wird Chefsache

Kiesewetter fordert 300 Milliarden Euro für Bundeswehr

Dagegen sollten die Europäer ankämpfen

Russische Atomwaffen im All?

Gewinnt Putin, gewinnen alle Diktatoren dieser Welt

Fast eine halbe Million tote Soldaten: Ukraine meldet dramatische Verluste für Russland

Ukraine steigert Drohnenproduktion um das 120-fache

Abgeordnete befürchten Russland-Spionage durch die AfD

MEIN KRIEGSTAGEBUCH ***2024***

Mainstream-Pressespiegel vom 18.2.2024. Punktlandung nach den „Munic-War-Games": WIR SIND IM KRIEG! Rechtzeitig vor dem 2.Jahrestag haben Heldenpräsident und Kriegskanzler unbegrenzten militärischen Zusammenhalt ratifiziert. Endlich können wir loslegen. Dankenswerterweise managen die kriegserfahrenen Amis aus 5000 Kilometer Entfernung uneigennützig unseren Krieg. Mit US-Zuspruch werden wir uns den „Mörder" schnappen. Vor einer „Jagd auf Deutsche" müssen wir uns keine Sorgen mehr machen. Der Tyrann steht am Abgrund! Seine Armee ist ein Häufchen Elend: Er setzt auf Taktiken von vor 100 Jahren. Seine WeltraumAtomkrieg-Fantasien sind sofort von den Amis ausgehebelt. Seine Drohnen blind geworden durch Helden-Hightech. Seine See-Dominanz ist für die Tonne. Er hat mehr Panzer verloren als zu Beginn seiner GroßmachtsTräumerei vorhanden waren. Es wird für unsere Bundeswehr so eine Art „Kaffeefahrt", um ihn zur Sicherung des US-Anspruches auf Weltherrschaft auszuradieren. Habe ich „Qualitätsmedien" entnommen. Soll ich es glauben? Oder besser nicht?

Deutschland als Kriegspartei

Scholz und Selenskij unterzeichnen Sicherheitsvereinbarung

»Amerika wird weiterhin die Führung übernehmen«

"Putin ist ein Mörder"

Putin eröffnet Jagd auf Deutsche

18.02.2024

Russland setzt wohl auf 100 Jahre alte Sowjet-Taktik

Putins Abgrund

USA planen Gegenmaßnahmen zu Putins Atomwaffen im Weltraum

Ukraine-Krieg: Warum Putins Drohnen plötzlich „blind" sind

Putin verliert mehr Panzer, als er zu Beginn hatte

Seedrohnen brechen Russlands Dominanz im Schwarzen Meer

Die Märchenstunden der deutschen Medien

Mainstream-Pressespiegel vom 19.2.2024. Nach der Kriegskonferenz München wird es ungemütlich für den Tyrannen. Unser im Studium vom Verfassungsschutz aufs Korn genommener Präsident Steinmeier verspricht Hilfe bei der Russen-Exekution. Kriegskanzler Scholz - in den Studentenjahren sozialistisch agierender Kriegsdienstverweigerer – weiß zu berichten, dass der Tyrann „kein Ziel erreicht hat". Erfahrene Strategen, die Biden! Ansonsten: GRÜNE sind besonders scharf auf Kriegsspektakel. Ex-Wehr-Chefin Ursel von der EU will eine „europäische Verteidigungs-Industrie" erblühen lassen: Kapazitätsplanung 2024 = 1 Mio. Drohnen plus 2 Mio. Granaten. Bingo! Grüne Stammwähler werden ganz wuschig. Bald ist unser Krieg sowieso Schnee von gestern. Die Verluste des Iwan überschreiten alles Vorstellbare. Ihm steht eine neue Katastrophe ins Haus. Logisch: Mit Obdachlosen, Alkoholikern und Kriminellen sollte man nicht in den Krieg ziehen. Mit einer neuen „Wunderwaffe" werden die Helden diesen verlotterten Haufen ins Jenseits befördern. Deshalb bittet der Tyrann sein Volk, durch Kopulieren und Gebären neues „Fleisch" zu liefern. Habe ich „Qualitätsmedien" entnommen. Soll ich es glauben? Oder besser nicht?

Für Putin wird es immer ungemütlicher

19.02.2024

Steinmeier: Kiew kann auf Berlin zählen

Scholz: "Putin hat kein einziges seiner Ziele erreicht"

Jetzt wollen sogar die Grünen massive Aufrüstung

Von der Leyen will neue europäische Verteidigungsindustrie aufbauen

Europa baut eine Million Drohnen für die Ukraine

EU will Ukraine zwei Millionen Granaten jährlich liefern

Zwei Jahre Krieg: Grünen-Anhänger unterstützen Waffenlieferungen an die Ukraine am stärksten

Russlands Verluste überschreiten neue Marke

Putin droht eine neue Katastrophe wie in Grosny

Obdachlose, Alkoholiker, Kriminelle: Russischer Politiker schimpft über Rekrutierung in Russland

Diese neue Waffe soll die Russen austricksen

Putin fordert russische Familien zum Kinderkriegen auf

ainstream-Pressespiegel vom 20.2.2024. Ein Heiliger: Der Heldenpräsident hat den Mythos Russland „zerstört". Mit der Anordnung des Rückzuges aus einer Kleinstadt möchte er „so viele Leben retten, wie eben möglich". Irgendwie muss das Massensterben der Bolschewiken ein Ende finden. Wir sind ebenso großherzig: „Frieden schaffen MIT Waffen" lautet unser Schlachtruf, um „das Monster" zu erlegen. Deutschland wird aufrüsten! Heldenpräsident und Kriegskanzler ziehen an einem Strang, um die westliche Welt zu retten. Auch wenn es Jahrzehnte dauert. Ganz hart drauf ist Justiz-Buschmann: Der will den Tyrannen vor den Kadi zerren. Vor lauter Angst, seinen Chef zu verlieren, droht der Adlatus, Berlin atomar zu vernichten. Aber vorher verspricht der Heldenpräsident dem Iwan „eine Überraschung". Meint er seine beeindruckende „Wolfsrudeltaktik"? Zur Einstimmung auf den Welt-Waffengang empfiehlt sich das „Plauderbrettspiel Russland-Ukraine-Krieg". Gesellige Wehrausbildung im trauten Familienkreis mit Kindern und Enkeln. Habe ich „Qualitätsmedien" entnommen. Soll ich es glauben? Oder besser nicht?

20.02.2024

Selenskyj: Awdijiwka-Rückzug soll "so viele Leben wie möglich retten"

Selenskyj: „Wir haben den Mythos Russland zerstört"

Frieden schaffen mit Waffen

Selenskyj: "Putin ist ein Monster"

Deutschland muss endlich aufrüsten

Sie müssen nun den Westen retten

Pistorius: Noch Jahrzehnte Konfrontation mit Russland

Buschmann will Putin vor Gericht bringen

Selenskyj verspricht russischer Armee eine Überraschung

Medwedew droht mit Atomwaffen-Angriff auf Berlin

Ukraine versenkt russisches Krim-Kriegsschiff mit „Wolfsrudeltaktik"

RUSSLAND-UKRAINE KRIEG Plauderbrettspiel

Die Märchenstunden der deutschen Medien

Mainstream-Pressespiegel vom 21.2.2024. Kein Zweifel: Der Iwan muss dran glauben, „koste es, was es wolle". In Deutschland tobt der Bär: Bärlin ist schwarz vor Demonstranten: 'Hunderte' protestieren gegen den Tyrannen! Da gibt's nix zu diskutieren: Europas Demokratie geht den Bach runter, wenn wir diesen Mörder nicht ins Jenseits befördern. Die Sturm-spitze bilden dabei die grünen Friedensboten: ALLE schwören uns auf Krieg ein. „Wir müssen das machen". Jawoll! Unser Finanzminister macht die Kriegsindustrie zum Zocker-Paradies: „Investitions-Erleichterungen" machen Waffen-Aktien zu Blue Chips. Die Produktion besteht aus schnell-drehenden Verbrauchs-Produkten: Peng und weg! Ohne Blauer Engel-, Recycling-, Umweltverträglichkeit- oder Feinstaub-Gelaber. An der Front haben sich die Helden das Sagen zurückgeholt: Das russische Spionage-netz wurde ausgeschaltet, der statistische Mittelwert von 1000 dahinge-rafften Bolschewiken/ Tag weit übertroffen. Drei Kampfjets geschrottet. Allen Zweiflern sei es eingemeißelt: Die Ukraine hält durch! Habe ich „Qua-litätsmedien" entnommen. Soll ich es glauben? Oder besser nicht?

Russland muss diesen Krieg verlieren

Ukraine-Krieg: Atlantiker setzen auf Sieg – „koste es, was es wolle"

Hunderte protestieren in Berlin gegen Wladimir Putin

Putin muss gestoppt werden, wenn Europas Demokratie überleben soll

Habeck zu EU-Rüstung: „Wir müssen das machen"

Ukraine-Krieg: Annalena Baerbock will Europa kriegstüchtig machen

Lindner will Investitionen in Rüstungsindustrie erleichtern

Deutschland kündigt Umsetzung eines neuen Hilfspaketes an

Russisches Spionagenetz ausgeschaltet

Schwere Verluste für Russland im Ukraine-Krieg: Mehr als 1000 Soldaten tot – drei Flugzeuge abgeschossen

21.02.2024

Ukraine hält durch

59

Mainstream-Pressespiegel vom 22.2.2024. Pech: Der Tyrann hat dem Heldenpräsidenten die 'Koksfabrik' vor der Nase weggeschnappt. Die gute Nachricht: Mit dem Meuchelmord am schlimmsten Feind hat er sich verzockt. Nie hätte er damit gerechnet, dass die zur Kriegskonferenz geladene Gattin dort zufällig vom Tod ihres geliebten Mannes erfährt. So grausam! Alle Welt leidet mit! Dann das: Ein Russki-Deserteur aus dem Heldenland wurde beim Urlaub in Spanien erschossen. Das alles beweist: Wir müssen den Tyrannen „abschrecken" bzw. „ausschalten". Er ist eine „Gefahr für alle freien Nationen" und „stürzt die Welt in eine Katastrophe". Keine Angst, Freunde! Die Welt steht geschlossen hinter der Witwe. Auch die Helden-Front vermeldet Positives: Der Iwan greift erfolglos an. Gestern ein Spitzen-Entnahme-Ergebnis: 1.230 tote Russkis. Wenn die sich mal 'nen Helden fangen, töten sie ihn.Es herrscht Lebensmittel-Knappheit. Nix' da, um Gefangene zu ernähren. Jeder Russki soll deshalb hinter seiner Datscha „Bananen anbauen". Habe ich „Qualitätsmedien" entnommen. Soll ich es glauben? Oder besser nicht?

Russland meldet Einnahme von Koksfabrik

Nawalnys Witwe: Putin hat meinen Mann umgebracht

Kreml-Insider: Putin hat sich mit Nawalnys Tod verzockt

Putins nächstes Opfer: Überläufer in Spanien umgebracht

„Man muss ihn ausschalten": Doch so schützt Putin sich vor Attentaten

Putin ist eine Gefahr für alle freien Nationen.

Scholz für "glaubwürdige Abschreckung"

Sonst macht Putin die "Welt zur Katastrophe"

Selenskyj lobt Rückendeckung aus dem Ausland

Ukraine meldet erfolglose Angriffe russischer Truppen

Schwere Verluste für Russland im Ukraine-Krieg: 1230 Soldaten fallen an nur einem Tag

Ukraine wirft russischer Armee Tötung von Kriegsgefangenen vor

22.02.2024

Putins Plan gegen Knappheit: Russen sollen eigene Bananen anbauen

Mainstream-Pressespiegel vom 23.2.2024. Uns wurde die Führungsrolle im geostrategischen Kräftemessen von den Amis zugedacht. Deshalb erwartet Kriegs-Fetischist Hofreiter die Freigabe der Taurus-Mordsdinger. War aber noch nix. Seine Regierungstruppe „tänzelt" noch um das T-Wort herum. Evtl. müssen wir dem „Killer-Regime" in Moskau per Einmarsch den Kreml abfackeln. Sonst entfacht der Tyrann bei uns immer weiter „Flammen, wo es nur geht". 144 Mio. Russkis sind zu einer Horde von Nihilisten verkommen. Aber wartet! – Diplomatie-Autodidakt Baerbock hat's dem Iwan tüchtig besorgt: „Sie müssen den Krieg beenden", ätzt sie an der Copacabana. In zwei Jahren ist die Nummer sowieso gelaufen. Die Bolschewiken sind fix und fertig. Sie müssen dringend für ihre Work-Life-Balance eine Pause einlegen. Das nutzen die Helden für einem massiven Schlag: Mehr als 1.200 abgemurkste Russkis sind ein Spitzen-Tageswert. Ärgerlich ist, dass immer noch Russengas zu uns fließt. Abstellen! Wir lassen nur noch Sonne und Wind an uns ran! Habe ich „Qualitätsmedien" entnommen. Soll ich es glauben? Oder besser nicht?

Deutschland hat Führungsrolle eingenommen

Hofreiter: Erwarte "Taurus"-Freigabe

Tanz ums T-Wort

Putins Killer-Regime

Wladimir Putin facht die Flammen an, wo es geht

"In Russland ist Nihilismus zur staatlichen Politik geworden"

Baerbock wendet sich an russischen Außenminister: "Sie müssen diesen Krieg jetzt beenden"

Russlands Kampfkraft in zwei Jahren erloschen?

Ukraine gelingt wohl massiver Schlag gegen Putins Armee

Experten: Russlands Streitkräfte angeschlagen – Pause nötig

23.02.2024

Schwere Verluste für Russland im Ukraine-Krieg: Mehr als 1200 Soldaten fallen

Putin schickt Gas nach Deutschland – auf diesem Umweg

MEIN KRIEGSTAGEBUCH ***2024***

Mainstream-Pressespiegel vom 24.2.2024. Spitzenbilanz: 2. Jahrestag 'unseres' Krieges! Hat Peanuts gekostet: 200 Mrd. € plus x. Dafür haben wir 1.1 Mio. neue Mitbürger zur Deckung des Fachkräftemangels gewonnen. 2.2 Billionen Dollar Umsatz machte die Kriegsindustrie, die zu einem beträchtlichen Teil unsere Kumpels in Washington bunkern konnten. Auch beim Kinees herrscht Partylaune: Er bekommt durch unsere Verteufelung von fossilen Brennstoffen den Wachstumsschub. Perfekt getimt kommt das 13. Sanktionspaket. Zur Freude vieler Drittländer. Die verdienen prächtig an der Durchleitung der Warenströme. Im 3. Kriegsjahr zieht hoffentlich die Bundeswehr gen Osten. Im Kopfkino ist bei denen 'Bock aufs Töten' unterm Nato-Helm eingemeißelt. Die Revolverheldin der FDP traut dem Tyrannen den „Angriff auf Deutschland" zu. Deshalb müssen wir einmarschieren, um unseren US-Beschützern die Weltherrschaft zu sichern. Nach dem Sieg bekommen die Helden als 'Thanksgiving' für die Mithilfe bei der Rettung Europas schlappe 500 Mrd. € für die Neubebauung der eurasischen Ackerkrume. Nicht der Rede wert! Habe ich „Qualitätsmedien" entnommen. Soll ich es glauben? Oder besser nicht?

▣ *Das ist auch unser Krieg*

Bilanz des zweiten Kriegsjahres

2,2 Billionen für Waffen

1,1 Millionen Zuzüge von Menschen aus der Ukraine

China, der große Profiteur im Ukraine-Krieg

Ukraine-Krieg: US-Industrie erlebt einen Auftragsboom für Waffen und Munition

Zum Jahrestag des Ukraine-Krieges

EU einigt sich auf neues Sanktionspaket

24.02.2024

Wehrbeauftragte Högl: „Die Bundeswehr ist auf den Ernstfall mental vorbereitet"

Strack-Zimmermann traut Wladimir Putin Angriff auf Deutschland zu

„Ukrainekrieg kostet Deutschland mehr als 200 Milliarden Euro"

Ukraine braucht 500 Milliarden

Die Märchenstunden der deutschen Medien

Mainstream-Pressespiegel vom 25.2.2024. Kannibalen seien vor dem Verzehr gewarnt „Der Tyrann ist tödlich". Der greise US-Chef findet für ihn trotz vieler kognitiver Aussetzer die richtigen Worte: „Durchgeknallter Mistkerl". Kuschelt dabei mit Witwe und Tochter des Verstorbenen und verkündet 500 knallharte Sanktionen. Alle NATO-Kräfte an die Ostfront! Die Gelegenheit ist ideal: Zehnmal höher ist die Russki-Todesquote im Vergleich zum Taliban-Desaster. Die Waffenproduktion ist ausgeblutet. Verzweifelt vertuscht er den Untergang. Deshalb fordert die linkslastige Dominanz im Reichstag, den Helden alle nur denkbaren Waffen zu liefern. Frechheit, die 'Weltkrieg III-Fanbase' als „kriegsbesoffen" anzupöbeln. Krieg gegen den Iwan ist notwendig! Ursel von der EU muss deshalb ihren Platz in Brüssel beibehalten: Respektvoll „Flinten-Uschi" genannt, soll sie Zwist zum Iwan säen. Zum Jahrestag düste sie zum x-ten Male zum Heldenpräsidenten. Die Solo-PR-Show gönnte Kriegsamazone Baerbock ihr nicht, sauste ebenfalls hin und schwor Beistand im Antlitz der Weltpresse: Germanys War-Models? Damit wir den Krieg gewinnen, weben derweil fleißige Heldinnen Tarnnetze zum Schutz der 'Tierpanzer'. Habe ich „Qualitätsmedien" entnommen. Soll ich es glauben? Oder besser nicht?

"Putin ist tödlich"

25.02.2024

Biden trifft Witwe und Tochter Nawalnys

Biden nennt Putin einen »durchgeknallten Mistkerl«

Biden kündigt 500 neue Sanktionen gegen Russland an

Nato-Kräfte gegen Putin

Munitionsproduktion Russlands nicht ausreichend

Russische Verluste in Awdijiwka höher als in zehn Jahren Kampf gegen Afghanistan

Aus Verzweiflung? Putin vertuscht wohl Probleme der russischen Wirtschaft

Ampelfraktionen wollen weitere Waffenlieferungen an Ukraine

Ampel "kriegsbesoffen": Wagenknecht warnt vor Kriegsgefahr

Von der Leyens erneute Kandidatur

Ukrainerinnen weben Tarnnetze in Heilbronn

Sie soll es mit Putin aufnehmen

Baerbock zu Besuch in der Ukraine eingetroffen

Von der Leyen in Kiew eingetroffen

Mainstream-Pressespiegel vom 26.2.2024. Onkel Donald macht uns Hoffnung: Bald haben wir das Ziel erreicht: III.Weltkrieg. Der Heldenpräsident ist voll auf US-Linie: „Wir werden siegen"! Ein Drama: Anschlag auf der Survival-Tour unserer Außen-Führerin! Sie entkommt nur knapp dem Mordversuch per Drohne. Huch! Um die Story emotional zu maximieren, krabbelt die Globetrotterin wie immer zum Fotoshooting in den Bunker. Gut gelungen! Storytelling dient schließlich der Sicherung der US-Weltherrschaft. Billionaires schnappen sich Filetstücke auf dem „boomenden Immobilienmarkt" im Heldenland. Oligarchen gucken in die Röhre. Denn die größte Bank Chinas hat den Russkis den Geldhahn abgedreht. Den Unbesiegbaren gelingt ein Rundumschlag: Bis zu 60 Sturmtruppen haben sie niedergemangelt. Deutsche Solidarität hilft enorm: Hessens Bürger stehen 'geschlossen' hinter den Helden. Das hat grade noch gefehlt. Gut, dass die Nachbarstaaten der Russkis uns davor warnen, wie blind in die "Falle" des Schurken zu tappen. Unser kriegerisches Multitalent Baerbock hat bei der UN ein Statement rausgehauen, das uns wachrüttelt: „Der Tyrann will UNS erobern". Wehrt Euch! Habe ich „Qualitätsmedien" entnommen. Soll ich es glauben? Oder besser nicht?

"Bald Dritter Weltkrieg"

EU steht hinter der Ukraine
Selenskyj: "Wir werden siegen"

Russen-Drohne verfolgt Baerbock

Baerbock muss bei Ukraine-Besuch nach Raketenalarm in Schutzraum

Immobilien-Boom in der Ukraine

Desaster für Russland: Größte Bank Chinas lässt Putin hängen

Ukraine gelingt erneut Schlag gegen Russland – „Bis zu 60" Sturmtruppen ausgeschaltet

Rhein: "Hessen steht weiter an der Seite der Ukraine"

»Wir müssen Putin zeigen, dass wir in den Rüstungswettbewerb eintreten – und gewinnen werden«

26.02.2024

Russlands Nachbarstaaten warnen Nato vor „Falle" im Ukraine-Krieg

Annalena Baerbock in BILD
Putin will keinen Frieden, er will erobern

Die Märchenstunden der deutschen Medien

Mainstream-Pressespiegel vom 27.2.2024. Abgestimmt zwischen WEF, EU und White House lautet der Befehl: "Durchhalten! Weitermachen!" Die Helden werden hierzu 'künstlich beatmet'. Der Iwan soll das Fürchten lernen. Die Mehrheit der kriegerischen Deutschen will, dass wir alles liefern, was zischt, knallt, tötet. Als lupenreine Demokratin erfüllt Trümmerfrau Annalena Volkes Wille. Helden happy! Kampfeswille ungebrochen. Der Iwan quält sich, um den Krieg zu seinen Gunsten zu entscheiden. Selbst bei ausbleibender Hilfe würde die Heldennation nie untergehen. Sogar in Afrika attackieren sie Truppen des Tyrannen. Ab sofort kungelt die lebenslustige Dissidenten-Witwe bei dessen Vernichtung mit. Ihr Management lockt mit einer „Enthüllung". Sie wird doch nicht etwa 'blank' ziehen? Nein! Die „Enthüllung" toppt die Nordstream-Story: Unsere herzensgute Regierung wollte Herrn Nawalny erst kürzlich per 'Tauschhandel' retten. Doch der Tyrann zog es vor, den Staatsfeind abzumurksen. Zeitgleich lassen die Helden die Sau am Gatter rappeln und decken alle Propaganda-Lügen des Tyrannen auf. Jetzt sind wir alle vor Wut angefixt! Habe ich „Qualitätsmedien" entnommen. Soll ich es glauben? Oder besser nicht?

Durchhalten. Weitermachen 27.02.2024

Baerbock sagt Kiew weiter Waffenhilfe zu

Ukraine stützen - Russland abschrecken

Kampfeswillen der Ukraine laut Biden "ungebrochen"

Russland rüstet enorm auf

Mehrheit der Deutschen für mehr Waffen und Munition für Ukraine

Militärexpert zum „Blutkrieg" gegen Russland „Die Ukraine würde auch bei ausbleibender Hilfe nicht fallen"

Ukraine attackiert Putins Truppen in Afrika

Nawalny-Ehefrau verspricht große Enthüllung

Deutschland wollte angeblich Nawalny austauschen

Ukraine deckt Putins Propaganda-Lüge auf

"Jetzt tritt Julija an seinen Platz"

MEIN KRIEGSTAGEBUCH ***2024***

Mainstream-Pressespiegel vom 28.2.2024. Statt Geisterbahn-Besuch zur Osterkirmes empfiehlt sich das „Land zum Fürchten". Hier ist der sensationsheischende Besucher der „Entmenschlichung" nah. 120.000 nachgewiesene Verbrechen zeugen von der Qualität der Grusel-Gaudi. 31.000 Helden mussten im Kampf gegen die Bolschewiken bisher ihr Leben aushauchen: Eine Erfolgsbilanz, denn die Anzahl der erschossenen Iwan ist zehnmal höher. Sensationell! Russkis, die dem sicheren Tod von der Schüppe springen wollen, machen rüber zu den Helden. Schlau! Tag für Tag heben Bauämter im Russki-Reich einen neuen Friedhof mit durch-schnittlich 1000 Grabstätten aus, um den Ruhestätten-Bedarf zu decken. Jetzt sucht er verzweifelt neues Kanonenfutter. Diese tolle Abschuss-Quote war City Hopper Baerbock 'on top' eine Bonuszahlung in Höhe von 100 Mio. € wert. Als spontanes Dankeschön verspricht der Heldenpräsi-dent dafür eine neue Gegenoffensive. Wir Deutsche müssen mal langsam begreifen, dass wir uns im Krieg befinden. Wird aber auch Zeit! Habe ich "Qualitätsmedien" entnommen. Soll ich es glauben? Oder besser nicht?

Russland

Ein Land zum Fürchten

`28.02.2024`

Merz: System Putin setzt auf Entmenschlichung

Ukraine hat über 120.000 russische Kriegsverbrechen erfasst

Geschätzter Zwischenstand: Mehr als 300.000 Soldaten Verlust auf russischer Seite

Russische Soldaten auf der Flucht

Selenskyj: 31 000 ukrainische Soldaten getötet

Ihr seid im Krieg und wollt es nicht wahrhaben

Hohe Verluste im Ukraine-Krieg: Russland bereitet „stille Mobilmachung" vor

Russland büßt mehr als 800 Soldaten an einem Tag ein

Wachsende Gräberfelder: Putins Soldaten kehren in ihre Heimat zurück

Selenskyj spricht von neuer Gegenoffensive

Baerbock: Weitere 100 Millionen Euro für Ukraine

Wladimir Putin muss besiegt werden

Die Märchenstunden der deutschen Medien

Mainstream-Pressespiegel vom 29.2.2024. Der Franzmann musste als Erster in die Bütt, um es zu verkünden: „Westliche Bodentruppen müssen an die Front". Wie praktisch, dass bis Juni zufällig 90.000 NATO-Berufsschützen zwischen Nordkap und Karpaten das Töten üben = Der Tyrann MUSS besiegt werden. „Den Russkis geht es ‚noch' zu gut". JEDER Russki wird dran glauben müssen. ALLE haben sind mitschuldig gemacht. Wir müssen sie folglich unter Waffeneinsatz in die Knie zwingen. Das Scholz-Gesülze („Wasch mich, aber mach' mich nicht nass") wird einem anständigen Krieg weichen müssen - fordern die GRÜNEN. Mit Taurus hätte alles längst geklappt. Schwört Kriegspfarrer Gauck. Für den Moment gehts auf Sparflamme weiter: Amis jagen Auslandshelfer des Tyrannen. Die Nachfahren der Wikinger schicken „legendäre Angriffsboote". Trotz „schrecklicher Verluste" kämpfen die Bolschewiken weiter, wenn sie nicht ‚gezwungen' werden, Heldenfrauen per Schnapp-Schuss flachzulegen. Apropos ‚Helden mit Menstruationshintergrund': Beim Kriegssponsor Japan (100 Mio. €) wurde eine Ukrainerin ‚Miss Japan'. Klasse! Warum ist uns das nicht eingefallen? Habe ich „Qualitätsmedien" entnommen. Soll ich es glauben? Oder besser nicht?

Macron schließt Entsendung von Bodentruppen in die Ukraine nicht aus

Wladimir Putin muss besiegt werden

Russland geht es noch zu gut

In der Ukraine tobt nicht Putins Krieg – es ist Russlands Krieg

Der deutsche Mittelweg ist gescheitert

Grüne werten Scholz' Nein zu Taurus als falsch

Gauck: „Die Taurus hätten wir längst liefern sollen"

US-Regierung jagt Putins Auslandshelfer

Schweden liefert Elite-Kommando legendäre Angriffsboote

Russlands Soldaten kämpfen trotz schrecklicher Verluste immer weiter

Bericht: Russische Soldaten werden zu Vergewaltigungen gezwungen

29.02.2024

Japan: 100 Millionen Euro für Ukraine

Mainstream-Pressespiegel vom 1.3.2024. Diesmal wird Europa echte Stärke zeigen. Den russischen Durchbruch werden wir verhindern. Wohl aber doch nicht so, wie der Pariser es fordert? Sein Adlatus möchte den Iwan schwächen, in dem er die Légion ètrangère furchteinflößend an der Front Wache schieben lässt. Wir Deutschen allerdings träumen von Kampfjets. Die Amis haben das Terrain vorbereitet und koordinieren von zwölf 'geheimen Stützpunkten' aus die NATO- Invasion. Für den Tyrannen ein Albtraum, wenn er an die Laserkanonen aus dem 'Laserhosenland' Bayern denkt. Oder an „Hightech aus deutschen Schmieden" – frischge- gossen und „hart wie Kruppstahl"! Den Kanzler haben die US-Strategen im Ränkespiel „Good Guy – Bad Guy "auf die Reservebank verwiesen. Black- rock-Adlatus Merz nutzt die Gunst der Stunde zur Häme: Ist Scholz eine Mimi? Hey, wie spaßig! Dank der Amis wenden sich immer mehr Kumpel vom Tyrannen ab. Der baldige Blutrausch setzt bei uns Adrenalin frei: Wir werden siegen! Habe ich „Qualitätsmedien" entnommen. Soll ich es glau- ben? Oder besser nicht?

Europa muss zu echter Stärke finden

Jetzt droht der russische Durchbruch

01.03.2024

Frankreichs Außenminister spricht von Einsatz ohne Kriegsbeteiligung

Nato-Soldaten in die Ukraine

"Wir werden siegen"

Zwölf geheime Stützpunkte: So unterstützt die CIA die Ukraine im Krieg gegen Russland

Putins neuer Albtraum: Laserkanonen aus Oberbayern

„Hat Scholz Angst?" – Merz zieht vernichtende Bilanz

High-Tech aus deutschen Schmieden: Neuer Schrecken für Putins „Perlenketten"

Putin will Sanktionen umgehen – doch immer mehr Partner lassen ihn im Stich

"Sehen im Verborgenen womöglich erste Einsätze westlicher Kampfjets"

Scholz lehnt "Taurus"-Lieferung aus Furcht vor Ausweitung des Kriegs ab

Die Märchenstunden der deutschen Medien

Mainstream-Pressespiegel vom 2.3.2024. Zwei Kriegs-Beseelte haben sich für die Invasion stark gemacht. Hardliner Kiesewetter meint, wir sollten weniger Urlaub machen und dafür den Helden Waffen finanzieren. Kriegs-Conférencier Ischinger findet, dass die Bodentruppen-Initiative ganz großes Kino ist: Diese bringt den finalen Sieg. 20.000 als 'Freiwillige' getarnte Kämpfer sind an der Front und bilden den Brückenkopf. Dazu die 90.000 Berufsschützen der NATO-Challenge. On top die Taurus-Dinger. Weg ist der Iwan! Gestern wurde der Putin-Feind beerdigt. Es war wie beim ESC – die ganze Welt nahm tränengerührt Anteil. Das Russki-Reich skandiert: „Unser Tyrann ist ein Mörder". Die Witwe tourt weltweit im Genre 'Trauer'. Ursels EU-Zirkus hat sie für 'ne Solo-Nummer gebucht. Jetzt weiß der Globus, dass der Tyrann ein „blutrünstiges Monster" ist. Er hat Null Chance: Die Böller vom Korea-Kim sind 'Scheiße'. Partisanen haben ihm das Hauptquartier weggesprengt. Seine marode Geisterflotte zerlegen die Amis. Und eine Elitehelden-Einheit zeigt den Bolschewiken derzeit, wo der Fluchtweg ist: Richtung Osten. Letzte Hoffnung : Mahatma Ghandis Nachfahren sollen ihm aus der Patsche helfen. Habe ich „Qualitätsmedien" entnommen. Soll ich es glauben? Oder besser nicht?

Ukraine-Krieg: Deutsche sollen weniger Urlaub machen für mehr Waffen

Ischinger hält Macron-Vorstoß zu Bodentruppen für richtig

20.000 Ausländer kämpfen für Kiew

Nawalnys Witwe spricht vor der EU

„Putin ist ein blutrünstiges Monster"

Tausende Russen nehmen in Moskau Abschied von Kremlkritiker

Menge: "Putin ist ein Mörder"

Kiew: Hälfte von Nordkoreas Munition für Russland defekt

Partisanen sprengen wohl Putin-Hauptquartier in der Südukraine

USA gehen gegen marode russische Geisterflotte vor

Ukraine schickt Elite-Einheit gegen Russland ins Feld

02.03.2024

Jetzt heuert Wladimir Putin sogar Inder für den Ukraine-Krieg an

MEIN KRIEGSTAGEBUCH ***2024***

Mainstream-Pressespiegel vom 3.3.2024. Das war nun wirklich Pech: Der Iwan hat vier deutsche Generäle abgehört, wie sie unsere Kriegspläne belaberten. Ein Vorteil: Impfgranate Lauterbach muss sich nicht mehr sputen, um das Medizinwesen auf Kriegseinsatz zu trimmen. Die Kreml-Spitze erstarrt in Angst vor dem Einmarsch der NATO. Der Tyrann selbst droht hektisch mit einem Atomschlag. Sein Stellvertreter versucht es mit Beleidigung des französischen Bodentruppen-Fetischisten: Nicht Honig, sondern „Urin" soll der Pariser im Kopf haben. Die AMPEL in Berlin grinst die Drohungen und Schmähungen einfach weg. Auch die Kriegs-Regisseure im Pentagon narkotisieren uns. Als ob der Iwan jemals sein Atomzeugs benutzen würde. Neben der Seehoheit hat der Tyrann jetzt auch die Lufthoheit verloren. Ihren anfänglichen Mangel an Drohnen haben die Helden längst kompensiert. Wenn wir der Welt Gas-Bestellungen beim Iwan verbieten, bricht das Land vollends zusammen. Deshalb schlägt der Heldenpräsident dem Tyrannen gönnerhaft eine „Friedenskonferenz" vor. Sollte es den daran Beteiligten an Detailwissen zum Krieg mangeln, empfiehlt sich Berufsemanze Schwarzer. Die besitzt "Geheimwissen" zum Thema. Wow! Habe ich „Qualitätsmedien" entnommen. Soll ich es glauben? Oder besser nicht?

Russen hören Geheim-Gespräch deutscher Generäle ab

Lauterbach will Gesundheitswesen für "militärische Konflikte" rüsten

Alice Schwarzer mit Geheimwissen

Putin droht dem Westen mit Atomkrieg

Medwedew attackiert Macron: "Urin im Kopf"

+++ 14:28 Bundestagsabgeordnete zeigen sich wenig beeindruckt von Putins Worten über Gefahr eines nuklearen Konflikts +++

USA: Keine Anzeichen für Einsatz russischer Atomwaffen

Selenskyj kann sich Friedenskonferenz mit Russland vorstellen

Zehn Jets in zehn Tagen abgeschossen: Russland verliert Lufthoheit

Ukraine produziert so viele Drohnen wie Russland

EU will mit eingefrorenem russischen Geld Waffen für Ukraine kaufen

Wirtschaftsweise fordert Gassanktionen gegen Russland

US-Regierung: Schicken keine Soldaten in die Ukraine

03.03.2024

Mainstream-Pressespiegel vom 4.3.2024. Alle freuen tierisch sich auf den III. Weltkrieg – nur unser Kanzler schert aus! Verrät Militärgeheimnisse! Haste Töne? Mutiert vom Kriegs-Kanzler zum Friedenskanzler? Kurz nach seinem Biden-Besuch? Haben die Strategen in Washington ihm eine neue Rolle zugewiesen? Fragen über Fragen! Die Niederländer sind dagegen auf Linie. Zwei Milliarden Euro hat der Rutte dem Heldenpräsidenten geschenkt. Da kommt Freude auf! Jetzt rollt die große Welle gegen den Iwan überall wieder richtig an: Das EU-Parlament fordert „Taurus her". Die Helden ballern jeden Tag einen Russki-Jet vom Himmel und haben eine Stadt rückerobert. Fatale militär-taktische Fehler führen zu herben Verlusten bei den Bolschewiken. Wir lernen: Die „Macht" des Iwan soll man nicht überschätzen. Den Nawalny z.B. meuchelte der Tyrann „aus Angst". Er lebt halt in Parallelwelten. Es bleibt dabei: Der Tyrann muss verlieren. Habe ich „Qualitätsmedien" entnommen. Soll ich es glauben? Oder besser nicht?

04.03.2024

Scholz soll Militär-Geheimnisse verraten haben

Vom Zeitenwender zum Friedenskanzler – was hinter Scholz' neuer Strategie steckt

Milliardenhilfe für Kiew: Ukraine feiert Sicherheitsabkommen mit den Niederlanden

Hunderttausende Schuss Artillerie: Jetzt rollt die große Hilfe der Europäer an

EU-Parlament: Ukraine braucht Taurus-Raketen

Jeden Tag ein Kampfflugzeug

Ukraine meldet Einnahme von Kleinstadt

Fataler Fehler der Russen führt zu herben Verlusten

„Russlands Macht nicht überschätzen"

Putin tötete Nawalny „aus Angst"

Putins Flucht in Parallelwelten

Selenskyj: "Putin muss verlieren"

MEIN KRIEGSTAGEBUCH ***2024***

Mainstream-Pressespiegel vom 5.3.2024. Die Kanadier gehen mit gutem Beispiel voran. Sie stehen Gewehr bei Fuß, um den Iwan plattzumachen. Auch der Pariser bleibt auf Einmarsch-Linie. Seine Kampfjets werden von den Helden stündlich erwartet. Wir Deutsche reden immerhin schon mal über die Hinwendung zur 'Kriegswirtschaft'. Regelrecht genial ist die Idee, dem Tyrannen die „Chance" zum 'Verlieren' anzubieten. Sehr großherzig! Zunächst heizen wir ihm aber noch mal mächtig ein. Explosionen auf der Krim-Brücke, Gewaltiger Drohnenangriff direkt ins Herz der Krim. Schwere Schläge mit enormen Verlusten für die Bolschewiken. Der Abmurks-Mittelwert von Tausend/Tag wurde erneut übertroffen. Dennoch bleibt der Tyrann „vollends größenwahnsinnig". Er zahlt seinen Landleuten 50.000 Euro bar auf die Kralle für jeden Jung-Iwan, der an der Front sein Leben aushaucht. Bei der hohen Abschussquote erleben Elends-Provinzen des Iwan dadurch einen „Vermögensboom". Habe ich „Qualitätsmedien" entnommen. Soll ich es glauben. Oder besser nicht?

05.03.2024

Ukraine-Krieg: Kanada ist bereit zur Entsendung eigener Soldaten

Französische Kampfjets für den Ukraine-Krieg „erwartet"

„Paradigmenwechsel hin zur Kriegswirtschaft"

"Den Russen eine Chance geben, indem wir ihnen helfen zu verlieren"

Russland: Ukraine greift Krim mit 38 Drohnen an

Explosionen: Krim-Brücke gesperrt

Ukraine gelingt schwerer Schlag mit HIMARS: Russische Soldaten sterben

Verlustreiche 24 Stunden – Russland verliert 1160 Soldaten an einem Tag

Jetzt wird Putin vollends größenwahnsinnig

Makabrer Vermögensboom in Russlands Provinz

 **Putins Geld fürs Sterben**

Die Märchenstunden der deutschen Medien

Mainstream-Pressespiegel vom 6.3.2024. Frechheit, deutsche Generäle unerlaubt abzuhören. Jetzt weiß die halbe Welt, dass wir Bomben auf die Krim schmeißen wollten. Der Tyrann hat uns bis auf die Knochen „blamiert". Deshalb brodelt es in Berlin. Centurio Pistorius weiß, dass das alles 'ein Teil' vom Informationskrieg des Tyrannen ist. Dieser schlimme Finger! In „Gedankenspielen" bereitet Deutschland aber weiterhin den Krieg vor. Nach zwei langen Jahren haben wir es bald geschafft: III. Weltkrieg. Silvester jeden Tag! Wir freuen uns auf das tägliche Bombardement. Ja, die NATO muss diesen Weltkrieg führen und gewinnen. Denn der Sauhund will Europa und Amerika zerstören und sich dann die Weltherrschaft schnappen. Doch wir werden siegen, weil Ursel von der EU auf die geile Idee kam, die Iwan-Milliarden bei den West-Banken zu klauen und damit Waffenkäufe zu finanzieren. Dann fehlt ihm das Geld, um seine Verluste auszugleichen oder um sich neue Flugzeuge zu kaufen. Saugut! Habe ich „Qualitätsmedien" entnommen. Soll ich es glauben? Oder besser nicht?

Putin blamiert Deutschland im Taurus-Abhörskandal

Krim-Angriff mit Taurus

ABGEHÖRTES TAURUS-TELEFONAT

Es brodelt in Berlin

Pistorius: Abhöraffäre ist Teil von Putins Informationskrieg

TAURUS-ABHÖRSKANDAL

Die Gedankenspiele der Bundeswehr

„Deutschland bereitet Krieg gegen Russland vor"

„Nato wird Krieg mit Russland führen"

»Putins Hauptziel ist die Zerstörung – zuerst die Ukraine und dann Sie, liebe Partner«

EU will russische Gelder für Waffenkäufe verwenden

Russische Verluste so hoch wie noch nie

06.03.2024

Russland verliert immer mehr Flugzeuge

Mainstream-Pressespiegel vom 7.3.2024. Gut, dass der Tyrann unsere Generäle abgehört hat. Damit hat er bewiesen, was für eine linke Socke er ist. Wir müssen unbedingt den „Verteidigungskrieg" forcieren! Die Nato übt deshalb „Flussüberquerungen". Dnepr und Wolga müssen schließlich 'zur Verteidigung' überquert werden. Der CIA ist zur Vorbereitung der Verteidigung bereits im Heldenland aktiv. Der Tyrann startet sein übliches, blutiges Frühjahr-Gemetzel. Massenhaft Soldaten- und Kampfjet-Verluste. Raketeneinschläge der Helden „wie aus dem Nichts". Jetzt haben die Helden sogar das Kampfjet-Geheimnis des Tyrannen gelüftet. Mega! Wir werden ganz einfach seine Scheinwahlen für illegitim erklären – dann ist er am Ende. Was die Drohnen angeht, hat er keine Chance mehr. Ein Westerwälder hat Netze gebastelt, in denen sich Drohnen verfangen wie Singvögel in Kalabrien. Pädagogisch wertvoll hilft das ZDF bei der Kriegserziehung: Marschflugkörper mit Kussmund necken sich beim Kriegs-Einsatz. Da lacht der kleine Infanterist. Habe ich „Qualitätsmedien" entnommen. Soll ich es glauben? Oder besser nicht?

"Das hat alle nochmal geweckt in der Bundeswehr"

«Deutschland bereitet Krieg gegen Russland vor»

Nato-Truppen üben in Polen Flussüberquerung mit Panzern

CIA in der Ukraine

Putins immerblutiges Frühjahr:

07.03.2024

Putins Soldaten werden an der Front massenhaft verschlissen

Beängstigend für für Russlands Piloten: Raketeneinschläge quasi aus dem Nichts

Ukraine kommt Kampfjet-Geheimnis auf die Schliche

Scheinwahlen in Russland: Es ist Zeit, Putin zu einem illegitimen Führer zu erklären

ZDF-Kindersendung: Marschflugkörper-Gesichter necken sich

Ukraine-Krieg: Westerwälder entwickeln Netze zum Schutz vor russischen Drohnen

Die Märchenstunden der deutschen Medien

Mainstream-Pressespiegel vom 8.3.2024. Sehr anständig, dass die Amis uns warnen: Der Iwan „sät Zwietracht". Der Vizekanzler wird im Ami-Land auf Linie gebracht: Feindbild Trump übernehmen und Imperialismus der Cowboys in Europa absichern. Macht er! Ursel plant die Umstellung der Industrie auf „Kriegsmodus" = Statt Kochtöpfe gibts Stahlhelme. Trümmerfrau Baerbock brüskiert unseren Noch-Staatschef und will die Taurus-Lieferung „intensiv prüfen". Der Pariser kauft weltweit Munition, um die Bolschewiken wie Mücken in der Camargue auszurotten. Er fordert unseren Noch-Kanzler auf, „kein Feigling zu sein". Frankreichs schmachvoll verlorener Napoleon-Feldzug liegt lange zurück — jetzt muss wieder mal die Sau am Gatter rappeln. Erstes Ziel ist die Übernahme der Krim und die Zerstörung der Brücke. Gut zu wissen, dass die Tyrannen-Liebschaft mit dem Kinees vorbei ist. Weniger gut ist, dass unsere schwule Jugend nicht an die Front will. Der Centurio hat eine gute Idee: „Wehrpflicht für alle". Habe ich „Qualitätsmedien" entnommen. Soll ich es glauben? Oder besser nicht?

USA: Russland will Zwietracht säen

Schließt Habeck heute den Anti-Trump-Pakt?

Wie der Westen Putin besiegen kann

EU plant Umstellung auf „Kriegswirtschaft"-Modus

Ukraine-Krieg: Baerbock will Taurus-Lieferungen "intensiv" prüfen lassen

Macron: Kein Feigling sein

Macron will auf der ganzen Welt Munition kaufen

Attacke auf das Herz der russischen Besatzer

Die Krim-Brücke im Visier

08.03.2024

Bricht Russland Freundschaft mit China? Was die geheimen Militärdokumente verraten

Nur eine Minderheit wäre bereit, mit der Waffe zu kämpfen

Pistorius will »Richtungsentscheidung zur Wehrpflicht« bis 2025

MEIN KRIEGSTAGEBUCH ***2024***

Mainstream-Pressespiegel vom 9.3.2024. Die Helden haben das dicke Lob redlich verdient: Die Unverwundbaren sind so gut, dass man ihnen auch die Taurus-Dinger problemlos anvertrauen kann, meint der Almdudler. Das törnt die Börse an: Kauft Kriegsaktien. Ein bombensicheres Geschäft. Wegen des geplanten Weltkrieg sind die Papiere des Tötungs-Industrie auf Höhenflug. Wir hauen die Millionen raus, als gäbe es kein Morgen mehr. Die Helden überzeugen uns immer wieder durch „Überraschungen". Trümmer-Model Baerbock spricht es offiziell aus: „Krieg gegen Russland". Losung: Der Iwan muss die Zeche zahlen = Haftbefehle gegen Bolschewiken-Kommandanten vom „Weltstrafgericht". Unsere Bodentruppen werden in Kürze dem Spuk ein Ende setzen. Verdeckte Nato-Soldaten sind längst vor Ort zur Vorbereitung des Feldzuges. Ein EU-Mitglied nach dem anderen schwört sein Volk auf Krieg ein. Und die Helden halten es wie die Volksbanker: „Wir machen den Weg frei" = Zerstören Kolonnen. Versenken Schiffe. Jagen Oligarchen-Fabriken hoch. Hut ab! Habe ich "Qualitätsmedien" entnommen. Soll ich es glauben? Oder besser nicht?

Selenskyj lobt Erfolge seiner Armee

Krieg bringt Waffenherstellern wie Rheinmetall einen Höhenflug

09.03.2024

Deutschland investiert Millionen in Munition für Ukraine

Söder für "Taurus"-Lieferung

USA: Ukraine hat noch "Überraschungen auf Lager"

Baerbock spricht von „Krieg gegen Russland"

Russland muss zahlen

Weltstrafgericht erlässt Haftbefehl gegen russische Kommandeure

Nato-Bodentruppen in der Ukraine? Weiteres Mitgliedsland zeigt sich offen

Verdeckte Operationen? So agieren Nato-Soldaten im Krieg

Von Drohnen entdeckt: Ukraine zerstört ganze russische Kolonne

Russisches Schiff nahe der Krim versenkt

Ukrainische Drohne trifft Oligarchen-Fabrik

Die Märchenstunden der deutschen Medien

Mainstream-Pressespiegel vom 10.3.2024. Alles läuft wie am Schnürchen: Wir bereiten den Krieg vor. Dem FDP-Kubicki kann es nicht schnell genug gehen. Das „Auswärtige Amt" rät von Reisen nach Russland ab. Sehr vernünftig. Wie soll ich am Krim-Strand zur Work-Live-Balance zurückfinden, wenn mir ständig die Taurus' um die Ohren fliegen. Heute hat der Kinees den Iwan wieder lieb: „Pack schlägt sich, Pack verträgt sich". Der Tyrann steht unter Schock: Die Helden 'schalten' Spezialeinheiten aus. Roboter-Helden 'heizen' ihm ein. Horrende Verlustzahlen 'schwächen' seine Kampfkraft. Seine besten Panzer explodieren. Das geht immer so weiter, weil wir Milliarden in die Iwan-Vernichtung investieren. Eine gefährliche Schwachstelle bleibt, die zur Absage des Krieges führen könnte: SEX-VIDEOS von unseren Vorbild-Politikern. Sehr ärgerlich, wenn der Tyrann tatsächlich Clips von Olaf mit Robert und Leni beim Hardcore- Geknatter besitzt, was unsere Vorfreude von Heute auf Morgen wie ein Traum platzen lässt. Habe ich „Qualitätsmedien" entnommen. Soll ich es glauben? Oder besser nicht?

„Deutschland bereitet Krieg gegen Russland vor"

10.03.2024

Kubicki will „aufrüsten, so schnell es geht" – und bei Taurus notfalls Scholz überstimmen

Auswärtiges Amt rät "dringend" von Reisen nach Russland ab

Putin unter Schock

Operation Machterhalt – Wie China Putin jeden Tag aus der Klemme hilft

Ukraine-Krieg: Neue Super-Roboter heizen Russen ein

Ukrainische Truppen schalten russische Spezialeinheit aus

+++ 08:31 Ukraine meldet horrende Verlustzahlen auf russischer Seite +++

Bester Russen-Panzer explodiert

Deutschland gibt Millionenbetrag für Munition

Hat Putin Sex-Videos von deutschen Politikern?

Mainstream-Pressespiegel vom 11.3.2024. Ein Lude ist er, der Tyrann: Da liegst Du als Tourist in Sotschi am Strand, schnappt er Dich und schickt Dich an die Front. Erholsamer ist es, 'All Inclusive' in Odessa auf der Reisemesse in Berlin zu buchen. Sehr gut, dass die NATO den Krieg mit den Russkis sucht. Der Iwan tönt herum, die Fehmarn-Brücke zu sprengen. Kriegsexpertin Baerbock wird das verhindern, indem sie am Kanzler vorbei den Taurus-Einsatz will. Da schwimmt sie mit den Briten auf einer Wellenlänge, die ganz scharf aufs Russentöten mit Langstreckenwaffen sind. Motivierend gehen die Helden mit gutem Beispiel voran und schicken ihre besten Männer in die Schlacht. Mit Drohnen werden die Verluste der Bolschewiken ins Unvorstellbare gewuppt. Über Details schweigen sich Russki-Behörden aber aus. Weil kaum noch Bolschewiken leben, setzen sie Attrappen ein und betreiben einen „Schwarzmarkt", auf dem sie zufällig gefangene Helden zum Schnäppchenpreis verhökern. Was für eine Schande, diese Qualität so zu verramschen! Habe ich „Qualitätsmedien" entnommen. Soll ich es glauben? Oder besser nicht?

II.03.2024

Russland zwingt ausländische Touristen an die Front

MITTEN IM KRIEG: DARUM IST DIE UKRAINE AUF DEUTSCHER REISEMESSE

„Nato wird Krieg mit Russland führen"

Greift Russland Fehmarn-Brücke an?

Trotz Kanzler-Basta: Baerbock für Taurus-Lieferungen

Ukraine-Ticker: Cameron für Lieferung von "Langstreckenwaffen"

Kiew wirft seine besten Truppen in die Schlacht

Bodendrohnen sollen Russlands Verluste hochschrauben

Um Russlands Verluste zu verschleiern? Putins Behörden löschen Standarddaten für 2022

Russische Truppen setzen Soldaten-Attrappen ein

Russland verkauft Soldaten am Schwarzmarkt

Mainstream-Pressespiegel vom 12.3.2024. Gottes Stellvertreter auf Erden ist ins Fettnäpfchen getreten: Das 6. Gebot „Du sollst nicht töten" ist Old School. Makulatur. Völlig realitätsfern! Der Friedensengel Baerbock widerspricht vehement und will ihn vom Heiligen Stuhl in den Schützengraben zerren. Lobbyistin Agnes ‚ß' schämt sich als Katholikin über die perfide Idee des Heiligen Vaters, mit dem Töten aufzuhören. Wenn es nach ihr ginge, muss der Iwan dauerhaft ausradiert werden. Noch einer gehört zu den Losern: Der Kanzler. Der leidet unter „Defätismus". Nein, kein schweres Darmleiden, sondern der Versuch deutscher Journalisten, bildungssprachlich mit „Aufgeben wegen mangelnder Erfolgsaussicht" zu brillieren. So kurz vor dem Sieg sind päpstlicher Rat und Defätismus völlig deplatziert. Die Helden sind auf Erfolgskurs: Als weltgrößter Waffenimporteur greifen sie mit ihrer schier unendlichen Waffengewalt den Iwan brutal an. Schwerste Verluste beklagen die Bolschewiken. 35 Drohnen wurden Ihnen wieder vom Himmel geholt. Was für ein irrer Erfolg. Die Helden erweitern ihren Aktionsradius ständig, attackieren Flugzeugfabriken des Feindes und lassen die Luftabwehr des Tyrannen ziemlich alt aussehen. Habe ich „Qualitätsmedien" entnommen. Soll ich es glauben? Oder besser nicht?

12.03.2024

Der Papst an die Front! Baerbock widerspricht Papst

Strack-Zimmermann schämt sich »als Katholikin«

Papst Franziskus knickt vor Putins Weltbild ein

Der katastrophale Defätismus des Kanzlers

Ukraine 2023 größter Waffenimporteur der Welt

Ukraine greift Krim offenbar massiv mit Drohnen an

Russland erleidet schwere Verluste im Ukraine-Krieg – Dramatische Zahlen

Ukraine meldet Abschuss von 35 russischen Drohnen

Ukrainische Streitkräfte weiten Brückenkopf am Dnipro-Ufer bei Cherson aus

Ukraine attackiert Flugzeugfabrik in Russland

Zweifel an Putins Luftabwehr

Mainstream-Pressespiegel vom 13.3.2024. Na also: Die NATO übt Krieg. „Liebe Landsleute, wir werden angegriffen", erklärt hierzu Centurio Pistorius. Das Ziel des Tyrann war niemals die eurasische Ackerkrume, sondern Deutschland! Der Krieg kommt über die Ostsee. Achtung: Urlaub auf Usedom, Rügen, Timmendorf usw. sofort stornieren!! Gottseidank lässt Macron Bonaparte für seine Legionen die Munition demnächst „just in Time" nahe der Front produzieren. Jeder Cent muss jetzt an die Nato als Bewahrer westlicher Werte fließen. Oder an den Städte-und Gemeinde-bund, der den Bau neuer Bunker fordert. Wir schaffen das: Die Briten schi-cken neue Drohnen, die Tschechen Massen an Munition. Vom Satelliten aus ist gut zu erkennen, dass die Waffenlager des Tyrannen 'ausgeblutet' sind. Neue Analysen bestätigen Irrsinns-Verluste der Bolschewiken. Dazu die Pleitewelle. Reihenweise gehen Russki-Firmen bankrott. Erfolg wie immer bei den Helden. Jetzt haben sie sich sogar den 'Oscar' geschnappt. Habe ich „Qualitätsmedien" entnommen. Soll ich es glauben? Oder besser nicht?

Die NATO übt Krieg

Liebe Landsleute, wir werden angegriffen

Putins Plan für Deutschland

„Das Ziel ist, die Bundesregierung zu erledigen"

Putin plant Ostsee-Krieg gegen NATO

Frankreich will Militärausrüstung in der Ukraine produzieren

13.03.2024

Großbritannien will Ukraine 10.000 Drohnen schicken

Städte- und Gemeindebund fordert Bau neuer Bunker

++ Tschechien will 800.000 Schuss Munition liefern ++

Analyse soll Russlands Verluste aufzeigen

Doku „20 Tage in Mariupol" bekommt Oscar

Satellitenbilder zeigen Verluste: Russlands Waffenlager bluten aus

Droht Russland eine Pleitewelle? Putins Firmen gehen reihenweise bankrott

Die Märchenstunden der deutschen Medien

Mainstream-Pressespiegel vom 14.3.2024. Das hat man mir im Kommunions-Unterricht vorenthalten: Tyrannen-Opfer Nawalny war Gottes zweiter Sohn! Diesen „Mord" wird der Herrgott dem Tyrannen nie verzeihen! Garantiert rächt er sich mit Blitz & Donner oder einer Sintflut. Sonst muss der Ami eingreifen. Er wird zunächst den Kanzler wegen der Taurus-Blockade aus dem Amt wuppen. Den trifft zu 100% Schuld, dass tausende guter Helden statt böser Bolschewiken ihr Leben aushauchten. Selbst Amerika ist durch Herrn Scholz gefährdet. Der greise US-Altmeister warnt vor „Ausweitung" des Russki-Vormarsches bis Texas. Freiwillige aus fünfzig Ländern kämpfen deshalb an der Front gegen die elenden Kinderschänder aus dem Osten. Mit Erfolg, denn selbst deren Superpanzer taugt nix' und bremst nicht den Vormarsch der Helden. Alles wäre längst vorbei, wenn der Kinees dem Tyrannen nicht die Stange halten würde. Zum wiederholten Mal lädt der Heldenpräsident zum Friedensgipfel – aber bitte ohne den Mörder von Gottes Sohn. Wir budgetieren währenddessen 'Sondervermögen' für die Beseitigung von Einschusslöchern an Hausfassaden der Helden. Bald ist ja deren Sieg zu erwarten. Habe ich „Qualitätsmedien" entnommen. Soll ich es glauben? Oder besser nicht?

Was Jesus und Nawalny verbindet

Der „Taurus" ist einzigartig, für Scholz einzigartig brisant

„Für den deutschen Zickzackkurs zahlen Ukrainer mit ihrem Leben"

Joe Biden warnt Abgeordnete vor Ausweitung russischer Angriffe

Russische Soldaten missbrauchen Kinder

Freiwillige aus 50 Ländern kämpfen in der Ukraine

Deutschland will Ukraine beim Wiederaufbau helfen

CHINA UND DER UKRAINEKRIEG
Peking hält weiter zu Putin

Selenskyj will Friedensgipfel ohne Russen

14.03.2024

Ukraine meldet Abschuss von 35 russischen Drohnen

Putins Superpanzer taugt nicht

Mainstream-Pressespiegel vom 15.3.2024. Klingt wie ein Kampflied: „Vereint im Hass auf den Tyrannen…" Der „Angriff auf Russland" wird bald losgehen. Da kann er noch so viel „prahlen" mit seinen Atomwaffen. Wir haben modernere Konzepte aus Schweden, die unseren Sieg garantieren. Längst sind auch NATO-Soldaten ins Acker-Land eingeschleust und haben die Schwächen des Iwan ausgekundschaftet. Für 300 Millionen $ gibt's für den dritten Weltkrieg in Europa einen „Waffen-Nachschlag" vom Ami. Alles läuft wie geplant: Eine Helden-Fangruppe hat sogar die Grenze zum Iwan gekapert und ist erfolgreich vorgedrungen. Großes Kino! Der kurze Vormarsch des Iwan ist gestoppt. Die Russkis sind alles andere als entspannt, denn die Helden greifen „massiv" mit Drohnen die russische Energieversorgung an. Centurio Pistorius lässt am Kanzler vorbei schon mal die Taurus' scharf schalten, um Duma und Kreml auszuradieren. Das geht alles so schnell, dass der Tyrann nicht in der Lage sein wird, seine 9.000 Atomraketen zu aktivieren. Der Mann kann eigentlich nix', wird aber von vielen immer noch „überschätzt". Habe ich „Qualitätsmedien" entnommen. Soll ich es glauben? Oder besser nicht?

Putin prahlt mit russischen Atomwaffen

ANGRIFF AUF RUSSLAND

Vereint im Hass auf Putin

Ukraine greift russische Gebiete erneut massiv mit Drohnen an

"Moderne Waffen, moderne Konzepte"
So stärkt Neumitglied Schweden die NATO

Polens Außenminister: Soldaten aus Nato-Ländern sind bereits in der Ukraine

15.03.2024

„Die Lage bei den Russen ist alles andere als entspannt"

USA stellen Waffen für 300 Millionen Dollar zur Verfügung

Trotz Scholz-Veto – Pistorius macht alle Taurus einsatzbereit

Russischer Vormarsch „gestoppt"

Proukrainische Kämpfer überqueren Grenze

Ukraine greift russische Energieversorgung an

Der Westen überschätzt Wladimir Putin

Mainstream-Pressespiegel vom 16.3.2024. Russland ist instabil. Alles desolat! Der Iwan hat „die Hosen voll", glaubt die nase-weise Waffenlobbyistin zu riechen. Das Tyrannen-Regime hat „Angst vor dem eigenen Volk", sondert der SPIEGEL ab. Die Verluste, die die Helden dem Iwan zugefügt haben, gehen in die Hunderttausende. Fairerweise müssen wir zugeben: Wir haben auch EINEN Mann verloren. Welche Tragik! R.I.P. Aus der Luft heraus und auf den Boden haben die Helden den Bolschewiken mächtig eingeheizt. Auf dem Schwarzen Meer herrscht ein einziges Desaster. Dort ist alles im Arsch: Die halbe Flotte wurde in Neptuns Reich gebombt. Das geht ständig so weiter, da die Drohnenproduktion der Helden boomt wie nie. Damit überziehen sie die Russkis mit Drohnenattacken und greifen Ölraffinerien in Serie an. Jetzt gibt es zunächst mal wieder ein properes Waffenpaket von Seiten der EU. Alles nur eine Art „Warm Up", denn der angepeilte Atomkrieg soll dem Iwan den Rest geben. Habe ich „Qualitätsmedien" entnommen. Soll ich es glauben? Oder besser nicht?

„Russland ist instabil"

Strack-Zimmermann: Russland hat vor Taurus "richtig die Hose voll"

»Putins Regime hat Angst vor dem eigenen Volk«

Russland verliert 350.000 Soldaten

Deutscher Kämpfer in Ukraine getötet

Aus der Luft und auf dem Boden - was die Angriffe auf Russland bedeuten

Desaster vor der Krim: Diese Schiffe hat Putins Schwarzmeerflotte im Ukraine-Krieg verloren

EU beschließt neues Ukraine-Waffenpaket

Drohnenproduktion in der Ukraine boomt

Ukraine greift russische Ölraffinerien an

Raffinerie brennt, FSB im Visier: Ukraine überzieht Russland mit Drohnenattacken

So wahrscheinlich ist ein Atomkrieg mit Russland

16.03.2024

Mainstream-Pressespiegel vom 17.3.2024. Der Tyrann ist ein „typischer Garagenrentner". Die können so brandgefährlich werden wie die greisen Reichsbürger, die mit Luftgewehren und Krücken fast unsere Regierung gestürzt hätten. Dank BILD kennen wir den Kriegsplan des Garagenrentners genau. Ein Segen! Krieg ist Wachstumsmotor für die Wirtschaft! Phantastische 23 % Rendite fahren die Tötungs-Spezialisten ein. Da ist noch mehr drin! NATO-Stoltenberg bestellt 'wie jeck' alles, was raucht und zischt. Ursel von der EU schnürt zusätzlich fette „Geldpakete" für die Helden. Bei soviel 'Bares für Rares' will ein tschechischer 'Onkel Dagobert' mitverdienen und plant Rüstungsfabriken nahe der Front. Die Rheinmetaller sind von der Idee so angefixt, dass sie vom Kuchen auch was abgreifen wollen. Bei soviel Zukunftsoptimismus müssen frische Soldaten her. Sehr gut, dass jeder Zweite bei uns die Wehrpflicht zurückfordert. Unsere Blagen müssen unter den Helm statt unter die Haube. Für unternehmerische Sicherheit am Markt sorgt der Pariser: Bodentruppen an die Front! Habe ich „Qualitätsmedien" entnommen. Soll ich es glauben? Oder besser nicht?

Schriftsteller Kaminer nennt Putin einen »typischen Garagenrentner«

Wachstumstreiber Ukraine-Krieg

PUTINS KRIEGSPLAN

"Neue Dekade" seit Ukraine-Krieg
Rheinmetall erzielt mit Waffen Rendite von 23 Prozent

17.03.2024

Stoltenberg fordert mehr Munition für die Ukraine

EU-Staaten einig über Geldpaket für Ukraine

Rheinmetall plant Bau von vier Fabriken in der Ukraine

Jeder Zweite will die Wehrpflicht zurück

Tschechischer Milliardär will Rüstungsfabriken in der Ukraine bauen

Macron schließt westliche Bodentruppen in der Ukraine erneut nicht aus

Mainstream-Pressespiegel vom 18.3.2024. Das war 'ne Nummer: 112 Mio. Russkis mussten dem Tyrannen bei einer „Scheinwahl" huldigen. Jetzt ist er mit 87 % „Zustimmung" wiedergewählt. War alles manipuliert, prügelt ein Medien-Tsunami uns ein. Sogar die Witwe wurde eigens nach Berlin eingeflogen, um den Tyrann als „Gangster" zu diskreditieren. Denn der schnappt sich Helden, um diese systematisch zu foltern. Wie gut, dass seine Schlacht als verloren gilt. Tausende Russkis befinden sich auf der Flucht. Statistiker haben den Februar 2024 als blutigsten Monat nach Stalin für den Iwan dokumentiert. Jetzt hat man ihn beim Flirten mit einer Pilotin erwischt. Fluchtvorbereitung? Will er sich ausfliegen lassen? Das Schwarze Meer hat er bereits verloren! Weil er aber alles verlieren wird, lautet seine Losung: „Nach mir die Sintflut". Doch wir kennen seine Angriffspläne! Deshalb bildet unser Kanzler mit dem Schwab-Zögling Macron und dem Ex-Untergrund-Kämpfer Tusk ein „Weimarer Dreieck". Weimar reloaded? Gänsehaut! Aus dem Pariser platzt es heraus: „Die Sicherheit Europas steht auf dem Spiel". Habe ich „Qualitätsmedien" entnommen. Soll ich es glauben? Oder besser nicht

Putins Scheinwahl

112 Millionen Russen haben keine Wahl

Manipulationen von Anfang an
So wurde Putin zum ewigen Präsidenten

Nawalnaja: Putin ist ein Gangster

Russen foltern Kriegsgefangene

Putins verlorene Schlacht: Wo die Ukraine ihn besiegt hat

Tausende russische Zivilisten flüchten

„983 tote und verwundete russische Soldaten pro Tag"

◼ Haltet Putin endlich auf

Kreml-Chef beim Flirten mit russischer Pilotin erwischt

„Putins Losung ist: Nach mir die Sintflut"

NACH SCHWEREN VERLUSTEN
Gibt Putin das Schwarze Meer auf?

++ Macron: Sicherheit Europas steht auf dem Spiel ++

18.03.2024

„Weimarer Dreieck" – Zwei Churchills und ein halber Chamberlain?

Hinweise auf russische Pläne für Nato-Angriff

MEIN KRIEGSTAGEBUCH ***2024***

Mainstream-Pressespiegel vom 19.3.2024. Ex-Straßenkämpfer Joschka hat die Lösung: „Europa muss abschrecken". Hat das grüne Urgestein unbeabsichtigt die Regierungs-Strategie ausgeplaudert? Etwa so: Je kaputter Wirtschaft, Bevölkerung, Bodenschätze, Sachwerte ff. sind, desto mehr „schreckt" das Invasoren ab. Wer will schon ein heruntergekommenes Europa an der Backe haben? Deshalb wird schnell noch das letzte „Sondervermögen" rausgehauen. Die Insolvenzverwalter vom „Weimarer Dreieck" kaufen damit an der Waffen-Reste-Rampe jede Knarre auf. Der Tyrann holt ebenfalls seine letzten Rostbeulen aus der Remise. Kanzler Scholz hat eine blitzgescheite Idee: „Wir sind nicht im Krieg mit dem Iwan". Ist das geil? Wir liefern ja NUR die Waffen zum Iwan-Töten! Ab sofort minimieren sich die Kriegskosten: Läppische 13 Dollar kostet die Zerstörung eines Iwan-Panzers. Der ganz große Wurf ist aber der „unsinkbare Flugzeugträger" den die Schweden als Mit-Gift eingebracht haben. Man sollte ihn Titanic II taufen. Vorsicht vor dem Ungarn! Die Witwe warnt: Der Puszta-Husar ist ein Komplize vom Tyrannen. Dafür ist an der Front alles paletti: Die Helden schießen "verdammt präzise" und die Russkis auf der anderen Seite des Acker-Landes sind auch keine Gefahr. Habe ich „Qualitätsmedien" entnommen. Soll ich es glauben? Oder besser nicht?

Joschka Fischer: Europa muss abschrecken

Scholz und Macron wollen Waffen auf dem Weltmarkt beschaffen

19.03.2024

Russland mobilisiert wohl im Panzer-Lager – nur noch schlechte Ausrüstung übrig?

Scholz stellt klar: "Wir sind nicht im Krieg mit Russland"

Experten: Dramatische Verluste bei neuen russischen Panzern

Nur 13 Dollar pro Abschuss: Billige „DragonFire"-Waffe soll Putins Angriffe in der Ukraine vernichten

SCHWEDENS BEITRITT ZUR ALLIANZ
Die NATO bekommt einen unsinkbaren Flugzeugträger

Warum Putins Truppen in Transnistrien keine Gefahr für die Ukraine sind

Russischer Soldat nennt ukrainische Verteidigung „verdammt präzise"

Nawalny-Witwe: Orban ist Putins Komplize

Die Märchenstunden der deutschen Medien

Mainstream-Pressespiegel vom 20.3.2024. Gestern war Ramstein-Waffen-Gang-Treffen. Der Ami hatte es angeordnet. Alles bleibt beim Alten: Wir ziehen für die Amis in den Krieg. Live und nicht mehr nur als Videospiel. Das Iwan-Regime wähnt sich deshalb in großer Gefahr. Außerdem haben Helden 1 (in Worten: Eine) Drohne erbeutet. Ein Drama! Selbst in Moskau schlagen Helden-Drohnen ein. US-Nerds haben dem Tyrannen den Krieg erklärt. An der Front sieht es noch schlimmer aus: Die Bolschewiken werden „niedergemetzelt". Logo, denn der Tyrann verzockt ihr Leben, in dem er sie mit Golfwagen und Do-it-Yourself-Panzer dem Bombenhagel opfert. Dennoch will der Tyrann uns „ab 2026" überfallen. Wieso der SPD-Mützenich bei dieser Perspektive den Krieg „einfrieren und später beenden" will, löst Schockwellen aus! Dafür hat er im Reichstag ordentlich eins auf die Mütze bekommen. Der Pariser ist weiter auf Ami-Linie eingeschworen und schwört auf Eskalation. Eine phantastische Idee wurde leider nicht realisiert: Der Tyrann sollte im neuen TATORT den Mörder spielen. Das wäre „der Straßenfeger" geworden. Habe ich „Qualitätsmedien" entnommen. Soll ich es glauben? Oder besser nicht?

Krieg in der Ukraine: Ramstein-Treffen zu Ukraine-Unterstützung

"Ich sehe ein Regime, das sich in großer Gefahr wähnt"

Ukraine erbeutet Drohne der Russen

Drohnen schlagen am Moskauer Flughafen ein

US-Nerds erklären Putin mit Billig-Drohne den Krieg

Russische Soldaten werden im Ukraine-Krieg an der Front niedergemetzelt

„Tatort" wollte Putin als Mörder

Erzwungene Kreativität: Putin schickt seine Soldaten im Golfwagen ins Gefecht

20.03.2024

Do-It-Yourself-Schützenpanzer: Putin verzockt das Leben seiner Panzergrenadiere

„Krieg einfrieren und später beenden" – Mützenich sorgt mit Aussage für Empörung

Greift Putins Armee schon „ab 2026" ein Nato-Land an?

Macron: Frankreich bereit für weitere Eskalationsrunde

MEIN KRIEGSTAGEBUCH ***2024***

Mainstream-Pressespiegel vom 21.3.2024. Der Tyrann spinnt sich in einen Kokon aus Lügen ein. Mit der „Bettwanzen-Hysterie" wollte er Europa von seinen bösen Einmarsch-Absichten ablenken. Dabei ist er selbst eine „blutsaugende Bettwanze". Der ehemalige DDR-Sympathisant Steinmeier denkt keine Sekunde daran, der „Bettwanze" zum Wahlerfolg zu gratulieren. Das Acker-Land ist für den Tyrannen nur Übungsgelände. Dort will er zunächst die ihm fehlende „Kriegserfahrung" sammeln. Wir aber auch! Denn die NATO hat längst ihre Kämpfer dort eingeschleust. Raffiniert gedealt! Die Katastrophe nimmt für den Tyrannen ihren Lauf. Das neue, spektakuläre „Weimarer Dreieck" flutet das Acker-Land mit allem, was Russkis nachhaltig tötet. Litauen mit seinen beachtlichen 2.7 Mio. Einwohnern würde fürs Abknallen sogar Truppen in Gang setzen. Nicht nötig: Die Helden starten die „Operation Selbstbewaffnung", sprengen Flugzeugfabriken, bauen Kamikaze-Drohnen aus Uralt-Panzern. Wow! Bald wird der Iwan unsere volle Kampfkraft kennenlernen: FDP-Bundesbildungsministerin Stark-Watzinger macht jetzt Schüler für den Dritten Weltkrieg kriegstauglich. Sehr gute Idee: So landen die Kinder nicht auf der Straße. Habe ich „Qualitätsmedien" entnommen. Soll ich es glauben? Oder besser nicht?

Putins Welt der Lügen

Russland soll Bettwanzen-Hysterie über soziale Medien verstärkt haben

Putin, die „blutsaugende Bettwanze"

Putin übt schon jetzt Krieg gegen die Nato

Steinmeier verzichtet auf Glückwunsch an Putin

Polens Außenminister bestätigt Präsenz westlicher Soldaten in der Ukraine

Nato im Alarmzustand: „Russland gewinnt jeden Tag an Kriegserfahrung"

Katastrophe für Putin!

Weimarer Dreieck sagt Ukraine mehr Waffen zu

Litauens Premierministerin schließt Einsatz westlicher Truppen nicht aus

Ministerin fordert: Schüler auf Krieg vorbereiten

Ukraine baut Sowjet-Drohnen aus Uralt-Beständen für Kamikaze-Einsätze um

Operation Selbstbewaffnung – In den geheimen Waffenlaboren der Ukraine

21.03.2024

Ukraine greift Flugzeugfabrik in Russland an

Die Märchenstunden der deutschen Medien

Mainstream-Pressespiegel vom 22.3.2024. Nur ein Schritt, dann haben wir es geschafft. Sogar der EU-Ratspräsident empfiehlt, „dass Europa bereit für diesen Krieg sein MUSS". Kein kalter Krieg, sondern in echt. Mit Millionen Toten, verwüsteten Staaten, Hunger und Not. Nur so bekommen wir Frieden, motiviert uns der SPIEGEL. Unsere GRÜNEN sind weg vom Heile-Welt-Geschwätz = Atompilz statt Steinpilz. Waffen statt Waffeln. Aufmarsch statt Ostermarsch. Ein „Einfrieren" des Krieges würde uns in altes grünes Denken zurückwerfen. Wir müssen uns „auf den Landkrieg vorbereiten" mit den Taurus endlich die Russen töten. Die Zeit ist reif, denn der Iwan besitzt keinen legitimen Präsidenten. Die Wahl des Tyrannen erklären wir für ungültig. Milliarden an Euro stehen für den Kriegseinsatz über Jahre hinweg zur Verfügung. Der Drohnenkrieg tobt ja bereits über dem Russki-Reich. Gut, dass wir Macron-Bonaparte an unserer Seite wissen: Entschlossenheit, Willen und Mut fordert und bekommt der junge Feldherr. Habe ich „Qualitätsmedien" entnommen. Soll ich es glauben? Oder besser nicht?

EU-Ratspräsident: Europa muss "kriegsbereit" sein

Ein Schritt bis zum Dritten Weltkrieg

22.03.2024

Kehrt der Kalte Krieg zurück? Militärexperte Sauer: „Situation ist gefährlicher"

Wenn wir Frieden wollen, müssen wir uns auf Krieg vorbereiten

Habeck: Müssen Deutschland auf Landkrieg vorbereiten

Putin droht nach der Russland-Wahl: Weltkrieg unter Umständen „nur einen Schritt entfernt"

EU-Außenminister stimmen Milliardenhilfe für Ukraine zu

Der Drohnenkrieg kommt jetzt in Russland an

Macron fordert im Interview: „Entschlossenheit, Willen und Mut"

Baerbock und Pistorius gegen „Einfrieren" von Ukraine-Krieg

Selenskij: Wahl in Russland hat keine Legitimität

Nouripour will weiter über "Taurus" reden

MEIN KRIEGSTAGEBUCH ***2024***

Mainstream-Pressespiegel vom 23.3.2024. Der „Nordstream-Trick" wurde wieder ausgegraben: Anschlag in Moskau. Dutzende Tote. Der ISS soll es gewesen sein. Die guten Amis hatten es dem Iwan schon vor Wochen mitgeteilt. Cooler Schachzug. Heißt übersetzt: Den Krieg einfrieren? Niemals! Der Russki ist doch fix und fertig. Im ganzen Land herrscht jetzt große Angst. Denn der Tyrann ist planlos. Der hat ein „Vietnam-Problem". Seine Verluste wachsen exorbitant. Mit einem „dramatischen Schlag" haben die Helden auch an der Front zwei Einheiten erschossen. Helden-Fans planen den Marsch nach Moskau. Die Erdölförderung des Iwan wurde massiv gestört. Hingegen ist der Zufluss von „Sondervermögen" nach Kiew gewaltig angeschwollen, um den Krieg der Amis gegen den Tyrannen zu finanzieren. Jetzt werden Granaten weltweit bestellt, um Mann und Maus im Russki-Reich um die Ecke zu bringen. Die Helden planen, für den boomenden Tourismus nach dem Sieg ihre Hotel-Kapazitäten auszubauen. 'Baller-Mann' bald in Odessa? Habe ich „Qualitätsmedien" entnommen. Soll ich es glauben? Oder besser nicht?

23.03.2024

Anschlag auf Moskauer Konzerthalle

USA warnten schon vor Wochen

Diesen Krieg einfrieren? Träumt weiter

Pro-ukrainische Partisanen planen Marsch nach Moskau

Russland hat keinen Plan

Putin steht vor seinem Vietnam

Verluste für Russland steigen rasant

In Russland herrscht die Angst

Dramatischer Ukraine-Schlag gegen Putins Armee: Drohnen schalten zwei komplette Einheiten aus

Ukrainische Drohnen kosten Russland 600.000 Barrel Öl pro Tag

Jetzt müssen die EU-Staaten die Granaten nur noch bestellen

Die Ukraine plant schon für Tourismus nach dem Krieg

Kiew freut sich über neues Hilfspaket

Die Märchenstunden der deutschen Medien

Mainstream-Pressespiegel vom 24.3.2024. Wie gut, dass wir die Amis haben. Die verabschieden sich aus dem Krieg, nicht ohne die Warnung, dass der Tyrann UNS überfallen wird. Der Pariser ist schon ganz verrückt aufs Russenmorden. Unser Kanzler weiß sogar, dass der Iwan „nicht so stark ist, wie er tut". Centurio Pistorius haut noch 'ne halbe Milliarde € raus. Besser geht es nicht! Schon läuft der Krieg an. Die Helden sind auf dem Vormarsch und haben russisches Gebiet erobert. Sie legen in der Grenzregion jeden um, der sich ihnen in den Weg stellt. Mit „simplen" Tricks wie Attrappen und Malereien wollen sich die Bolschewiken schützen. Da ihnen Panzer fehlen, basteln sich die Verlierer Notlösungen. Auf dem Schwarzen Meer ist bald die halbe Flotte versenkt. Bei den Helden herrscht deshalb ständig Party. Die wahren Nutznießer aber sind wir Deutsche. Tolle Konjunkturerwartungen lassen uns zuversichtlich auf den Krieg blicken. Auch unsere Blagen erfreuen sich am Geschehen. Sie dürfen diese schöne Zeit auf Papier pinseln. Das beste Aquarell mit toten Russkis wird prämiert. Habe ich „Qualitätsmedien" entnommen. Soll ich es glauben? Oder besser nicht?

USA ziehen sich aus der Ukraine zurück

24.03.2024

Putin will neue Front in Europa eröffnen

Dramatische Warnung aus den USA

Frankreich bereit für den Krieg

Scholz: "Russland ist nicht stark"

Malwettbewerb zum Ukraine-Krieg

Pistorius verkündet Hilfspaket von 500 Millionen

Massive Kämpfe auf russischem Boden

Konjunkturerwartungen so hoch wie vor Ukraine-Krieg

Attrappen und Malereien: Simple Tricks sollen Putins Jets und seine Flotte schützen

Ein Drittel von Russlands Schwarzmeer-Flotte versenkt

Ukraine-Krieg: Russland setzt vermehrt auf Panzer-Notlösungen –

"Ukrainer feiern, wie Putin vorgeführt wird"

Erneut Tote in russischer Grenzregion

MEIN KRIEGSTAGEBUCH ***2024***

Mainstream-Pressespiegel vom 25.3.2024. Der clever eingestielte „IS-Anschlag" in Moskau hat den Tyrannen arg geschwächt. Nun spielt der Heldenpräsident seine Überlegenheit aus! Er weiß, dass es beim Iwan „keine Übermacht gibt". Mit „massivsten" Angriffen auf die Krim gehts weiter. Der Krieg wird nun auf russischem Territorium mit schweren Kämpfen weitergeführt. Das komplette Russki-Reich befindet sich im Kriegszustand. Im Hintergrund droht der Pariser: Der ist ganz scharf darauf, dem Iwan mit 60.000 Fremdenlegionären auf den Pelz zu rücken. Der Tyrann will dagegenhalten und holt seine letzten Häftlinge aus dem Knast. Schlecht für diese Branche. Die ersten Wegsperr-Areale in Sibirien müssen schließen, weil alle Kriminellen verheizt wurden. Hinzu kommen schlimmste Sanktionen der EU wegen des toten Dissidenten. Zu allem Elend im Russki-Reich bekommen die Helden noch mal 'ne knappe Milliarde Dollar auf Pump. Wir kriegen „für Noppes" Atombomben, um diese dann für die Amis auf den Kreml zu werfen. Mit dieser tollen Perspektive soll die Bundeswehr an die Schulen gehen, um Jungsoldaten anzuwerben. Ja, bitte! Habe ich „Qualitätsmedien" entnommen. Soll ich es glauben? Oder besser nicht?

Putin nach Anschlag geschwächt

„Wir wissen, dass es die Übermacht der russischen Streitkräfte nicht gibt"

Russland meldet "massivsten" Angriff auf die Krim

„Krieg wird auf russischen Territorium geführt"

25.03.2024

Schwere Kämpfe in Russland
Russland "im Kriegszustand"

Häftlinge an der Front – russische Region will offenbar mehrere Gefängnisse schließen

Ukraine-Krieg: Nato-General droht mit 60.000 Soldaten

IWF genehmigt Ukraine Kredit von 880 Millionen Dollar und sieht Kriegsende in 2024

EU setzt Sanktionen wegen Tod von Nawalny in Kraft

Bundeswehr an die Schulen? Ja, bitte!

Eigene Atomwaffen für Deutschland?

Die Märchenstunden der deutschen Medien

Mainstream-Pressespiegel vom 26.3.2024. Kriegsfetischist Kiesewetter haut eine geile Theorie raus: Der Tyrann „könnte" die Terror-Nummer selbst initiiert haben. Jetzt will er die „False-Flag-Operation" dem Tyrannen anlasten. Der 'Tatverdächtige' schiebt IMMER bei miesen Spielen die Schuld auf andere. Noch was Ärgerliches: Der Tyrann lässt sich nicht einfrieren! Doch es naht Hilfe: Der „Islamische Staat" greift Russland an. Werden die harten Hunde aus dem Niemands-Land ihn vom Einfrieren überzeugen? Die Polskis schicken zusätzlich Kampfjets in die Luft. Von den Fremdenlegionären des Parisers weiß man noch nichts Genaues. Derweil foppen die Helden den Iwan mit „Papp-Panzern". Wie spaßig! Der Tyrann ist so verunsichert, dass er seine eigenen Dörfer bombardiert. Auch das wird bald vorbei sein, weil ihm das Benzin ausgeht. Wie er bei all den schlechten Nachrichten auf die Idee kommt, sein Land auf einen Krieg mit der siegreichen NATO zu trimmen, zeugt von seiner Paranoia. Aber wir bekommen Zulauf, um den Weltkrieg zu gewinnen. 1.65 Mio. Helden stehen auf deutschem Boden Gewehr bei Fuß! Habe ich „Qualitätsmedien" entnommen. Soll ich es glauben? Oder besser nicht?

Putins mieses Spiel

Kiesewetter: Anschlag in Moskau könnte False-Flag-Operation Russlands sein

++ Selensky: „Putin schiebt immer Schuld auf andere"

Putin lässt sich nicht einfrieren

Der Islamische Staat greift Russland an

26.03.2024

Polen schickt Kampfjets in die Luft

Französische Truppen im Ukraine-Krieg?

Zahl der Neuankömmlinge aus der Ukraine steigt auf 1,65 Millionen

Ukraine: Papp-Panzer sorgen für Aufsehen – Minister hat Idee

Putin lässt eigene Dörfer bombardieren

Geht Putins Armee das Benzin im Drohnen-Krieg aus?

Putin: Jetzt trimmt er Russland für einen Krieg mit der Nato

Mainstream-Pressespiegel vom 27.3.2024. Der Tyrann ist schuld am Terror! Er hat die ganze Welt gegen sich aufgebracht. Deshalb muss der Franzos' die höchste Terrorwarnstufe ausrufen. Dazu sein inhumanes Verhalten: Eine Handvoll Terroristen erschießt 140 Leute, wird geschnappt und... „gefoltert"? Pfui! Auch Massenmörder haben ein Recht auf einfühlsame Betreuung. Ebenso bösartig ist es vom Tyrannen, Oligarchen auszuplündern. Damit die verarmten Milliardäre nicht zu den Helden flüchten, möchte der Heldenpräsident den französischen Berufsschützen-Club als Zöllner anwerben: Fremdenlegionäre als Ordnungshüter. Besser wären Sauerländer. Die fühlen sich liebevoller in „menschliche Schicksale" ein. Aber warte, Tyrann. Europa schnappt Dich. Wieder haben die Helden „Schiffe versenken" gespielt und gewonnen. Wieder geht die Eroberung des Russki-Reiches weiter. Dazu eine erste Chance zur NATO-Kriegserklärung: Zwei Kilometer kratzte eine Rakete sekundenlang am Luftraum der Polskis. Das könnte doch der herbeigesehnte „Bündnisfall" sein...! Habe ich „Qualitätsmedien" entnommen. Soll ich es glauben? Oder besser nicht?

Putin hat Russland verwundbarer gemacht

Frankreich ruft höchste Terrorwarnstufe aus

Putin-Schergen foltern Moskau-Terroristen

Kommt die Fremdenlegion?

Putin quetscht offenbar russische Milliardäre aus – weil Russlands Wirtschaft das Geld ausgeht

Russland verletzt polnischen Luftraum

Herbeigesehnter Bündnisfall

Partisanenangriffe auf russischem Gebiet

27.03.2024

Ukraine bringt französische Soldaten als Grenzschützer ins Spiel

Sauerländer sehen in Ukraine menschliche Schicksale im Krieg

Ukraine: Haben russische Kriegsschiffe getroffen

Die Märchenstunden der deutschen Medien

Mainstream-Pressespiegel vom 28.3.2024. Ein schlimmer Finger, der Tyrann: Will unseren Beschützern die globale Vorherrschaft streitig machen. Auf nix' ist mehr Verlass: Nach zwanzig Jahren Harmonie bekam der Tyrann Knall auf Fall eine Wesensveränderung: Plötzlich „bedroht" er uns, will uns sein „Gewaltsystem" aufzwingen. Wir wollen von den Amis dominiert werden! Der Heldenpräsident spricht dem Tyrannen das Recht ab, uns zu besiegen. Der Ex-Komödiant macht sowieso sein eigenes Programm und lässt sich nicht einmal die Zerstörung der Ölanlagen des Iwan verbieten. Er lässt Kraftwerke in Flammen aufgehen und trifft mit Super-drohnen die Bolschewiken „bis ins Mark". Der Tyrann braucht deshalb neues Kanonenfutter. Ärgerlich ist, dass in Kiew von einer abgeschossenen Russki-Rakete tatsächlich die Trümmer auf ein Wohnhaus gefallen sind. Ein Fall für das Ordnungsamt! Gut, dass unser Kanzler deshalb die Zinsen aus Oligarchen-Vermögen zweckentfremden will, um diese den Helden zu schenken. Als kriegsentscheidend gilt heute der Schachzug, Milka-Osterhasen wg. Iwan-Freundlichkeit aus dem Acker-Land zu verbannen. Habe ich „Qualitätsmedien" entnommen. Soll ich es glauben? Oder besser nicht?

Putin will ein „Imperium"

Faeser warnt vor wachsender Bedrohung durch Russland

Ukrainer wollen Milka-Schoggi aus Regalen verbannen

++ Baerbock warnt vor "Gewaltsystem" Russlands ++

Selenskyj spricht Putin das Recht zum Sieg ab

Kiew lässt sich nicht in Angriffe auf Ölanlagen hineinreden

Situation an der Front: Muss Wladimir Putin bald neue Soldaten mobilisieren?

Scholz will mit Zinsen aus russischem Geld Militärhilfen finanzieren

28.03.2024

Ukraine-Krieg: Mehrere Explosionen in Kiew - Raketentrümmer fallen auf Wohnhaus

Kiews geheimnisvolle Super-Drohne trifft Russland ins Mark

Russisches Kraftwerk geht in Flammen auf

Mainstream-Pressespiegel vom 29.3.2024. Bitte nicht immer erschrecken, wenn Krieg ausbricht. Er dient dem Frieden. EU-Söldner ziehen dann an die Front, um „das Monster" stoppen. Kerle für diesen Job gibt's ohne Ende. Die Helden vermiesen dem Tyrannen die Nachtruhe. Denn deren oberster Schlapphut tuschelt kryptisch was davon, dass der Tyrann „mit noch mehr Explosionen rechnen muss". Ist er mit dem IS verbandelt? Wir Europäer machen da weniger Zirkus und sponsern mit 130 Mio. € die Rheinmetall-Knarren-Schmiede. Alles läuft bestens: Die Panzer-Verluste des Iwan sind höher als erwartet. 2.000 Raketen haben die Helden denen vom Himmel geballert. Nur selten liest man von Schäden durch Russki-Beschuss. Der Tyrann ist von der Welt abgeschnitten. Dennoch warnt Tyrannen-Feindin Faeser vor 'Bedrohungen' bei anstehenden Wahlen. Das Einfachste wäre, Kriegsrecht auszurufen und Wahlen ausfallen zu lassen. Ein „Friedensgipfel ohne die Russkis" ist eine weitere Option = Wir befehlen Rückzug & Reue! So einfach! Habe ich „Qualitätsmedien" entnommen. Soll ich es glauben? Oder besser nicht?

„Nicht immer erschrecken, wenn Krieg ausbricht":

29.03.2024

Europas Söldner an der Front

"Wir werden das Monster aufhalten"

Fehlende Männer sind nicht das Problem

SBU-Chef: "Russen müssen mit mehr Explosionen rechnen"

EU unterstützt Rheinmetall bei Munitionsproduktion

Russlands Panzer-Verluste wohl noch deutlich höher als verifizierte Mindestzahl

++ Kiew: 2.000 Raketen seit Kriegsbeginn abgewehrt ++

Putin unter Druck: Russland droht wirtschaftliche Isolation

Faeser warnt vor Bedrohung von Wahlen durch Russland

Kreml: Globaler Ukraine-Friedensgipfel ohne Russland

Die Märchenstunden der deutschen Medien

Mainstream-Pressespiegel vom 30.3.2024. Der Tyrann steckt in „großen Problemen". Es liegt am Heldenpräsidenten! Der rückt dem Tyrannen-Regime mit „gefährlichen Nadelstichen" auf die Pelle. Ist er zur Einkommens-Aufbesserung etwa Tätowierer? Auch seine gescheiterte Offensive „ohne große Gebietsgewinne" und seine unbrauchbaren Kriegsschiffe machen ihn fertig. Völlig uneinsichtig zieht der Prahlhans seine Propaganda-Show durch. Seinen Einmarsch in ein leeres Kaff meldet er als „Eroberung". Wo er noch Land besetzt, kehren die Helden ihm den Rücken. Denn der Tyrann 'unterdrückt' Alles und Jeden. Jetzt will er die Amis kopieren und die bei denen übliche Todesstrafe auch im Russki-Reich einführen. 32 Helden soll er bereits abgemurkst haben. Auch die US-Guantanamo-Folterungen hat er abgekupfert: Er quält fremde Inder. Ein Hilfeschrei erreicht uns letzte Heteros: Die getürmte Ex-Frau des Preisboxers, Natalia (ehem.) Klitschko, „ist wieder bereit für die Liebe". Wer opfert sich? Habe ich „Qualitätsmedien" entnommen. Soll ich es glauben? Oder besser nicht?

Putin steckt in großen Problemen

Gefährliche Nadelstiche gegen Putins Regime

Russische Offensive ohne große Gebietsgewinne

Putin rückt nicht ab von seiner Propaganda

++ Ukraine: Viele russische Schiffe zerstört oder beschädigt

Russland meldet Eroberung von Dorf

➕ Weg von russischer Unterdrückung: Ukrainer fliehen aus besetzten Gebieten

Inder kämpfen in Putins Armee

Rekrut: "Wer nicht mitmacht, wird geschlagen"

Bericht: Seit Dezember 32 ukrainische Kriegsgefangene hingerichtet

Führt Russland die Todesstrafe wieder ein?

VITALI KLITSCHKO

Ex-Frau Natalia ist wieder bereit für die Liebe

30.03.2024

MEIN KRIEGSTAGEBUCH ***2024***

Mainstream-Pressespiegel vom 31.3.2024. Der grüne Friedens-Vizekanzler will in den Krieg ziehen. Guter Mann! Denn ohne Krieg stecken wir so richtig in der Scheiße: Die Amis wissen bereits, dass wir der „größte Verlierer" sein werden. Egal wie: Verliert der Tyrann, kampieren Abermillionen Helden bei uns auf der Couch. Gewinnt er, schmeißt er uns Atombomben aufs Reihenmittelhaus. Nur die Kriegswirtschaft hilft = Wir müssen aufrüsten für den Wohlstand. Wenn wir es aber „wirklich" wollen, dann läuft die Chose. „Geisterfahrer" wie der Ex-Bundeskanzler sind als Vorbild ungeeignet. Vielleicht hat er ja wie so viele EU-Politiker vom rechten Rand säckeweise Rubel eingeheimst? Da muss – logisch - die AFD als Sündenbock in die Bütt. Passt immer. Der Iwan ist wieder am Ende seiner Schlagkraft: Wirtschaft im Koma. Waffen schwach. Krim steht kurz vor der Übernahme. Im Osten rücken die Helden vor. Die großmäuligen Bolschewiken werden niemals siegen! Frohe Ostern! Habe ich „Qualitätsmedien" entnommen. Soll ich es glauben? Oder besser nicht?

Habeck plädiert für Aufrüstung

Atomangst und Flüchtlinge
US-General: "Deutschland bei Russland-Sieg der größte Verlierer"

Faeser warnt vor »neuer Dimension der Bedrohungen durch russische Aggression«

Verteidigungsausgaben
Wir müssen aufrüsten für den Wohlstand

Der Westen braucht den Willen zum Sieg

AUSSAGEN ZU PUTIN
Geisterfahrer Gerhard Schröder

31.03.2024

Tschechien hebt Propaganda-Netzwerk in EU aus – hat die AfD Geld aus Russland erhalten?

Russlands Wirtschaft leidet

Experten bezweifeln Schlagkraft von russischer Hyperschallwaffe

Ukraine erobert offenbar Stellungen im Osten zurück

Krim-Attacke bereitet Putin große Probleme

Russland kann die Ukraine nicht besiegen

Die Märchenstunden der deutschen Medien

Mainstream-Pressespiegel vom 1.4.2024. Kein Aprilscherz: Die 'Vorkriegs-zeit' hat heute begonnen! Böses kann und muss besiegt werden. Der Krieg legitimiert jede Milliarde auf Pump. Geldgier eint uns: „Kriegsanleihen sind eine patriotische Pflicht mit Gewinnaussicht". Juristisch geht alles klar: Bodentruppen sind völkerrechtlich zulässig. Der Iwan hat deshalb irre Angst. Denn der Tyrann hat die Kontrolle verloren. Alle Alt-Parteien wollen Krieg und tuten ins selbe Horn: Pfarrer Gauck empfiehlt Gottvertrauen gegen Kriegsangst. Der Kanzler behauptet, der Tyrann habe den Krieg gegen Deutschland angefangen. Wirtschafts-Koryphäe Habeck beju-belt das Kriegs-Getöse. Rhetorik-Talent Baerbock will die ungebremste „Brutalität" des Tyrannen zähmen. Der Kölner SPD-Job-Hopper Käthe Barley sehnt den gemeinsamen EU-Aufmarsch herbei: „Dä Zoch kütt"! Finanz-Äquilibrist Lindner ärgert sich, dass der Tyrann ihm den Job streitig machen wird. Vorher aber muss die AFD dran glauben. Die könnte - tief im „Sumpf" von Tundra und Taiga - unsere anstürmenden Legionäre aus-bremsen. Aber es geht auch einfacher: Dem Iwan geht der Sprit aus = Die normative Kraft des Faktischen! Habe ich „Qualitätsmedien" entnommen. Soll ich es glauben? Oder besser nicht?

Selenskyj zu Ostern: Böses kann besiegt werden

Krieg zur Begründung neuer Milliardenkredite

Kriegsanleihe: Patriotische Pflicht mit Gewinnaussicht

01.04.2024

Bodentruppen in Ukraine völkerrechtlich zulässig

Menschen in Russland haben „Angst": Putin verliert wohl zunehmend die Kontrolle

Eine neue Ära hat begonnen - "die Vorkriegszeit"

Scholz: Putin hat Friedens-Prinzip gebrochen

ROBERT HABECK IM INTERVIEW
„Wenn Putin nicht gestoppt wird, hört er nicht auf"

„Bei Putin kein **Limit der Brutalität mehr**" Baerbock

Barley für mächtige Außen-EU
"Die europäische Armee bleibt unsere Vision"

Gauck warnt vor Angst

Ukraine trifft Raffinerien
Russland braucht offenbar Benzin

Lindner: „Putin will Macht über uns"

Wie tief steckt die AfD im Russland-Sumpf?

Mainstream-Pressespiegel vom 2.4.2024. Wir rocken das Ding: Die Krim wankt! Die Strategie des Tyrannen wurde aufgedeckt. Wir wissen alles – jetzt geht's ans Eingemachte: Vier Kanonenboote wurden versenkt. Die Kämpfe im Mutterland des Iwans werden vom Heldenpräsidenten gemanagt. Er weiß, dass der Tyrann ein „krankes und zynisches Wesen" ist – und "im eigenen Wahn gefangen". Weg mit ihm! Die Helden erhalten weltweit Anerkennung für ihre boomende Konjunktur: Um satte 5 % wächst die Wirtschaft - trotz Krieg! Das turnt den Pariser an, um ebenfalls die Kriegswirtschaft aufzurufen. Die deutsche Wehrmacht träumt jedoch nicht, sie handelt: Die Vorbereitungen für den „Ernstfall" laufen auf Hochtouren. Militaristen entwickeln Logistik-Pläne, damit hunderte Panzer täglich ohne Stop & Go Richtung Kreml tuckern. Bei den Helden geht es praktischer zu. Dort ist ein Video-Kriegsspiel der Shooting-Star, bei dem man bequem vom Sofa aus per Mausklick die Bolschewiken killen kann. Habe ich „Qualitätsmedien" entnommen. Soll ich es glauben? Oder besser nicht?

Die Krim wankt

Kreml-Insider decken Putin-Strategie auf

Ukraine unterstützt Angriffe auf russischem Boden

Vier russische Schiffe getroffen

Selenskyj: „Putin, ein krankes und zynisches Wesen"

Putin ist im eigenen Wahn gefangen

Ukrainische Wirtschaft wächst 2023 trotz Kriegs um über fünf Prozent

MUNITION FÜR DIE UKRAINE

Frankreich auf dem Weg zur Kriegswirtschaft?

02.04.2024

Quadriga-Übung: Bundeswehr bereitet sich auf Ernstfall vor

Wenn Hunderte Panzer durch Deutschland rollen

Russen töten vom Sofa aus – Kriegsspiel soll Gutes bewirken

Mainstream-Pressespiegel vom 3.4.2024. Hätte er mal auf uns gehört: Jetzt ist der Tyrann „schwach" geworden. Aber warum schnorrt er Geld? Er will die NATO vernichten! Huch! Wir müssen uns aber keine Gedanken machen, denn die Helden machen ihn platt. Er erleidet täglich „schwere Verluste". Seine neue Fluss-Flotte ist leichte Beute. Sein brandneues Waffensystem wurde zerstört. An der Ostsee das gleiche Dilemma. Seine Flugzeuge werden abgefangen durch Kampfjets der Polskis, und die Ölbranche ist schwer angeschlagen. Wenn jetzt noch die neuen Radpanzer und Raketen vom Pariser eintrudeln, dann kann er sich die Kugel geben. Jetzt rüsten im Südosten Europas Sinti & Roma mit Milliardenaufwand auf. Vom Nordkap bis zum Goldstrand stehen somit Panzer für den Einmarsch bereit. Deshalb muss der Tyrann weitere 150.000 junge Menschen zum Kriegseinsatz zwingen. Bei uns hingegen zieht der Killer-Job die Jugend ohne Zwang wie magisch an! Sie werden - wie damals der Volkssturm - den Iwan ausradieren. Habe ich „Qualitätsmedien" entnommen. Soll ich es glauben? Oder besser nicht?

„Putin ist jetzt schwach"

Putin: Sammelt er bereits Geld für den Krieg gegen die NATO?

Schwerer Verlust für Russland: Ukraine zerstört brandneues Waffensystem –

Ukraine verstärkt Drohnenangriffe

Polen lässt Kampfjets aufsteigen

Leichte Beute für die Ukraine: Russland formiert neue Fluss-Flotte

Frankreich will Ukraine weitere Radpanzer und Raketen liefern

NATO fängt russische Flugzeuge über Ostsee

Milliarden für Kampfjets
Rumänien bereitet größten Waffenkauf seiner Armee vor

Putin lässt 150 000 Wehrdienstpflichtige einziehen

Bundeswehr zieht minderjährige Rekruten an

Russlands Ölbranche in Bedrängnis

Russland erleidet weiter schwere Verluste im Ukraine-Krieg

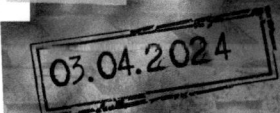

03.04.2024

Mainstream-Presssesiegel vom 4.4.2024. Die schlechte „Inszenierung" des Tyrannen wirkt immer lächerlicher. Jetzt müssen Gottesfürchtige in die Bütt, um den Helden mit dem „Heiligen Krieg" zu drohen. Der Helden-präsident ist das Getue leid und „warnt" den Iwan. Ärgerlich ist, dass der Tyrann über Atomwaffen verfügt. Das wird uns aber nicht davon abhalten, den Helden uneingeschränkte Solidarität zuzusichern. Atomwaffen hin oder her – wenn wir schnell zuschlagen, ist die Nummer gelaufen. Hilfe verspricht DIE BAHN, die unsere Soldaten so zuverlässig und pünktlich wie üblich an die Front bringt. Das Frühjahr ist wie gemacht für den Einmarsch. Der Tyrann „schwimmt noch" nach der vollständigen Vernichtung seiner Schwarzmeerflotte. Die meisten rechnen damit, dass er absäuft. Sollte er zurückfinden, begrüßen ihn die Helden mit „frischen" Bleibohnen und fabrikneuen Tierpanzern. Aber da geht noch mehr. Europa rüstet massiv auf. Der beinharte Untergang des Iwan ist nur eine Frage von wenigen Monaten. Habe ich „Qualitätsmedien" entnommen. Soll ich es glauben? Oder besser nicht?

04.04.2024

Putins Inszenierung wird immer lächerlicher

Russisch-Orthodoxe Kirche erklärt „Heiligen Krieg" gegen die Ukraine

Ukraine warnt Russland

Kriegsrisiko für Europa steigt „in erheblichem Maße"

Atomangriff wird „höchstwahrscheinlich" kommen

EU-Solidarität mit der Ukraine

Putin geht unter

„Expresszuschlag": Wenn Putin angreift, hängt viel von der Deutschen Bahn ab

Putins Schwarzmeer-Flotte droht im Ukraine-Krieg die vollständige Vernichtung

Masala: „Man sieht, wie sehr Putin ins Schwimmen kommt"

Kampf gegen Putin: Ukraine rüstet mit frischer Munition und neuen Fahrzeuge auf

Baerbock und Amtskollegen fordern stärkere Aufrüstung in Europa

Mainstream-Pressespiegel vom 5.4.2024. Damit das klar ist: Mehr Wohlstand kann nur entstehen, wenn wir aufrüsten! Arbeitsplätze in der Tötungs-Industrie sind besonders bei jungen Leuten hip. Die Branche hat Zukunft, denn in knapp vier Jahren will der junge Finanz-Tycoon aus der Hauptstadt die Branche mit Milliarden fluten. Der Tyrann hingegen verarmt. Die Rubel, die noch auf westlichen Konten schlummern, werden gepfändet. Drei düstere Meilensteine markieren seinen Untergang: Rubel weg. Bolschewiken tot. Waffen kaputt. Die Helden werden auf jedem Fall siegen: Putin scheitert soeben wieder mit einem Panzer-Angriff. Die Unbesiegbaren rücken vor, greifen mit „Super-Drohnen" Industrie-Komplexe an, die 1.200 km entfernt sind und vermiesen chillige Beach-Partys im Ferien-Paradies. Das ist die Strafe dafür, dass die Anders-Kopulierenden ihre Neigungen im Kugelhagel nur eingeschränkt ausleben können. Habe ich „Qualitätsmedien" entnommen. Soll ich es glauben? Oder besser nicht?

Wir müssen aufrüsten für den Wohlstand

05.04.2024

Rüstungsindustrie zieht mehr jüngere Bewerber an

Lindner sieht Luft für höheren Verteidigungsetat ab 2028

„Russland geht schon das Geld aus"

„Die Ukraine wird auf jeden Fall siegen."

Jeder Tag Krieg muss Putin einen Teil seines Vermögens kosten

Russischer Großangriff mit Panzern endet im Fiasko

Ukraine greift Industriekomplex im russischen Hinterland an

Ukrainische Truppen rücken bei Kreminna vor

Ukraine macht Druck im Ferien-Paradies

Queeres Leben im Krieg

Russlands Verluste nähern sich rasant drei düsteren Meilensteinen

Mainstream-Pressespiegel vom 6.4.2024. „Das Grauen geht uns alle an". Centurio Pistorius ist der beliebteste deutsche Politiker! Nicht falsch verstehen: Das Grauen bezieht sich auf den Tyrannen und nicht auf den Retter Deutschlands. Dem traut man zu, dass er uns tod-sicher in den III. Weltkrieg führt. Er ist der Albtraum - für den Tyrannen. Mit der NATO im Rücken und der neuen Geheimwaffe "Regenschirm" ist uns der Sieg sicher. Dazu lassen wir den Iwan ausbluten wie ein Schwein beim Schlachter. Rubel hat er keine und will „verzweifelt" den Oligarchen „an den Kragen". Als Leutnant der Reserve ist Finanz-Äquilibrist Lindner ganz scharf auf echten Krieg. Immer nur Theorie ist blöd. Verängstigt pinseln die Bolschewiken Kampfjets-Silhouetten aufs Rollfeld, um uns zu bluffen. Sie müssen leidvoll mitansehen, wie Drohnen ihre Roboter schrotten. Mit einer Übermacht von 400.000 „frischen" Helden wird der Iwan von den Helden überrannt. Da hilft dem Tyrannen auch keine Massen-Einberufung. Habe ich „Qualitätsmedien" entnommen. Soll ich es glauben? Oder besser nicht?

Pistorius ist der Beliebteste

Russlands Angriffskrieg

Das Grauen geht alle an

Albtraum für Putin

06.04.2024

Nato könnte USA als Koordinator der Ukraine-Hilfe ablösen

Die neue Geheimwaffe der Bundeswehr

»Es wäre an der Zeit, Russlands Wirtschaft langsam ausbluten zu lassen«

Regenschirme gegen Putin

"Russland geht schon das Geld aus"

Verzweifelter Putin setzt auf neue Strategie

Putin will Oligarchen an den Kragen

Aus Angst vor der Ukraine
Russland malt zur Täuschung Kampfjets auf Flugplätze

Lindner gegen "Einfrieren" des Krieges

Kiew könnte bald 400.000 neue Soldaten haben

Drohne lässt von Russlands Granatwerfer-Roboter nichts mehr übrig

Putin startet Massen-Einberufung

Die Märchenstunden der deutschen Medien

Mainstream-Pressespiegel vom 7.4.2024. Wer von uns hat den meisten Spaß am Krieg? Kriegsvernarrt sind vor allem die „verweichlichten" Jung-Grünen, während die Ewig-Gestrigen von der AFD „Feiglinge" sind. Die Polskis bibbern - diese Mimis! Viele planen den Umzug zu uns. Ruhig Blut! Der Tyrann hat Illusionen. Er verdrängt, dass er inhaftiert und vor ein Sondergericht gestellt wird. Die Attacken der Helden fallen schon jetzt „verheerend" aus. Denn die Unbesiegbaren haben 'geheime' Technologie erbeutet. Sie werden ihm als Erstes die Brücke zur Krim sprengen. Der Typ versteht nur Hardcore! Die NATO ist ganz jeck auf den Waffengang: Nach 75 Jahren Abstinenz können sie endlich Feindberührung live ausleben. Für den Sieg braucht der Heldenpräsident nicht einmal eine größere Mobilisierung. Nur jünger sollten sie sein. Für sein Konzept gibt's 100 Mrd. Euro und die Mitgliedschaft im NATO-Club. Finanzieren werden wir es. Per Kriegsanleihe: „Gold gab ich zur Wehr. Eisen nahm ich zur Ehr". Ein tod-sicheres Geschäft! Amis happy: Sie haben ihr Ziel erreicht! Habe ich „Qualitätsmedien" entnommen. Soll ich es glauben? Oder besser nicht?

„Tyrannen respektieren nur Stärke"
Militär-Experte rüttelt zu Putins
großem Atom-Bluff auf

WER IST KRIEGSTÜCHTIG?

Tapfer sind die Verweichlichten

Selenskyj: Mobilisierung von halber Million Soldaten unnötig

Ukrainische Kämpfer: Haben geheime russische Technologie erbeutet

Putins Illusion des schnellen Vorstoßes

ANGST VOR PUTINS ARMEE

Viele Polen planen schon ihre Flucht

Putin soll wegen Ukraine-Krieg vor Sondergericht gestellt werden

Attacke auf Putins Flugplätze noch verheerender als gedacht

"Kleiner Einsatz, große Wirkung"
Union und FDP für Stoltenbergs NATO-Fonds

Stoltenberg verspricht Ukraine Nato-Beitritt und schlägt Milliarden-Programm vor

ANALYSE Schlagkräftig statt hirntot?

Putins Krieg hat die NATO wiederbelebt

Die Soldaten müssen jünger werden

07.04.2024

Ukraine kündigt Zerstörung der Kertsch-Brücke an

Nato ist "Konfrontationsinstrument" der USA

Mainstream-Pressespiegel vom 8.4.2024. Jetzt wird es ernst! Der „Brand-stifter" droht Europa „unverhohlen" mit Angriff auf NATO-Flugplatz. Die Amis zischeln: "Lasst Euch das nicht gefallen. Marschiert los. Tötet den Iwan." Wir stürzen uns wie Lemminge in den Krieg. Nach 75 Jahren mili-tärischem Nichtstun sind wir kriegsgeil. Endlich Bomben live und nicht als Videospiel. Die Bundeswehr wird umgeschult, um „weiterzudenken": Von Verteidigung auf Angriff. Deutschland ist Auslöser des Krieges: Denn wir haben den Iwan durch hemmungslosen Erdgas-Verbrauch stinkreich gemacht. So wurde der größenwahnsinnig und will uns jetzt einsacken. Deshalb obliegt UNS der Job des 'Russki-Tötens'. Basta! Die Influencer der Sozis wie auch der Grünen empfehlen deshalb, die Wähler statt mit Frie-denswahlkampf-Getue mit Kriegslust an die Urne zu locken. Die warmher-zige Nachricht zum Schluss: Die Witwe des Tyrannen-Feindes nebst Gatte im Jenseits bekommen den 'Freiheitspreis der Medien 2024' verliehen. Ist das toll? Kontinuität vertieft Mythos! Von der Propaganda-Show des Westens kann der Tyrann Iwan noch einiges lernen. Habe ich „Qualitäts-medien" entnommen. Soll ich es glauben? Oder besser nicht?

Jetzt wird es ernst **Brandstifter Putin**

„Er droht Europa unverhohlen"

Putin droht offen mit Angriff auf Nato-Flugplatz

Nato bereitet sich auf Ukraine-Krieg vor

US-Experte fordert Nato-Soldaten in der Ukraine

Nach 75 Jahren stark wie selten

Neue Teilstreitkraft soll "Krieg weiterdenken"

Hat Deutschland Putin goldene Brücken gebaut?

Z+ SPD und Krieg

Lasst das mit dem Friedenswahlkampf

Nawalnaja erhält Freiheitspreis der Medien

08.04.2024

Die Märchenstunden der deutschen Medien

Mainstream-Pressespiegel vom 9.4.2024. Wie prickelnd: Eine deutsche Brigade hat sich auf den Weg gemacht, um den Iwan das Fürchten zu lehren. Die Zeit ist günstig. Denn der Tyrann ruiniert sein Land. Zu Wasser, zu Lande und in der Luft verliert er. Im „Streubombenregen" geht seine Panzerflotte unter. Das „Durchbruchsregiment" des Iwan ist ein Schatten seiner selbst. Auf dem Schwarzen Meer wird ein Kanonenboot nach der anderen versenkt. In der Luft haben die Helden wieder ein gutes Dutzend Jagdbomber abgeschossen. Und die Heldenindustrie boomt. War vor wenigen Wochen das Drohnenproduktions-Ziel noch 1 Mio. p.a., so sind es jetzt 2 Mio. Wahnsinn! Dazu gehören Marathon-Drohnen. Die fliegen bis zum Kreml. Die Dinger sind kriegsentscheidend. Weil es so gut läuft, wurde zwischendurch eine Iwan-Pipeline gesprengt. Außerdem wurde der Termin für die Zerstörung der Krim-Brücke verkündet. In den nächsten Wochen wird das Ding in die Luft gejagt. Die Amis 'fordern' deutschen Fronteinsatz. Zu Befehl: Die Brigade ist unterwegs! Habe ich „Qualitätsmedien" entnommen. Soll ich es glauben? Oder besser nicht?

Eine deutsche Brigade gegen Russland

09.04.2024

Putin ruiniert sein Land

Russlands Panzerflotte geht im Streubombenregen unter

Verluste für Russland: Ukraine-Geheimdienst sprengt Ölpipeline

Hohe Verluste im „Durchbruchsregiment"

Marathon-Drohnen gegen Russland

Selenskyj nennt Drohneneinsatz kriegsentscheidend

DIE UKRAINE DEZIMIERT DIE RUSSISCHE SCHWARZMEERFLOTTE

Ukraine strebt Zerstörung der Krim-Brücke an: „Erste Hälfte von 2024"

Kiew meldet schweren Schlag gegen russische Luftwaffe

+++ 14:02 Boom in der Industrie: Kiew will dieses Jahr zwei Millionen Drohnen herstellen +++

US-Experte fordert Nato-Soldaten in der Ukraine

Mainstream-Pressespiegel vom 10.4.2024. Schönwetter-Stimmung bei den Helden. Mit Kaffee, Frühling & Raketen lässt man es sich gut gehen. Die Grenze zum Iwan wurde hübsch abgeriegelt mit Bunkern, Höckern & Gräben. Der Heldenpräsident ist sich siegessicher und bereit, den knausrigen Amis mehr Knarren 'auf Kucki' abzukaufen. Eine Art Warentermingeschäft. Der Tyrann meint, dass er mit uns im Krieg steckt. Richtig erkannt, denn es hat einen Deutschen erwischt. Dafür bringen wir ihn dieses Jahr lebenslang ins Zuchthaus. Der totale Sieg kommt. Mit JA beantworten die Balten eindeutig die Frage "Wollt ihr den totalen Krieg"? Unsere Wehrmacht hat dort schon die erste Iwan-Maschine abgefangen. Die Helden legen zusätzlich die Öl- und Gasproduktion des Iwan still. Schade nur, dass wir die Drecksarbeit machen müssen und der Kinees sich hinten rum die besten Regionen sichert. Wohl deshalb ist der Kanzler hingedüst, um denen „die Zähne zu zeigen". Wenn der Iwan aufgeteilt wird, gehört uns das größte Stück vom Kuchen. Habe ich Qualitätsmedien entnommen. Soll ich es glauben? Oder besser nicht?

10.04.2024

Z+ Krieg in der Ukraine

Kaffee, Frühling und Raketen

Bunker, Höcker, Gräben

Ukraine: Waffen auf Kredit

Russland sieht sich im Krieg mit der Nato

Deutscher Kämpfer offenbar bei Gefechten in Ostukraine getötet

Putin noch 2024 vor Gericht

Ukraine-Krieg: Wie baltische Staaten auf den totalen Sieg über Russland setzen

Deutsche Luftwaffe fängt russische Militärmaschine ab

Angriffe auf Raffinerien: Russland drosselt Öl- und Gas-Produktion

Putin durch Ukraine-Krieg geschwächt: Greift China nach Russlands Osten?

Scholz muss Zähne zeigen im Land des Lächelns

Mainstream-Pressespiegel vom 11.4.2024. Kanzler Scholz schwört uns auf Krieg ein. Wenn wir an die Front ziehen, ist das der „Schlüssel für den Frieden". Sehr logisch! Der Iwan hat Todesangst vor unserer kampferprobten Wehrmacht. Wir müssen dem Iwan das Morden vermiesen! Er tötet einen Künstler nach dem anderen, „sortiert" Spione aus, quält Kriegsgegner. Und er hat den Dissidenten ermordet, wie das PR-Team der Witwe Stein auf Bein schwört. Der Mann muss weg! Innenpolitisch steht er „ziemlich doof" da, meint ein Experte. Der Supergau naht: Irgendjemand beschießt das Riesen-AKW. Es ist der Tyrann! Völlig konfus, das zu zerstören, was man dauerhaft besitzen will. Heute wurden seine Bolschewiken wieder empfindlich dezimiert. Ein Konvoi musste dran glauben. Komplett zerstört von der Azow-Brigade - das sind die Fans historischer Symbole aus der dunkelsten Deutschland-Zeit. Vorsicht vor dem zukünftigen Ami-Präsidenten. Der will bei seiner Wiederwahl den Krieg sofort beenden. Dem sind alle Sicherungen durchgebrannt! Der Iwan will sich halb Europa schnappen. Söldner an die Front! Habe ich „Qualitätsmedien" entnommen. Soll ich es glauben? Oder besser nicht?

II.04.2024

Scholz sieht Unterstützung der Ukraine als »Schlüssel zur Wiederherstellung des Friedens«

Die Russen töten einen Künstler nach dem anderen

Mord als Mittel der Macht

Der Kreml sortiert seine Spione

Russland dekoriert Mörder und quält Kriegsgegner

„Alexej Nawalny wurde ermordet"

Masala: „Innenpolitisch steht Putin ziemlich doof da"

Atomkraftwerk Saporischschja offenbar von drei Drohnen getroffen

Ukraine macht Russland für Drohnenangriff auf AKW verantwortlich

Europas Söldner an der Front

Azow-Brigade rühmt sich – "Haben russischen Konvoi zerstört"

Selenskyjs Warnung: "Andere Staaten werden angegriffen"

Trump verspricht schnelles Kriegsende in der Ukraine

Mainstream-Pressespiegel vom 12.4.2024. Der Heldenpräsident ist der beliebteste europäische Regierungschef! Kanzler Scholz hingegen ist der unbeliebteste – weltweit. Ist klar: Er liefert keine Taurus. Die Helden kommen aber auch ohne uns gut zurecht. Die Verluste des Iwan steigen „rasant". Mit Drohnenattacken „schröpfen" die Helden die Kriegskasse des Tyrannen. Das schmerzt den Geschröpften, denn für seine Familie ist Krieg eine bombensichere Einnahmequelle. Eine Stunde Krieg kosten soviel wie zehn Jahre EU-Verwaltung. Wer will sich so ein Geschäft vermiesen lassen? Generell kann der Tyrann nicht mit Krisen umgehen. Das wird ihn halb Sibirien kosten, weil der Kinees das Land zurückfordert. Um von seinen Problemen abzulenken, foltert er Terroristen. Nur weil sie 142 Menschen erschossen haben, muss man doch nicht foltern! Pfui! Gut, dass die Schweiz eine Friedenskonferenz plant, um ihn abzusägen. Bald hat sein letztes Stündlein geschlagen. Habe ich „Qualitätsmedien" entnommen. Soll ich es glauben? Oder besser nicht?

12.04.2024

Umfrage: Selenskyj ist der beliebteste europäische Regierungschef

Kiews Drohnenattacken schröpfen Putins Kriegskasse

Olaf Scholz unbeliebtester Regierungschef weltweit -

Verluste für Russland: Zahl der Opfer im Ukraine-Krieg steigt weiter rasant

Wie sich Putins Familie am Krieg bereichert

Jean-Claude Juncker: Eine Stunde Krieg ist teurer als zehn Jahre EU

Muss Putin um seinen Osten zittern? Chinesen wollen ihr Land zurück

Russland-Experte: "Putins Regime kann nicht mit Krisen umgehen"

Putin foltert Geständnis aus Terroristen heraus

Schweiz will im Juni Friedenskonferenz ausrichten

Die Märchenstunden der deutschen Medien

Mainstream-Pressespiegel vom 13.4.2024. Die Aufklärung trägt Früchte: Die Mehrheit der Deutschen glaubt an den Angriff des Tyrannen und dessen Drang zum „viiiel größeren Krieg". Das Versprechen von Schutz & Sicherheit legitimiert neue Schulden! Gut für das BIP: Die Tötungs-maschinen-Industrie boomt. Der Pariser ist Europas neuer Kriegsfalke. Der weiß, dass Kriege durch Angriff und nicht durch Abwehr gewonnen werden. Die Bolschewiken werden indes immer brutaler. Sie nutzen zu ihrer Verteidigung „menschliche Schutzschilde". Das ärgert den Ami: Er schickt beschlagnahmte Perser-Waffen zum Iwan-Killen ins Kriegsgebiet. Die Helden attackieren zeitgleich das Flieger-Ausbildungszentrum. Ohne neue Piloten ist der Tyrann vollends am Arsch. Sogar der Kinees macht seit dem Scholz-Besuch den Tyrannen nieder. Aber Centurio Pistorius ist schon weiter: Die Wehrmacht übt den Häuserkampf. Wenn Tierpanzer vor dem Kreml rollen, „säubern" unsere Jungs die letzten paarhundert Meter. Mütter werden stolz sein, wenn der Bub das Russki-Reich erobert. Habe ich „Qualitätsmedien" entnommen. Soll ich es glauben? Oder besser nicht?

Mehrheit der Deutschen glaubt an Angriff Putins auf die Nato

Putin will VIEL größeren Krieg

Pistorius: Im Zweifelsfall neue Schulden

Strategien für Rüstungsindustrie: Mehr Aufträge für westliche Unternehmen

Emmanuel Macron ist Europas neuer Kriegsfalke

"Krieg wird nicht allein durch Abwehr gewonnen"

USA schicken beschlagnahmte iranische Waffen in die Ukraine

Russen nutzen Soldaten als menschliche Schutzschilde

Ukraine attackiert Fliegerausbildungszentrum in Russland

Doch keine Freundschaft? Jetzt gerät Putin in Xis Schusslinie

13.04.2024

Das hat Pistorius mit der Bundeswehr vor

Die NATO übt den Häuserkampf

Mainstream-Pressespiegel vom 14.4.2024. Lieber Kanzler: Keine Angst vor dem Tyrannen! Sie stärken ihn damit nur. Der Pariser schützt uns, wenn wir uns ins Getümmel stürzen. Wir siegen, weil die Panzer des Iwan nur Spott hervorrufen und von den Helden mit Leichtigkeit „gekrallt" werden. Und die Motorrad-Stunts des Iwan taugen zwar für Hollywood, nicht aber für die Front. Der Iwan ist mit über 450.000 Toten weitgehend weggeschossen. Dazu die Erfolge des Heldenpräsidenten bei der Raketenproduktion. Über 80 % der Helden glaubt felsenfest an den Sieg. Den Rest des Krieges erledigen bald Heldenfrauen – „...nur richtig". Oho! Unter die Damen mischen sich Kriminelle, denen nach dem Russen-Töten die Freiheit winkt. Unsere Regierung hat ein 15-Punkte-Programm für ein „Wirtschaftswunder" beschlossen. Die dafür notwendige halbe Billion FIAT-Kohle ist schnell gedruckt. Zum Friedensgipfel traut sich der Tyrann nicht hin. Wir legen dann ohne ihn fest, dass er den Krieg verloren hat. Habe ich „Qualitätsmedien" entnommen. Soll ich es glauben? Oder besser nicht?

Kanzler Scholz fürchtet Putin

14.04.2024

Warum Macron recht hat und Scholz nur Putin stärkt

Russen-Panzer ruft Spott hervor

Ukrainer krallen sich Russen-Panzer

Russen rühmen sich für wahnsinnige Angriffe mit Motorrädern

+++ 09:43 Kiew: Mehr als 450.000 russische Soldaten seit Kriegsbeginn "eliminiert" +++

Jetzt sollen mehr Frauen Putins Truppen stoppen - „Nur richtig"

Selenskyj berichtet über Erfolge bei Raketenproduktion

Ukraine will Straftäter in Armee aufnehmen

Über 80 Prozent der Ukrainer glauben weiter an Sieg

Bundesregierung beschließt 15-Punkte-Plan für Ukraine

Moskau hat kein Interesse an Friedensgipfel

Zivile Hilfe und Wiederaufbau
Wirtschaftswunder für die Ukraine

Mainstream-Pressespiegel vom 15.4.2024. „Irre": Der Tyrann will Europa schlucken! Goldgedeckte Rubel statt ungedeckter Euronen? Billiges Heizöl? Gas ohne Ende? Nein danke!

Der Tyrann ist wie Hitler. Da bleiben wir lieber bei den Imperialisten. Nur die „Blauen" bei uns sind Vaterlands-Verräter. Die wollen keinen Krieg! Auch bei den Sozis kriegen „Tyrannen-Versteher" keine Schnitte. Alle ausgrenzen! Schaut her, was der Tyrann anrichtet: Er prellt Soldaten-Familien ums Geld für gefallene Söhne! Die Helden haben genug vom Hickhack und eine Mobilmachung gestartet. Sämtliche Ukros dürfen sich fortan am Russen-Töten beteiligen. Sie schlagen den Iwan mit seinen eigenen Entwicklungen: Durch Nachbauten! Hinzu kommt, dass US-Panzer kinderleicht zu bedienen sind = wie Videospiele: Unterhaltsam und spannend! Einzig der Bolschewik hat ein Problem: Tag für Tag „mindestens" 1000 Tote! Deshalb wollen alle Russkis abhauen. Habe ich „Qualitätsmedien" entnommen. Soll ich es glauben? Oder besser nicht?

15.04.2024

Irrer Putin-Plan! Mit dieser Strategie soll Russen-Reich auf 600 Millionen Menschen anwachsen

Pistorius vergleicht Putin mit Hitler

Russlandnähe der AfD
"Wer so etwas tut, ist ein Landesverräter"

Killer-Drohne nachgebaut: Ukraine schlägt Putin mit eigenen Waffen

»Putin-Versteher haben in der SPD nichts mehr zu sagen«

Russland: Putin prellt Soldaten-Familien um Geld mit perfidem Vorgehen

„Mindestens Tausend Leichen" – Ukraine berichtete von Massengräbern der russischen Armee

Ukrainisches Parlament billigt Mobilmachungsreform

„Wie ein Videospiel" – Ukrainer feiern US-Stryker-Panzer

Russische Verluste im Ukraine-Krieg enorm – Soldaten diskutieren über das Desertieren

MEIN KRIEGSTAGEBUCH ***2024***

Mainstream-Pressespiegel vom 16.4.2024. Horror-Propaganda funktioniert immer: 42 % deutscher Angsthasen sind scharf auf den Einmarsch. Rüstung statt Rente? Dumme Frage: Rüstung natürlich! Hochbetagte kennen das aus dem II. Weltkrieg. Was war das für eine aufregend-andere Zeit! Warum noch mit dem Tyrannen sprechen? Wir wollen Krieg! Der Tyrann hat nur noch Zugang zum „Schurken-Milieu". Wir werden ihn in die „Abnutzung" zwingen. Für Helden gibts jetzt Iwan-Abschussprämien. Europa will zunächst nur die Wehrpflicht einführen, um die Jugend schneller ans Töten heranzuführen. Viel mehr gibt es nicht zu tun, da die Bolschewiken „massenhaft desertieren", von Alpträumen zerrissen - wie der Tyrann selbst. Alle hoffen auf eine Verletzung , die übel aussieht, aber vollständig ausheilt. Den Trick haben sie den GIs abgeluchst. Trotz guter Aussichten muss mehr Geld für den Krieg fließen. Die 100 Mrd. Waffen-„Sondervermögen" sind bereits futsch. Ran an die Renten! Habe ich „Qualitätsmedien" entnommen. Soll ich es glauben? Oder besser nicht?

Zustimmung zu militärischer Unterstützung der Ukraine steigt

Rüstung statt Rente?

Scholz sieht derzeit keinen Sinn in Gesprächen mit Putin

Sanktionen treiben Russland in die Arme von „Schurkenstaaten"

"Russland in die Abnutzung zwingen"

Ukraine führt Bonus für Fronteinsätze ein

Ukraine-Krieg: Viele Nato-Länder wollen die Wehrpflicht wieder einführen

Partisanen: Russische Truppen desertieren "massenhaft"

BUNDESWEHR-SONDERVERMÖGEN
99.999.691.000 Euro sind schon weg

Putins Soldaten hoffen auf eine „Million-Dollar-Verletzung"

16.04.2024

Putins Storm-Shadow-Alptraum: Ukraine zerstört russisches Kommandozentrum

Die Märchenstunden der deutschen Medien

Mainstream-Pressespiegel vom 17.4.2024. Wir werden von zwei Kriegsgöttinnen gepampert: Nancy von den Sozis will Schutzbunker bauen und Sirenen installieren. Ursel von der EU sorgt sich um mögliche politische Infiltration durch den Tyrannen. Der Heldenpräsident sagt, wie es ist: Europa muss dem Iwan stärker vors Schienbein treten. Er warnt auch vor der Sabotage am AKW. Der Tyrann ist wahnsinnig: Erst erobert er den Nuklear-Brüter, um ihn dann zur Kernschmelze zu treiben. Wie krank ist der Kerl? Krank ist auch das Staats-Fernsehen des Iwan. Das verdreht die Fakten: Helden verlieren? Iwan gewinnt? Wer glaubt denn sowas! Beim Iwan will niemand mehr an die Front.Nach schweren Verlusten wirbt er jetzt um Ausländer. Sein Raketenschiff wurde zerstört. Die Baupläne werden kopiert, und der Kahn wird nachgebaut. Der Kanzler hat dem Xi-Jinping mal tüchtig den Kopf gewaschen: Prompt sagt ein Kinees für unsere Presse die „Niederlage des Tyrannen" voraus. So herum wird ein Schuh draus! Habe ich „Qualitätsmedien" entnommen. Soll ich es glauben? Oder besser nicht?

Faeser kündigt Ausbau des Zivilschutzes wegen Ukraine-Krieg an

Nach schweren Verlusten: Russland wirbt Ausländer an

Von der Leyen warnt vor Beeinflussung der Europawahl durch Russland

Experte rät: Ukraine soll im Krieg gegen Russland die Initiative ergreifen

Chinesischer Professor macht Vorhersage
Vier Faktoren hat Putin falsch eingeschätzt – deshalb wird Russland den Krieg verlieren

17.04.2024

Angriff der Ukraine auf Russland: Moskaus Staats-TV verdreht Tatsachen zum Krieg

Raketenschiff aus Russland in der Ostsee zerstört: Baupläne helfen Ukraine

Scholz warnt China vor militärischer Unterstützung Russlands

Kiew warnt vor russischer Sabotage an Atomkraftwerk

Selenskyj fordert strengere Kontrolle der Russland-Sanktionen

MEIN KRIEGSTAGEBUCH ***2024***

Mainstream-Pressespiegel vom 18.4.2024. Die Helden „entrussifizieren"
ihr Acker-Land. Denen ist peinlich, dass der Tyrann den Jesus raushängen
lässt. Der wird noch zu Kreuze kriechen! Vorher muss der Unmensch zum
Exorzisten: Er ist von „Kriegsfantasien" besessen. Dabei ist seine Strategie
längst gescheitert. An der Front „verrotten" die Jung-Bolschewiken. In
der Ostsee sind nur noch Geisterschiffe von ihm auszumachen. Aber bei
den Helden tut sich Großes. Sie bauen auf die Schnelle zwei neue Atommeiler. Solche Großprojekte führen zu „Personalmangel" an der Front.
Dennoch wollen sie wie bisher dem Iwan „maximale" Verluste zufügen. Um
den Fachkräftemangel zu beheben, liefert Deutschland ein neues Patriot-
System. Der Kanzler rechnet entgegen aller Prognosen mit einem langen
Krieg. Deshalb gibt ein Kürze eine Wiederaufbau-Konferenz in Berlin.
Wegen der langen deutschen Baugenehmigungs-Verfahren eine gute Idee.
Habe ich „Qualitätsmedien" entnommen. Soll ich es glauben? Oder besser
nicht?

Ukraine "entrussifiziert" das Land

Putin vergleicht sich mit Jesus

**Wladimir Putin: Neues Dokument
enthüllt seine Kriegsfantasien**

18.04.2024

Putins Strategie ist gescheitert

**Deutschland liefert drittes
Patriot-System**

Russen-Soldat warnt

„Unsere Jungs verrotten"

Putin schickt Geisterschiffe durch die Ostsee

Ukraine baut zwei neue Atommeiler

Ukraine
Personalmangel an der Front

**Ukraine will Russland
maximale Verluste zufügen**

Wiederaufbaukonferenz im Juni in Berlin

Scholz rechnet mit langem Krieg

Die Märchenstunden der deutschen Medien

Mainstream-Pressespiegel vom 19.4.2024. Der Tyrann will den Westen spalten und sich Deutschland schnappen. CDU-Kiesewetter „warnt vor Menschen, die dem Iwan nahestehen". Die Russkis sind ganz scharf auf 2.6 Billionen € „Sondervermögen", ein rohstoff-leeres Land, 22 % Rentner und ein Millionenheer an Bürgergeld-Empfängern. Prompt ist der Vizekanzler losgeprescht, um Einhalt zu gebieten. In so einer Zeit den Krieg einzufrieren, ist Spinnerei. Unsere Führungsrolle ist wichtiger denn je. Deshalb fordert die FDP die Musterung von 900.000 Reservisten. Die Helden machen vorab die Drecksarbeit = Zehn Drohnen haben Sie weggeschossen. Wow! Die russische Propaganda erzählt dem Iwan nur Märchen vom Krieg. Quatsch! Die Helden sind nicht im Krieg. Sie bekämpfen „Terroristen". Die Moral der „Terroristen" ist auf dem Tiefpunkt. Die massiven Verluste deprimieren. Erfreulich ist, dass das Vermögen des Tyrannen von den Schweizern konfisziert werden soll. Der soll mal den Ball flach halten: Angst vor einer „Konfrontation" zwischen ihm und der NATO ist von UNS erwünscht!! Habe ich „Qualitätsmedien" entnommen. Soll ich es glauben? Oder besser nicht?

Kiesewetter warnt vor "Russland nahe stehenden Bürgern"

Putin will den Westen spalten

Habeck in Kiew: Ukraine muss gewinnen

Putins Vermögen in Gefahr

Ukraine-Krieg "einfrieren": Pistorius widerspricht

Danke "Olaf, Herr Bundeskanzler"
Selenskyj lobt deutsche Führungsrolle

+++ 18:40 FDP-Fraktionschef fordert Musterung hunderttausender Reservisten

++ Zehn russische Drohnen zerstört ++

19.04.2024

Moskaus Staats-TV verdreht Tatsachen zum Krieg

Klitschkos klare Worte: "Das ist kein Krieg, das ist Terror"

Moral der russischen Soldaten an einem Tiefpunkt

Abgefangenes Telefonat enthüllt massive Verluste für Russland in Belgorod

Russland: Konfrontation "unvermeidlich", wenn die NATO Bodentruppen einsetzt

MEIN KRIEGSTAGEBUCH ***2024***

Mainstream-Pressespiegel vom 20.4.2024. Gestern war zunächst die beliebte Medienshow: Der Vizekanzler rennt um sein Leben und schützt sich im Luftschutzkeller. Immer wieder tolle Fotos. Die Helden beweisen Kampfkraft und haben den Tyrannen zum Invaliden gemacht: Sein „Standbein lahmt". Auf einer Waffenschau in Kiew ist zu sehen, dass er sich auf noch mehr „unangenehme Überraschungen" einstellen muss. Ernste Worte richtet der Heldenpräsident deshalb an die Amis: Der Tyrann „verheizt" seine Bolschewiken. Außerdem wollen die Russkis Massen-Exekutionen in den noch besetzten Gebieten durchführen. Weiteres Morden ist aber keine Lösung! GIs müssen an die Front. Auch den NATO-Rat will der Heldenpräsident einberufen. Denn durch den Tyrannen sind „eine Milliarde Menschen auf der Welt in Gefahr". Nur unser Einmarsch rettet deren Leben! Die Erfolge beweisen es: Die Schwarzmeer-Flotte des Iwan sorgt für Spott. Angriffe und Explosionen auf die Krim zeugen von der Dominanz der Helden. Wir sind immer zufriedener mit allem, was unsere Regierung leistet, um den Krieg voll auszurollen. Habe ich „Qualitätsmedien" entnommen. Soll ich es glauben? Oder besser nicht?

Ukraine-Krieg: Russland-Bomber treiben Habeck in Luftschutzkeller

20.04.2024

Ukraine legt Putins Standbein lahm

Waffenschau in der Ukraine

Putins hybrider Krieg gegen Europa

Nato-Admiral sieht Sicherheit von „fast einer Milliarde Menschen" in Gefahr

"Russen haben unangenehme Überraschungen zu erwarten"

Putin-Propagandistin will Massenexekutionen in besetzten Gebieten

Selenskyj richtet ernste Worte an die USA

Ukraine: Weiteres Morden ist nicht die Lösung

UKRAINE-KRIEG: SELENSKYJ WILL NATO-UKRAINE-RAT EINBERUFEN

Putin verheizt Soldaten

Spott über Russlands Schwarzmeer-Flotte nach schweren Verlusten

Berichte: Explosionen auf der Krim – Angriff auf Militärflugplatz?

Deutsche zufriedener mit Ukraine-Hilfe

Die Märchenstunden der deutschen Medien

Mainstream-Pressespiegel vom 21.4.2024. Nun hat es doch noch geklappt: 60 Mrd. Dollar drucken die Amis, um den Iwan zu dezimieren. Auch für Langstrecken-Raketen ist gesorgt, die dem Tyrannen das Kreml-Dach demolieren. Der Heldenpräsident ist happy. Der Weg zum III. Weltkrieg geht voran. Die EU haut ebenfalls alles raus, was Russkis umbringt. Zusätzlich winken die NATO-Staaten mit jeder Menge Cash. Diplomatie-Koryphäe Baerbock denkt wie immer faszinierend einfach: Sie will Waffen weltweit „zusammenkratzen". Besonders clever ist der Kanzler. Er becirct den Kinees, die Waffenhilfe an den Iwan zu stoppen. Zum D-Day-Gedenktag lädt der Pariser den damaligen WW II-Sieger Russland nicht mehr ein. Der ist out, weil er seine Armee durch den „Fleischwolf" dreht. Ärger macht die Schweiz! Völlig überlaufen von russischen Spionen. Wohnt da nicht die AFD-Weidel...? Aha! Alles klar... Habe ich „Qualitätsmedien" entnommen. Soll ich es glauben? Oder besser nicht?

21.04.2024

60 Milliarden Dollar für Kiew

US-Paket enthält weitere Raketensysteme

Selenskyj: „Entscheidung, die die Geschichte auf dem richtigen Weg hält"

EU sichert Ukraine weitere Unterstützung zu

Nato-Staaten sagen Ukraine weitere Hilfe bei Luftverteidigung zu

3+ SPIONAGEDREHSCHEIBE SCHWEIZ

Ein großer Tummelplatz für russische Spione

Scholz will China von militärischer Hilfe für Russland abhalten

Barley: AfD-Spitzenpolitiker sind Putins Komplizen

Putin vertuscht wahre Zahlen im „Fleischwolf"

Putin bei Gedenkfeier in Frankreich nicht erwünscht

Baerbock möchte Luftverteidigung weltweit "zusammenkratzen"

MEIN KRIEGSTAGEBUCH ***2024***

Mainstream-Pressespiegel vom 22.4.2024. Jetzt ist es todsicher: Die Dollar-Drucker wollen auch weiterhin die ganze Welt vor dem Bösen retten. Wir atmen tief durch. Doch allergrößte Vorsicht ist derzeit bei uns geboten. Denn hinter jeder Wohnungstür kann seit kurzem der Tyrann auf uns lauern - als AFD-Wähler getarnt. 'Geldkoffer' vom Iwan wechseln heimlich in den Besitz dieser gefährlichen Spezi rückständiger Friedensapostel. Beim Polski sieht's noch schlimmer aus. Bei denen werden Anschläge auf den Heldenpräsidenten geplant. Seine „verheerenden" Verluste und Fehlschläge will der Tyrann vertuschen. Doch die Helden greifen ihn weiterhin unbarmherzig an: Luftwaffenstützpunkt, Fabrik sowie 100 Millionen-$-Equipment komplett zerstört. BINGO! Ein Problem bildet noch das russisch-besetzte AKW. Das will der Tyrann immer noch in die Luft jagen. Sein Kriegsziel ist es neuerdings, uns allen die Lampen auszuknipsen. Na sowas! Habe ich „Qualitätsmedien" entnommen. Soll ich es glauben? Oder besser nicht?

Amerika macht wieder Weltpolitik

US-Hilfen für Ukraine: Westen jubelt, Russland wütet

Putins langer Arm nach Deutschland

Der Spion aus Wohnung Nummer sieben

Gerüchte über Geldkoffer aus Russland in der AfD

Attentat auf Selenskyj verhindert: Polnischer Staatsbürger verhaftet

Ukraine greift russischen Luftwaffenstützpunkt auf der Krim an

Ukraine zerstört 100 Millionen Dollar teures Equipment

Russlands verheerende Verluste: Putin vertuscht wahre Zahlen im Ukraine-Krieg

Kiew warnt vor russischer Sabotage an Atomkraftwerk

22.04.2024

Schlag gegen Russland: Ukraine zerstört wohl Fabrik weit hinter der Grenze

Kein Licht als Kriegsziel

Die Märchenstunden der deutschen Medien

Zur Inszenierung eines Politiker-Treffens gehören Luftalarm und möglichst eine anschließende „Flucht" in den nächsten Bunker heute zum Standard-Repertoire der „Qualitätsmedien"

Vizekanzler Habeck muss in Luftschutzbunker

23.04.2024

Baerbock muss bei Ukraine-Besuch in Bunker

Nach Ankunft von Scholz: Luftalarm in Kiew

Steinmeier flüchtet in Luftschutzbunker

PUTINS KRIEG: Luftalarm in Kiew! Bundestagsvize muss in Bunker! Göring-Eckardt exklusiv - so war es!

Von der Leyen muss im Bunker zittern

Luftalarm unterbricht Besuch von EU-Ratspräsident Michel in Ukraine

Lambrecht erstmals seit Kriegsbeginn in Ukraine: Ministerin muss bei Luftalarm in Bunker

Boris Pistorius im finnischen Bunker -- zum Schutz vor Putin

Luftalarm bei Bidens Besuch in Kiew

Kiew: Europäische Politiker flüchten in Bunker

MEIN KRIEGSTAGEBUCH ***2024***

Mainstream-Pressespiegel vom 24.4.2024. Unser Vize-Kanzler kann nicht schlafen. Nein, es sind nicht die lächerlichen 2.600 € die der Krieg jeden Deutschen pro Jahr kostet. Es dürfte für Habeck die großartige Nachricht sein, dass die Amis die Helden weiterhin unterstützen. Es ist nicht akzeptabel, in welchen Massen Deutsche an der Front sterben: Deutscher Soldat in Helden-Uniform – tot. Deutsche Sanitäterin – tot. Der Freiwillige Björn C. – tot. Nur wenn noch mehr Waffen ballern, wird das Sterben ein Ende finden. Das Heldenland gilt als Motor der Emanzipation = Mit Freude zieht es Heldenfrauen an die Front. Der Tyrann hingegen muss weibliche Gefangene rekrutieren. Er lässt Jugendliche in Waffenfabriken schuften. Selbst Kinder werden für den Kriegseinsatz „instrumentalisiert". So groß ist die Not. An der Front haben viele Bolschewiken längst das Lager gewechselt und kämpfen gegen den Tyrannen. Gut so! Habe ich „Qualitätsmedien" entnommen. Soll ich es glauben? Oder besser nicht?

Energiekrise seit Ukraine-Krieg kostet jeden Deutschen 2600 Euro pro Jahr

Tod ist „Heldentat"
Wie Putin russische Kinder für den Ukraine-Krieg instrumentalisiert

24.04.2024

»Großartiger Tag für die freie Welt, großartiger Tag für die Ukraine«

„Eine Stahlfaust ins Gesicht": Wieder ein deutscher Soldat an der Front getötet

Z+ Ukraine-Besuch
Robert Habeck kann nicht schlafen

Putin lässt Jugendliche in Waffenfabriken schuften

Deutsche Sanitäterin an der Front in der Ukraine gestorben

Björn C. aus Brandenburg in der Ukraine getötet

Darum kämpfen russische Soldaten gegen Putin

Russland rekrutiert weibliche Gefangene

Ukraine als Motor der Emanzipation

Die Märchenstunden der deutschen Medien

Mainstream-Pressespiegel vom 25.4.2024. Mensch Leute, so ein Weltkrieg geht nicht ohne Bewaffnung bis an die Zähne. Beim „Aufrüsten für den Frieden" muss anständig investiert werden. Denn der Tyrann zündelt auch im Kosovo. Wenn wir nicht brutal zurückschlagen, zerstört er Europa mit seinen Kriegs-Phantasien. Ein schlechter Tag wirft ihn heute zurück: Brände und Tote durch Helden-Angriffe. Attacken aus dem Hinterhalt. Dazwischen „Zielübungen" auf die Krim-Brücke. Ein Angstbeißer aus der Iwan-Botschaft droht uns dennoch. Und ein Tyrannen-Komparse plappert was von „Angriff auf Deutschland". Die Witwe muss deshalb wieder in die Bütt: „Der Tyrann wird uns mit Atomwaffen beschießen". Huch! Das bestätigt, wovor der Buschmann warnt: Die Terrorstrategie des Tyrannen hat begonnen. Gut, dass jetzt ein Computer-Kriegsspiel gibt: Damit können die Buben daheim das Russki-Killen üben. Habe ich „Qualitätsmedien" entnommen. Soll ich es glauben? Oder besser nicht?

Aufrüsten für den Frieden

Putin setzt auf neuen Europa-Krieg – dieses Pulverfass kann ihm in die Karten spielen

Kriege können Europa zerstören

"Ein schlechter Tag für Putin"

Brände und Tote: Ukraine startet Drohnen-Großangriff auf russische Energieanlagen

25.04.2024

Russischer Bomber erliegt einem „Hinterhalt" der Ukraine

Putin-Minister plappert großen Angriffsplan aus

Russlands Staats-TV schimpft über ukrainische „Zielübung" auf Krim-Brücke

Russen-Botschafter droht Deutschland

Buschmann schlägt Alarm
Minister warnt vor „Putins Terrorstrategie"

Nawalnaja traut Putin Einsatz von Atomwaffen zu

Ukraine-Kriegsspiel aus München: „Bleibt meine Entscheidung, ob ich trotzdem kille"

Mainstream-Pressespiegel vom 26.4.2024. Erfreuliche Nachrichten, nachdem die Amis die Notenpresse zum Glühen bringen: Die Helden können noch zwei Jahre Krieg führen. Eine weitere halbe Million Russkis wird ins Jenseits befördert. Wir Deutsche geben für Tötungs-Technik bald ebenso viel aus wie für Renten. Mit dem Frieden ist es vorbei. Der Krieg muss weltumspannend geführt werden. Überall boomt dann die Wirtschaft. Einwegprodukte der Pyrotechnik sind der Burner. Peng und weg ‚heißt die Devise. Click & Collect die Logistik: Die Knallkörper der Amis liegen versandfertig bereit. Die ‘kolossalen Verluste‘ des Iwan werden sich so vervielfachen. Wir reizen den Tyrannen, bis er „aufs Ganze" geht! Es ist kein Geheimnis, dass er unsere Stärke fürchtet. Im Acker-Land selbst stützen wir die Wirtschaft. Dann geht es mit der Ausbesserung der Kriegsschäden nach der Kapitulation des Iwan schneller voran. Aber wir müssen den Kinees im Auge behalten. Die nächste Bedrohung, die ausgemerzt werden muss. Habe ich „Qualitätsmedien" entnommen. Soll ich es glauben? Oder besser nicht?

Ukraine kann Krieg mit US-Militärhilfen „bis weit in das kommende Jahr" führen

Geben wir für Rüstung bald so viel aus wie für die Rente?

„Im Frieden befinden wir uns schon lange nicht mehr"

Weltweite Militärausgaben auf Höchststand

Waffen für die Ukraine
Versandfertig an der Grenze

26.04.2024

Russlands kolossale Verluste

Geht Putin jetzt aufs Ganze?

"Putin fürchtet Stärke. Unsere Stärke ist die beste Abschreckung"

Friedrich Merz hält China für Bedrohung der deutschen Sicherheit

„Je besser die Wirtschaft in der Ukraine läuft, desto leichter wird der Wiederaufbau"

Die Märchenstunden der deutschen Medien

Mainstream-Pressespiegel vom 27.4.2024. Mann, sind die fertig: Das ganze Russki-Land – ein einziger „Scherbenhaufen". Sie „zittern" wegen der eingefrorenen Gelder und erleiden „schwere Verluste". Bis jetzt haben bereits mehr als 460.000 Bolschewiken ins Gras gebissen. Um vom Elend abzulenken, will der Tyrann ein Tomatenfest feiern. Der Heldenpräsident freut sich, dass der Dollarsegen, der dem Kauf von Tötungsmaschinen dient, „Leben rettet". Die Londoner wollen ebenfalls Leben retten und schieben ein Riesenpaket Waffen hinterher. Alle liefern – und wir? Wir schauen tatenlos zu, wie der Tyrann unsere Urlaubsflieger angreifen lässt. Ärgerlich, wenn man wegen ihm auf den Flug an den Ballermann verzichten muss. Besser wird es erst, wenn die Polskis die Atomwaffen von Ami bei sich stationieren. Dann geht so richtig die Post ab. Mit den US-Milliarden will der Heldenpräsident seine Landsleute zur Rückkehr bewegen. Als Freiwillige erwartet sie an der Front „Charme statt Zwang".

Habe ich „Qualitätsmedien" entnommen. Soll ich es glauben? Oder besser nicht?

Putins Scherbenhaufen: Ende des Wirtschaftswachstums –

Russland zittert jetzt um seine Gelder

Russland erleidet auf dem Vormarsch schwere Verluste

Russische Verluste in der Ukraine: Mehr als 460.000 Opfer

Putin will ein Tomatenfest

Wolodymyr Selenskyj bedankt sich für "lebensrettende" US-Militärhilfe

Putin lässt Urlaubsflieger angreifen

27.04.2024

Kiew will Auslands-Ukrainer zur Heimkehr bewegen

Freiwillige an die Front
Die Ukraine setzt auf Charme statt Zwang

Amerika liefert – und wir?

"Mehrmals" mit USA diskutiert
Polen ist zu Atomwaffen-Stationierung bereit

London verspricht Ukraine großes Militärpaket

Mainstream-Pressespiegel vom 28.4.2024. Die frohe Botschaft von der Fortsetzung des US-Stellvertreter-Krieges reicht aus, um den Iwan medial zu zertrümmern: Seine Verluste erreichen Rekordniveau! Die Wirtschaftslage ist gnadenlos abhängig von den Waffenschmieden! Zu allem Elend sperren die Schweizer weitere Nummernkonten der Oligarchen! Dazu das ultimative „Schreckgespenst": Der Bradley-US-Wunderpanzer kommt. Die Lederhosen-Fraktion will ebenso zur Zerstörung des Iwan beitragen: Die Einfuhr russischer Lebensmittel gehört verboten. Das führt garantiert zum Kollaps. Die Helden tun ein Übriges, um den Iwan zu dezimieren: Sie erzielen Wirkungstreffer an blutigster Frontlinie, sprengen mit „Drohnenschwärmen" Öl-Depots. Wenn die Bolschewiken mal ein Kaff erobert haben, „brüsten" sie sich mit dem Erfolg. Bei uns ist Jubelstimmung ausgebrochen: Der Fortgang des Krieges ist der „Booster" für unsere Tötungs-Branche. Deshalb können wir Pazifisten nicht gebrauchen. Die gelten ab sofort alle als rechtsextrem. Merke: Nur Russki-Töten sichert Frieden. Habe ich „Qualitätsmedien" entnommen. Soll ich es glauben? Oder besser nicht?

Russische Verluste in der Ukraine auf Rekordniveau

Die Schweiz sperrt noch mehr russische Gelder

Wie Russland immer abhängiger von der Kriegswirtschaft wird

Amerikaner machen ernst: Putins Schreckgespenst auf dem Weg an die Front

CDU und CSU wollen Importverbot für Lebensmittel aus Russland

28.04.2024

Wirkungstreffer gegen Putin: Ukraine gelingt wichtiger Schlag an blutiger Frontlinie

Drohnenschwarm trifft russisches Öldepot

Kreml brüstet sich mit Einnahme von ukrainischem Dorf im Donbass

Der plötzliche Pazifismus am rechten Rand

Ukraine-Krieg: Deutschland feiert neuen Booster für die Rüstungsindustrie

Mainstream-Pressespiegel vom 29.4.2024. Der Centurio will endlich „Gas geben". Die Ära des Friedens ist vorbei! Wir tun nur so, als würden wir noch in Friedenszeiten leben. Nix da! Wir sind im Krieg! Unter deutscher Führung ziehen 90.000 Soldaten gen Moskau. Unser Kriegsminister "redet keinen Scheiß" – der meint es ernst! Dafür bekommen wir ein echtes Lob vom indischen Churchill-Klon. Wir müssen uns aber keine Sorgen machen, denn unsere Kampfkraft wird vom Tyrannen völlig unterschätzt. Späte Genugtuung: Die Raketen-Rache! Klammheimlich wurden die Langstrecken-Dinger der Amis schon vor Wochen ausgeliefert. Die Helden treffen damit den Iwan „mitten ins Herz ". Auch bei deren Verlusten ist ein „blutiger Meilenstein" bald überschritten. Sogar von innen heraus geht's dem Tyrannen an den Kragen: Verrat im engsten Kreis seiner Vertrauten. Reicht aber nicht, um seine Kriegsverbrechen zu ahnden. Deshalb müssen und werden wir den III. Weltkrieg gewinnen. Habe ich „Qualitätsmedien" entnommen. Soll ich es glauben? Oder besser nicht?

Pistorius will Gas geben   **„Ära des Friedens vorbei"**

Wir tun, als würden wir in Friedenszeiten leben

29.04.2024

Deutsche Führung: NATO schickt 90.000 Soldaten Richtung Russland

Boris Pistorius bei "Maischberger"

"Jemand, der keinen Scheiß redet"

Raketen-Rache an Putin!   **Sunak lobt Deutschland für Unterstützung der Ukraine**

Warum Putin den Westen immer wieder unterschätzt

Schon zweimal im Einsatz: USA schickten heimlich Langstreckenraketen in die Ukraine

Ukraine trifft Russland mitten ins Herz der Wirtschaft

Kriegsverbrechen werden nur geahndet, wenn Putin verliert

Putins Verluste im Ukraine-Krieg: Blutiger Meilenstein wird bald überschritten   **„Verrat" in Putins Umfeld?**

Mainstream-Pressespiegel vom 30.4.2024. Allerliebst: Der „Veteranentag" kommt. Alle, die im III. Weltkrieg nicht im Fleischwolf verenden, werden gehuldigt. Dass „unser Krieg" bald losgeht, haben die Amis schlau eingefädelt. Sie versprechen Waffenlieferungen bis zum jüngsten Tag. Damit kriegt der Tyrann die gleichen Probleme wie damals der Adi. Er wird verlieren! Geht schon los: Binnen Stunden „herbe Verluste". Berlin plant bereits den Wiederaufbau mit „deutschen Fachkräften". Damit wir so richtig in Rage geraten, warnt der Centurio uns: Der Tyrann will uns ans Leder! Kriegs-Amazone Nancy hilft mit beim Bangemachen. Da der Tyrann nicht richtig tickt, lohnt es auch nicht, mit ihm zu reden. Der sucht den „großangelegten Konflikt". Bei allen Deutschen wächst die Bereitschaft zum Einmarsch. Nur eine Partei ist gegen Krieg: AFD. Deshalb gilt dieser weltfremde Pazifisten-Club als „Alternative GEGEN Deutschland". Habe ich „Qualitätsmedien" entnommen. Soll ich es glauben? Oder besser nicht?

Veteranentag kommt

USA planen weitere Hilfe

"Das gleiche Problem wie Hitler"
Militärökonom: Putin hat den Krieg bereits strategisch verloren

Binnen Stunden: Russlands Armee erleidet herbe Verluste

Putin "hat im Zweifel etwas vor"
Pistorius warnt vor Aufrüstung Russlands

30.04.2024

Ukraine-Ticker: Fachkräfteinitiative für den Wiederaufbau

Faeser sieht Deutschland als Ziel russischer Anschläge

Mit Russland reden?

Alternative gegen Deutschland

US-Experten warnen: Russland bereitet sich auf großangelegten Konflikt mit Nato vor

Ukraine-Krieg: "Wachsende Bereitschaft zu direkter europäischer Intervention"

Die Märchenstunden der deutschen Medien

Mainstream-Pressespiegel vom 1.5.2024. Die Ära des Friedens ist vorbei! Die Verluste des Iwan steigen „steil an". Jetzt Frieden suchen? Fauler Zauber! Der NATO-Jens sieht die Helden auf Erfolgsspur. Denn dieTaktik der Bolschewiken ist vollkommen irre. Der Tyrann will Privatvermögen auslöschen. Deshalb warnt uns der Heldenpräsident vor der Verelendung. Wir haben Glück: Die Amis und der Iwan stehen am Rande des Weltkrieges. Somit werden auch US-Cowboys und nicht nur Grünes Gemüse sterben. Da der Tyrann nur „rohe Macht" versteht, wäre ein Überraschungsangriff das Beste. 90.000 Soldaten stehen an der Grenze parat. Wenn die losmarschieren, sind alle Einrichtungen des Iwan ausgelöscht. Auch für einen europäischen Atomkrieg wäre die Zeit ideal. Denn beim Iwan sind die Atombomben „nicht einsatzbereit"! Bei diesen Perspektiven bekommt der Kinees „kalte Füße." Habe ich Qualitätsmedien entnommen. Soll ich es glauben? Oder besser nicht?

„Ära des Friedens vorbei" **"Die russischen Verluste steigen gerade steil an"**

"Das wäre ein fauler Frieden"

Jens Stoltenberg sieht Erfolg der Ukraine

"Die Taktik der Russen ist vollkommen irre"

Putins »Entprivatisierung« 01.05.2024

Selenskyj: Damit könnte Putin die EU treffen

Putin wäre auf NATO-Überraschungsangriff nicht vorbereitet **"Putin reagiert auf rohe Macht"**

Großübung mit 90 000 Soldaten aus 32 Nationen

„Alle russischen Einrichtungen akut gefährdet" – Was die neuen US-Waffen bringen

Russische Atombomben nicht einsatzbereit!

Macron für europäische Debatte über Atomwaffen

„China bekommt langsam kalte Füße"

Mainstream-Pressespiegel vom 2.5.2024. Tyrannen-Desaster: Kriegs-treiberin Agnes kämpft für die Helden „wie eine Löwin". Da zucken Amis und EUlen gleichermaßen zusammen. Gemeinsam werden wir den Iwan zum Frieden „zwingen". Wenngleich die Amis die Russkis lieber tot überm Zaun hängen sehen möchten. Deshalb empfiehlt der Heldenpräsident sein Acker-Land als Standort für die globale Tötungs-Industrie: 'Just-in-Time' = kurze Wege zum Iwan-Massakrieren sind von Vorteil! Wir Deutsche proben zunächst konventionellen Luftalarm. Mit Atombomben-Abwurf ist noch nicht zu rechnen. Die Helden-Elite ist gut drauf und „trotzt" den Bolsche-wiken. Zuhause prahlt der Tyrann, er sei der Sieger. Fauler Zauber: Er will nicht auf der Friedenkonferenz zu Kreuze kriechen. Eine Nachricht vom 'naiven' US- Geheimdienst geht gottseidank unter: Der Tyrann hat den Tod von Nawalny NICHT angeordnet. Die vermiesen der klammen Witwe die PR-Einnahmen. Habe ich „Qualitätsmedien" entnommen. Soll ich es glauben? Oder besser nicht?

Desaster für Putin!

Strack-Zimmermann bei Miosga
"Ich kämpfe wie eine Löwin für die Ukraine"

Heimatschutz probt den Ernstfall

Selenskyj: „Russland zum Frieden zwingen"

Die USA und Europa erwachen!

Selenskyj wirbt für Investitionen in Rüstungssektor

Amerikaner machen ernst

Sind US-Geheimdienste "naiv"?
Bericht: Putin hat Nawalnys Tod nicht angeordnet

Putin prahlt am Tag des Sieges mit westlicher Kriegsbeute

Eliteeinheit trotzt Putins Truppen an der Front – offenbar ohne Hilfe aus dem Westen

02.05.2024

Russland will Selenskyj zufolge Friedenskonferenz verhindern

Polens Außenminister rechnet nicht mit russischem Atomwaffeneinsatz in der Ukraine

Mainstream-Pressespiegel vom 3.5.2024. Nur „scheinbar" gehts dem Iwan gut. Hinter der Fassade verbirgt sich das Elend. Die kennen noch nicht den Trick der Amis, Geld ohne Gegenwert zu „drucken". Mit bisher 33 Billionen $ kann man Kriege bis Ultimo finanzieren. Dazu noch der beliebte Schachzug mit dem „Sicherheitsabkommen" – Zack hängt der Vertragspartner am Tropf der „Schutzmacht" = Waffen 'auf Kucki' gegen Abtretung der Souveränität. Als Gegenleistung militärische Hilfe gegen böse Feinde. Ganz neu im Angebot: KI-Künstliche Intelligenz made in USA, um den Iwan zu besiegen. Funktioniert! Die jungen Bolschewiken türmen bereits in Massen. Wer bleibt, stirbt mit hoher Wahrscheinlichkeit. Drohnen-Piloten fügen dem Iwan herbe Verluste zu und „zerlegen" mal so eben ein 5-Mio-$-System. Doch mit diesem Gegner hat der Iwan niemals gerechnet: Oldie but Goldie = Eine Rentner-Gang stürzt sich ins Getümmel. Habe ich „Qualitätsmedien" entnommen. Soll ich es glauben? Oder besser nicht?

Warum Russlands Wirtschaft scheinbar immer noch läuft

Z USA

Der 33-Billionen-Dollar-Strudel

Ukraine und USA arbeiten an bilateralem Sicherheitsabkommen

Wie man Russland mit der Hilfe von Künstlicher Intelligenz besiegen will

03.05.2024

Über 18.000 Deserteure – Putins Kommandeure kämpfen offenbar mit wachsendem Problem

Schwere russische Verluste: 1320 Opfer im Ukraine-Krieg an einem Tag

Drohnen-Piloten fügen Putins Armee herbe Verluste zu

Ukraine zerlegt Putins 5-Millionen-Dollar-System

Rentnertruppe gegen Putin

Mainstream-Pressespiegel vom 4.5.2024. Gänsehaut: Der Tyrann hat „Folterkeller für Kinder" gebaut. Poltert die Waffen-Lobbyistin. Ist ihr da ein Militär-Geschäft durch die Lappen gegangen? Mit Sicherheit hat der Tyrann das Foltern auch der AFD ins Parteibuch geschrieben. Die sind im Gegensatz zu den anderen Parteien nicht unter der US-, sondern unter der Tyrannen-Fuchtel gelandet. Warum ein „AFD-naher" Offizier sich als Spion verdingen wollte, ist unverständlich. Die komplette Partei hängt doch am Kreml-Tropf. Um den Tyrannen kalt zu machen, steigt unser Einsatz. Wir bekennen uns zum Ziel eines Sieges der Helden. Deren Stimmungskrise ist vorbei. Wir liefern die Panzer, mit denen sie das Böse 'vertreiben'. 1200 Tote in 24 Stunden sind ein Spitzen-Tagesergebnis. Aber wenn wir nicht zügig einmarschieren, wird der Tyrann uns in fünf Jahren überfallen. Noch ist leider nicht sicher, ob wir bis dahin Atombomben bauen. Habe ich „Qua-litätsmedien" entnommen. Soll ich es glauben? Oder besser nicht?

Russische Regierung soll Strategiepapier für die AfD entworfen haben

Strack-Zimmermann bei Miosga

Putin baute Folterkeller für Kinder

Der Einsatz des Westens steigt

AfD-naher Offizier hat sich Russland als Spion angeboten

04.05.2024

OS **Ukraine-Krieg: Bekennen wir uns endlich zum Ziel eines ukrainischen Sieges!**

Stimmungskrise in der Ukraine ist vorbei

Deutschland liefert der Ukraine zehn Schützenpanzer

Ukraine vertreibt Russland von taktisch wichtiger Dnipro-Insel

Schwere russische Verluste: Erneut mehr als 1200 Opfer in den letzten 24 Stunden

Und in fünf Jahren kann Putin die NATO angreifen

Könnte Deutschland eine Atombombe bauen?

Mainstream-Pressespiegel vom 5.5.2024. Jetzt gehts dem Tyrannen ans Leder! Er muss „Aufstände" befürchten. Hinzu kommt, dass die Helden sein wichtigstes Standbein „lähmen". Er ist am „Scheideweg", nachdem die NATO Waffen 'en masse' liefert, die Amis den Iwan sanktionieren und beide sich im Gleichschritt in den Weltkrieg wagen. Die Helden bestellen hunderttausende Drohnen für die Zusammenarbeit mit 90.000 NATO-Kollegen, die an der Grenze ungeduldig auf den Marschbefehl warten. Die EU will ferner dem Iwan die Zinserträge aus Vermögens-Anlagen zur Kriegsfinanzierung rauben. Für den Weltkrieg sprechen gute Gründe: Der Iwan foltert. Wie ungehörig! Deshalb geht es wieder los mit der Krim-Eroberung, bei der die Helden wertvolle Raketensysteme zerstören. Nach peinlichen Verlusten „schrauben" die Bolschewiken „hektisch" eine neue Flotte zusammen. Dabei kommt nur Flickwerk raus. Russki-Drohnen z.B. holen die Helden mit der Flinte vom Himmel. Habe ich "Qualitätsmedien" entnommen. Soll ich es glauben? Oder besser nicht?

Putin fürchtet Aufstände

05.05.2024

Ukraine schießt Drohnen mit dem Gewehr ab

Putin am Scheideweg: Ukraine-Angriffe lähmen Russlands wichtigstes Standbein

Sanktionen gegen Moskau, Zusagen für Kiew

Ukraine-Krieg: Planen die USA und die Nato den Einstieg in den Krieg?

Ukraine bestellt hunderttausende Drohnen

Ukraine zerstört wertvolle Raketensysteme

Nach peinlichen Verlusten: Putins Armee schraubt hektisch neue Schwarzmeerflotte zusammen

Ukraine greift russische Ziele auf annektierter Krim an

Russische Zinserträge abschöpfen – auch als Warnung an Putin!

Nato-Chef verspricht in Kiew mehr Waffen

Ukraine wirft Russland Folter auf der Krim vor

Mainstream-Pressespiegel vom 6.5.2024. Die NATO-Mitgliedschaft für die Helden ist kompliziert. Wir wollen aber Krieg. Deshalb umgehen wir die Kriegs-Unlust mit „Sicherheitsabkommen". Vorreiter bilden die Amis. Dann folgen brav Deutsche, Briten und Diverse. Im Klartext: Wir „helfen" dem Kumpel militärisch, sobald er uns braucht! Ein Grund ist fix konstruiert: Der Iwan setzt verbotene Chemiewaffen ein. Tabubruch! Rein zufällig liefern die Amis zeitgleich jede Menge Waffen. In wenigen Wochen könnte der III. Weltkrieg starten. Wir müssen uns keine Gedanken machen, ob was schiefgehen kann: Denn die Helden gewinnen bereits Stellungen zurück. Den Bolschewiken geht der Sprit aus. Im engeren Kreis des Tyrannen grassiert Verrat. Bei Tells Nachfahren wird zur „Friedenskonferenz" geblasen – ohne den „Bösen". So zieht sich die Schlinge immer enger zu. Der Pariser schickt die Soldaten. Los geht's: Die Eskalation beginnt! Habe ich „Qualitätsmedien" entnommen. Soll ich es glauben? Oder besser nicht?

Stoltenberg erwartet keinen Konsens der Nato-Staaten zur Aufnahme der Ukraine

Selenskyj kündigt Sicherheitsabkommen mit weiteren Ländern an

Washington wirft Moskau Chemiewaffeneinsatz vor

Chemiewaffen sind ein Tabubruch

Noch diese Woche sollen Waffen an die Ukraine geliefert werden

Ukraine gewinnt Stellungen zurück

Putins Panzern geht der Treibstoff aus

Verrat um Wladimir Putin und Russlands Staatsangelegenheiten

06.05.2024

Schweiz lädt zu Friedenskonferenz ein – ohne Russland

PUTINS KRIEG: Eskalation? Frankreich will Soldaten in Ukraine schicken - Einsatz-Ort wohl bekannt

Die Märchenstunden der deutschen Medien

Mainstream-Pressespiegel vom 7.5.2024. Der Tyrann ist „dem Bösen verfallen". Er schickt „Horror-Kannibalen" an die Front. Doch mit geballter Frauenpower hat der russische Macho niemals gerechnet: Unsere Diplomatie- und Trampolin-Koryphäe erklärt ihm zum ‚Kriminellen'. Die Ex-Postbotin verurteilt ihn als Saboteur. Die Salon-Kommunistin weiß, dass der Hanswurst nicht einen Hauch von Chance hat, Deutschland in die Knie zu zwingen. Und die gefährlichste seiner Feindinnen, die Dissidenten-Witwe, wurde mit dem Ehrenpreis der Deutschen Welle geehrt. CDU-Kriegsfetischist Kiesewetter spricht allen Ladies aus dem Herzen: „Der Ukraine-Krieg ist unser Krieg. Wir müssen den Krieg nach Russland tragen". Solche markigen Worte überzeugen die Briten. Die stecken Milliarden in die Kriegskasse, während der Iwan Milliarden verliert. Zielführend ist auch der Psychokrieg: Die Helden werden bei der Olympiade den Iwan mit Missachtung foltern. Hammergeil! Habe ich „Qualitätsmedien" entnommen. Soll ich es glauben? Oder besser nicht?

Putin und der Reiz des Bösen

Putin schickt Horror-Kannibalen in den Krieg

Baerbock: Russland für Cyber-Angriff auf SPD verantwortlich

Esken: Russlands Sabotageakte in Deutschland 'erschreckend'

Sahra Wagenknecht sagt, Putin habe „keine Chance" Deutschland zu erobern

Roderich Kiesewetter: „Der Ukraine-Krieg ist unser Krieg"

+++ 08:31 Auszeichnung für Kremlgegnerin Nawalnaja +++

Kiesewetter: Den Krieg nach Russland tragen

London sagt Kiew jährlich 3,5 Milliarden Euro Militärhilfe zu

Gazprom verzeichnet für 2023 Milliardenverlust

07.05.2024

Ukrainische Sportler sollen Kontakt zu russischen Athleten vermeiden

Mainstream-Pressespiegel vom 8.5.2024. Der Tyrann hat sich selbst zum Rekord-Diktator „gekrönt". Hilft nix: Brutale Gegenschläge der Helden haben begonnen. Die Flotte des Tyrannen ist schon abgetaucht. Die NATO formiert sich um und kratzt an der „roten Linie". Die Welt gehört den Amis! Basta. Auch die Willkommenskultur hat eine neue Richtung eingeschlagen: Junge gesunde Männer sind bei unserer Wehrmacht willkommen. Wie Krieg geht, lernen die Jünglinge am Beispiel der Helden. Diese greifen die Krim mit Raketen an. Auch von Seiten der Politik wird der Iwan „verstümmelt". Sein Gasgeschäft ist nur noch rudimentär vorhanden. In der Not verstaatlicht der Tyrann Unternehmen und raubt privaten Grundbesitz: Sie sägen hierzu Schlösser ab und besetzen die Häuser. Wie beruhigend, dass deutsche Schiffe und Flugzeuge Krieg üben. Nur unser Einmarsch kann das Schlimmste verhüten. Habe ich „Qualitätsmedien" entnommen. Soll ich es glauben? Oder besser nicht?

Putin krönt sich zum Rekord-Diktator

Gegenschläge der Ukraine!

Putins Flotte ist verschwunden

Grünes Licht für die Ukraine: Nato-Land kratzt an Putins „roter Linie"

Willkommen beim Bund

Moskau: Ukraine greift Krim wieder mit neuen Raketen an

Sanktionen haben den Iran über Jahre verstümmelt – für Putin sollte das eine Warnung sein

Putins Gasgeschäft wird sich wohl nie erholen

Putins Griff nach den Unternehmen

»Dann sägten die Russen alle Schlösser ab und zogen in mein Haus«

08.05.2024

Deutsche Schiffe und Flugzeuge proben den Ernstfall

Mainstream-Pressespiegel vom 9.5.2024. Drei Ampelmänner waren im Heldenland, um den Sieg vorzubereiten. Schon wird der Tyrann extrem nervös: Seine Kasse klemmt. Die Russkis sind am Ende. Leute hungern, Rentner sterben. Das Land steht vor dem bitteren Abstieg, rast ungebremst in Verderben. Wie umsichtig, dass uns der Pariser für den Krieg Atomwaffen anbietet. Die ‚Taktischen' sind die besten: Schaffen nur regional Tote. Eine auf den Kreml abgeworfen – aus die Maus. Der Tyrann zündet deshalb ein Kerzlein an und hofft auf Gottes Barmherzigkeit. Gestern sind wieder 860 Bolschewiken gen Himmel entfleucht. Mit bettelarmen Kubanern will er die Lücken schließen: 2000 Dollar cash und Russen-Pass winken den Habenichtsen. Der Heldenpräsident weiß aber, dass Gott auf dem Talar ein Abzeichen mit der Heldenflagge trägt. Das erzürnt den Tyrannen. Dafür will er den Heldenpräsidenten als Mitwisser einlochen. Habe ich „Qualitätsmedien" entnommen. Soll ich es glauben? Oder besser nicht?

Auf einmal ist Putin extrem nervös

Ampelpolitiker im Kriegsland   Die Kasse des Kremls klemmt

„Leute hungern eben, Rentner sterben": Russlands Wirtschaft steht vor bitterem Abstieg

Russland rast ungebremst auf bittere Meilensteine zu

Wir sind in Eskalation des Krieges   **Warum Macron Europa Atomwaffen anbietet**

Putin zeigt sich mit Kerze in der Kirche

Schwere russische Verluste: Putins Armee verliert weitere 860 Soldaten   Russland rekrutiert offenbar Kubaner für seine Armee

09.05.2024   +++ 10:49 Selenskyj: "Gott trägt ein Abzeichen mit der ukrainischen Flagge"

Einsatz taktischer Nuklearwaffen könnte passieren

Russland schreibt Selenskyj zur Fahndung aus

MEIN KRIEGSTAGEBUCH ***2024***

Mainstream-Pressespiegel vom 10.5.2024. Der Tyrann „übt" Atomkrieg. Zum 3. Mal düst Entwicklungsministerin Schulze hin, um ihm eins vor den Bug zu knallen. Leider wurde der dortige Amtskollege am Vortag geschasst. Korruption? Ihr Credo: Iwan, lass das Nuklear-Gequatsche! Wir schicken Ärzte, damit du weißt, wo der Hammer hängt. Werden auch die Amis einmarschieren? Sicher doch. Die Gentlemen überlassen uns aber den Vortritt. Die New York-Times warnt vor dem aggressiven Iwan. Aus Vorsicht beenden wir schon mal den diplomatischen Kontakt. Als gesichert gilt, dass der Iwan 'fertig' ist. Daran haben auch die Amis mitgebastelt. Sie drehen ihm den Geldhahn ab. So geht ihm „die Puste aus". Auf jeden Fall ist er verrückt und geht aggressiv gegen seine Bolschewiken vor. Und er provoziert eine Art Tschernobyl 2.0, um das Acker-Land zu verstrahlen. Es wird Zeit, dass wir auf Kriegswirtschaft umschalten. Schließlich ist Krieg das uns vorgegebene Ziel der Amis. Um das Russki-Reich zu annektieren, muss das Heldenland noch eine Weile mitkämpfen. Habe ich Qualitätsmedien" entnommen. Soll ich es glauben? Oder besser nicht?

Russland übt mit Nuklearwaffen

Entwicklungsministerin Schulze in Kiew: Ärzte genauso wichtig wie Panzer

Kiew lässt Treffen mit Deutschlands Entwicklungsministerin platzen

Letzte Warnung an Moskau

Eingreifen gegen Russland

US-Truppen gegen russische Aggression?

+++ 06:33 Financial Times: Warnung vor "aggressiver und konzertierter Aktion" Russlands in Europa +++

Russland vor dem Kollaps

Putin geht gegen eigene Armee vor

USA wollen Putin den Geldhahn abdrehen

„Das letzte Zeitfenster": Putin fehlt die Puste zum Durchbruch

Putin provoziert womöglich Atom-Unfall

„Der Krieg in der Ukraine ist ein Krieg, der gewollt wurde"

Der Kampf gegen Putin entscheidet sich in der Ukraine

Deutschland zieht Botschafter vorerst aus Russland ab

10.05.2024

Kuleba fordert "Kriegswirtschaft" in Europa

Mainstream-Pressespiegel vom 11.5.2024. Ist der Tyrann ein Psychopath? Na logo! Wer außer „Das Kind" käme auf die Idee, sich mit dem Kinees anzulegen? Die armen Russkis daheim sind ratlos, verwirrt und desorientiert. Das kaputte Land droht dem Westen und insbesondere dem Tommy mit dem III. Weltkrieg? Spinner! Fakt ist: Der Iwan steht vor dem Kollaps. 477.000 Russkis haben die Helden bis heute abgemurkst. Friedenskanzler Scholz verspricht den baltischen Staaten Schutz durch deutsche Landser. Deshalb brauchen wir die Wehrpflicht. Und er droht dem Iwan mit schwersten Gegenmaßnahmen, sollte der es wagen, ihm eine Atombombe aufs neue Kanzleramt zu schleudern. Bei soviel Kriegsgebrüll werden die Hedgefonds unruhig und 'fordern' ihre Knete zurück. Die Helden 'fordern' von uns ihre wehrfähigen Kerle zurück. Und der Balten-Retter 'fordert' von uns kollektives Halloween-Verhalten = Wir sollen Schrecken verbreiten! Habe ich „Qualitätsmedien" entnommen. Soll ich es glauben? Oder besser nicht?

Ist Putin ein Psychopath?

II.05.2024

Jetzt provoziert Putin auch China

Russland

"Die Menschen sind ratlos, verwirrt, desorientiert"

Medwedew droht dem Westen mit drittem Weltkrieg

Russland droht Großbritannien mit Angriffen

Russland vor dem Kollaps

Kiew zählt mehr als 477.000 russische Verluste

Scholz verspricht baltischen Staaten Schutz

Ukraine: Gläubiger werden ungeduldig – Blackrock und Co. wollen ihre Schulden eintreiben

Die Ukraine will ihre Männer zurück

CDU will Rückkehr zur Wehrpflicht

Scholz fordert ein Wiederaufleben der „Politik der Abschreckung"

Olaf Scholz warnt eindringlich vor russischem Atomwaffeneinsatz

Mainstream-Pressespiegel vom 12.5.2024. Im Russki-Land ist alles krank und kaputt. Der Tyrann hat Schüttelfrost. Der Mai-Frost hat nicht nur ihn, sondern auch die Getreide-Ernte fast vernichtet. Die Herrschaft des neuen Zaren ist „brüchig". Die Industrie am Ende. Das hat die EU geschafft, in dem sie Milliarden an Zinsen aus Russenknete an die Helden überweist. Der Tyrann indes macht sich lächerlich: Benutzt Babys als „Druckmittel", um sich Respekt zu verschaffen. Die Bolschewiken müssen sich aufs Schlimmste vorbereiten: Denn die Helden lassen Knastbrüder als Frontschweine auf sie los, während der Iwan Ärger mit den Waffengeschenken vom Korea-Kim hat = Billigste Fernost-Qualität. Ein Auftragsmord am Heldenpräsidenten als „Geschenk" für den Tyrannen scheitert. Sein „Bodyguard-Chef" wird gefeuert. Ein cleverer Weg zur Frühverrentung. Habe ich „Qualitätsmedien" entnommen. Soll ich es glauben? Oder besser nicht?

Der Zar hat Schüttelfrost

Mai-Frost in Russland hat "katastrophale Folgen"

EU schickt russische Milliarden in die Ukraine

Wie Putin mit dem Ukraine-Krieg Russlands wichtigster Industrie schadet

Putin nutzt Babys als Druckmittel

Bereitet euch auf das Schlimmste vor

Ukraine lässt Häftlinge in Armee zu

Putins Herrschaft ist brüchig

12.05.2024

Selenskyj feuert seinen Bodyguard-Chef

Ärger für Russland: „Etwa die Hälfte" der Nordkorea-Raketen explodieren bereits in der Luft

Ukraine meldet neuen Nadelstich gegen Russland auf der Krim

Ein Mordanschlag als Geschenk für Putin?

Die Märchenstunden der deutschen Medien

Mainstream-Pressespiegel vom 13.5.2024. Wir müssen auf der Hut sein: Der Tyrann will den ganzen Westen einnehmen. Seine Entscheidung ist längst gefallen. Vom Nordkap bis Lampedusa – überall will er uns „Angst machen". Er will Familien über Generationen hinweg zerstören. Polens Vize hat längst den Rucksack gepackt und wird im Ernstfall türmen. Oder hat er Angst, dass ihn der Iwan kastriert, wie er das regelmäßig mit den Helden anstellt? Deren Frauen müssen sich 'klammheimlich' prostituieren, um nicht ganz aus der Übung zu kommen. Satellitenbilder offenbaren die Schwäche der Bolschewiken. Zehn von zehn Drohnen holen die Helden runter. Bingo! 3.000 Russki-Panzer sind nur noch Schrott. Ein Experte weiß: Der Iwan verliert. Gewonnen hat aber die Vorzeige-Witwe im Medienkrieg: Den „Friedenspreis Dresden" nahm sie ‚posthum' für ihren Dahingeschiedenen entgegen. Vom gottesfürchtigen Ex-Präsidenten Gauck laudiert. Habe ich „Qualitätsmedien" entnommen. Soll ich es glauben? Oder besser nicht?

Putin gegen den ganzen Westen

„Entscheidung ist schon gefallen"

Putin will Menschen "Angst machen"

Polens Vize-Premier hat Notfall-Rucksack

13.05.2024

Putin will "Familien über Generationen zerstören"

Russische Soldaten haben ukrainische Männer kastriert.

"Die ukrainischen Männer im Krieg wissen nicht, dass sich ihre Frauen hier prostituieren"

Satellitenbilder offenbaren die Schwäche von Putins Armee

Ukraine schießt zehn von zehn Russen-Drohnen ab

Russland hat laut Beobachtern 3.000 Kampfpanzer im Krieg verloren

Militärexperte: Ukraine wird Krieg gewinnen

Friedenspreis Dresden geht postum an Alexej Nawalny - Gauck hält Laudatio

Mainstream-Pressespiegel vom 14.5.2024. Die Amis produzieren zu Mondpreisen Tötungs-Maschinen. Der Centurio kauft die Dinger ohne liquide Mittel in Spendierlaune und verschenkt sie. Volkswirtschaft 2.0. Mit den ‚Präsenten' können die Helden gemäß 'CDU Kriegewetter' den Iwan auch fernab der Front bejagen. Die Unbesiegbaren sind schon weiter: Sie nutzen Freizeitdrohnen als Panzerkiller. (Kinder: Bitte nicht nachmachen!) Der Tyrann lebt weiter in einer Parallelwelt: Seine Verluste sind „exorbitant". Seine Atomwaffen-Drohungen sind „nicht ernst zu nehmen". Dennoch träumt er davon, Europa zu vernichten. Wird ihm nicht gelingen. Denn wir helfen seinen Bolschewiken, zu fliehen. Bleibt ihm nur billige Propaganda. Der Kinees ist drauf reingefallen - trotz unserer ständigen Warnungen. Vermutlich auf eine Domina reingefallen ist der Tyrann: Ihm wurden „schmerzhafte Schläge" verabreicht. Habe ich „Qualitätsmedien" entnommen. Soll ich es glauben? Oder besser nicht?

14.05.2024

USA bereiten neue Waffenlieferung an die Ukraine vor

Pistorius in Spendierlaune

Deutschland kauft von USA Himars-Raketenwurfsysteme für die Ukraine

Kiesewetter (CDU): Kiew darf auch militärische Ziele in Russland angreifen

Putins Parallelwelt

Ukrainische Kriegstaktik: Mit Freizeitdrohnen gegen Panzer

Sie helfen Deserteuren aus Putins Armee bei der Flucht

„Schmerzhafte Schläge" für Putin

Putins Propaganda im Lehrplan

Russische Verluste sind exorbitant hoch

Xi ignoriert westliche Warnungen vor einer Allianz mit Putin

Putin droht nicht Politikern, er droht den Bevölkerungen

Atomwaffendrohungen Putins „haben Tradition", aber sind nicht ernstzunehmen

Die Märchenstunden der deutschen Medien

Mainstream-Pressespiegel vom 15.5.2024. Der Tyrann steckt in der Klemme! Deshalb musste sein oberster Kriegsmanager den Schreibtisch räumen. Der Ami hat direkt die Lage gecheckt und neue Order erteilt = Weiter töten! Die Helden greifen mit Drohnen an. Dabei gelingt ihnen ein Rekord-Schlag: Russkis sterben „in Scharen". Das ist auch unser Verdienst. Wir sind schließlich längst Kriegspartei. Die Bolschewiken verweigern aus purer Angst den „verbrecherischen" Angriffsbefehl des Tyrannen! Mit See-drohnen wird ihnen ein „riesiger Schaden" zugefügt. Nato-JETS stoppen ein heruntergekommenes Iwan-„Flugzeug". Weil alles so gut läuft, müssen die bei uns lebenden Jung-Helden nicht an die Front. Sinnvoller ist es, junge Franzosen als Ersatz zu schicken. Der Krieg ist ein Wohlstandsbeschleu-niger: 40 Mrd. Euro für Einweg-Technik spült der Krieg in die Kassen der Wirtschaft. Habe ich „Qualitätsmedien" entnommen. Soll ich es glauben? Oder besser nicht?

Blinken für Überraschungsbesuch in Kiew

Putins Armee in der Klemme

Putin entlässt Verteidigungsminister Schojgu

Ukraine greift russisches Staatsgebiet mit Drohnen an

Ukraine gelingt Rekord-Schlag
„Russen sterben in Scharen"

Europäer längst Kriegspartei

Putins Kriegsflugzeug von Nato-Jets gestoppt

15.05.2024

Russische Einheit verweigert „verbrecherischen" Angriffs-Befehl

Ukrainische Seedrohnen fügen Putins Flotte riesigen Schaden zu

Bis zu 40 Milliarden Euro
Rheinmetall rechnet mit Mega-Aufträgen aus Sondervermögen

Kanzler Scholz sichert Bleiberecht zu

Was wäre, wenn Macron Soldaten schickt?

Mainstream-Pressespiegel vom 16.5.2024. Unser Centurio 'mahnt' zu Solidarität: Die Wehrpflicht für Männer und Frauen ist die Chance, den Amis für den Schutz Europas zu danken. Der Ami-Controller wollte mal blinken und greift Hollywood-like zur E-Gitarre. Er 'besingt' die Solidarität mit „Rockin in the Free World". Denn der Tyrann hat die „Free World" im Visier. Eine Frechheit, 'Sabotage-ARMEEN' aus Kriminellen und „Rechtsextremen" in der EU einzusetzen. Ein Mann, der Familien belügt, ist schädlich für unsere Demokratie. Dem Iwan fehlen 265.000 Soldaten. Sie haben Angst vor unserem Atom-Erstschlag. Deshalb buckelt der Tyrann heute beim „großen Bruder" und bittet um Hilfe. Bringt nix'. Ein Helden-General weiß, dass nur die Amis das Ende bestimmen. Mit einem Kampfjet-Schutzschirm über dem Heldenland ist der SIEG ein Klacks. Deshalb loben die GRÜNEN diese Idee überschwänglich. Habe ich „Qualitätsmedien" entnommen. Soll ich es glauben? Oder besser nicht?

Pistorius mahnt zu Solidarität

Blinken greift zur Gitarre

Wehrpflicht für Männer und Frauen

Russland hat Nato-Staaten im Visier

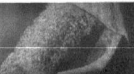
16.05.2024

Belügt Putin Soldaten-Familien?

Putins Attacken gegen den Westen: Sabotage-Armee aus Kriminellen und Rechtsextremen rekrutiert

Schock, Blitz, Pilz: Putin bringt Atomschlag-Simulator in Stellung – aus nackter Angst

Putin in China: Besuch beim großen Bruder

General mit düsterer Vorahnung: Ende des Ukraine-Kriegs liegt nicht in den Händen Kiews

Wladimir Putin: Kremlchef droht Niederlage - Putin fehlen 265.000 Soldaten

Ukraine-Krieg: Nato-Schutzschirm gegen Putins Luftangriffe?

Selbst Grüne unterstützen den Plan

Mainstream-Pressespiegel vom 17.5.2024. „Wir haben nicht genug getan", rüffelt uns der „Kriegswirtschaftsminister". Durch unser Zaudern hat „der Feind" kleinere „taktische" Erfolge und fünf „Dörfer" eingenommen. Die zweitgrößte Stadt im Acker-Land ist aber 'ne Nummer zu groß für ihn. Rheinmetall spielt dazu passend den Retter: Ihre Tötungsmaschinen „retten" Leben! Hier der Beweis: Die Bolschewiken hatten gestern die höchste Anzahl an Erschossenen. Es wird noch besser: Unsere NATO-Fallschirmjäger üben bereits die „Befreiungsschläge". Außerdem dürfen die Helden jetzt den Iwan mit Ami-Waffen angreifen. Wäre das auch geklärt! Die Invasion muss schnell, konsequent und vor Ende des NATO-Manövers starten. Der Tyrann hat Angst vor einer Niederlage. Was wollen 'Soldaten auf Motorrädern' schon gegen die NATO-Übermacht ausrichten? = Dramatische Verluste des Iwan sind die Folge. Beste Voraussetzungen für den Einmarsch. Habe ich „Qualitätsmedien" entnommen. Soll ich es glauben? Oder besser nicht?

Habeck: „Wir haben nicht genug getan"

Ukrainischer Generalstab: "Derzeit hat der Feind taktischen Erfolg"

Russland erobert mehrere Dörfer in der Region Charkiw

London: Russland kann Charkiw derzeit nicht einnehmen

"Unsere Systeme retten jeden Tag Leben in der Ukraine"

Rheinmetall legt kräftig zu

Dramatische Lage: Russland erleidet die höchsten täglichen Verluste im Ukraine-Krieg

"Swift Response": Nato-Fallschirmjäger üben Befreiung eines Flugplatzes

Ukraine darf mit US-Waffen russisches Territorium angreifen

17.05.2024

Putins Angst vor der Niederlage

Russlands Armee schickt Soldaten auf Motorrädern an die Front

Russische Armee weiter mit dramatischen Verlusten

MEIN KRIEGSTAGEBUCH ***2024***

Mainstream-Pressespiegel vom 18.5.2024. Wow! – Ein Sprachstil wie 'damals':„Der Iwan muss mit allen verfügbaren Mitteln vernichtet werden"! Wohl deshalb hat der Kinees den Tyrannen beim Abschied umarmt: „Leb wohl teurer Freund!" Der Heldenpräsident lässt nun die Sau am Gatter rappeln. SPD-Entwicklungs-Schulze will helfen: Ein Haufen Cash für die Rückkehr junger Familien ins Kriegsgebiet, damit Vati finanziell unabhängig Bolschewiken umlegt. Anlässlich solcher Geistesblitze verzweifelt der Tyrann. Mit seiner Diktatur ist es vorbei. Ein NATO-Beitritt 'vor' Kriegsende gibt ihm den Fangschuss. Leider hat ein „Attentat" nicht geklappt. Die Drohne flog 12 km entfernt vorbei. Die Bolschewiken fliehen vor den Helden. Sie leiden unter „dramatischen Verlusten". Dieses Mal waren es zehn Panzer „auf einen Schlag", die schrottreif geschossen wurden. Die Inszenierung der 'Kriegsgefahr für Europa' läuft. Unterstützung aus Deutschland und Nordeuropa geht klar. Habe ich „Qualitätsmedien" entnommen. Soll ich es glauben? Oder besser nicht?

„Der Besatzer wird mit allen verfügbaren Mitteln vernichtet"

Bundesregierung erwägt Anreize für Ukrainer zu freiwilliger Rückkehr

NATO-Beitritt, auch vor Kriegsende

Putin und Xi umarmen sich zum Abschied

Russland, die NATO und die Kriegsgefahr

Russen fliehen in Kommandozentrale

Scholz und nordische Länder sichern Ukraine weitere Hilfe zu

18.05.2024

Zehn Panzer auf einmal: Ukraine-Brigade gelingt schwerer Schlag gegen Putin

Russische Armee weiter mit dramatischen Verlusten

USA attestieren Putin „Verzweiflung"

Attacke mit Kamikaze-Drohne: Putin soll nur knapp einem Attentat entkommen sein

Die Märchenstunden der deutschen Medien

Mainstream-Pressespiegel vom 19.5.2024. Der Tyrann hat nix' dazugelernt: Alles verrottet, alles kaputt. Das Zarenreich hängt komatös beim Kinees „am Tropf". Der Heldenpräsident hat den Urlaub verschoben und den Sieg zur Chefsache gemacht. Cool: Die Lage ist „unter Kontrolle". Er schießt Kampfjets „in Serie" ab. Von „blühenden Russki-Landschaften" ist nix' mehr da. Dem grünen MdB Schäfer (mit Kriegserfahrung als Zivi am Blindeninstitut) geht das alles nicht schnell genug. Er fordert Raketeneinsatz. Die Russkis verfallen in Panik und bombardieren sich gegenseitig. Wohl deshalb baut ein deutscher Waffenschmied jetzt Tötungstechnik im Russki-Kaliber. Sehr praktisch = Die Einschusswunden erkennen die Frontärzte des Iwan auf Anhieb. Hervorzuheben sind die Heldinnen. Ohne deren Kampfkraft wäre das Acker-Land schwächer. Sie bekommen bald Unterstützung von der NATO. Habe ich „Qualitätsmedien" entnommen. Soll ich es glauben? Oder besser nicht?

Kreml hat ein Armee-Problem
„Alles ist verrottet"

Moskau hängt an Pekings Tropf

VOR ORT SOLDATINNEN IN DER UKRAINE
"Ohne uns Frauen ist der Krieg nicht zu gewinnen!"

Selenskij sagt Auslandsreisen ab

19.05.2024

Selenskyj in Krisenregion Charkiw:
Lage ist unter Kontrolle

Heckler & Koch will Waffen im Sowjet-Kaliber produzieren

Wann die Allianz gegen Russland eingreifen will

Grünen-Abgeordneter fordert Lieferung von Raketen für Kampfjets

In Putins „blühender Landschaft" ist nichts mehr sicher

„Der Himmel brennt": Ukrainer schießen Putins Problem-Kampfjet in Serie ab

„Kein Einzelfall" – Russland bombardiert sich im Ukraine-Krieg schon wieder selbst

Mainstream-Pressespiegel vom 20.5.2024. Unbesiegbar, die Helden: Mit Schwergewicht Usyk stellen sie den neuen Box-Weltmeister. Hingegen machen zwei Lahme keinen Schnellläufer: Außer „großen Plänen" haben Xi und der Tyrann nix' zu bieten. Die wären schon froh, wenn der Russki nicht verliert. Dessen Aussichten sind schlecht. Denn dem Heldenpräsidenten sind „Mega-Schläge" gelungen = Massenhaft Tote und Zerstörung. An einen „Durchbruch" der Bolschewiken ist nicht zu denken: Kein Geld, keine Söldner, viele MIG 31-Jets weggeschossen, Panzer und Kriegsgerät in die Luft geflogen. Der Iwan verzeichnet herbe Verluste an Mensch & Maschine. Seinen Frust befriedigt er bei der Jagd auf unbewaffnete Sanitäter. Wie gut, dass EU-Partner Estland (1.4. Mio. Einwohner) seine riesige Armee in Bewegung setzen will. Die Helden gewinnen auch ohne fremde Hilfe. Mit deutschen Waffen ist der Krieg eine „Kaffeefahrt". Habe ich „Qualitätsmedien" entnommen. Soll ich es glauben? Oder besser nicht?

Ukraine gelingen Mega-Schläge auf der Krim

20.05.2024

Ukrainer Usyk ist alleiniger Box-Weltmeister im Schwergewicht

China und Russland: große Pläne, wenig Details

Wladimir Putin in China

Russland verliert die ersten MiG-31

Er soll den Krieg nicht verlieren

NATO rechnet nicht mit russischem Durchbruch

Russlands Söldner machen Putin große Probleme

Hier fliegen reihenweise Putin-Panzer und Kriegsgerät in die Luft

Estland erwägt Truppenentsendung zur Unterstützung der Ukraine

Russland meldet Tote und Schäden nach mehr als 100 Drohnenangriffen

Ukraine will russische Gebiete mit westlichen Waffen angreifen

Russische Armee verzeichnet weiter heftige Verluste im Ukraine-Krieg

Mainstream-Pressespiegel vom 21.5.2024. Der Mann hat fertig! Ruiniert sein Land. Verpulvert seine Zukunft. Lässt die Wirtschaft kollabieren. Jetzt ist sein bester Freund, der Perser, tot vom Himmel gefallen. Experten sind sich sicher, dass auch er mit seinem Dahinscheiden rechnen muss. Dann hört das Elend auf. Es böten sich neue Chancen für Pleite-Gazprom. Mit der Überalterung des Kreml-Regimes wäre Schluss. Nur ständige Kriege halten das Russki-Land aufrecht. Doch die Bolschewiken sind 'ne Laienspielschar. Sie verfehlen ständig Ziele. Völlig verroht mutiert der Front-Iwan zum 'Monster'. Ein Erklärbuch ist notwendig, um den Iwankas Verständnis für Vergewaltigungs-Orgien beizubringen, sollte der Bolschewik heil aber geil zurückfinden. Nach dem Tod des Perser macht der Tyrann sich dran, neue Kumpel zu gewinnen. Deutschland droht er mit Atomkrieg. Die Waffe dagegen ist schlicht, aber genial: Der Centurio als Führer! Habe ich „Qualitätsmedien" entnommen. Soll ich es glauben? Oder besser nicht?

Putin ruiniert sein Land

Wie Russland seine Zukunft in der Ukraine verpulvert

Russlands Wirtschaft steht ohne Peking vor dem Kollaps

Irans Präsident Raisi ist tot

Wladimir Putin: Experte sicher – Alle Geheimdienste planen Mord am Kremlchef

21.05.2024

Russische Militärs verfehlen Ziele

Pistorius als Kanzlerkandidat

Russlands Regime leidet an Überalterung

Wladimir Putin ist auf kolonialer Mission

Gazprom geht das Geld aus – Staatskonzern wird zum Problem für Putin

Russland setzt auf Kriegswirtschaft: "Man braucht weitere Kriege, um die Sache am Laufen zu halten"

Russland droht mit Atomwaffen – und fordert eine Reaktion des Westens

Putin-Soldaten in "Monster" verwandelt – Handbuch bereitet Frauen auf Missbrauch vor

Mainstream-Pressespiegel vom 22.5.2024. Die Diplomatie-Koryphäe ist zum 7. Mal zum Heldenpräsidenten gereist. Diesmal gab es einen Orden für sie. Allerliebst! Generell ist es an der Zeit, den Spieß umzudrehen: Ab sofort wird der Iwan im Russki-Land beschossen! Die NATO rechnet zu 100 % mit dem Scheitern des Tyrannen: „Dem fehlen Fähigkeit und Können". Wir stehen kurz davor, Landser ins Acker-Land zu senden! Der Helden-präsident lehnt deshalb eine Feuerpause strikt ab, wo der Sieg so nah ist: Die Jets des Tyrannen brennen. Kamikaze-Drohnen zerstören reihenweise seine Ölraffinerien. 'Genialen' Panzerfahrzeugen, von Studis zusammen-geschraubt, hat der Iwan nichts entgegen zu setzen. Die Amis schicken sogar ausgemusterte Kampfjets. Statt zur Vernunft zu kommen, plant der Tyrann den „ewigen Krieg". Träum weiter! Habe ich „Qualitätsmedien" entnommen. Soll ich es glauben? Oder besser nicht?

Wolodymyr Selenskyj zeichnet Annalena Baerbock mit Verdienstorden aus

Zeit, den Spieß umzudrehen

Russland auch in Russland treffen

Wandel im Ukraine-Krieg? Westen „erlaubt" Kiew Angriffe auf russisches Territorium

„Es fehlt Fähigkeit und Können": Nato rechnet mit Scheitern von Putin

Studenten bauen Panzerfahrzeug – mit genialen Funktionen

Kampfjets für die Ukraine: USA wollen Flieger für Kiew ausmustern

22.05.2024

Putin plant den ewigen Krieg

Nato kurz davor, Soldaten in die Ukraine zu senden

Putins Jets brennen

Selenskyj gegen Feuerpause: "Spielt Feind in die Hände"

Kamikaze-Drohnen treffen Ölraffinerie in Russland

Mainstream-Pressespiegel vom 23.5.2024. Die von Kollegen liebevoll „Das Kind" getaufte Diplomatie-Koryphäe beherrscht das Prinzip der emotionalen Aufladung virtuos: Sie „bangt"! So lieb. Wir dürfen nicht zögern, den Helden zu helfen und das Land in die NATO hieven. Die FDP will für den Weltkrieg 1 Mio. Deutsche für den Waffengang verpflichten. Der Centurio will 4 Mrd. € für Tötungstechnik abgreifen. Viel zu wenig, mosern die Christdemokraten: Sie fordern 10 Mrd. € p.a. Ein SPD-Hinterbänkler meint, wir sollten direkt von Deutschland aus den Iwan vernichten. Geht klar. Denn sonst sind Deutsche ein „Sicherheitsrisiko für Europa". Nur zusätzliche Milliarden helfen, wieder geachtet zu werden. Erst wenn deutsche Waffen den Iwan besiegt haben, bekommen wir „gerechten Frieden". Der Tod des Tyrannen ist eine „Wohltat" für 8 Mrd. Menschen. Ist er tot, hört auch die Migration auf, die er gezielt steuert. Hab' es immer geahnt. Deshalb: „Alles für die Front, alles für den Sieg"! Habe ich „Qualitätsmedien" entnommen. Soll ich es glauben? Oder besser nicht?

Pistorius will sofort 3,8 Milliarden mehr für die Ukraine

„Ukraine stark machen"

Baerbock bangt

Baerbock will Ukraine-Hilfe aufstocken – Beratungen über EU-Beitritt sollen starten

10 Milliarden pro Jahr mehr
Union springt Pistorius beim Bundeswehretat bei

🔞 *»Alles für die Front, alles für den Sieg«*

Waffen aus dem Westen für »gerechten Frieden«

"Die deutsche Haushaltspolitik ist ein Sicherheitsrisiko für Europa"

FDP will Reservisten mobilisieren - "über eine Million Soldaten"

Scheitern Putins wäre eine Wohltat nicht nur für die Russen, sondern für die ganze Menschheit

SPD-Mann mit neuem Vorschlag: Abwehrsysteme auf westlichem Territorium für Ukraine-Luftraum

23.05.2024

Putin lenkt offenbar wieder Migration nach Europa

Mainstream-Pressespiegel vom 24.5.2024. Ehrfurcht bitte: Der „Diener des Volkes" dient ungewählt weiter! Der Patriot hat wegen des Krieges demokratische Wahlen abgesagt, um keine Zeit für den Sieg zu vergeuden! Deshalb halten die Helden die Frontlinien. Da er alle Helden vor dem Front-einsatz segnen lässt, liest man auch kaum was von 'Dahingegangenen'. Anders beim Iwan: Jede Minute ein toter Bolschewik! Mit einer „Drohnen-welle" reibt der Heldenpräsident den Feind auf. Erfolge auf See: Jetzt hat der Tyrann sein letztes Kriegsschiff verloren. Zusätzlich bahnt sich eine 'Revolution' in der Seekriegsführung an. Mit sich im Reinen, kann er stolz berichten: Der Iwan verfehlt sein Ziel! Und er fordert die konsequente Bestrafung des Russki-Volkes. Bei aller Umtriebigkeit achtet er darauf, sogar im Krieg die Energiewende forcieren. Für jedes Kraftwerk, dass ihm der Iwan zerlegt, baut er neue Windräder und Solaranlagen. Annalenas bester Freund ist ein reinrassiger Super-GRÜNER. Habe Ich „Qualitätsme-dien" entnommen. Soll ich es glauben? Oder besser nicht?

5 Jahre Selenskyj: Präsident des Krieges

Der "Diener des Volkes" dient weiter

Ukrainer halten die Linien

"Wir haben sie gesegnet, bevor sie in den Krieg gingen"

Wieso die Ukraine im Krieg die Energiewende forciert

1.700 tote Soldaten in 24 Stunden: Schwärzes-ter Tag für Wladimir Putin im Ukraine-Krieg

Selenski fordert Bestrafung Russlands

Russland startet Atomwaffenübung nahe der Ukraine

24.05.2024

Ukraine-Krieg: Bericht: Putin verliert offenbar sein letztes Kriegsschiff

„Russen haben ihr Ziel nicht erreicht"

Revolution in der Seekriegsführung? Neues U-Boot der Ukraine soll Putin das Fürchten lehren

Drohnenwelle gegen russische Ziele

Die Märchenstunden der deutschen Medien

Mainstream-Pressespiegel vom 25.5.2024. The name of the game is: WELTKRIEG! Der Tyrann will dazu „Deutsche" als Kanonenfutter missbrauchen. Der Tschetschene liefert „Frischfleisch". Er will zehntausende tote Russkis kompensieren. Die Frontschweine warnen: „Willkommen in der Hölle, Brüder". Denn aus Helden-Haft entlassene, hochmotivierte Mörder und Schwerstkriminelle schwärmen zum Töten aus. Das Gelaber von „Frieden & Stabilität" ist vorbei. Der Iwan hat die „Ökonomie des Todes" erschaffen. Die NATO ist bereit: Volles Risiko! Rein in den Weltkrieg. Es ist „notwendig und verantwortbar", den Iwan zu schlachten. Die Tierwelt geht bereits auf Distanz = Adler umfliegen das Acker-Land. Über drei Millionen Helden meiden bis jetzt ihre explosive Heimat. Sie genießen Schutz bei uns und lobpreisen junge deutsche Männer, die für sie im Fronteinsatz kämpfen werden. Der Kanzler arbeitet für den Tyrannen! Ja, gehört denn der jetzt auch zur AFD? Nein! Er marschiert nur nicht schnell genug ein. Habe ich „Qualitätsmedien" entnommen. Soll ich es glauben? Oder besser nicht?

25.05.2024

Wegen Ukraine-Krieg! Adler ändern ihre Flugrouten

Putin will „Russlanddeutsche" für den Ukraine-Krieg rekrutieren

Kadyrow bietet Putin Zehntausende frische Soldaten an

"Willkommen in der Hölle, Brüder"

NATO: Volles Risiko

„Ende von Frieden und Stabilität"

Putins Soldaten warnen andere Russen

„Russland hat eine Okonomie des Todes erschaffen"

Ukraine entlässt erste Häftlinge für Militärdienst

Scholz arbeitet für Putin

Deutsche Hilfe bei der Abwehr russischer Raketen? »Notwendig und verantwortbar«

Ukraine-Flüchtlinge bekommen in Deutschland hohe Leistungen

Nennen wir es Weltkrieg

Mainstream-Pressespiegel vom 26.5.2024. „Es riecht nach Krieg"! Ein richtig schöner, 'heißer' Weltkrieg! Wird auch Zeit. Denn das NATO-Manöver läuft am 30.6.2024 aus. Wäre doof, 90.000 Berufskiller plus Vernichtungstechnik ohne Showdown abzuziehen. Die Schweden haben Land und Leute auf den Siegeszug vorbereitet. Wir sind quasi gezwungen, zurückzuschlagen, denn der Tyrann ist bei uns im Untergrund aktiv. Die Zeit ist günstig. Die Helden haben genug Munition. Nur deren Häftlinge reichen nicht für den Ruck-Zuck-Sieg. Die Genehmigung, mit US-Waffen den Tyrannen zu bejagen, ist reine Formsache. Status quo: Das Seeherrschaft haben die Helden zurückerobert. In der Luft erlebt der Tyrann sein 'Debakel'. Die Helden holen Bomber wie Tontauben vom Himmel. Seine neuen Schildkröten-Panzer explodieren. Helden konfiszieren Russki-Waffen, verbessern diese und erlegen damit die Entwickler. Kriegsspiele auf der Spielkonsole sind out. Solvente Heldenfamilien schenken dem Bub ein Kampfjet-Sponsoring. Fertig mit der Welt, blufft der Tyrann: Atomwaffenübung in Grenznähe. Zum Tot-Lachen! Habe ich „Qualitätsmedien" entnommen. Soll ich es glauben. Oder besser nicht?

"Es riecht nach Krieg" Es ist ein heißer Krieg

Schweden rüstet Land und Leute für den Kriegsfall

Mit US-Raketen auf Russland feuern?

Häftlinge reichen nicht

Putins "Schildkröten-Panzer" explodiert

Schwarzes Meer in ukrainischer Hand

Kampfjet-Debakel für Russland – Ukraine holt Putins Bomber vom Himmel

26.05.2024

Ukrainer haben wieder mehr Munition – Russen rücken kaum noch vor

"Der Ukrainekrieg ist hier längst angekommen"

„Kauf mir einen Kampfjet": Ukrainische Piloten suchen Sponsoren für ihre Luftwaffe

Russland gibt Beginn von Atomwaffenübung nahe der Ukraine bekannt

Ukraine entwickelt Putins Schreckgespenst weiter - mit einer Waffe aus Russland

Mainstream-Pressespiegel vom 27.5.2024. Über 500.000 Bolschewiken wurden bisher kaltgemacht. Helden-Verluste? Marginal! Schuld hat nur der Tyrann. Der verschleißt die Bolschewiken in einem aussichtslosen Kampf! Jetzt will er seine Schuld auf Andere abwälzen. Die Beseitigung des Bösen läuft gut: Sein Atom-Abwehrsystem im Werte von 700 Mio. € wurde wegge-sprengt. Mit einer 'Drohnenwelle' jagen die Helden die Ölindustrie ins Verderben. Dem Tyrannen geht die Muffe, sobald er nur an diese Drohnen-Übermacht denkt. Die EU errichtet sogar einen „Drohnenwall". Der grüne Kriegs-Autodidakt Hofreiter präferiert das Töten des Iwan im Lande selber. Für das große Kriegsfinale soll die EU 500 Mrd. Sondervermögen (Neu-deutsch = Schulden) zur Verteidigung (Neudeutsch = Angriff) freischau-feln. CDU-Kriegsfanatiker Kiesewetter findet das sinnvoll. Prompt bettelt der Tyrann um Waffenstillstand, bevor wir ihn „zwingen". Habe ich „Quali-tätsmedien" entnommen. Soll ich es glauben? Oder besser nicht?

Putin-Armee verliert mehr als 500.000 Soldaten

Putins historische Schuld

Putins Militär kommt nicht zur Ruhe: Nächster General in U-Haft

Mit westlichen Waffen
Hofreiter will Angriffe auf russisches Territorium

500 Milliarden Euro für Europas Verteidigung

Kiesewetter: "Ukraine-Krieg lässt sich nur mit Schulden gewinnen"

Insider verraten: Putin zu Waffenstillstand im Ukraine-Krieg bereit

Selenskyj: Putin hat Angst, dass der Juni-Gipfel "Russland zum Frieden zwingen" könnte

Drohnenwelle der Ukraine auf Putins Raffinerien rollt

Frühwarnsystem gegen anfliegende Atomraketen beschädigt

Putins Angst vor ukrainischen Drohnen

»Drohnenwall« von Norwegen bis Polen

Mainstream-Pressespiegel vom 28.5.2024. Global Leader wie der Heldenpräsident bewegen sich gerne auf Augenhöhe mit Ihresgleichen. Der Kanzler gehört nicht dazu.Deshalb lädt er nur Ami und Kinees zur Lagebesprechung. Thema: „Manifestation des Wahnsinns beim Tyrannen". Erörtert wird auch die Frage, ob Deutschland "kriegstüchtig" ist. Wir müssen dem Kriegsstandard entsprechen, den Ursel für die EU befiehlt. Einiges aber klappt schon bei der Weltkriegs-Vorbereitung: Erste Piloten sind fit für den 'Krieg gegen den Tyrannen'. US-Raketen sind sein „Alptraum". Demnächst erfolgt die NATO-Ausbildung in Kriegsnähe. Um danach sofort den Iwan im eigenen Land zu bejagen. Der Heldenpräsident hat ein tolles Opening ausgeheckt. Ein hübscher Atompilz über dem Russkis-Reich zu Beginn schafft Eindruck. Da stimmt der Pariser zu: Frieden zu schaffen hat nix' mit Kapitulation zu tun. Die Parole heißt: „Russland wird Westen. Iwan muss raus". Döp dödö döp! Habe ich „Qualitätsmedien" entnommen. Soll ich es glauben? Oder besser nicht?

28.05.2024

Ist Deutschland kriegstüchtig?

Selenskyj lädt Biden und Xi ein

„Manifestation russischen Wahnsinns"

Ursula von der Leyen will die EU verteidigungsfähiger machen

US-Rakete wird für Putin in der Ukraine zum Alptraum

Nato-Staaten sollten in der Ukraine ausbilden

Macron betont Ukraine-Hilfe: «Frieden ist nicht Kapitulation»

Provoziert Selenskij Atomschlag?

Nato will der Ukraine Einsatz westlicher Waffen in Russland gestatten

F-16-Kampfjets für die Ukraine: Erste Piloten sind bald fit für Krieg gegen Putin

"Döp dödö döp"

Mainstream-Pressespiegel vom 29.5.2024. Mit den Offensiven des Tyrannen ist Schluss! Die Helden haben die Bolschewiken ausgebremst. Der Pariser hat beim Staatsbesuch Details zum weiteren Iwan-Killen besprochen. Als Dank für die guten Ideen bekam er in Münster den ‚Friedenspreis' verliehen. Mit Innovationen wie der neuen Super-Drohne gewinnen wir den Krieg. Ausserdem war der Heldenpräsident fix in Spanien, um sich für 1 Mrd. € Kriegs-Spende zu bedanken. Währenddessen erreichen immer mehr Tötungsmaschinen von uns und den Amis die Front. Das Meucheln wird damit effizienter. Der Tyrann hat deshalb mächtig Ärger: Witwen beklagen, dass ihre Ehemänner „verheizt" werden. Der Nachwuchs verroht und „rastet aus". Aus diesem Grund versteckt er sich wie Graf Dracula in „geheimen Bunkern mit Kerkern". Huch! Von dort befiehlt er den Überfall auf die Insel Gotland. Darauf hat die NATO gewartet. Das läutet sein Ende ein! Habe ich „Qualitätsmedien" entnommen. Soll ich es glauben? Oder besser nicht?

Russen-Offensiven kommen ins Stocken

Warum die Ukraine Russland stoppen konnte

Macron nimmt in Münster Friedenspreis entgegen

Macron und Steinmeier bekräftigen Zusammenarbeit

„Innovation gewinnt": Ukraine präsentiert Super-Drohne mit völlig neuer Waffe

Mehr als eine Milliarde Euro spanische Militärhilfe für Kiew

29.05.2024

Waffen aus USA und Deutschland erreichen Ukraine

Russinnen klagen an: Putin verheizt unsere Ehemänner

Greift Putin nach Gotland? Experte: „Das wäre das Ende"

Verroht durch den Krieg: Junge Russen rasten immer öfter aus

Putin als 'Dracula' in seinen 'Kerkern'

MEIN KRIEGSTAGEBUCH ***2024***

Mainstream-Pressespiegel vom 30.5.2024. Mensch Klasse! In Kürze startet der III. Weltkrieg. Der Berliner hat bereits vom Pariser erfahren, dass es losgehen soll. Freut Euch: Lenkt ab vom desolaten Euro, „Prosecco-Nazis", Corona-Remake, Klima-Tod, Wirtschaftskrise. Auch die Wahlen könnten kriegsbedingt verschoben werden! Als Erstes schießen unsere Landser dem Tyrannen die Protzhütte weg. Danach geht der Heldenpräsident nach der Vision vom Pariser ans „Neutralisieren" des Iwan. Die Iberer liefern zusätzlich Raketen und Waffen. Früh genug wurde NORDSTREAM gesprengt. Jetzt fehlen dem Tyrannen Mrd. € an 'Cash für Krieg'. Sein Debakel: Schwere Verluste an Mensch und Maschinen. 24.000 Kerle opfert er monatlich für seinen Größenwahn. Seine „perfiden Propaganda-Spiele" haben wir durchschaut: Radioaktive Asche will er verstreuen? Wir haben gelernt, solche Provokationen zu ignorieren. Habe ich „Qualitätsmedien" entnommen. Soll ich es glauben? Oder besser nicht?

30.05.2024

Nato-Armeen bereiten Ukraine-Einsatz vor

Putins Protzbau im Visier

Bloß keine Wahlen während des Krieges

Putin vor Kampfjet-Debakel

Spanien liefert Ukraine Raketen und Panzer

Schwere Verluste im Ukraine-Krieg auch bei der Ausrüstung

Für imperialistischen Größenwahn
Scholz: Putin opfert 24.000 russische Soldaten pro Monat

Möglicher Atomschlag? Medwedew droht Nato-Staat mit „radioaktiver Asche"

Umgehen mit Putins permanenten Provokationen

Putins perfides Propaganda-Verwirrspiel

Macron: Ukraine soll Stützpunkte in Russland "neutralisieren" können

Putin wird sein Gas nicht mehr los

Die Märchenstunden der deutschen Medien

Mainstream-Pressespiegel vom 31.5.2024. „Kriegs-Warm-up": Der Iwan ist dem Wahnsinn verfallen. Er droht mit einem „globalen Konflikt". Der Pariser scheucht uns auf: Europa wird sterben = 448 Millionen Europäer – alle bald tot. Doch der Westen hat „die Reihen fest geschlossen". Wir wollen mächtig bleiben. Die Wahnsinnigen hingegen haben weder Geld noch Waffen bzw. Bolschewiken. Eine halbe Million von denen ist tot. Die Waffen-Arsenale leer! Somit ist der Krieg sowas wie 'ne Kaffeefahrt. Der Heldenpräsident hat „on top" 30 Kampfflugzeuge von den Flamen zu erwarten. Die Iwan-Luftwaffe dezimiert sich Tag für Tag. Die Helden-Piloten sind fit für die Eroberung des Russki-Reiches. Der Pariser schickt „Ausbilder" ins Acker-Land. Risiko: Null. Erfolg maximal. Als erstes soll der Luftkrieg beginnen. Heute haben wir erneut begriffen: Der Tyrann blufft nur, um uns Angst einzujagen. Unser Einmarsch wird ihm das Maul stopfen. Habe ich „Qualitätsmedien" entnommen. Soll ich es glauben? Oder besser nicht?

„Russischer Wahnsinn"

Putin droht Europäern mit "globalem Konflikt"

„Europa kann sterben"

Der Westen schliesst die Reihen gegen Wladimir Putin

31.05.2024

Wie Europa mächtig wird

Belgien sagt Ukraine bei Selenskyj-Besuch 30 Kampfjets vom Typ F-16 zu

"Putin schießt sein Arsenal leer"

Erste Piloten sind bald fit für Krieg gegen Putin

Nächster Abschuss gemeldet: Ukraine dezimiert Russlands Luftwaffe erneut

⊕ Bevorstehender Luftkrieg: Am Himmel über der Ukraine dreht sich was

Paris will Militärausbilder schicken

MEIN KRIEGSTAGEBUCH ***2024***

Mainstream-Pressespiegel vom 1.6.2024. Wie gut, dass der Ex-Rothschild-Banker und Young Global-Leader aus Paris den Kanzler an die Kandare nahm. Jetzt geht alles ganz schnell. Die „Eskalation" beginnt. Wir sind wieder wer - wie 14/18 und 38/45. Passt vom Timing: Fußball-EM und Olympiade lenken von der kommenden Schlacht ab. Westliche Waffen töten auf russischem Boden. Der Pariser hat seine US-Missionierung bravourös erledigt. Unser Kanzler hat voll Bock auf Krieg. Die Helden kommen in die EU. Was juckt uns die grassierende Korruption. Es liegt an uns, ob der Krieg erfolgreich wird! Wir werden die Amis niemals enttäuschen. Alles, was tötet, wird auf Ziele im Tyrannenstaat gerichtet. So geht „Verteidigung"! Der Tyrann droht uns - aus Angst. Denn er hat nur noch 9.000 Atombomben. Schlau, wie wir sind, installieren wir zu deren Abwehr „Drohnenwände". Unsere Feuerkraft wird massiv ausgebaut. Doch es gilt auch, einen weiteren Feind zu bezwingen. Der Kinees gehört ebenfalls niedergestreckt. Gut Schuss, Kameraden! Habe ich „Qualitätsmedien" entnommen. Soll ich es glauben? Oder besser nicht?

Kriegs-Kehrtwende des Kanzlers

Ukraine-Krieg: Weitere Eskalationen in Aussicht

»Der Ukraine bis zum Sieg beistehen«

Angriffe auf russischem Boden

01.06.2024

Westliche Waffen gegen Russland: "Die Biden-Regierung wird ihre Einschränkungen lockern"

Bundesregierung: Kiew erfüllt Auflagen für EU-Beitrittsgespräche

"Es hängt an uns, dass der Krieg erfolgreich wird"

Macron für Einsatz westlicher Waffen gegen Ziele in Russland

„Drohnen-Wand" gegen Putin

Abschreckung durch geballte Feuerkraft

Putin droht Europa nach Macron-Vorstoß mit „ernsten Konsequenzen"

USA: Chinas Russland-Unterstützung bedroht auch Europa

Die Märchenstunden der deutschen Medien

Mainstream-Pressespiegel vom 2.6.2024. Da kommt Freude auf: Wir sind „nah dran" am Krieg. Muss schließlich alles geplant und abgestimmt werden. Die EU-Außenminister haben in Prag letzte Feinheiten abgestimmt. Die schlauen Amis zeigen Contenance: Sie werden GRÜNE Kriegsgelüste „nicht bremsen". Es muss so aussehen, als wäre es ein von der EU gewünschter Krieg. Die Finanzierung haben ‚Das Kind' und ihre Kollegen auf 40 Mrd. € p.a. angesetzt. Man gönnt sich ja sonst nix'. Wir wollen final „Russland besiegen". Die Amis bestätigen: Volles Risiko lohnt sich! Deshalb haut der Centurio ad hoc Tötungs-Equipment für 500 Mio. € raus. Bei der Generalität des Iwan geht derweil die Angst um. An der Front saufen die Bolschewiken bereits Urin statt Wodka. Vom Misserfolg gebeutelt, schlägt der Tyrann wild um sich: Eine Kriegs-Steuererhöhung kommt. Der Heldenpräsident ist schlauer: Er jettet nach Singapur mit seiner Charity-Show. Habe ich „Qualitätsmedien" entnommen. Soll ich es glauben? Oder besser nicht?

Nah dran am Krieg

Informelles Treffen der Nato-Außenminister in Prag

Nato-Staaten sollen Hilfen von jährlich 40 Milliarden Euro garantieren

Ziel sollte sein, "Russland zu besiegen"

US-Außenminister Blinken: Volles Risiko

Deutschland sagt Ukraine neues 500-Millionen-Euro-Waffenpaket zu

Putin schlägt um sich

Unter Russlands Generälen geht die Angst um

02.06.2024

„Soldaten trinken Urin": Abgefangener Anruf von Charkiw-Front zeigt katastrophale Lage der Russen

Russland kündigt größte Steuererhöhung seit Jahrzehnten an

Am Wochenende nimmt Präsident Selenskyj an einer Sicherheitskonferenz in Singapur teil.

Mainstream-Pressespiegel vom 3.6.2024. Daily Soap, neue Staffel: „Der Westen löst den Helden die Fesseln". Ab sofort dürfen sie mit unseren Waffen auf alles schießen, was sich im Russki-Reich bewegt. Ohne den Kampf der Helden gegen den Iwan geht Europa unter. Wir nähern uns unserem Ziel: Weltkrieg! Werden die NATO-Verbündeten jetzt Kriegspartei? Aber logo! In den nächsten Stunden kann es bereits losgehen = Make America Great Again! Unser Kanzler verweigert dem Iwan das sichere Heimatland. Nach 84 Jahren endlich wieder deutsche Panzer in der Taiga. Wir werden den Tyrannen solange piesacken, bis er kopflos zum Gegenschlag ausholt. Dann haben wir einen Grund, uns zu verteidigen. Sauschlau! Lassen wir ihn vom Atompilz über Berlin träumen. Die Helden haben ihm längst das Radarsystem zerschossen. So kann die NATO in Ruhe ihr Manöver beenden und das Gelernte beim Einmarsch umsetzen. Habe ich „Qualitätsmedien" entnommen. Soll ich es glauben? Oder besser nicht?

Der Krieg in der Ukraine tritt in eine neue Phase

03.06.2024

Mit West-Waffen gegen Russland

Der Westen löst der Ukraine die Fesseln

Orban: NATO kommt dem Krieg jede Woche näher

Werden die Nato-Verbündeten zur Kriegspartei

Ukraine-Krieg: In den nächsten Stunden könnten Angriffe mit US-Waffen auf Russland beginnen

Deutsche Raketen dürfen nach Russland fliegen

Deutsche Panzer auf Putins Boden –

Scholz verweigert Putin sicheres Hinterland

Heikle US-Erlaubnis für Ukraine: Putins rote Linie wohl überschritten

Putin liefert verstörende Worte – und in Moskau träumt man vom Atompilz

Nato schließt größtes Manöver seit Jahrzehnten ab

Ukraine macht Putins Radar blind

Mainstream-Pressespiegel vom 4.6.2024. Der Heldenpräsident ist hyperaktiv: Sein eiskalter Angriff auf das größte Flächenland der Welt „ist nur eine Frage der Zeit". Vorher zerstört er „ganz langsam" deren Wirtschaftskraft. Cool! Die Verluste des Iwan sind „ein düsterer Meilenstein" in der Weltgeschichte. Die Amis tun jetzt so, als würden sie sich „Sorgen" um den Iwan machen. Raffiniert! Friedensfürst Olaf Scholz will nur „ein bisschen Krieg". Sein Motto heißt: „Maßvoll töten". Nur der Puszta-Fürst trotzt. Er will nicht wieder reingezogen werden, wie damals beim Adi. Dafür stehen drei weitere EU-Länder den Helden solidarisch zur Seite. Die härteste Gangart fordert die FDP-Kriegsgöttin: 900.000 deutsche Reservisten ran an die Front. Ihre zwei Söhne sollen aber dann bitte auch fürs Vaterland kämpfen. Der Hass des Tyrannen gegen uns sitzt tief in ihm. Vorsorglich sollen wir uns deshalb Luftschutzkeller bauen. Für die Übergangsphase, bis zum Sieg. Habe ich „Qualitätsmedien" entnommen. Soll ich es glauben? Oder besser nicht?

Selenskyj: Angriff auf Russland mit westlichen Waffen ist Frage der Zeit

04.06.2024

Russlands Verluste erreichen offenbar düsteren Meilenstein

Ukraine zerstört langsam das Herz der russischen Wirtschaft

Kiews Erfolge, die Washington Sorgen bereiten

Scholz auf Katholikentag

"Wir müssen den großen Krieg vermeiden"

Orban: Ungarn wird "in den Krieg hineingezogen" wie von "Hitler damals"

Ukraine unterzeichnet drei Sicherheitsabkommen

Strack-Zimmermann will 900.000 Reservisten aktivieren

„Der Hass auf den Westen sitzt tief bei Putin"

Experten empfehlen Schutzräume für Kriegsfall

Mainstream-Pressespiegel vom 5.6.2024. ROT/GRÜN/GELB hat es geschafft: „Eskalation zum Weltkrieg". Der Friedenskanzler im Kriegsmodus. Sein grüner Vize hält ihm die Stange. Der Bodenkrieg wird vorbereitet. Denn der Angriff auf uns hat bereits begonnen. Erwartet wird ein hübsches atomares Inferno. Da der Tyrann mit Drohungen rumkrakeelt, müssen wir gegenhalten! Alle sind überzeugt, dass der Atomkrieg „unvermeidlich" ist. Insofern folgt unsere Regierung nur den Vorgaben der Amis. Begeistert schwelgt das NATO-Team nach der 'Wir-killen-den-Iwan-Übung' in Selbstlob: „Ein großartiger Erfolg". Der Heldenpräsident schwimmt ebenfalls auf der Erfolgswelle: 106 Protagonisten nutzen seine Alpenfrieden-Show für ein Relax-Weekend. Sogar zum G7-Gipfel wird er eingeladen. Ein Ritterschlag! Apropos Ritter: Empörend ist, dass Ritter-Sport immer noch an den Iwan liefert. „Auch russische Kinder essen gerne Schokolade?" Wer soll das glauben? Jedes Wort des Tyrannen ist eine Lüge! Habe ich „Qualitätsmedien" entnommen. Soll ich es glauben? Oder besser nicht?

Jedes Wort von Putin ist eine Lüge

Friedenskanzler im Kriegsmodus

Habeck verteidigt Wende in Ukraine-Politik

Nato bereitet sich auf Bodenkrieg vor

„Russlands Angriff gegen uns hat bereits begonnen"

„Ernste Folgen für Europa": Putin eskaliert Atom-Angst

Atomkrieg „unvermeidlich"

Berlin folgt Washington

05.06.2024

Bundeswehr-Chef nach Nato-Übung mit breiter Brust: „War das nicht großartig?"

Mehr als 100 Teilnehmer bei Schweizer Friedenskonferenz

Ritter Sport liefert weiter an Putin: „Auch russische Kinder essen gerne Schokolade"

Selenski nimmt an G7-Gipfel teil

Eskalation zum Weltkrieg

Die Märchenstunden der deutschen Medien

Mainstream-Pressespiegel vom 6.6.2024. Die Bluts-Brüder vom Acker-Land und dem Wilden Westen wollen heute 'ne Siegershow am blutigsten Ort des II. Weltkriegs bieten: D-Day! „Disney" at it's best. Der Iwan soll lernen, dass sein „Blutzoll" noch steigerbar ist. Da kann der Kinees den Iwan noch so lange sponsern = Der Russki verliert. Denn der Westen schaltet radikal um: „Moskau bombardieren", lautet das politische „Döp dö dö döp"! Die Kampfzone wird 'ausgeweitet'. Für die GIs vom Pentagon werden sogar extra Routen eingerichtet. Beim Heldenpräsidenten ist der Kinees unten durch: Der torpediert das „Wir haben-uns-wieder-lieb-Week-end" in der Alpenrepublik. Auch der Tyrann zieht 'ne neue Masche auf: Er führt bereits „Schattenkrieg" gegen uns. Für die Iwan-Vernichtung geben selbst Zwergstaaten ihr letztes Hemd. Wer durch Zufall mal was von Iwan-Erfolgen liest = Fake! Der Tyrann ruiniert sein Land. Habe ich „Qualitäts-medien" entnommen. Soll ich es glauben? Oder besser nicht?

Biden will Selenskyj in der Normandie treffen

Russlands Blutzoll extrem hoch

Disneylandisierung einer Kriegskatastrophe

China unterstützt Russland

Der Westen schaltet um

„Moskau bombardieren"

Ausweitung der Kampfzone

NATO plant wohl Alternativrouten für US-Truppen an Ostflanke

„Schattenkrieg": Russland will Nato und EU destabilisieren

Selenskyj wirft China Störversuche vor

Luxemburgs Unterstützung im Ukraine-Krieg: 69,5 Millionen Euro Militärhilfe im Jahr 2024

06.06.2024

Bericht deckt auf: Putins Erfolge im Ukraine-Krieg offenbar maßlos übertrieben

Putin ruiniert sein Land

Mainstream-Pressespiegel vom 7.6.2024. Gänsehaut: Wir werden am D-Day auf den „Start zum Weltkrieg" eingeschworen. Der Pariser spricht von unserem 'neuen' Weltkrieg. Was einst Hitler angerichtet hat, wiederholt heute der Tyrann - der Böse. Zur emotionalen Aufladung dürfen wir auch teilhaben an der „Furcht" unseres Kanzlers. Die drastischen Steigerung der Kriegsverbrechen will er durch konsequentes Iwan-Killen von uns abwenden - der Gute. Ähnlich hilfreich agiert die FDP-Kampfamazone: Sie bemängelt, „dass der Tyrann Grundschulkinder an der Waffe ausbildet". Schulpflegschaften laufen Sturm. Doch die NATO wird siegen: Westliche Tötungsmaschinen sind hocheffektiv. Die Itaker versprechen ein weiteres Raketen-Abwehrsystem. Unsere Landser ordern „auf Kucki" 200.000 x neue Tötungstechnik. Zeitgleich schneiden die Helden dem Iwan den Nachschub ab. Logo, dass die Bolschewiken in Panik geraten. Habe ich „Qualitätsmedien" entnommen. Soll ich es glauben? Oder besser nicht?

Startschuss zum Weltkrieg

Französischer Premier spricht von »unserem neuen Weltkrieg«

Ukraine schneidet Russlands Nachschub mit US-Raketen ab

Einst Hitler, heute Putin

Drastische Steigerung bei russischen Kriegsverbrechen

STRACK-ZIMMERMANN

➕ „Putin lässt Grundschulkinder an der Waffe ausbilden"

Kritische Phase für Russland: Westliche Nato-Waffen könnten Putins Offensive ausbremsen

07.06.2024

Italien verspricht Ukraine zweites System gegen ballistische Raketen

Bundeswehr ordert 200.000 zusätzliche Artilleriegranaten

Russlands Armee packt die Panik vor Ukraine-Offensive

Scholz fürchtet anhaltende Bedrohung durch Russland

Die Märchenstunden der deutschen Medien

Mainstream-Pressespiegel vom 8.6.2024. Die AMPEL rüstet für den Kriegsfall auf: Notstandsgesetze werden aktualisiert. Von der Lebensmittel-Rationierung bis zu Wahlverschiebung – alles neu. Besonders wichtig ist die Waffenproduktion. Das Tötungs-Business bekommt Geld im Überfluss. Es soll diesmal für uns ein erfolgreicher Weltkrieg mit vielen abgemurksten Bolschewiken werden. Die Friedensbewegung hingegen gehört verboten. Das sind Kriegstreiber! Nur viele tote Russkis bringen dauerhaften Frieden. Mit US-Waffen geht alles schneller. Die Helden schlagen damit zurück und verdrängen das untergehende Russki-Reich. NATO-Kampfjets steigen auf. Drohnenschwärme zerstören Nachschub-Routen. Neu ist die „Hornissenkönigin" die den Tyrannen tödlich treffen wird. Wird sie auch in Kürze die Krim-Brücke zerstören, diese Superdrohne? Leider ist aber der Krieg schon vorbei, ehe es richtig begonnen hatte: Die Bolschewiken geben auf!Ja!!! Denn der Krieg ist für sie „sinnlos geworden". Habe ich „Qualitätsmedien" entnommen. Soll ich es glauben? Oder besser nicht?

Wie sich Deutschland für den Kriegsfall rüstet

08.06.2024

Olaf Scholz sagt Rüstungsindustrie Unterstützung zu

Friedensbewegung ist Kriegstreiberei

Hier greift die Ukraine mit US-Waffen an

Kiew schlägt zurück: Geländegewinne bei Charkiw, Erfolge in Russland

Alarm an Nato-Grenze: Kampfjets steigen wegen russischer Raketen auf

Drohnenschwarm zerstört russischen Nachschub-Konvoi

„Hornissenkönigin" gegen Putin

Zerstört die Ukraine jetzt Putins Krim-Brücke?

„Dieser Krieg ist sinnlos": Russlands Soldaten geben auf

Mainstream-Pressespiegel vom 9.6.2024. Pünktlich zur EU-Wahl erfahren wir auf sämtlichen Kanälen, dass Deutschland das „wahre Kriegsziel" des Tyrannen ist. Nie dürfen wir seinen Sprüchen glauben. Wo wir ihn antreffen = Vorsicht! – Der Mann ist toxisch! Er will unser Land im Verbund mit AFD und Taliban vernichten. Die schießen sogar auf Rindviecher, um die Beseitigung unserer Regierung zu üben. Dafür hat der Tyrann einen neuen Chef-Henker ernannt, der die Hinrichtungen „beschleunigen" soll. Muss man wissen, bevor man neben der „ Berliner Einheitspartei" etwaige Alternativen für Deutschland wählt. Selbst der Dienst an der Waffe wird neu geregelt: Wer sich nicht 'freiwillig' meldet, wird vom Staat dazu gezwungen. Dem Iwan gehen die Soldaten jetzt schon aus. Er versucht, Deserteure mit dem Versprechen von Straffreiheit zurück an die Front zu treiben. Währenddessen schärft der Westen seine Krallen und führt die Bolschewiken in eine „strategische Katastrophe". Hinzu kommen deren irrsinnige Verluste. Da „schäumt" der Tyrann. Hilft ihm aber nicht aus dem Dilemma. Habe ich „Qualitätsmedien" entnommen. Soll ich es glauben? Oder besser nicht?

Wir sind Kriegsziel Russlands

"Glaubt nie an das, was Russland sagt"

"Niemand in Europa ist mehr vor Russlands toxischem Einfluss sicher"

Putin kündigt engere Zusammenarbeit mit AfD und Taliban an

Russen feuern sogar auf Kühe

Der Mann, der das Töten beschleunigen soll

09.06.2024

Pistorius: Wehrdienst freiwillig, wenn es genug Freiwillige gibt

Russen-Deserteure zurück an die Front im Ukraine-Krieg gezwungen: Gehen Putin die Soldaten aus?

Der Westen schärft die Krallen **Putin schäumt**

„Strategische Katastrophe" für Moskau

Verluste für Russland: 515.000 tote und verwundete Soldaten im Ukraine-Krieg

Mainstream-Pressespiegel vom 10.6.2024. Läuft nicht für den Tyrannen. Jetzt gerät er in Panik. Die EU will die Helden als Mitglied aufnehmen. Aus purer Angst mimt er den Friedensengel. Die Helden haben ihm trotzdem den Lieblingspanzer geklaut! Die Lage für ihn alles andere als entspannt = Reserven „verbrannt". Artillerie erlebte „Horror-Mai". Nun muss er um seine Kampfjets bangen. Denn am D-Day hat der Pariser dem Heldenpräsidenten 'ne Ladung Mirage-Jets zugesagt. Die Amis haben ergänzend die Dollar-Druckerpresse zum Glühen gebracht. Nur wir sind wieder Nachzügler. Um den III. Weltkrieg zu gewinnen, fehlen noch 75tsd. deutsche Mensch*innen mit Erektionsneigung. 60tsd. werden aber in Kürze „reserviert". Der Ami hält es wie damals = Er bleibt auf der Reservebank. Doch er hilft uns, sobald unsere Landser den Löffel abgegeben haben. Danke! Habe ich „Qualitätsmedien" entnommen. Soll ich es glauben? Oder besser nicht?

Läuft nicht für Putin

10.06.2024

„Anflug von Panik" im Kreml

Putin vor ausländischen Journalisten

Inszenierung als Friedensengel

EU-Kommission: Kiew erfüllt Auflagen für Beitrittsgespräche

"Die Lage bei den Russen ist alles andere als entspannt"

Ukraine-Soldaten klauen Putin den Spezial-Panzer

Putin verbrennt seine strategischen Reserven: Wann gehen Russland die Panzer aus?

Russlands Panzerartillerie erlebt Horror-Monat

Macron sagt Kiew Mirage-Kampfjets zu

Kampfjet-Angst in Russland: Putins Armee muss vor F-16-Angriff zittern

Weitere US-Militärhilfe im Wert von 225 Millionen Dollar

"Keine US-Soldaten in Ukraine"

14.02 Uhr: Bericht - Bundeswehr braucht für Nato-Ziele 75.000 zusätzliche Soldaten

Bundeswehr will 60.000 Reservisten heranziehen

MEIN KRIEGSTAGEBUCH ***2024***

Mainstream-Pressespiegel vom 11.6.2024. Ist der Krieg vorbei? Nach dem 'Wunden-Lecken' vom Wahltag planen die Verlierer den „Wiederaufbau" des Acker-Landes. Peanuts: 500.000 Millionen $ kostet die Gaudi nur. Richtig GRÜN soll er werden! Der Heldenpräsident wird heute die Eckdaten für seine „leuchtende Zukunft" benennen. Denn der Iwan „wird nicht mehr durchkommen". Für Investoren greift der Steuerzahler ins Portemonnaie. Wird ein Gebäude weggeschossen, werden die Verluste zu 100 % ersetzt. Da der Pariser „Militärberater" schickt, kann der Wiederaufbau rasch beginnen. Denn die geben Tipps, wie man den Rest der Bolschewiken umlegt. Trotzdem 'impfen' uns die Amis, dass der Iwan danach in Europa einfallen wird. Will er sich unser Knowhow an Tötungstechnik schnappen? Denn der Krieg ist ein 'Werbefeldzug' für DEAD IN GERMANY. Das Wissen fehlt dem Iwan bei der Aufrüstung. Habe ich „Qualitätsmedien" entnommen. Soll ich es glauben? Oder besser nicht?

Wiederaufbau im Krieg

Eine halbe Billion Dollar für den Wiederaufbau der Ukraine

"Grüner Wiederaufbau" für die Ukraine im Krieg

Selenskyj spricht bei Sondersitzung des Bundestags

Macron will Militärausbilder schicken

Scholz: "Russland wird nicht durchkommen"

11.06.2024

Reden über eine „leuchtende Zukunft

Deutschland versichert Investitionen in der Ukraine – auch im Krieg

NATO-Waffen gegen Russland – wie sie den Krieg verändern

Biden: „Putin wird nicht in der Ukraine halt machen"

Krieg wird zum Werbe-Feldzug für deutsche Rüstungsschmieden

Russland rüstet sich für jahrzehntelange Kriegswirtschaft

Die Märchenstunden der deutschen Medien

Mainstream-Pressespiegel vom 12.6.2024. Trotz EU-Wahldebakel hat die Noch-Ampel ein Lob verdient: Der Kanzler verspricht, dass 'wir' die Heldennation stärker, freier und „wohlhabender" aufbauen. Kommt der Krieg zu uns, kann jeder Deutsche eine warme Mahlzeit 'am Tag' erwarten. Da freuen wir uns! Auch auf den Pariser ist Verlass. Der Global-Leader hat ihn auf Linie getrimmt: Er bleibt seiner Rolle als Napoleon-Klon treu. Die Helden sind währenddessen mit der Rückeroberung zu Gange. Ihre Drohnen fliegen unglaubliche 1.400 km bis in den Kaukasus. Der Iwan verfehlt seine Ziele und erleidet „schwere Verluste". Gestern haben ihm die Helden ein Soldatenlager verwüstet und neue Roboter aufs Russki-Töten angesetzt. Sogar den Rest seiner Kriegsschiffe muss er „verstecken". Nun ist auch seine jüngste Offensive gescheitert. Für die Helden gibt es dafür ein dickes Lob von der Weltbank. Nach der Wiederaufbau-Konferenz/Berlin wechselt der Kriegs-Zirkus zum G7-Gipfel/ Italien. Danach zur Friedenskonferenz/ Schweiz. Alle Spesenritter sind happy! Habe ich „Qualitätsmedien" entnommen. Soll ich es glauben? Oder besser nicht?

Scholz: "Bauen Ukraine wieder auf - stärker, freier, wohlhabender"

12.06.2024

Plan für den Kriegsfall

Eine warme Mahlzeit pro Tag

Ukraine lässt gegen Putin gefährliche Roboter vom Stapel

US-Präsident Biden berät Macron über Ukraine

Ukraine meldet Erfolge bei Rückeroberung

Russische Charkiw-Offensive ist gescheitert

Weltbank lobt Widerstandsfähigkeit der Ukraine

Russland verfehlt Ziele

Ukraine greift Russland mit Drohnen bis tief in den Kaukasus an

Putins Armee versteckt verzweifelt die Krim-Flotte – ohne Erfolg

Ukraine verwüstet Soldatenlager: Russland erleidet schweren Verlust

G7-Gipfel und Ukraine-Verhandlungen

Mainstream-Pressespiegel vom 13.6.2024. Ist ja doll: Der Tyrann ist ein Troll - ein „Fabelwesen". Er ist nicht von dieser Welt! Nun begreifen wir, warum die Vergewaltigungen von Heldinnen so extrem angezogen haben: Die MÜSSEN Außerirdische zeugen! Nach erfolgreicher Besamung werden die besetzten Gebiete in „Neu-Russland" umbenannt. Es gibt ein Problem: Zehntausende Bolschewiken entziehen sich dem 'Nahkampf' durch Flucht. Oder liegt es an den bis zu 84 Jahre alten Opfern? Trotzdem will der Tyrann/ der Troll einen Krieg gegen die NATO anzetteln. Um den zu bezahlen, klaut er uns die Idee mit der Beschlagnahmung von Vermögen. Keine Sorge. Bittere Niederlagen setzen den Träumen ein Ende: Spezialeinheiten greifen seine Kampfjets an. Über 600 km hinweg ballern sie ultramoderne Russenflieger vom Himmel. Die Krim wird die 'Todesfalle' für den Tyrannen! Es herrscht Stillstand bei den Bolschewiken. Daran zerbricht der Iwan. Habe ich „Qualitätsmedien" entnommen. Soll ich es glauben? Oder besser nicht?

Putin hat massives Problem: Zehntausende Soldaten ergreifen die Flucht

Putin ist Troll

Vergewaltigungen im Krieg: Extreme Gewalt als Taktik der Russen

13.06.2024

Putin will besetzte ukrainische Gebiete in „Neurussland" umbenennen

Putin will Krieg gegen Nato

Russland beschlagnahmt Vermögenswerte deutscher Landesbanken

Bittere Niederlage für Putin

Ukraine-Spezialeinheiten greifen Putins MiG-Kampfjets an

USA: Russischer Stillstand

Krieg in der Ukraine: Kiew schießt ultramodernen russischen Kampfjet aus 600 km Entfernung ab

Ukraine-Krieg aktuell: Nato-General erklärt: Krim wird zur "Todesfalle" für Wladimir Putin

Russland zerbricht daran

Die Märchenstunden der deutschen Medien

Mainstream-Pressespiegel vom 14.6.2024. Ist der Tyrann bei Tinder? Hat er Sahra & Alice den Kopf verdreht? Beide scheinen ihm hörig zu sein. Sie werben für ein Treffen. Man liest, Sahra sei „gekommen". Der Tyrann ist bauernschlau: Er will uns mit Hilfe der Ladies ins Chaos stürzen. Die Friedentauben wissen nicht, dass 'Frieden schaffen' heutzutage 'Töten' bedeutet. Der Heldenpräsident ist in der Mafia-Hochburg Bari eingetroffen. Er bekommt vom G7-Kartell 50 Mrd. Dollar Spielgeld auf die Faust. Plus neuem „Leidensdruck", um den Iwan gefügig zu machen. Plus US-"Schutzabkommen" für 10 Jahre. Das ist der Jackpot! Jetzt kann der Luftkrieg endlich starten. Für begleitende Bodentruppen wurde im Acker-Land ein Panzer-Reparaturbetrieb eröffnet. Als „Warm-up" schießen die Helden dem Iwan die Munitionslager schrottreif. Danach folgt die Krim. Jeder rechnet mit dem raschen Rückzug des Iwan. Ruckzuck ist der Weltkrieg gewonnen, noch ehe er so richtig angefangen hat. Habe ich „Qualitätsmedien" entnommen. Soll ich es glauben? Oder besser nicht?

Putin auf Partnersuche

Weidel und Wagenknecht wollen sofortige Verhandlungen zu Kriegsende

„Sahra kommt!"

Putins Hoffnung: ein Europa im Chaos

Böse Überraschung für Putin: Selenskyj bei G7-Gipfel

G7-Staaten beschließen offenbar Zahlung von 50 Milliarden US-Dollar an die Ukraine

14.06.2024

USA legen neue Sanktionen gegen Russland vor

USA und Ukraine schließen Sicherheitsabkommen

⊕ **Bevorstehender Luftkrieg**

Rheinmetall eröffnet Panzer-Reparaturbetrieb in der Ukraine

Ukraine greift Truppenlager mit Drohnen und Artillerie an

Ukraine nimmt Krim ins Visier

Abzug von Putins Truppen von der Krim?

Mainstream-Pressespiegel vom 15.6.2024. Bei der heutigen Friedenskonferenz in der Schweiz kommen wichtige Staaten wie San Marino, Liechtenstein, Malta und Palau zusammen. Das zeigt mehr als deutlich, dass für den Tyrannen „die Luft immer dünner" wird. Der Heldenpräsident fordert, dass der den Krieg „persönlich verlieren" muss. SPD-Erzengel Gabriel hält ihm die Stange und will mit deutschen Landsern einmarschieren. Alle sind scharf auf einen D-Day am Dnepr. Mit deutschem Soldatenfriedhof, Überlebenden im Rollstuhl usw. Dauert allerdings noch bis nach dem Sieg Ende 2025. Dann ist Zahltag für den Iwan. Was für ein Zufall, dass ausgerechnet zur Friedenskonferenz Dritte-Welt-Teilnehmer ihre Söldner zurückfordern. Der Tyrann zahlt nicht den versprochenen Super-Sold! Als letzte Reserve sind 'böse Mädchen' dran, die der Tyrann zum Knallen an die Front schickt. Auch die werden umgelegt, denn der Centurio hat den Helden 100 Patrioten versprochen. Habe ich „Qualitätsmedien" entnommen. Soll ich es glauben? Oder besser nicht?

Pleite mit Ansage: »Friedensgipfel« in der Schweiz ohne Staatschefs der BRICS-Staaten

Luft für Putin wird dünner

15.06.2024

„Putin muss Krieg persönlich verlieren"

Sigmar Gabriel fordert mehr Härte gegen Russland – notfalls mit deutschen Truppen

Friedensgipfel in der Schweiz
Es wird Zeit für einen neuen D-Day

„Ich denke schon, dass der Krieg sich bis 2025 hinziehen wird"

„Russland muss den ganzen Schaden bezahlen"

Nepal forderte Soldaten wider Willen zurück

Moskau "lockt" Söldner: Sri Lanka fordert 800 Männer zurück

Bericht: Russland schickt Straftäterinnen in den Krieg

Boris Pistorius sagt Lieferung von weiteren 100 Patriot-Raketen zu

Mainstream-Pressespiegel vom 16.6.2024. Als Retourkutsche für den Helden-Jubel im Berliner Reichstag sät der Tyrann „Zwietracht" zum Friedensgipfel. Doch er erlebt eine böse Überraschung: Berufs-Sozialist Gabriel offenbart die beste Friedenslösung: Einmarschieren und „niederringen" – also wegschießen! Sein Kumpel, der Centurio, plant für diesen Einmarsch einen „Auswahlwehrdienst". Er will „die Besten und Motiviertesten" rauspicken. Die jungen GRÜN-Spechte meinen, für dieses Anforderungsprofil nicht geeignet zu sein. Denen kann geholfen werden = „Red Bull verleiht Flügel" - wie die neueste Helden-Fronterfahrung lehrt. Die Vernichtung des Iwan ist eine Kaffeefahrt: Er „zerbricht" an seiner Kriegswirtschaft. Er „zittert" vor der anstehenden Offensive der Helden. Er „bangt" um seine Flotte. Wichtig: Wir müssen jetzt den Iwan töten, sonst steht er „bis 2029" vor Berlin. Die Zeit rennt. Noch stehen 90.000 NATO-Soldaten an der Ostflanke bereit. Habe ich „Qualitätsmedien" entnommen. Soll ich es glauben? Oder besser nicht?

Wie Moskau Zwietracht sät

Böse Überraschung für Putin:

Ex-SPD-Chef Gabriel: „Werden Russland niederringen müssen"

Pistorius plant „Auswahlwehrdienst"

Pistorius will "die Besten und die Motiviertesten"

Grüne Jugend lehnt "neuen Wehrdienst" ab

Ukraine: Energydrinks werden unter Soldaten überraschend zu wichtiger Ressource

Putin bereitet neue Phase der Kriegswirtschaft vor – aber Russland zerbricht daran

16.06.2024

Zittern vor Ukraine-Offensive

Wladimir Putin bangt um Kriegsschiffe

Pistorius warnt vor Putins Kriegsplänen – „Russland kann 2029 angreifen"

Mainstream-Pressespiegel vom 17.6.2024. Auf geht's in den III. Weltkrieg. Alle drei Abstimmungs-Konferenzen haben bestens funktioniert. NATO verabschiedet „Operationsplan". EU-Beitrittsgespräche abgesegnet. Amis verlegen brandneue Atomwaffen zu uns und bauen riesiges Headquarter in Wiesbaden, um ‚ihren' Krieg besser zu koordinieren. Der SPD-Recke Gabriel hat vor Augen, wie deutsche Kampfpiloten über dem Acker-Land fliegend Russkis töten. Die FDP-Waffen-Lobbyistin fordert 900.000 Reservisten auf Stand By! Der Krieg soll ja tod-sicher funktionieren. Nun geht dem Tyrann die Muffe. Er beklagt „astronomischen Verluste". Da ist er „wirklich wütend". Er will nicht begreifen, dass er verliert. Er „fabuliert" was vom Kriegsende nach Entnazifizierung und Ausschluss vom EU- und NATO-Mitgliedschaft der Helden. Zu spät! Bald gehören die Bodenschatz-Billionen unterm Acker dem Westen, und wir haben „Sondervermögen" in echtes Vermögen umgewandelt. Denn wir sind stärker als der Tyrann. Habe ich „Qualitätsmedien" entnommen. Soll ich es glauben? Oder besser nicht?

EU-Staaten einigen sich auf Beitrittsgespräche mit Ukraine und Moldau

Nato beschließt Operationsplan

Ukraine-Krieg: NATO baut neues Hauptquartier in Wiesbaden auf

Sigmar Gabriel will deutsche Kampfpiloten in der Ukraine

+++ 06:05 "Telegraph": NATO führt Gespräche über Stationierung weiterer Atomwaffen +++

17.06.2024

Strack-Zimmermann will 900.000 Reservisten der Bundeswehr aktivieren

Putin fabuliert über Kriegsende

„Putin ist wirklich wütend"

Putin will, dass die Ukraine blockfrei und „entnazifiziert" wird

"Russland muss begreifen, dass es in der Ukraine verliert"

Absage an Putins Bedingungen für Frieden

Russland erleidet „astronomische Verluste"

Scholz: „Wir sind stärker als Putin"

Kampf um Bodenschätze im Ukraine-Krieg – „10 bis 12 Billionen US-Dollar an wichtigen Mineralien"

Die Märchenstunden der deutschen Medien

Mainstream-Pressespiegel vom 18.6.2024. Der Heldenpräsident ist Superstar. Kaum ist seine Welttournee (Spanien, Singapur, Katar, BRD, Italien, Schweiz) vorüber, kündigt er die nächste an. Sein Credo: Der Tyrann wird den Krieg niemals gewinnen. Ansonsten alles auf der Zielgraden: Beitrittsgespräche zur EU nächste Woche. „Hunderte" Iwan-Truppen von Helden „umzingelt"! Dazu der Hattrick, den Helden das Geld des Iwan zu schenken, damit diese (Pssst: Nach Schmiergeldabzug) dafür bei den Amis Tötungstechnik kaufen. Die Losung heisst: „Wir sind stärker als der Tyrann"! Der will seinen Untergang nur verwischen und vernebeln. „Er führt Deutschland zurück in die NS-Zeit", warnt uns der Heldenpräsident. Der Iwan ist und bleibt die Inkarnation des Bösen: Flutet uns mit Flüchtlingen und ist Sklavenhändler. Der verhökert entführte kleine Helden im Internet. Und er ist schuld daran, dass bei uns das Wetter so scheiße ist, weil er mit schrottreifen Militär-Oldtimern das Klima versaut. Habe ich „Qualitätsmedien" entnommen. Soll ich es glauben? Oder besser nicht?

Selenskyj setzt auf zweiten Gipfel

Weshalb der Kreml-Chef den Ukraine-Krieg niemals gewinnt

EU setzt Termin für Beginn der Beitrittsgespräche mit der Ukraine

Dem Kreml drohen Verluste: Hunderte Truppen umzingelt

18.06.2024

Putins Geld soll der Ukraine helfen

Scholz: „Wir sind stärker als Putin"

"Putin will verwischen und vernebeln"

Selenskyj: Putins Friedensangebot nur „Wiederbelebung des Nationalsozialismus"

Belarus und Russland schicken wieder mehr Migranten

Kriegs-Klimaschäden entsprechen Nutzung von 90 Millionen Autos

Russen bieten entführte Ukraine-Kinder im Internet an

Mainstream-Pressespiegel vom 19.6.2024. Von Schockwellen gebeutelt, torkelt das desolate Russki-Reich dem Untergang entgegen. Jetzt wurde der Iwan sogar von der OSZE-Konferenz ausgeschlossen. Da der Sieg unvermeidlich ist, können die Helden sich in Ruhe den Freuden der Fußball-EM widmen. Krieg? Na und? Die Zahl unserer Atomwaffen steigt ständig. Fairerweise räumte der Heldenpräsident dem Tyrannen eine letzte Chance ein: „Hau ab, bevor es zu spät ist". Der Tyrann ignoriert den Vorschlag und erhöht damit die Anzahl an toten Bolschewiken. Die Helden trimmen sich auf westlichen Lifestyle und demonstrieren für Geschlechter-Vielfalt. Da tun einem die geraubten Kinder leid, die im Irrglauben von „Es gibt nur Mann und Frau" russifiziert werden. Nebenbei gibts aber noch Krieg, dominiert von „„kolossalen Verlusten" des Iwan. Auf „Puls" wollen die Dänen den Tyrannen treiben, indem sie ein Durchfahrtsverbot zur Ostsee erörtern. Wie man sieht: Auf G7 ist Verlass. Wenn die Weltkrieg fordern, dann machen die den auch. Habe ich „Qualitätsmedien" entnommen. Soll ich es glauben? Oder besser nicht?

Sanktions-Schock in Russland!

Russen-Delegation ausgeschlossen

19.06.2024

Ukraine: EM-Stimmung trotz Krieg

Mehr Nato-Atomwaffen in Europa

Selenskyj: Friedensgespräche mit Russland bei Truppenabzug „morgen"

Trotz schwerer Verluste – Russland erhöht wohl Schlagzahl bei Ukraine-Angriffe

Erste Pride Parade in Kiew seit Kriegsbeginn

Wie Russland ukrainische Kinder russifiziert

Die G7 sorgt vor

Kolossale Verluste für Russland: Putins Armee büßt ganze Panzerkompanie ein

Dänemark prüft Durchfahrtsverbot für russische Schattenflotte

Mainstream-Pressespiegel vom 20.6.2024. Daheim ist der Heldenpräsident die Lichtgestalt. Was der Mann anfasst - es gelingt: Die Friedensfete im Alpenparadies war ein ‚Mekka der Wirrsionen'. Prompt versucht der Tyrann, Ähnliches auf die Beine zu stellen. Beim „Diktator-Date" mit Korea-Kim faselt er von einer neuen Weltordnung. Dem Xi hat er das Gehirn gewaschen: Der „macht den Putin". Die brauchen was auf die Mütze! Wie gut, dass wir das NATO 2 %-Waffenbudget-Ziel „überschritten" haben. Am Himmel ist schon richtig Krieg. Die NATO vertreibt den Iwan dutzendfach. Auf der Erde werden Mörder eingesetzt. Unsere Diplomatie-Koryphäe findet das toll. Denn erst wenn die Mörder tot sind, muss unser Nachwuchs die Lücken füllen. Die Knastbrüder machen einen guten Job: Schon brennen beim Iwan die Öllager. Den Sieg vor Augen, fragen sich unsere Feingeister: Woher kommt die Gewalt in Russland? Es liegt am "Scheißegalismus" der Russkis. Habe ich „Qualitätsmedien" entnommen. Soll ich es glauben? Oder besser nicht?

Nato: Deutsche Verteidigungsausgaben überschreiten Zwei-Prozent-Ziel

20.06.2024

Diktator-Date in Nordkorea

Selenskyj zufrieden mit Schweizer Friedenskonferenz

Ukrainer sehen Selenskyj weiter als Präsidenten

Es geht um Waffen und eine neue Weltordnung

Xi macht den Putin

Putin spricht von "vielseitiger Partnerschaft" mit Kim

NATO fängt zwei Dutzend russische Kampfjets und Bomber ab

Ukrainische Verbrecher an die Front

Baerbock: "Unterstützung der Ukraine hält Krieg von uns weg"

Russisches Öllager in Flammen

Woher kommt die Gewalt in Russland?

Moralischer Scheißegalismus

Mainstream-Pressespiegel vom 21.6.2024. Jetzt sitzt der Tyrann in der Falle! Eine „Hellseherin" befürchtet 'das Schlimmste'. Meint Sie die „Kallas" des Baltikums? Ein Klon aus Ursel und Agnes. Die Frontfrau der Esten (Einwohnerzahl: wie Köln) soll als Kampf-Amazone in Brüssel den Tyrannen zur Schnecke machen. Aus seiner Idee, das Acker-Land zu übernehmen, wird nix'. Vierzehn Jahre würde es dauern. Auch seine Vision, Olaf zu entfernen und durch Alice oder Sahra zu ersetzen, die er „kontrollieren kann", ist Träumerei. Außerdem fahren die Helden eine neue Strategie: Sie „zerstückeln" den Iwan = 'Beef Stroganoff'? Ein Musterbeispiel für grüne Kreislaufwirtschaft. Von den Helden ist noch mehr zu erwarten, wenn das Acker-Land mit neuer EU-Tötungstechnik geflutet wird. Selbst die friedvollen Schweizer sind im Killer-Rausch. Notgedrungen versucht der Tyrann, mit „Waffen- Shopping" gegenzuhalten. Wie armselig. Habe ich „Qualitätsmedien" entnommen. Soll ich es glauben? Oder besser nicht?

21.06.2024

Putin in der Falle

Russen-Hellseherin zeichnet düsteres Zukunftsszenario

Kaja Kallas als Außenbeauftragte
Diese Frau ist eine klare Ansage an Putin

Putin verkalkuliert sich: Einnahme der Ukraine würde 14 Jahre dauern

„Moskau will Scholz mit Leuten ersetzen, die sich kontrollieren lassen"

Kiews neue Strategie stellt Putin vor Probleme

„Sie zerstückeln uns einfach": Russischer Soldat berichtet von schweren Verlusten

Was die Nato jetzt mit der Ukraine plant

Wie westliche Waffen der Ukraine helfen

Schweiz will nun doch Waffenexporte in die Ukraine erlauben

Putin trifft Kim zum Waffen-Shopping

Mainstream-Pressespiegel vom 22.6.2024. Der Tyrann ist gescheitert. Alle Hofschranzen nervös. Denn die Amis drohen mit einer „spektakulären Waffe". Das Ende seiner stotternden Kriegsmaschinerie steht bevor. Keiner will seine Waffentechnik. Jetzt ist er zum bettelarmen Vietkong gedüst, um Schönwetter zu machen. Robert machts besser und baggert um die Gunst der reichen Südkoreaner. Groß ist die Angst des Tyrannen vor den F16-Kampfjets der Amis. Bitter der Verlust seines hochgelobten „Schildkrötenpanzers". Dazu die Todesrate von 529.000 Bolschewiken. Da hilft ihm auch nicht, dass er aus Frust Helden „köpft". Warum hat er mit dem Krieg begonnen? Er plante, die Ukraine zum „Urlaubsparadies" auszubauen. Der Ami gibt dem Kinees den Tipp, das Sponsoring von 'Russneyland' zu stoppen. Denn der Tyrann liefert nur noch „Zeichen der Schwäche". Habe ich „Qualitätsmedien" entnommen. Soll ich es glauben? Oder besser nicht?

22.06.2024

Putins Angst vor F-16-Kampfjets: Russland läuft in der Ukraine die Zeit davon

"Das macht den Kreml nervös"

Ukraine soll spektakuläre Waffe bekommen

Moskaus stotternde Kriegsmaschine

Putin ist gescheitert

Russlands Waffenexporte sinken drastisch

Putin sucht in Vietnam nach Partnern

Habeck dankt Südkorea für Unterstützung im Ukraine-Krieg

Bitterer Verlust für Putin: Ukraine erbeutet erstmals Russlands Schildkrötenpanzer

+++ 08:08 Kiew beziffert russische Verluste auf mehr als 529.000 Soldaten +++

19.40 Uhr: US-Außenminister Blinken: Chinas Unterstützung für Russland „muss aufhören"

Russland plant Urlaubsparadies in der zerstörten Ukraine

Russland enthauptet gefangene Soldaten

Putins Nordkorea-Reise ist "Zeichen der Schwäche"

Mainstream-Pressespiegel vom 23.6.2024. Es hat wieder nicht geklappt! Für den Tyrannen fängt das „Endspiel" an. Der Westen rätselt, warum er den Untergang gewählt hat. Die Helden bereiten jetzt schon einmal die Zeit der strafrechtlichen Aufarbeitung vor: Sie registrieren akribisch das „Rammel-Verhalten" der Bolschewiken. Verzweifelt sucht der Tyrann nach neuen Partnern. Deshalb versucht er, Kinder als Saboteure anzuwerben. Auch die engere Familie muss ran, um die Kapitulation zu vermeiden. Um sich wichtig zu machen, lässt er ständig Kampfjets um sich herum kreisen. Das wird ihn nicht vor dem Aus retten: An der Front herrscht Leerlauf, weil die Waffen ausgegangen sind. Die Abschüsse seiner Granatwerfer durch Killerdrohnen der Helden sind Normalität. 8000 zerschossene Panzer sind ein trauriger Tiefpunkt. Ein Problem allerdings wirft die Helden heute zurück: Ihre Eier sollen mit Zöllen belegt werden. Habe ich „Qualitätsmedien" entnommen. Soll ich es glauben? Oder besser nicht?

„Russlands Offensive ist gescheitert"

23.06.2024

Putin sucht Partner

Ukraine schafft Register für sexuelle Gewalt durch russische Truppen

Der Versuch, Putins Endspiel zu verstehen

Russland will ukrainische Kinder als Saboteure anwerben

Putin holt seine Nichte ins Verteidigungsministerium

Kampfjets begleiten Putin nun auch auf Reisen durch Russland

Leerlauf an der Front wegen Sanktionen? Putin gehen wohl Waffen für Soldaten aus

Abschüsse sind Alltag: Ukrainische Drohne killt Putins Granatwerfer

Generalstab meldet Verlust von mehr als 8000 russischen Panzern

EU erhebt wohl Zölle auf ukrainische Eier

Die Märchenstunden der deutschen Medien

Mainstream-Pressespiegel vom 24.6.2024. Tatää: Wir schießen wieder auf den Iwan. Auch zu Hause wird der III. Weltkrieg perfekt vorbereitet: „Sag mir, wo die Bunker sind". Bei mir im Keller ist noch einer. Tötungsmaschinen erleben einen Boom. 8.500 Millionen € fließen in alles, was Bumm macht. In Deutschland lagert die atomare Sprengkraft von 260 x Hiroshima. Ist das klasse? Mit diesem Potential in Reserve gehen unsere Helden volles Rohr zur Sache. Dramatischer Anschlag: Der Tyrann (wer sonst?) hat rachsüchtig dem Rheinmetall-Chef das ‚Gartenhaus' abgefackelt. Wofür der alles Zeit findet. Der Westen ist übermächtig. Gestern haben die Helden ein Dorf zurückerobert! Dazu die Coolness des Heldenpräsidenten: Kraftwerke zerstört? Ratzfatz ersetzen Windräder die Strom-Fossile. Jetzt ist auch der Flüssiggas-Transit in die EU verboten. Wir haben schließlich den Amis das Frackinggas-Geschäft zugestanden. Habe ich „Qualitätsmedien" entnommen. Soll ich es glauben? Oder besser nicht?

Ukraine schießt mit deutscher Haubitze auf Russland

24.06.2024

Sag mir, wo die Bunker sind

6+ *Die klammheimliche Militarisierung Deutschlands*

Rüstungskonzerne erleben Boom

Rheinmetall erhält Auftrag über 8,5 Milliarden Euro

Bei uns lagert die Sprengkraft von 260-mal Hiroshima

Ukraine bereitet sich auf eine mögliche Gegenoffensive vor

Ukraine hat offenbar Dorf bei Wowtschansk befreit

Brandanschlag auf Gartenhaus: Das sagt Rheinmetall-Konzern zum Vorfall

Selenskyj will mit erneuerbarer Energie Stromversorgung gewährleisten

EU verbietet Transit von russischem Flüssigerdgas

Mainstream-Pressespiegel vom 25.6.2024. Panik beim Tyrannen: Unser grüner Vizekanzler hat dem Kinees so richtig die Leviten gelesen. Sollte Xi den Tyrannen weiterhin unterstützen, drohen den 1.3 Mrd. Volk „Konsequenzen" aus Deutschland. Hui! Die SPD will den Iwan sogar direkt „auf dem Schlachtfeld besiegen". Wow! Die Helden tuten ins gleiche Horn und „warnen" den Despoten. Boah! Der Seekrieg ist längst für die Helden entschieden. Die EU dreht dem Iwan heute wirtschaftlich komplett den Hahn zu. Der Tyrann versucht zu retten, was zu retten ist. Maximal-pigmentierten Urwald-Bewohnern verspricht er Russenpass und Rubel. Sprachunkundig schießt diese Laienspielschar immer die eigenen Helikopter ab. Bei den Raketen legen die Helden noch selbst Hand an und holen die Dinger mit der stinknormalen MP vom Himmel. So macht der Auftakt zum III. Weltkrieg Laune. Habe ich „Qualitätsmedien" entnommen. Soll ich es glauben? Oder besser nicht?

Putin ist in Panik

Habeck warnt China vor Konsequenzen von Russland-Kurs

Sozialdemokraten über Ukraine-Krieg: „Wir müssen Russland auf dem Schlachtfeld besiegen"

Ukraine warnt: „Auf jedes Szenario vorbereitet" –

Gejagte Kriegsschiffe: Wie Russland den Seekrieg verliert

EU-Staaten verschärfen Sanktionen gegen Russland

Russland versucht zu retten, was noch zu retten ist

Weil die Soldaten ausgehen: Russland lockt afrikanische Söldner mit Geld und Pass

Rückschlag für Putin - Russen schießen eigenen Helikopter ab

25.06.2024

Soldat schießt Russland-Rakete ab – mit Maschinengewehr

⊕ „Wir in der Ukraine sehen uns bereits im Dritten Weltkrieg"

Die Märchenstunden der deutschen Medien

Mainstream-Pressespiegel vom 26.6.2024. Schluss mit lustig: Die Amis geben den Helden den „Freibrief" zum Töten. Schon droht der Tyrann dem Ami und der EU mit „Konsequenzen" und „Vergeltung". Wir antworten mit NATO-Bomben! Mit gespendeten Panzern oder Kriegsdrohnen kann sich jetzt jeder von uns aktiv am Töten beteiligen! Unterstützt von der NATO startet der Heldenpräsident eine neue Strategie: Zack ist das erste Drohnenlager ausradiert. Wie panisch feuern die Russkis 'immer mehr' Bomben aufs eigene Land. Währenddessen bauen die Amis nah am Schlachtfeld die größte Airbase Europas. Schließlich wollen sie die zerschossene Welt wieder als Sieger 'schützen'. Das Friedensgeschwätz des Tyrannen können wir vergessen. Der lügt! In Wahrheit baut er sein Land auf den ewigen Krieg gegen die Amis um. Wer steht da noch an Russlands Seite? Niemand! Habe ich „Qualitätsmedien" entnommen. Soll ich es glauben? Oder besser nicht?

USA geben Ukraine Freibrief für Offensive in Russland

Russland droht USA mit Konsequenzen

Wegen Sanktionen: Russland kündigt Vergeltung gegen EU an

Offensive: Nato-Bomben vernichten Putins Truppen

Kann ich der Ukraine auch einen Panzer oder eine Kampfdrohne spenden?

26.06.2024

Kiews neue Strategie stellt Putin vor Probleme

+++ 07:59 Rumänien soll größte NATO-Airbase in Europa bekommen +++

Ukraine-Krieg: Warum "Friedensangebote" von Putin nichts wert sind

Russland feuert immer mehr Bomben auf eigenes Gebiet ab

Militär will im Ukraine-Krieg russisches Drohnenlager vernichtet haben

Wer steht noch an Russlands Seite?

Putins Umbau für den ewigen Krieg

Mainstream-Pressespiegel vom 27.6.2024. Hui: „Geheime Waffen" werden die Helden bekommen. Das Ziel des Heldenpräsidenten ist es, damit alle Russenjets zu vernichten. Die Krim steht unter Dauerbeschuss. Wenn die rückerobert ist, ist es um die Macht des Tyrannen geschehen. Der Ami hat den Iwan angerufen und 'zusammengefaltet': Beim Rückzug bekommen unschuldige Zivilisten den Kopf abgeschnitten. Das gehört sich nicht! Auch der Angriff auf Deutschland bleibt aktuell. Ließ der Tyrann deshalb Feuer beim Rüstungs-Konzern Diehl in Berlin legen? Nein, er war es nicht! Egal = er muss es gewesen sein! Wie paralysiert steuert er dem Untergang entgegen: Die Todesrate des Iwan hat den „Höchstwert" erreicht. Wie geplant passt ein Antrittsbesuch dazu: 'Pipeline-Schwesig' - ehemals Tyrannen-Groupie - nutzt die Chance zum Imagewandel. Sie reist ins Acker-Land und empfiehlt mehr Tempo beim Töten, um 'das Leiden' zu verkürzen. Extrem logisch! Habe ich „Qualitätsmedien" entnommen. Soll ich es glauben? Oder besser nicht?

Geheime Waffe gegen Putin

Selenskyj will Putin-Luftwaffe „mit allen möglichen Mitteln vernichten"

Ukraine greift abermals Ziele auf der Krim an

27.06.2024

„Dann dürfte es um Putins Macht geschehen sein": Experten sehen Kreml-Chef vor Krim-Problem

Verteidigungsminister Russlands und der USA telefonieren miteinander

„Schneidet ihm den Kopf ab": Putin-Kommandeur befiehlt Enthauptungen

Erwägt Putin einen Angriff auf Deutschland?

Ließ der Kreml Feuer legen?

Opferzahlen für Putins Militär erreichen Höchstwert

▶ Schwesig in Kiew: „Waffenlieferungen verkürzen das Leiden in der Ukraine"

Die Märchenstunden der deutschen Medien

Mainstream-Pressespiegel vom 28.6.2024. FDP-Kriegsikone Agnes ist schwer erkrankt. Weil immer noch kein Krieg ist. Ruhig Blut! Wird doch alles perfekt von den Amis vorbereitet: 1. Schulden machen für den Krieg. Nach dem Sieg wird abgerechnet. 2. Die richtige Mischung aus Provokation und Machtgehabe = Beitrittsgespräche zur EU plus Geldgeschenke für Waffenkauf. 3. Die Amis liefern gegen cash „just in Time" und sind damit Konfliktpartei = Der Krieg der Amis gegen den Iwan ist jetzt offiziell. 4. Wehrpflicht jetzt bei allen Staaten an der Ostgrenze zum Iwan. Drei Ziele werden als Erstes vom Westen bombardiert. 5. Muckt mal einer gegen das Pentagon auf, wird er abgesägt. Schuld an allem ist der Tyrann! Er ist sein eigener Totengräber. Wie wahr: Verwundete Bolschewiken werden erschossen und verbuddelt. Wer steht da noch an Russlands Seite? Niemand. Nur mit dem Wiederaufbau klappts nicht. Kaum neugebaut, zertrümmert der Iwan es wieder. Damit war nun wirklich nicht zu rechnen. Habe ich „Qualitätsmedien" entnommen. Soll ich es glauben? Oder besser nicht?

Strack-Zimmermann kriegt bei „Lanz" die Pimpernellen

Schulden gegen Krieg

EU beginnt Beitrittsgespräche

Trotz Drohung aus Moskau
EU schiebt neue Hilfe für Ukraine an

USA schicken Kiew zusätzliche Munition

Die USA sind Konfliktpartei geworden

Wehrpflicht an der NATO-Ostflanke

Diese drei Ziele würde die Nato als erstes bombardieren

Wolodymyr Selenskyj wechselt Befehlshaber von Militäreinheit aus

„Putin ist sein eigener Totengräber"

Ukraine-Krieg: Russland macht kurzen Prozess mit eigenen verwundeten Soldaten

Wer steht noch an Russlands Seite?

28.06.2024

⊕ **Zerstört, aufgebaut, zerstört: Der schwierige Wiederaufbau der Ukraine mitten im Krieg**

MEIN KRIEGSTAGEBUCH ***2024***

Mainstream-Pressespiegel vom 29.6.2024. Die Amis wollen den Iwan „schwächen und zerstückeln". Ein Klacks! Denn dem Tyrannen gehen die Panzer aus. Dafür lassen 'Ursel und die Pentagonen' die Helden in die EU „trippeln". Um das Heldenvolk bei Laune zu halten, 'päppelt' man es mit geklauten Rubel auf. Nur beim Fußball passierte ein Fauxpas. Man hat die Helden nicht siegen lassen. Aber einen 'bombigen' Weltkrieg gibt es trotzdem: Centurio Pistorius hat für 15 Mrd. € Granaten bestellt. On top Atombomben, Tierpanzer, Kampfdrohnen. Eine knappe Mio. deutscher Jungs soll ihr Leben für die Amis einsetzen. Die CDU-Christen wollen zusätzlich 200.000 'Bürgergeld-Helden' an die Front zerren. Nehmt Euch ein Beispiel am Polski: Die üben freiwillig Krieg - im Urlaub. Im Acker-Land selbst geht Einberufung pragmatischer: Rein in den Bus und zack an die Front. Dass es Ihnen ernst ist mit dem Krieg, beweisen die Amis durch Haftbefehle gegen Chef-Bolschewiken. Unmut entsteht durch den Bald-Präsident: Wenn der in White House das Sagen hat, sieht es düster aus. Habe ich „Qualitätsmedien" entnommen. Soll ich es glauben? Oder besser nicht?

US-Plan: Russland dauerhaft schwächen und zerstückeln

Putin gehen die Panzer aus

Die Ukraine trippelt der EU entgegen

Russisches Geld der Ukraine zur Verfügung stellen

Rekord-Vertrag für Munition
Pistorius will für 15 Milliarden Euro Granaten kaufen

Bitteres EM-Aus der Ukraine

Strack-Zimmermann kann den 3. Weltkrieg nicht erwarten: will fast 1 Mio. Reservisten aktivieren

Union stellt Schutzstatus wehrfähiger Ukrainer infrage

Strafgerichtshof erlässt Haftbefehl gegen russischen Armeechef

Trumps Berater fordern ein Ende des Krieges und die Aufnahme von Verhandlungen

Rein in den Bus und ab an die Front

Junge Polen zieht es im Urlaub an die Waffe

29.06.2024

Die Märchenstunden der deutschen Medien

Mainstream-Pressespiegel vom 30.6.2024. Bloß keinen „Verhandlungsfrieden"! Das wäre das Ende der unipolaren US-Weltherrschaft. Der Iwan muss dran glauben. Er ist ein verurteilter Mörder. Die Sanktionen treffen ihn „mit voller Wucht". Seine Lage auf der Krim wird immer prekärer. Er versteckt seine Bolschewiken „in Schweineställen" – so eine Sau! Unser Kanzler hat jetzt auch Bock auf Eskalation zum III. Weltkrieg. Der Kinees ist nach Habecks Besuch geläutert und dreht dem Tyrannen den Geldhahn zu. Im Zarenreich tut man so, als ob der Westen schuld am Krieg sei. Deshalb sind deutschsprachige Medien eine Gefahr für Abermillionen sprachbegabter Russkis. Denn würden die Russkis erfahren, wie kaputt ihr Land ist, würden sie nicht mehr konsumieren, wie wir es damals auch taten, als die DM noch was wert war. Habe ich „Qualitätsmedien" entnommen. Soll ich es glauben? Oder besser nicht?

Ukraine-Krieg: Warum wollen die USA keinen Verhandlungsfrieden?

30.06.2024

Russland wegen Menschenrechtsverletzungen verurteilt

„Zieht die Schlinge zweifellos enger": Sanktionen treffen Russlands Wirtschaft mit voller Wucht

Krim wird für Putin immer prekärer

Soldaten „in Schweineställen versteckt": Militärblogger aus Russland klagt Putin an

Scholz schließt Friedensgespräche mit Putin vorerst aus

Für Russland soll der Westen schuld sein

Russland beschränkt Zugang zu 81 europäischen Medien

Schwerer Schlag für Putin? Bank of China setzt Zahlungen mit Russland aus

"Die Russen konsumieren, als wäre es ihr letzter Tag auf Erden"

Mainstream-Pressespiegel vom 1.7.2024. Der Buchhandel-Friedenspreis 2024 geht an die jüdische Journalistin Applebaum, die den Westen vor dem Einmarsch des Tyrannen warnt. Ihr Credo: Rüstet Euch! Die Bundeswehr meint, der Iwan sei „bald stark genug", um die EU auszuweiden. Doch die Helden retten uns. Brüssel hat „gegenseitige Hilfe" ratifiziert. „Die Wissenschaft" tritt derweil dem Kinees ins Gemächt, um ihn vor Unterstützung des Iwan zu warnen. Alles sieht gut aus: Für die Amis ist das Schlachtfeld ein geiles Waffen-Testgelände. Es ist der „Ukrainische Fleischwolf", da die Bolschewiken dort „drastisch" verenden. Jetzt schnappt sich der Tyrann 10.000 Migranten, um die Verluste zu kompensieren. Selbst Korea-Kim opfert für seinen Kumpel junge Männer, die von Drohnenschwärmen der Helden erlegt werden. Für die Unbesiegbaren hat man den letzten Award ausgegraben: Eine Kiewer Museumsdirektorin bekommt den Gutenberg-Preis Leipzig 'fürs Durchhalten'. Habe ich „Qualitätsmedien" entnommen. Soll ich es glauben? Oder besser nicht?

Rüstet euch

01.07.2024

Generalinspekteur sieht Russland bald bereit für Angriff auf NATO

EU und Ukraine unterzeichnen Sicherheitsvereinbarung

Wissenschaftler fordern Sanktionen gegen China

Putins Schlachtfeld als Versuchslabor: USA testen neuartige Waffe an Ukraine-Front

Opferzahlen für Putins Armee steigen weiter drastisch

„Ukrainischer Fleischwolf"

Russland: Haben schon 10 000 Einwanderer an die Front geschickt

Allianz mit Russland: Nordkorea schickt Armee-Pioniere in die Ukraine

KI-Drohnenschwärme für den Kampf gegen Putins Armee

Kiewer Museumsdirektorin Bochkovska erhält Gutenberg-Preis

Mainstream-Pressespiegel vom 2.7.2024. Auf dem Tag genau wird nach der NATO-Übung von den Amis die zweithöchste Armee-Alarmstufe gezündet. Der Weltkrieg kann starten. Wir stehen im „Wettlauf gegen die Zeit". Die Amis denken an einen „Terroranschlag". Das funktionierte im Irak, in Libyen und sonst wo immer sehr gut. Der Anschlag wird im Baltikum stattfinden. Der Iwan ist der Satan. Dann muss die NATO eingreifen, damit der Krieg nicht gen Westen „überschwappt". „Das Kind" beruhigt uns: Solidarität mit den Helden ist Garant für einen „ruhigen Schlaf". Das EU-Motto heißt: "Wenn Du Frieden willst, übe den Krieg". Die Zeit arbeitet gegen den Tyrannen. Seine Bolschewiken sterben an einer Seuche. Auf der Krim schickt er Urlauber in den Tod. Jeden Monat macht er eine mittlere Stadt im „Helden-Fleischwolf" zu Hackepeter. Junge Bolschewiken sind bald ausradiert, denn unsere Industrie produziert immer bessere Tötungstechnik. Habe ich „Qualitätsmedien" entnommen. Soll ich es glauben? Oder besser nicht?

"Wettlauf gegen die Zeit"

Alarmstufe erhöht: US-Militär in Europa rechnet mit Terroranschlag

02.07.2024

Putin hat Angriff aufs Baltikum angekündigt

Putin könnte Ukraine-Krieg auf Nato-Gebiet überschwappen lassen

+++ 22:00 Baerbock: Ukraine-Unterstützung ist der beste Schutz für das ruhige Schlafen +++

Die Zeit läuft gegen Russland

„Wenn Du den Frieden willst, übe den Krieg ein"

Putins Soldaten sterben an Seuche

Putin schickt Urlauber in den Tod

Putin schickt eine Mittelstadt pro Monat in den „Fleischwolf"-Tod

Verluste für Russland: Sterberate junger Männer verdoppelt – die Auswirkungen des Ukraine-Kriegs

Panzerbauer KNDS präsentiert mehr Feuerkraft auf Rädern

Mainstream-Pressespiegel vom 3.7.2024. Alles paletti: Der „Terror-Anschlag" kann vorbereitet werden! Offiziell steckt der Tyrann so richtig in der Scheiße. Vor lauter Problemen sind seine Tage gezählt. Die Armee-lager leergefegt. Zehntausende junge Russkis tot, während die Helden nur unerhebliche Verluste beklagen. Er selbst steckt mitten im Sommer 'im Eis fest'. Mittels West-Sanktionen wurden ihm der Öl- und der Gashahn zuge-dreht. Jetzt hat er die gleichen Probleme wie ‚damals' der Adi. Deshalb ist der Puszta-Fürst hin: Der Heldenpräsident soll dem Tyrannen eine letzte Chance geben = Waffenruhe! Wie konnte der Tyrann nur auf diese däm-liche Idee kommen, einen Krieg „auf den toten Beinen der Sowjetunion" zu beginnen? Sein Banker warnt vor dem völligen Ruin. Dann doch noch eine Verzweiflungsaktion! Auch dieser neue Großangriff endet im Fiasko. Für seine Kampfjets ist es ebenfalls ein riesiges Debakel. Ölraffinerien brennen lichterloh. Ja, der Tyrann am Ende ist. Habe ich „Qualitätsmedien" entnom-men. Soll ich es glauben? Oder besser nicht?

Putin vor Probleme

03.07.2024

Russlands Armeelager leeren sich

«Putins Tage sind gezählt»

Zehntausende junge Russen fallen an der Front

„Putin hat das gleiche Problem wie Hitler"

Putin steckt im Eis fest: Sanktionen drehen Russlands Wirtschaft neuen Energiehahn ab

Russischer Großangriff mit Panzern endet im Fiasko

Orbán fordert Selenskij zu Feuerpause und Friedensverhandlungen auf

Feuer in russischem Öllager nach ukrainischem Drohnenangriff

Ja, Putin ist am Ende

Ein Krieg "auf den toten Beinen der Sowjetunion"

Putin startet Verzweiflungsaktion

Putins Top-Banker warnt vorm Ruin

Kampfjet-Debakel für Putins Truppen

Mainstream-Pressespiegel vom 4.7.2024. Der Tyrann wird nervös: 33.700 Bolschewiken hat er allein im Juni verloren. Bei den Unbesiegbaren gibt es keine nennenswerten Sterbezahlen. Außerdem ziehen die Finnen „den Stecker". Im Russki-Reich gehen die Lampen aus. Jetzt wird zusätzlich der Belarusski von der EU mit Sanktionen malträtiert. Die militärischen Erfolge des Tyrannen sind bescheiden. Seine Jungs haben ein Postamt angegriffen und 25 Drohnen abgefangen. Das hat den Heldenpräsidenten in Rage versetzt: Er nimmt den Feind unter Dauerbeschuss, gewinnt Stellungen zurück, kesselt den Iwan ein. Die Luftwaffe ist kaum noch erwähnenswert, weil altersschwach! Etwa zeitgleich geben die Krim-Tataren seinen Insel-Palast zur Zerstörung frei. Unschön ist, dass AFD und Sahras Pseudo-Partei sich als 'Putins Alliierte' inszenieren. Stecken die „Extremen" vielleicht hinter dem Umsturzversuch, der geplant war? „Habe ich „Qualitätsmedien" entnommen. Soll ich es glauben? Oder besser nicht?

Putin wird nervös:

04.07.2024

33.700 Russen im Juni gefallen

Nato-Land zieht Putin den Stecker – bitterer Schlag für Russlands Wirtschaft

EU-Sanktionen gegen Belarus beschlossen

Russische Armee verübt Angriff auf Postamt

Russland: 25 ukrainische Drohnen abgefangen

Ausbluten von Putins Luftwaffe – durch Altersschwäche

Ukraine nimmt Russland-Region unter Dauerbeschuss

Ukrainische Behörden: Umsturzversuch verhindert

Ukraine gewinnt Stellungen an mehreren Frontabschnitten zurück

Russische Truppen in der Region Charkiw offenbar eingekesselt

„Zerstörung planen": Krim-Tataren geben Putins Residenz zum Abschuss frei

AfD und BSW agieren als "Putins Alliierte"

MEIN KRIEGSTAGEBUCH ***2024***

Mainstream-Pressespiegel vom 5.7.2024. Toll: 'Operationsplan Deutschland' bereitet auf den Krieg vor! Die Bevölkerung wird auf Linie gebracht = Denn käme der Tyrann rüber, bricht das Elend des Totalitarismus aus. „Das Kind" nennt den Tyrannen „unsere größte Gefahr". Sie will im Gleichschritt mit dem Kanzler jeden Zentimeter der EU verteidigen. Die Finnen als Grenznachbarn des Iwan haben schnell noch ein Verteidigungs-Abkommen mit dem Ami ratifiziert. Von Helsinki aus ballert der dann bei 900 km Luftlinie direkt auf den Tyrannen. Wir Deutsche bilden im III. Weltkrieg die „Drehscheibe". Wir werden siegen: Die Russkis sind sichtlich ausgedünnt. Die schicken selbst Verstümmelte zurück in den Fleischwolf. Die Schlinge zieht sich zu! Völlig konfus werfen sie Gleitbomben auf die eigene Bevölkerung. Beim Iwan kommt es zu Stromausfällen, weil die Helden denen die Kraftwerke abfackeln. Der Erfolg ist 'phantastisch': Nur ein toter Held kommt auf sechs Bolschewiken. Habe ich „Qualitätsmedien" entnommen. Soll ich es glauben? Oder besser nicht?

«Operationsplan Deutschland» bereitet auf einen Krieg vor

05.07.2024

Baerbock warnt vor Putins Russland: „Wird auf absehbare Zeit die größte Gefahr für uns bleiben"

Sorge vor Putin-Angriff auf Nato wächst
Putin ist auf dem Weg in den Totalitarismus

Baerbock: „Werden jeden Quadratzentimeter unseres Europas verteidigen"

Stromausfälle in Russland nach ukrainischen Angriffen

Finnland stimmt für Verteidigungsabkommen mit den USA

Putin-Generäle zwingen Verstümmelte an die Front

Russland wirft Gleitbomben wohl immer wieder auf eigenes Staatsgebiet ab

„Ein toter Ukrainer auf sechs Russen"

Deutschland ist Drehscheibe für Nato

"Schlinge zieht sich zu": Muss Putin Grenzgebiete evakuieren?

Russische Armee ist "ausgedünnt"

Die Märchenstunden der deutschen Medien

Mainstream-Pressespiegel vom 6.7.2024. Ein weiterer Rückschlag für den Iwan: Die Helden bereiten ihnen „große Probleme". Sie sind auf Russki-Territorium vorgerückt. Die dortigen Russkis rufen „Hilf uns Tyrann". „Frauen an der Front" soll den Untergang abwenden. Der Puszta-Fürst ist zum Tyrannen gedüst, weil er ihn zum Frieden zwingen will. Die Amis und ihre EU-Stellvertreter sind stocksauer. Der bringt die ganze Weltkriegs-Planung durcheinander! Deshalb baut die NATO doch in Kiew die Macht aus. Außerdem müssen wir den Einmarsch starten, bevor Trump wieder US-Boss wird! Deshalb haben die Pentagonen vorsorglich noch Milliarden an 'Spielgeld' ins Acker-Land transferiert. Gut zu lesen, dass der Iwan chancenlos ist: Seine Schattenflotte ist Schrott. Panzer-Sprengungen wie bei Grimms-Märchen: „Sieben auf einen Streich". Der letzte Rest an Bolschewiken wird per Motorrad zum lieben Gott befördert. Dafür haben wir den Helden „unbemerkt" Tötungsmaterial geschenkt. (Pst! Geheim) Habe ich „Qualitätsmedien" entnommen. Soll ich es glauben? Oder besser nicht?

Rückschlag für Russland

06.07.2024

Ukraine bereitet Putins Militär große Probleme

Krieg auf russischem Territorium

Belgorods Bewohner senden Hilferuf

Neues Quartier in Wiesbaden
NATO wappnet sich schon für Rückkehr Trumps

Kreml rekrutiert angeblich weibliche Gefangene für die Front

ORBAN TRIFFT PUTIN

Orbans Moskau-Reise macht Washington und die EU wütend

NATO baut Präsenz in Kiew aus

Putin schickt Soldaten auf Motorrädern in den Tod

Deutschland übergibt Ukraine unbemerkt riesige Waffen-Lieferung

Putin-Desaster: Gleich 7 Panzer explodieren bei Angriff

USA geben neue Hilfsmilliarden frei

Russlands Schattenflotte aus Schrott

MEIN KRIEGSTAGEBUCH ***2024***

Mainstream-Pressespiegel vom 7.7.2024. Im Tyrannen-Reich herrscht Panik. Denn Centurio Pistorius bekommt von überall her 'Schützenhilfe'. Seine Landser fordern in Berlin Milliarden Euro für Tötungs-Material. Dazu 'für Spaß' deutsche Mädels für die Front. (Der Traum von der Wehrdienstbefreiung per Geschlechtwechsel ist ausgeträumt) Im Russki-Land selbst steigt der Druck auf den Diktator, weil der Heldenpräsident keinen Millimeter zurückweicht. Vielmehr halten dessen Truppen den Iwan „auf Abstand und vernichten ihn". Geht der Bolschewik gemütlich Wodka kaufen, streckt ihn die Heldendrohne nieder. Seinen geparkten Panzer macht eine weitere Drohne zu Schrott. Selbst die Vernichtung hochgelobter Atomkrieg-Panzer ist ein Klacks. 60 Russki-Schiffe haben die Helden in nur einem Monat versenkt. Mit speziellen Drohnenbooten bringen sie Marine-Stützpunkte zur Explosion. Tragisch, welch hohen Preis die Russkis zahlen müssen, nur weil der Tyrann so verbohrt ist. Habe ich „Qualitätsmedien" entnommen. Soll ich es glauben? Oder besser nicht?

In Russland steigt die Panik

07.07.2024

Schützenhilfe für Pistorius

Generalinspekteur fordert Milliarden

Wehrpflicht auch für Frauen

Ukraine: Keine Gebietsaufgabe für Frieden mit Russland

"Wir halten den Feind auf Abstand und vernichten ihn"

„Supermarkt-Taktik" der Ukraine: Putins Soldaten bei Einkäufen attackiert

„Schildkrötenpanzer" scheitern an ukrainischen Drohnen

Ukraine sprengt schon wieder Russlands Atomkrieg-Panzer

Rückschlag für Putin: Ukraine zerstört 60 Schiffe in einem Monat

Drohnenboote greifen Putins Hafenstadt an: Explosionen in Marine-Stützpunkt

Putin zahlt hohen Preis

196

Mainstream-Pressespiegel vom 8.7.2024. Der Iwan ist 'kurz vor Fertig'. Seine Munitionslager leeren sich. Die Todesrate nähert sich Höchstständen. Das verdanken die Helden ihren Drohnen, deren Produktion massiv ausgebaut wird. Zum Lucki in Belarus hat der Kinees sein Militär „zum Üben" geschickt. Das lässt auf einen bombigen Weltkrieg hoffen. Hoffentlich macht der Puzsta-Fürst dieser Polit-Pyromanen-Challenge keinen Strich durch die Rechnung. Er düst zum Xi. Ursel und die Eurokraten haben Schnappatmung. Wir schmusen sicherheitshalber mit dem Polski. Bei denen wollen wir beim neuen Krieg ohne Passkontrolle durch. Diesmal mit eigenem Kampfhubschrauber. Strom ist ebenfalls da: Gebrauchte Stromgeneratoren machen uns autark. Für die Helden gibts 'für lau' 15.000 ausgemusterte Solar-Paneele. Deren Superpanzer „Vampir" ist auf Sieg programmiert. Er erzwingt einen „Preis in Blut". „(Panzer)-Friedhöfe aus Schrott" beim Iwan runden bei den Helden den Erfolg ab. Habe ich „Qualitätsmedien" entnommen. Soll ich es glauben? Oder besser nicht?

Kreml-Lager leeren sich

08.07.2024

„Die höchsten russischen Verluste in diesem Krieg"

Chinesische Soldaten zu Übung in Belarus eingetroffen

Orbán reist nach Peking

"Die Sicherheit Polens ist auch Deutschlands Sicherheit"

Europas Antwort auf den Ukraine-Krieg: Ein eigener Kampfhubschrauber

Deutsche Kommunen helfen Partnerstädten im Ukraine-Krieg mit Stromgeneratoren

15.000 Solarpaneele für die Ukraine gespendet

"Vampir" der Ukraine erzwingt "Preis in Blut" von Russen

Kiew treibt Produktion von Drohnen voran

„Friedhöfe aus Schrott": Werden Panzer-Verluste Russland zum Verhängnis?

MEIN KRIEGSTAGEBUCH ***2024***

Mainstream-Pressespiegel vom 9.7.2024. Der „Verteidigungsfall" für den NATO-Angriff dürfte in Estland inszeniert werden. Die Nähe zum Iwan macht eine Sabotage-Aktion dort glaubwürdig. Z.B. kann es vom U-Boot aus ein Raketeneinsatz auf ein markantes Hochhaus sein. Die Russkis selbst werden auch in diesem Falle von den Medien für dumm verkauft. Nur wir erfahren durch unsere tollen Journalisten immer die reine Wahrheit, wie heute: Komatös saufende Russki-Kommandeure richten die Nation zugrunde. Die Bolschewiken verpissen sich schon bei normalen Waldbränden. Die Helden dominieren die Luftabwehr, zerschießen Radar-Systeme, verjagen die Schwarzmeerflotte und fangen alle Drohnen ab. Gemäß der Erkenntnis „Never Change a Winning Team", steigert Rheinmetall „massiv" die Panzerproduktion im Acker-Land. Es kann kommen, was will: Bis Anfang 2026 wird der letzte Bolschewik umgenietet. Habe ich „Qualitäts-medien" entnommen. Soll ich es glauben? Oder besser nicht?

„Wir müssen vorbereitet sein"

Estland in Sorge vor Russland: „Russlands Gegenangriff würde bei uns beginnen"

09.07.2024

Russland kontrolliert die Informationen und unterdrückt Presse

Ukraine-Krieg aktuell: Militär-Blogger stellt "komasaufenden" Putin-Offizier öffentlich bloß

Putins Armee blutet bis 2026 aus

Putins Truppen fliehen vor Waldbränden an der Front

Herber Verlust für Putin: Ukraine gelingt Schlag gegen Russlands wichtige Luftabwehr

Russland verliert modernes Radarsystem

Russland verlegt Teile der Schwarzmeerflotte weg von der Krim

Rheinmetall will Panzer-Produktion in der Ukraine massiv steigern:

Ukraine: Alle Drohnen abgefangen

Mainstream-Pressespiegel vom 10.7.2024. Das „Update des Tötens" ist hollywoodreif: Der Iwan hat ein Kinderkrankenhaus getroffen. Welch ein terminlich glücklicher Zufall zum 3-tägigen NATO-Gipfel. Alle Welt ist entsetzt. Selbst der greise Ami schickt alles, was die grausamen Russkis tötet. Das beschleunigt idealerweise die Kriegs-Vorbereitungen. Wo auch immer man hinschaut: Die „düsteren Prognosen" für den Tyrannen überschlagen sich. Auf der Krim haben sie einen wichtigen Knotenpunkt verloren. Im Russki-Land selbst rechnet man mit Bürgerkrieg. Zusätzlich steht eine Finanzkrise ins Haus, da der Rubel nix' wert ist. Zehntausende russische Deserteure fliehen von der Front. Dazu das unausrottbare Problem, dass Russkis ständig volltrunken oder zugekifft sind. Eher durch Zufall haben sie ein "Mini-Dorf" erobert. Da hält der Heldenpräsident direkt gegen: Er verdoppelt die Leistung seiner Flugabwehr, kündigt neue Strategien auf See an und wird noch mehr Waffen einsetzen. Beim Iwan schmelzen hingegen die Ressourcen. Habe ich „Qualitätsmedien" entnommen. Soll ich es glauben? Oder besser nicht?

I0.07.2024

Das Update des Tötens

Dreitägiger NATO-Gipfel

Angriff auf Krankenhaus: Biden will ukrainische Flugabwehr stärken

Düstere Prognose für Russland im Ukraine-Krieg

Weltweites Entsetzen nach Angriffen auf Kiew

Russland verliert auf der Krim wichtigen Knotenpunkt

Selenskyj will mehr Waffen für Angriffe auf russische Stützpunkte

Russische Deserteure fliehen von der Ukraine-Front

Laut geheimer Studie: Steht Russland kurz vor einem Bürgerkrieg?

Russland meldet Einnahme von Mini-Dorf

Ein bekanntes Problem: Russlands Soldaten sollen im Ukraine-Krieg oft zu Drogen greifen

Selenskyj kündigt neue Strategie auf See an

Selenskyj will Flugabwehr-Leistung verdoppeln

Russlands Ressourcen schmelzen

Kommt jetzt die Finanzkrise in Russland?

Mainstream-Pressespiegel vom 11.7.2024. Der Angriff auf Kiew war ein gelungener Kriegs-Turbo. Dazu das Treffen des Puszta-Hengst mit dem Kinees. Der Tyrann reagiert „süßsauer". Ablenkung verschaffte ihm das Stelldichein mit dem Inder. Mit dem hat er „gekichert". Seine Probleme sind deshalb nicht weniger geworden: An erster Stelle steht der enorme „Blutzoll". Außerdem arbeiten ‘die Zeit' und sämtliche Iwankas gegen ihn. Zwei Prozent aller russischen Kerle sind nicht mehr zur Fortpflanzung nutzbar. Die Vormacht des Iwan im Schwarzen Meer ist ausgelöscht. Munitionsdepots nicht mehr sicher. Wirtschaftsprobleme „verheerend". Den trickreichen Helden gehen die Bolschewiken ständig "auf den Leim". Auch Sabotage als Kriegsanlass wird gut vorbereitet. Es könnte das U-Boot sein, das für den Ernstfall sorgt. Doch unsere Freunde, die Amis, sind mal wieder schon weiter: Die stationieren weitreichende Marschflugkörper bei uns. Damit können wir aus der Pfalz heraus den Iwan töten. Der wird sich ärgern. Habe ich „Qualitätsmedien" entnommen. Soll ich es glauben? Oder besser nicht?

Angriff auf Kiew überschattet Nato-Gipfel

Putin kichert mit Modi

Putin süßsauer

Putins Militär zahlt einen hohen Blutzoll

„Die Zeit läuft gegen Russland"

II.07.2024

Ukraine-Ticker: Frauen von Soldaten protestieren in Moskau

Bericht: Zwei Prozent aller russischen Männer im Krieg gefallen

Heusgen prophezeit Putin "verheerende" Wirtschaftsprobleme

Selenskyj übers Schwarze Meer: "Russische Flotte wird niemals mehr dominieren"

Ukraine trifft russisches Munitionsdepot

Tarnung für Ukraine-Kampfjets: Putins Raketen gehen Attrappen auf den Leim

Leise Gefahr in der Ostsee: Russische U-Boote proben nahe Nato für den Ernstfall

USA stationieren ab 2026 weitreichende „Tomahawk"-Marschflugkörper in Deutschland

Die Märchenstunden der deutschen Medien

Mainstream-Pressespiegel vom 12.7.2024. Der Tyrann legt sich mit der NATO an.Jetzt droht er, uns Bomben aufs Reihenhaus zu werfen, wenn wir den Amis Platz für Langstrecken-Raketen geben. Wenn er sich da mal nicht übernimmt! Die NATO ist doch das „mächtigste Militär-Bündnis der Welt". Der Centurio ist zappelig und balzt um weitere Milliarden, um den Iwan präventiv zu exekutieren. Sein Kanzler ist ebenfalls scharf auf Krieg. Denn der Tyrann vergewaltigt sein Volk: „Er ist einfach nur bestialisch". Jetzt kommt raus, dass seine Mortalitätsquote höher ist als vermutet. Weil die Bolschewiken sich gegenseitig erschießen! Den Rest erledigen Drohnenschwärme, die beim Iwan wie eine Heuschreckenplage einfallen. Doch der eigentliche Strippenzieher ist der Kinees. Der Tyrann ist sein „Gefangener". Beim Lucki übt die Rote Kinees-Armee schon mal Krieg gegen Europa. Deshalb endete der NATO-Gipfel mit der Losung: „Zusammen gegen China". Wenn Weltkrieg, dann richtig! Habe ich „Qualitätsmedien" entnommen. Soll ich es glauben? Oder besser nicht?

Putin fordert die Nato heraus | 12.07.2024

Russland nennt weitreichende US-Waffen in Deutschland „ernste Bedrohung"

Mächtigstes Bündnis der Welt

So sieht die NATO in Zahlen aus

Pistorius verlangt frisches Geld

Scholz kündigt "Klarheit" für NATO-Beitritt der Ukraine an

Russlands Verluste in der Ukraine deutlich höher als bisher angenommen

Es ist bestialisch. Einfach nur bestialisch.

Belarus und China machen ein gemeinsames Manöver

Ukraine schickt Drohnenschwärme nach Russland

Zusammen gegen China

Putin vergewaltigt auch Russland

Putin – der Gefangene Pekings

Russische Soldaten töten sich gegenseitig

MEIN KRIEGSTAGEBUCH ***2024***

Mainstream-Pressespiegel vom 13.7.2024. Der Tyrann „baut Potenzial" für den Angriff auf. Deutschland wird „das Schlachtfeld". Zum Auftakt wollte der böse Russki den Rheinmetall-Chef töten. Holla! Hat uns CNN ‚gesteckt'. Dann muss es wahr sein. Es liegt nun an uns, wann der Weltkrieg beginnt. Ein Großteil der Deutschen unterstützt die Finanzierung der NATO mit Schulden. Beim Iwan stimmt nur jeder Dritte für den Atomkrieg. Ein FDP-Politiker kämpft sogar für den Ukraine-Soli. Weil die „Drehscheibe Deutschland" der Mittelpunkt des Weltkrieges wird, richten sich sämtliche Blicke auf unseren Kanzler. Er muss das Signal zum Russki-Töten geben! Bis es soweit ist, stoppen die Helden den Iwan. 554.510 Bolschewiken haben sie bis heute unter die Ackerkrume befördert. Aber in wenigen Wochen geht das Töten erst richtig los. Aus Wiesbaden koordiniert = „World War Made in Germany". Habe ich „Qualitätsmedien" entnommen. Soll ich es glauben? Oder besser nicht?

Putin „baut Potenzial" für Angriff gegen die Nato auf

Rheinmetall-Chef soll Ziel eines russischen Attentats gewesen sein

Der Westen muss klären, ob er zum Krieg gegen Putin bereit ist

13.07.2024

Deutschland ist "Schlachtfeld" in Putins Krieg

Großteil der Deutschen unterstützt Zwei-Prozent-Ziel der Nato

Ukraine kann F-16-Kampfjets noch im Sommer einsetzen

Nato startet Ukrainekommandozentrum in Wiesbaden

FDP-Politiker fordert Ukraine-Soli

Jeder dritte Russe für Atomschlag

Ukraine kann und wird Putin stoppen

Die Blicke der Nato-Partner sind auf Scholz gerichtet

Russland hat 554.510 Soldaten verloren

Die Märchenstunden der deutschen Medien

Mainstream-Pressespiegel vom 14.7.2024. Die Cowboys bereiten wie üblich fernab vom eigenen Land den Erstschlag vor. Alle Mitglieder ihrer NATO-Gang zeigen dem Iwan die Muskeln. Vorsorglich wird auch dem Kinees die 'rote Karte' hingehalten. Die Helden sollen in Kürze in diese Kriegsfetischisten-Loge aufgenommen werden. Weil sie 'nen Superjob machen: Sie legen die Flugabwehr lahm, schießen aus kleinen Sportfliegern Drohnen ab und lassen Russki-Bomber „in der Steppe brennen". Über die baldige Lieferung von über 130 US-Kampfjets freut sich der Heldenpräsident „wie seine Mutter auf ihn nach der Schule". Klar ist, dass der Tyrann seine Kriegsziele verfehlt und die Wirtschaft in den Abgrund gerissen hat. Der Iwan muss „Fleischkleber" an der Metzgertheke zum Resteverwerten einsetzen, weil der Russki sich nicht mehr regelmäßig 'nen Braten leisten kann. Ärgerlich ist, dass der Friedensapostel aus der Puszta sich mit dem Kriegsverhinderer Trump getroffen hat. Wir müssen uns sputen, bevor die Beiden den Weltkrieg verhindern! Habe ich „Qualitätsmedien" entnommen. Soll ich es glauben? Oder besser nicht?

Europas US-Stützpunkte in erhöhter Alarmbereitschaft

14.07.2024

Die NATO zeigt Moskau ihre Muskeln

Nato verschärft Ton gegenüber China

Nato: Ukraine auf Weg ins Bündnis

Attacke gegen Putin: Ukraine gelingt Schlag gegen Russlands wichtige Luftabwehr

Jagd auf Russlands Drohnen – mit einem Propeller-Flugzeug

Ukraine lässt Putins Su-25-Bomber „in der Steppe brennen"

F-16-Kampfjets für die Ukraine: Selenskyj wartet „wie meine Mutter nach der Schule"

Putins Kriegsziele verfehlt: Russlands Wirtschaft steht vor dem Kollaps

Nach umstrittenem Putin-Besuch: Orban provoziert mit Trump-Treffen

Russlands Wirtschaftskrise: Unternehmen setzen auf „Fleischkleber" in Lebensmitteln

Mainstream-Pressespiegel vom 15.7.2023. Hat lange genug gedauert: Wir sollten diesen Montag zum 'inoffiziellen' Kriegsbeginn weihen. Im Kriegsplan der deutschen Einheitspartei „CDU/SPD/FDP/GRÜNE ist alles zur Beibehaltung unserer Komfortzone geklärt: Schutzräume, Vorräte, Bomben-Alarm. In Wiesbaden wird heute das Kriegs-Headquarter der Amis möbliert. Wir haben den Helden das Iwan-Töten „bis zum Sieg" zugesichert. Rein formal bittet der Heldenpräsident noch um Aufhebung des Einsatzradius von West-Waffen. Kriegt er – logisch! Er hat zur Einstimmung wieder Ziele in Moskau mit Drohnen angegriffen. Wir sind voll in Siegerlaune, denn eine Großoffensive des Iwan „ist aktuell unmöglich". Der Tyrann versucht, mit Taktiken aus dem 1. Weltkrieg seinem Untergang zu entkommen. Ärgerlich sind die Rechtsextremen von der AFD. Die wollen immer noch Frieden = schlimmste Tyrannen-Propaganda! Merkt Euch: Nur der Weltkrieg ist die Lösung! Der Himmel über der eurasischen Ackerkrume wird uns und unserem zukünftigen EU- + NATO-Partner gehören. Habe Ich „Qualitätsmedien" entnommen. Soll ich es glauben? Oder besser nicht?

15.07.2024

So bereitet sich Deutschland auf Krieg vor

++ Aufbau von NATO-Ukraine-Kommando beginnt ++

Nato-Kriegsgipfel bereitet direkten Eintritt in den Ukraine-Krieg vor

Nato sichert Ukraine Unterstützung bis zum Sieg gegen Russland zu

Moskau erstmals seit langem wieder Ziel von Drohnenangriff

Verluste im Ukraine-Krieg werden für Putin zum Dilemma – Neue Großoffensive ist aktuell unmöglich

Moskau erstmals seit langem wieder Ziel von Drohnenangriff

Rechtsextreme Kanäle verbreiten Putins Propaganda

Verluste im Ukraine-Krieg werden für Putin zum Dilemma – Neue Großoffensive ist aktuell unmöglich

Russen nutzen Sturmtruppen-Taktik aus dem Ersten Weltkrieg

Selenskyj fordert Aufhebung aller Auflagen für westliche Waffen

Himmel wird wieder Ukraine gehören

Mainstream-Pressespiegel vom 16.7.2024. Der Weltkrieg beginnt bei uns „umme Ecke". In Oberhausen an der A2 geh' ich Fähnchen schwenken. Der Name fürs Geschichtsbuch: „Russland-NATO-Krieg". Doch unser Kanzler führt uns zum Sieg. Beim neuen Waffengang haben wir es mit 'nem „anderen" Russland zu tun als 38/45. Deshalb bittet ROT/GRÜN/GELB um „Verständnis" für die Aufrüstung mit US-Tötungsmaschinen. Wir sind immerhin die „Drehscheibe" im Krieg! Schließlich bedrohen die Russkis uns aus ihrer „hasserfüllten Parallelwelt". Also los über die A2 zum Russki-Meucheln! Die meisten sind längst tot: 70.000 waren es in nur 60 Tagen. Der Tyrann hat wieder einen „Meilenstein" seiner Todesstatistik erreicht. Dazu seine fiesen „Mafia Methoden": Im Lande verbreitet er die Lüge, der Heldenpräsident hätte beim Mordanschlag auf Trump „die Finger im Spiel". Habe ich „Qualitätsmedien" entnommen. Soll ich es glauben? Oder besser nicht?

Auf der A2 in den Krieg

Russland-Nato-Krieg

Plötzlich formuliert der Kanzler sogar einen Führungsanspruch

Regierung setzt auf Verständnis für Aufrüstung mit US-Waffen

16.07.2024

„Haben es mit einem anderen, einem aggressiven Russland zu tun"

„Die allermeisten Russen leben in einer hasserfüllten Parallelwelt"

Putin bittet Reiche zur Kasse

Russland verliert innerhalb von zwei Monaten 70.000 Soldaten an der Front

Russlands Verluste erreichen einen neuen Meilenstein

"In Russland wird behauptet, Kiew habe seine Finger im Spiel"

Putin wendet Mafia-Methoden an

MEIN KRIEGSTAGEBUCH ***2024***

Mainstream-Pressespiegel vom 17.7.2024. Wir sind Kriegspartei! Logisch. Das ist unsere Aufgabe im geopolitischen Ränkespiel. Wir sind auch Kriegsziel. Die Inszenierung der Bedrohung fürs Volk ist perfekt. Nach Berlin will der Tyrann alle EU-Hauptstädte auslöschen. „Wollen" heißt aber nicht „Können". Der Tyrann MUSS jedoch den Erstschlag machen. Denn er ist der „Terrorstaat". Ein Ärgernis: „Trump 2.0". Wenn der wieder Ami-Boss ist, steigen die sofort aus. Dann haben wir den Iwan allein an der Backe. Die Wild-West-Show bisher: Europa reizt den Tyrannen, bis er Raketen zündet. Dann sofort unser brutaler NATO-Gegenschlag. Bis Trump 2.0 lief alles richtig gut: Der Iwan musste Steuern erhöhen, weil er klamm ist. 1 (!) Deutscher tötet als Vorhut bereits reihenweise Bolschewiken. Mit „Drohnen aus dem Baumarkt" geben wir dem Iwan richtig eins auf die Mütze. Die Helden wollen flankierend Langstrecken-Raketen einsetzen. Sogar ein „Wunderwerk der Technik" haben sie beim Tyrannen erbeutet. Viel einfacher wäre seine Ermordung gewesen. Hat aber - wie bei Trump - nicht geklappt. Habe ich „Qualitätsmedien" entnommen. Soll ich es glauben? Oder besser nicht?

17.07.2024

„Putin sieht Deutschland als Kriegspartei"

„Wir sind Kriegsziel Russlands"

Bedrohung aus Russland wächst

Russland droht mit Raketen auf europäische Hauptstädte

Geheimdienstchef berichtet von Mordplänen gegen Putin

„Russland ist ein Terrorstaat"

Pläne für Szenario Trump 2.0

Deutscher Scharfschütze in der Ukraine

Putin erhöht die Steuern, um den Krieg in der Ukraine zu finanzieren

Ukraine will Russland mit Langstreckenraketen attackieren

Drohnen aus dem Baumarkt für die Bundeswehr

Ukrainer feiern Erbeutung von Putins "Wunderwerk der Technik"

Die Märchenstunden der deutschen Medien

Mainstream-Pressespiegel vom 18.7.2024. Da liest man es wieder: Der Kinees steckt hinter dem Krieg!! Der will „keine Niederlage". Also ist klar, dass der Großangriff kommt. Mit zwei Armeen und einer halben Million Bolschewiken will/ soll der Tyrann uns überrollen. Da kann die NATO nur milde lächeln. Der Weg ist das Ziel: Sicher wie das Amen in der Kirche ist, dass seine Niederlage den Tyrannen brechen wird. Das Regime muss ein für alle Mal weg. Selbst den Mordanschlag auf den zukünftigen US-Präsidenten Trump nutzt der Iwan „für eigene Propaganda". Die „mögliche Eskalation", die auf uns zukommt, juckt uns nicht die Bohne. Denn auf seinem Weg in den Nato-Club vernichtet der Heldenpräsident gezielt die Luftverteidigung des Iwan. Sobald die US-F-16-Jets angekommen sind, wird „seine Rache grausam sein". Allerdings erst im kommenden Jahr. Solange muss der Iwan noch warten. Habe ich „Qualitätsmedien" entnommen. Soll ich es glauben? Oder besser nicht?

„China wünscht sich keine russische Niederlage"

18.07.2024

Experte warnt vor Großangriff auf die Nato

Russland plant 2 Armeen - mit 14 Divisionen und 16 Brigaden

„Mögliche Eskalation" im Ukraine-Krieg droht

Russland nutzt Anschlag auf Trump für eigene Zwecke

Snyder: Nur Niederlage im Ukrainekrieg kann das russische Regime brechen

Selenski sieht Ukraine auf Weg in die Nato

Ukraine schwächt gezielt russische Luftverteidigung

Drohung an Putins Militär: „Unsere Rache wird grausam sein"

Ukrainische Gegenoffensive in diesem Jahr wohl nicht möglich

Ukraine bereitet Ankunft von F-16-Jets vor

MEIN KRIEGSTAGEBUCH ***2024***

Mainstream-Pressespiegel vom 19.7.2024. Warum musste das mit dem Mordanschlag auf Trump nur passieren. Der will nach seiner (sicheren) Wiederwahl den Weltkrieg in die Tonne kloppen. Ärgerlich! Der Heldenpräsident „erwägt" deshalb, den Tyrannen zu Gesprächen auf einen Friedensgipfel „einzuladen". Gottseidank bleibt unsere ROT/ GRÜN/ GELB-Regierung linientreu. Die schickt noch mehr Waffen ins Acker-Land. So kurz vor dem Sieg aufzuhören, wäre auch verwerflich! Sogar BLACKROCK-Merz fordert mit Vehemenz US-Kampfjets für Helden! Denn die Russki-Verluste sind steigerungsfähig. Die Iwan-Artillerie ist in arger Bedrängnis. Die besten Panzer sind hundertfach vernichtet. Überwachungssysteme zerschossen. Neue Flugzeug-gestützte Raketen werden die Bolschewiken „das Fürchten lehren". Über 600.000 Russkis sind bisher geflüchtet. Die größte Blamage: Der Tyrann hat den Rückzug von der Krim angetreten. Hui! Es bleibt dabei: Er ist ein „Gefangener". Habe ich „Qualitätsmedien" entnommen. Soll ich es glauben? Oder besser nicht?

Orban: Trump will bei Wahlsieg rasche Friedensverhandlungen mit Russland

Selenskyj zieht Gespräche mit Russland in Erwägung

Deutschland schickt Kiew mehr Waffen

Friedrich Merz für Lieferung von Kampfjets an Ukraine

Drohnen legen Putins Überwachungssystem lahm

Russlands Artillerie in Bedrängnis

Putins "bester Panzer" hundertfach in der Ukraine gefallen

19.07.2024

Verluste für Russland im Ukraine-Krieg: Putins Armee zahlt hohen Preis

"Die russische Führung ist ein Gefangener ihrer Vergangenheit"

Über 600.000 Russen seit Kriegsbeginn ins Ausland geflüchtet

Blamage für Wladimir Putin: Ukraine meldet russischen Rückzug von der Krim

Neue flugzeuggestützte Rakete soll Putin das Fürchten lehren

Die Märchenstunden der deutschen Medien

Mainstream-Pressespiegel vom 20.7.2024. Der Tyrannen-Promoter aus der Puszta muss hart bestraft werden! Der will Europa vom Weltkrieg abhalten. Unmöglich! Grade jetzt, wo täglich von Rückschlägen beim Iwan zu lesen ist. Schon wieder schickt der Tyrann 150.000 junge Bolschewiken zum Sterben ins Verderben. 'Sterbehilfe' leistet eine neue „Science-Fiction-Drohne", die für den Tyrannen „zum Problem" wird. Die Helden sind phantastisch gut drauf. Die holen mit nur einem Fangschuss pfeilschnelle Russen-Raketen vom Himmel. Als Retourkutsche lässt der Tyrann West-Firmen „ausbluten", die noch nicht das Weite gesucht haben. Zur eigenen Frustbewältigung baut er sich sein eigenes „Disneyland". Der Despot muss mal 'ne harte Hand gezeigt bekommen, fordert die CDU. Der Kanzler ist dafür „zu schwach". Hilfe wird auch von deutschen Unternehmern Hilfe angeboten, die für den Endsieg „viel bewegen" wollen. Es geht also voran! Habe ich "Qualitätsmedien" entnommen. Soll ich es glauben? Oder besser nicht?

Europäer wollen Orbán bestrafen

Orban fordert EU zu Vermittlung zwischen Ukraine und Russland auf

Rückschlag für Putin-Truppen

Putin rennen Wehrpflichtige weg

„Kanonenfutter"
Putin zieht weitere 150.000 Männer zum Kriegsdienst ein

20.07.2024

Ukraine entwickelt Düsenjet-Drohne: Science-Fiction-Modell wird für Putin zum Problem

Ukraine-Krieg aktuell: Mit nur einem Schuss: Russen-Rakete durch Volltreffer vom Himmel geholt

Putin baut sich sein eigenes Disneyland

„Wir Unternehmer können in der Ukraine viel bewegen"

Union hält Scholz für Putin-Abwehr für zu schwach

Revanche des Kreml: Putin lässt westliche Firmen ausbluten

Mainstream-Pressespiegel vom 21.7.2024. Europa in Gefahr! Wird der III. Weltkrieg abgesagt? Weil Trump den Mordanschlag überlebt und Bock auf Frieden hat? Der Iwan überrennt uns? Keine Sorge! Europa will den Krieg auch solo! Die NATO mit Stoltenberg wird die Helden in den Schützenverein aufnehmen, Milliarden investieren und aktiv beim Abschuss der Russen-Raketen mitwirken. Die Tschechen sind linientreu. Sie liefern 50.000 neue Granaten. Unsere „Qualitätspresse" überzeugt mit Elends-Fabeln: Der Tyrann „zerbricht" an seinen Fehlern. Ihm rennt das Kanonenfutter weg, weil er sie mit Uralt-Panzern in den sicheren Tod schickt. Dazu ständig abgefackelte Russki-Fabriken. Aus Deutschland kommt „die tödliche Maus", die als Kamikaze-Drohne über den Iwan herfällt. Vor allem aber kämpfen jetzt Ex-Bolschewiken Seit' an Seit' mit Helden. Habe ich „Qualitätsmedien" entnommen. Soll ich es glauben? Oder besser nicht?

Trump plant die große Kriegs-Wende

Europa in Gefahr

Russen im Kampf für Kiew

Trump verspricht Selenskyj den Weltfrieden

NATO-Boss will Erweiterung

Nato soll Moskaus Raketen abschießen

Prager Initiative: 50.000 Granaten an Ukraine geliefert

Ukraine soll neue EU-Milliarden für Krieg gegen Russland bekommen

Russland zerbricht an Putins „Fehlern"

Putin rennen Wehrpflichtige weg

21.07.2024

Aus den 1940er Jahren: Putin schickt Russland-Soldaten Uralt-Panzer voller Gefahren

Hohe Verluste an Ukraine-Front: Russlands Soldaten appellieren an Putin

Russland meldet Feuer in Fabrik nach Drohnenangriff

Die tödliche „Maus": Deutsches Rüstungs-Start-up darf Kamikazedrohnen für die Ukraine produzieren

Mainstream-Pressespiegel vom 22.7.2024. Einfach heldenhaft: „Wir fokussieren uns auf den Krieg, nicht auf die US-Wahl". Es ist nur interessant, wie lange die Panzer des Tyrannen 'noch' durchhalten? Ein Datenleck hat das immense Elend offengelegt. Sein „Vasall" droht hektisch mit Atom-Angriff, was der Westen amüsiert ignoriert. Das reiche Acker-Land erhöht mal eben sein Militärbudget. Der Iwan muss hingegen ein „irres" Kopfgeld aussetzen, um sich zu behaupten. Ob der Erfolg mit Uralt-Haubitzen gelingt? Zu Recht meint der Heldenpräsident, wir sollten mithelfen, den Waffenschrott des Iwan vom Himmel zu holen. Da loben wir den Kanzler, der Russlands „Schattenflotte" von 1.400 Tankschiffen (!!) „an die Kette legen wird". Unüberhörbar "drohen" die Iwankas dem Tyrannen, weil der aus ihren Männern „Zombies" macht. Oder liegt das am deutschen Bier, das trotz Sanktionen durch Iwan-Kehlen flutet? Habe ich Qualitätsmedien entnommen. Soll ich es glauben? Oder besser nicht?

Ukrainischer Verteidigungsminister: Fokus auf Krieg, nicht auf US-Wahl

22.07.2024

Wie lange halten Putins Panzer noch durch?

Putins „Zombies"

Datenleck enthüllt Russlands Verluste

Putin auf der Krim unter Druck

Putin-Vasall Medwedew droht mit Nato-Angriff –

Russland schickt uralte Haubitzen an die Front

Der Westen und die Nato ignorieren Russlands Atom-Drohungen – Putin-Vertraute genervt

Kiew erhöht Militärausgaben

Russen setzen irres Kopfgeld aus

Scholz: "Putins Schattenflotte an die Kette legen"

Soldatenfrauen drohen Putin

Selenskyj fordert Verbündete zum Abschuss russischer Raketen auf

Deutsche Bier-Exporte nach Russland steigen fast auf Vorkriegsniveau

MEIN KRIEGSTAGEBUCH ***2024***

Mainstream-Pressespiegel vom 23.7.2024. Normal ist, dass der Iwan ständig „Rückschläge" erleidet. Ein Verbündeter nennt den Tyrannen deshalb „Clown". Nur zu gern möchte 'Akrobat schööön' den Krieg "einfrieren". Er weiß, dass er Null Chance hat. Der Heldenpräsident denkt nicht ans Aufhören. Er will den Krieg erst Ende 2024 erfolgreich beenden. Per Sieg! Zuvor möchte er mit unseren Waffen sämtliche Militär-Flughäfen der Bolschewiken stilllegen. Erfolg verspricht sein Verbot der russisch-orthodoxen Kirche. Ohne Gottes Beistand ist der Iwan 'am Arsch'! Probleme bereiten verrohte Ex-Bolschewiken, die exzessiv in der Heimat Morden und Besamen. Der See-Krieg ist bereits verloren, die Flotte flieht. Ständig melden die Helden den Abschuss von Russki-Jets. Nun bangt der Tyrann um sein Sommerhaus auf der Krim. Ob ihm das überhaupt noch gehört? Das Russki-Reich ist doch längst eine „Kolonie" vom Kinees. Habe ich „Qualitätsmedien" entnommen. Soll ich es glauben? Oder besser nicht?

Russland droht Rückschlag bei Ukraine-Offensive

Verbündeter nennt Putin «Clown»

Russland will Krieg einfrieren

Selenskyj sicher: Ukraine kann heiße Phase des Kriegs noch 2024 beenden

Selenskyj bittet um Erlaubnis für Angriffe auf Militärflugplätze

Ukraine bereitet Kirchenverbot vor

Putins Problem mit den Ex-Soldaten

Gejagte Kriegsschiffe: Wie Russland den Seekrieg verliert

Russland ist längst eine Kolonie Chinas

Russischer Kampfjet über Donezk abgeschossen – Ukraine meldet weiteren Treffer

23.07.2024

Putin baut Verteidigung seines Sommerhauses aus

Putins Flotte flieht zunehmend nach Russland

Die Märchenstunden der deutschen Medien

Mainstream-Pressespiegel vom 24.7.2024. Bürgerkrieg im Ami-Land? Bürgerkrieg in Russki-Reich? Bitte keine Nebenkriegsschauplätze! Ein richtiger Weltkrieg muss her! Für uns gibt es nur den Platz an der Seite der Helden. Hat der Kanzler so entschieden. Beim Iwan steigt „die Panik" vor Deutschland – dem „aufgewachten Adler"! Der Tyrann fürchtet, die Rechnung zu bekommen über alles, was er zerstört hat. Unsere Diplomatie-Koryphäe, von ihren Fans liebevoll „das Kind" genannt, warnt vor „Naivität" = Auch der Feind plant! Hätte ich nie geglaubt! Die Helden haben die Lösung: Eine 'Roboter-Armee'. Toll! Mit Drohnen sind sie bereits mords-erfolgreich. Der Iwan musste wegen Personalmangel eine Militärparade verkleinern. Verkleinert hat sich auch ein deutscher Lohnschreiber-Club. Die haben den Biographen des Tyrannen gefeuert. Berichte jenseits des Narrativs von „Putin = Satan" sind unerwünscht. Das Land ist Brutstätte der Satanisten. Merkt es euch! Habe ich „Qualitätsmedien" entnommen. Soll ich es glauben? Oder besser nicht?

24.07.2024

Nähern sich die Amerikaner einem Bürgerkrieg?

Russischer Nationalist befürchtet Bürgerkrieg

In Russland steigt die Panik vor dem „aufgewachten Adler"

Putin fürchtet die Rechnung

»Es kann für Deutschland nur einen Platz geben: an der Seite der Ukraine«

Journalistenvereinigung schließt Putin-Biograf Seipel aus

Baerbock warnt vor Naivität gegenüber "kalkulierendem Kreml"

Ukraine baut Roboter-Armee auf

Drohnenschwarm trifft russischen Militärfluglatz

Putin muss traditionelle Marineparade stark zusammenkürzen

Die Herrscher in Russland – das sind die wahren Satanisten!

Mainstream-Pressespiegel vom 25.7.2024. Will ein Bub für den Tyrannen morden, gibt's von Mutti was aufs Bäckchen. Akzeptiert wird nur der Nato-Mordeinsatz. Der Heldenpräsident ist in Partylaune. Wir haben ihm ein drittes Patriot-System geschenkt. Selbst Russki-Drohnen haben keine Chance mehr, Unheil anzurichten. Wir Deutsche werden das Tempo beim Bau von Rüstungsfabriken beschleunigen. Der Polski beschleunigt ebenfalls. Auch der Ami bleibt bei der Stange, völlig egal, ob der Angeschossene neuer Präsident wird. Deshalb bleibt uns der Heldenpräsident bis zum Sieg erhalten. Seine Partisanen „zermürben" weiterhin die Psyche der Bolschewiken. Jetzt muss der Tyrann seine „eiserne Reserve" an die Front werfen. Wer nicht im Kugelhagel endet, stirbt bei Gift-Attacken. „Toxisch" ist auch die Staatsbürgerschaft des iwan. Keiner will sie haben! Habe ich „Qualitätsmedien" entnommen. Soll ich es glauben? Oder besser nicht?

Mann will Putin-Soldat werden – sofort verpasst ihm seine Mutter einen Schlag

25.07.2024

Generalinspekteur wirbt eindringlich für Wehrdienst

Selenskyj feiert drittes deutsches Patriot-System

Alle Drohnen auf Kiew abgewehrt

"Alle warten auf Deutschland"
Bund will mehr Tempo bei neuen Rüstungsfabriken

Polen beschleunigt Kampfjet-Lieferung

Blinken hält Ukrainehilfen auch bei Trump-Sieg für gesichert

Jetzt muss Putin an die eiserne Reserve

Wolodymyr Selenskyjs Präsidentschaftsende in der Ukraine: Zeitpunkt „nach dem Krieg"

Ukraine-Partisanen zermürben die Psyche von Putins Truppen

Gift-Attacke auf Russlands Soldaten gemeldet

Nähern sich die Amerikaner einem Bürgerkrieg?

"Toxischer Pass" - Russische Staatsbürgerschaft immer weniger attraktiv

Mainstream-Pressespiegel vom 26.7.2024.Die Helden sind immer für Überraschungen gut: Diesmal „pulverisieren" sie die Luftabwehr des Tyrannen. Den Iwan plagt nicht nur deshalb die Angst. Der Heldenpräsident hat weitere Sicherheitsabkommen mit NATO-Freunden angekündigt. Jetzt bleibt dem Tyrannen nichts weiter übrig, als seine „Wohlfahrtsfonds" zu plündern. Damit trifft es die Ärmsten! So ein Böser. Wie gut, dass die Helden ihm eine Ölraffinerie nach der anderen abfackeln. In seiner Not treibt der Tyrann leibhaftige Mörder mit Prügel an die Front. Jetzt flippt der Despot mal so richtig aus und vernichtet die Kultur seines Landes per „Rachejustiz". Rette sich, wer kann. Sagt die Intelligenzia: Wissenschaftler verlassen in Scharen das Land. Bald ist das Ende des einst ruhmreichen Zarenreiches gekommen. Habe ich „Qualitätsmedien" entnommen. Soll ich es glauben? Oder besser nicht?

Ukraine-Strategie überrascht alle

Ukraine-Streitkräfte pulverisieren Russlands Luftabwehr

„Russen haben Angst"

Selenskyj kündigt weitere Sicherheitsabkommen an

Putin plündert den Wohlstandsfonds

Russland erleidet im Ukraine-Krieg erneut schwere Verluste

Russische Erdölraffinerie bei Drohnenangriff in Brand gesetzt

„Mörder willkommen": Russland treibt Soldaten mit Schlägen an die Front

Putins Rachejustiz gegen die Kultur

Warum verlassen russische Forschende das Land?

MEIN KRIEGSTAGEBUCH ***2024***

Mainstream-Pressespiegel vom 27.7.2024. Eiskalt beschießen die Helden die Latifundien des Iwan. In Kürze werden sie den Feind mit eigenen Raketen auslöschen. Beim Tyrannen hingegen wachsen die Panzer-Verluste plus Anzahl der toten Bolschewiken: 568.900 Tote. Sie liegen 'überall herum'. Der „unerträgliche Leichengeruch" frustriert das noch lebende Kanonenfutter. Deshalb muss der Tyrann die Schwerstarbeit-Zulage auf 20.000 Euro anheben. Es ist wie bei Star Wars: Mit Laser-Kanonen holen die Helden die Drohnen vom Himmel, wie Plastik-Blumen an der Schieß-bude. Um etwas Erfolg zu suggerieren, behauptet der Tyrann, er hätte zwei 'Dörfer' okkupiert. Pure Propaganda. Die Helden beherrschen die Lage und schießen dem Iwan sämtliche Raffinerien weg! Der Tyrann bleibt uneinsichtig: Jetzt will er über Vilnius nach Europa einmarschieren. Habe ich „Qualitätsmedien" entnommen. Soll ich es glauben? Oder besser nicht?

Ukraine beschießt weiter russisches Gebiet

Selenskyj kündigt Raketen aus eigener Produktion an

27.07.2024

Wladimir Putins Panzer-Verluste steigen im Ukraine-Krieg

Mehr als 568.900 Soldaten verloren: So gewaltig sollen die Verluste für Wladimir Putin sein

"Überall liegen Leichen!" Russischer Soldat berichtet von unerträglichem Leichengeruch im Ukraine-Krieg

„Bleibt bei uns": Moskau will Freiwillige mit 20.000 Euro für den Krieg werben

Wie bei Star Wars: Laser-Raketen der Ukraine holen Putins Drohnen vom Himmel

Krieg gegen die Ukraine: Hat Russland zwei ukrainische Dörfer eingenommen?

Ukrainer greifen gezielt Putins Raffinerien an

Russland-Autokrat Wladimir Putin: Vilnius als Angriffsziel in der Nato?

Mainstream-Pressespiegel vom 28.7.2024. Der Kinees will „vermitteln"? Kann er vergessen. Der Tyrann zieht durch Schulen und erklärt Kindern, dass „Granaten werfen gesund ist".

Der macht uns alles nach. Die Bundeswehr tingelt seit Jahren durchs Bildungswesen und rekrutiert tausende Minderjährige. Mit den Tommys sind wir bei diesem Krieg erstmals Kumpels. Im Team wollen wir den Iwan umnieten. Der sabotiert uns und alle anderen Länder. Ein „Geheimplan" der Helden liegt offen. Da steht drin, wie die Rückeroberung der Krim abläuft. Vorweg haben die Helden den Zugverkehr dorthin lahmgelegt und der Luftwaffe „schwere Verluste" zugefügt: Sie haben ein Flugzeug abgeschossen. Die Russki-Wirtschaft steht unter Schock. Obwohl sein Ende naht, bleibt der Iwan gefährlich. Der Europaplatz in Moskau wurde umgetauft. Klarer Beweis dafür, wie sehr die uns hassen. Deshalb kriegen wir das Worst-Case-Szenario' (III. Weltkrieg) eingebläut. Habe ich „Qualitätsmedien" entnommen. Soll ich es glauben? Oder besser nicht?

Peking will im Krieg gegen die Ukraine vermitteln

28.07.2024

Engagement in Schulen
Bundeswehr rekrutiert Tausende Minderjährige

Granaten werfen ist gesund

Sabotage durch Putins Russland

Berlin und London wollen Militär-Zusammenarbeit vertiefen

Ukraine-Angriff auf Krim: Geheimplan zur Rückeroberung deutet sich an

Ukraine zerstört Putins „dritte und letzte Eisenbahnfähre" auf der Krim

Schwere Verluste für Putins Luftwaffe: Weiterer Kampfjet-Rückschlag für Russland

„Schocktherapie" für Russlands Wirtschaft – Putin unter Druck

Bedrohung nach Ukraine-Krieg: Russland wird „Vergeltung" wollen

Bundeswehr: Deutschland soll auf „Worst-Case-Szenario" vorbereitet werden

Ärger über Europa: Moskau benennt Platz um

Mainstream-Pressespiegel vom 29.7.2024. Das hatten wir noch nie = Tyrann „schäumt": Probleme an allen Fronten! Partisanen haben seine Heimatstadt angegriffen. Die Helden schalten mit antiken Wurfspeeren Hightech-Drohnen aus. Panzer, Kampfflugzeuge - alles machen sie platt. Über Nacht haben erneut 1.230 Bolschewiken ins Gras gebissen. Zur Rettung seiner Flotte hat der Tyrann alle Schiffe abgezogen. Der Burner: Die EU verschenkt Zins-Milliarden des Iwan an die Unbesiegbaren. Es kommt noch dicker: Neue Tierpanzer stehen bereit. Kleinere Liquiditäts-Probleme der Helden wurden pragmatisch gelöst. Wir verlängern die Rückzahlung 'unendlich'. Prompt bestellt der Heldenpräsident eine weitere Fabrik für Tötungsmaschinen. Die Aktionäre von Rheinmetall sind happy: Gewinn verdoppelt. Angst vot dem Iwan ist unnötig. Die Helden verhindern bei uns alle Anschläge. Habe ich „Qualitätsmedien" entnommen. Soll ich es glauben? Oder besser nicht?

Putin schäumt
29.07.2024

Partisanen-Angriff auf Putins Heimatstadt gemeldet

Ukraine schaltet mit Speer russische Drohne aus

Kampfflugzeug und 14 Panzer zerstört: Ukraine schlägt in heftigen Gefechten zu

RUSSLAND HAT ÜBER NACHT 1.230 SOLDATEN IM KRIEG IN DER UKRAINE VERLOREN

Ukraine: Russland zieht alle Schiffe aus Asowschem Meer ab

EU gibt Erlöse aus Russland-Vermögen für Ukraine frei

Leopard-Lieferung von Niederlande und Dänemark an Ukraine steht bereit

Ukraine wendet Zahlungsausfall ab

Ukraine vergibt Auftrag für Fabrik an Rheinmetall

Ukrainischer Geheimdienst: Russische Anschläge in Europa verhindert

Rheinmetall verdoppelt Gewinn

Die Märchenstunden der deutschen Medien

Mainstream-Pressespiegel vom 30.7.2024. Das musste wieder mal gesagt werden: Der Tyrann lügt! Fakt ist, dass seine jüngsten Attacken ohne nennenswerte Erfolge geblieben sind. Die Helden haben sogar einen Großangriff souverän abgewehrt. Experten aus der Politik wissen, dass die Aussichten für den Tyrannen „düster" sind. Seine Truppen sind geschwächt, seine Verluste drei Mal so hoch wie bei den Helden. Fünf lange Jahre wird es dauern, die Verluste an Frontschweinen wieder aufzufüllen. Dafür gibt es ein Dankeschön vom Heldenpräsident an seine Rüstungsindustrie: „The Winner takes it all". Der Tyrann geht am Stock: Er lässt tote Helden ausweiden, um deren Organe gegen cash zu verhökern. Hingegen ist der Heldenpräsident sehr sozial: Zum Stressabbau der Helden fördert er spannungsentladende Sexarbeit auf dem Straßenstrich. Saugeil! Habe ich „Qualitätsmedien" entnommen. Soll ich es glauben? Oder besser nicht?

Putin „verbreitet Lügen"
Putins Vorstoß noch ohne durchschlagenden Erfolg

Ukraine soll russischen Grossangriff abgewehrt haben

30.07.2024

Minister stellen düstere Prognose für Putin auf

Putins Truppen weiter geschwächt

Verluste Russlands im Krieg sind „dreimal so hoch"

Wladimir Putin benötigt 5 Jahre, um Russen-Armee wieder aufzufüllen

Selenskyj lobt eigene Rüstungsindustrie

Schwerer Vorwurf gegen Russland - Hat Putins Regime Leichen Organe geklaut?

Soldaten, Straßenstrich und Stress - Sexarbeit in der Ukraine

MEIN KRIEGSTAGEBUCH ***2024***

Mainstream-Pressespiegel vom 31.7.2024. Deutschland ist der „Albtraum" für den Tyrannen. Er hat Probleme mit 'deutschen' Söldnern im Team! Liegt es an denen, dass sein Angriffskrieg zu Ende ist? Die Helden sind siegessicher: „Wir werden bestehen!" Deshalb greifen sie die „schutzlose Luftwaffe" des Iwan an. Es geht noch einfacher, wie unsere Star-Diplomatin erklärt: Deutschland hat den Tyrannen "zerbombt", in dem wir uns NICHT verteidigen. Verstanden? Sie plädiert fürs „Nichtverteidigen" mit „US-Raketen". Hui! Der Tyrann versucht es aber weiterhin 'Old School' - mit Panzern. Falsch! Die schweren Angriffe auf seine Flughäfen beweisen seine Schwäche. Jetzt ist als letzte Zuckung Sabotage angesagt. Hat der Helden-Geheimdienst aber verhindert. Da der Krieg in Kürze „AUS" ist, wird in Kiew wieder die Modewoche veranstaltet. Habe ich Qualitätsmedien entnommen. Soll ich es glauben? Oder besser nicht?

Putin-Alptraum aus Deutschland

Putins deutsche Söldner

31.07.2024

Russlands Angriffskrieg am Ende – „Wir werden bestehen"

Ukraine greift Russlands schutzlose Luftwaffe an

Annalena Baerbock

"Die Vorstellung, uns nicht verteidigen zu müssen, hat Putin zerbombt"

Raketen für den Frieden

Rückschlag für Putin: Russland scheitert mit verwirrender Panzer-Taktik an der Ukraine-Front

Schwerer Angriff auf russischen Flughafen zeigt Schwachstelle auf

Russland fährt Sabotage hoch - auch in Deutschland

Ukrainischer Geheimdienst: Russische Anschläge in Europa verhindert

Ukrainische Modewoche zurück in Kiew

Die Märchenstunden der deutschen Medien

Mainstream-Pressespiegel vom 1.8.2024. Frieden kann sich der Tyrann aus'm Kopp schlagen. Der Heldenpräsident akzeptiert nur den Sieg! Dazu hat er das Kriegsrecht verlängert und greift mit Drohnen an. Sehr klug, denn das „Momentum" liegt derzeit beim Iwan. Durch eine Irritation, einen Wimpernschlag der Zeitgeschichte, hat den Tyrannen ein paar Dörfer erobern können. Dafür musste er „irre" Verluste in Kauf nehmen. Sein Zentralbanker weiß nicht mehr, wie er das alles finanzieren soll. Doch der Tyrann bleibt größenwahnsinnig. Er droht mit Atom-Angriff, wenn die Amis bei uns dieses Teufelszeug gegen ihn stationieren. Die Mitarbeiter vom allseits beliebten „Kind" lassen sich von diesem Macho-Gehabe nicht einschüchtern. Der Tyrann pfeift doch auf dem letzten Loch: Guerillas zerstören seine Hubschrauber. Bei Krim-Touristen herrscht „Todesangst". Sicher ist, dass wir den III. Weltkrieg brauchen. „Die Ära des Friedens ist vorbei". Habe ich „Qualitätsmedien entnommen. Soll ich es glauben? Oder besser nicht?

Selenskyj: Kein Waffenstillstand

Ukraine verlängert Kriegsrecht

Militärexperte: "Momentum bei den Russen"

Ukraine greift Russland mit Drohnen an

01.08.2024

Kreml-Chef kassiert irre Verluste

Putins Krieg bringt Zentralbank in Zugzwang

Putin droht mit Reaktion auf US-Raketen in Deutschland

Auswärtiges Amt lässt sich von Putin „nicht einschüchtern"

Guerillas zerstören Hubschrauber vor Putins Hauptstadt

Todesangst unter Touristen: Putin sucht verzweifelt nach den F-16-Standorten

„Ära des Friedens vorbei"

Mainstream-Pressespiegel vom 2.8.2024. Der Tyrann tritt das Glück mit Füßen. Er will partout nicht bei der Friedensshow des Heldenpräsidenten antreten. Das hat er davon: Die Unbesiegbaren fliegen eine neue Angriffswelle, zerschießen ihm die komplette Infrastruktur und legen tausendfach Bolschewiken um. Das ist der NATO täglich 120 Mio. € wert. Die nächsten 14 Tage bezahlen die Amis das Spiel mit dem Tod. Mit deren Dollars starten die Helden den „verheerenden Schlag". Deshalb herrscht beim Iwan Untergangs-Stimmung. Die für den Frontdienst begnadigten Schwerstkriminellen türmen während der Ausbildung. Sie wollen sich nicht für den aussichtslosen Kampf „opfern". Jetzt werden sogar entführte Heldenkinder zum Töten abgerichtet. Als allerletzten Joker wirft der Tyrann Millionen Rubel ins Rennen: Jedes Frontschwein kann ‚fast' so viel verdienen, wie er - wenn es überlebt. Habe ich „Qualitätsmedien" entnommen. Soll ich es glauben? Oder besser nicht?

Putin will nicht zu Selenskyjs Friedensgipfel kommen

02.08.2024

Ukrainer fliegen Angriffswelle

Ukraine zielt auf russische Infrastruktur

Überraschungsangriff auf russische Truppen – offenbar viele Tote

Jeder Kriegstag kostet die Ukraine mehr als 120 Millionen Euro

USA kündigen 1,7 Milliarden Dollar teure Militärhilfe für Kiew an

Verheerender Schlag gegen Putin: Ukraine nimmt Russlands Panzer ins Visier

Gruppe russischer Straftäter türmt während Militärausbildung

Putin opferte sie gnadenlos: Neue Zahlen zu Russlands Verlusten aufgetaucht

Russische Soldaten könnten fast so viel verdienen wie Putin

Training an der Waffe: Putin schickt entführte ukrainische Kinder in Militärlager

Mainstream-Pressespiegel vom 3.8.2024. „Der Tyrann will uns Angst machen", meint „Das Kind". Um Druck aus dem Kessel zu nehmen, hat ihr Amt 'dem Teufel' den als 'Tiergarten-Mörder' bekannt gewordenen KGB-Kumpel ausgehändigt. Jetzt können wir uns wieder angstfrei am Russki-Töten beteiligen. Wie steht es generell um die Bolschewiken? Schlecht: 16.000 Artillerie-Systeme sind Schrott. Die Angriffsfähigkeit der Helden ist „stark ausgebaut". Mit neuen Tierpanzern werden wir den Iwan „das Fürchten lehren". An vier Stellen gleichzeitig treffen die Helden den Tyrannen „empfindlich". Selbst in Afrika ist der Iwan nicht mehr sicher. Trotz allem Ungemach bleibt der Heldenpräsident ein guter Mensch: Straftäter werden resozialisiert durch Fronteinsatz. Schulkinder genießen seinen väterlichen Schutz. Nur die stereotyp Frieden fordernde Sahra W. bleibt „auf Linie mit der Tyrannen-Propaganda". Geh' doch zum 'Teufel'! Habe ich „Qualitätsmedien" entnommen. Soll ich es glauben? Oder besser nicht?

Baerbock: „Putin will uns Angst machen"

Gefangenen-Deal ohne Einfluss auf Ukraine-Krieg

03.08.2024

Gefangenenaustausch mit Russland

"Ein Deal mit dem Teufel"

Wie steht es um Putins Armee?

Russland verlor der Ukraine zufolge seit Februar 2022 mehr als 16.000 Artilleriesysteme

Ukrainische Angriffsfähigkeit stark ausgebaut

Nato schießt nach: Neue deutsche Leopard-Panzer sollen Putin das Fürchten lehren

Wie die Ukraine Rache an Putins Söldnern übt – in Afrika

Ukraine rekrutiert inhaftierte Straftäter

„Dann soll sie doch zu ihrem Putin fahren"

Ex-General Mick Ryan: An 4 Stellen trifft die Ukraine Putin empfindlich wie nie

KONTEXT Bündnis Sahra Wagenknecht

Auf Linie mit der russischen Propaganda

Selenski will Schulkinder vor russischen Angriffen schützen

Mainstream-Pressespiegel vom 4.8.2024. Schon wieder strunzt der Iwan: Er „will" ein Dorf eingenommen haben. Das sind nichts weiter als Vorstöße, sogenannte „taktische Siege", aber keine „operativen Durchbrüche". Ein Heldengeneral weiß, 'dass' und 'wie' sie gewinnen. Deshalb 'schießen' die Amis sich mit der NATO weiter auf Sieg ein. Die Luftstreitkräfte des Tyrannen werden unter Druck gesetzt, in dem tödliche Waffen noch tödlicher gemacht werden. Präzise Kampfdrohnen der Helden befördern selbst in 1.500 km Entfernung den Iwan unter die Grasnarbe. Mit Präzisionsschlägen werden Konvois zerstört. Ganze Waffenlager gehen in Flammen auf. Der „Hammer": Der Tyrann will Frieden schließen, aber u.a. gerne die Krim behalten. Der Heldenpräsident blleibt stur. Gebietsabtretungen werden vom Heldenvolk niemals akzeptiert. Habe ich „Qualitätsmedien" entnommen. Soll ich es glauben? Oder besser nicht?

Russische Armee will weiteres Dorf in Region Donezk eingenommen haben

Russen-Vorstöße nur "taktische" Siege, keine "operativen" Durchbrüche

04.08.2024

Ukraine-General gibt Einblick in Militär-Strategie – "Weiß, dass wir gewinnen und wie"

Drohnen der Ukraine immer besser

Nato schießt nach

Wie Kiew Russlands Luftstreitkräfte unter Druck setzt

Tödliche Waffe im Ukraine-Krieg bald noch präziser? Soldaten trainieren Einsatz

Ukraine-Präzisionsschlag zerlegt Russland-Konvoi

Ukraine kann russische Ziele in mehr als 1.500 Kilometer Entfernung treffen

Neuer Friedensplan-Hammer von Putin: Plötzlich bietet er der Ukraine viel mehr an

Selenski will Gebietsabtretungen nur mit Erlaubnis des Volkes zustimmen

Waffenlager geht in Flammen auf – Ukraine greift Stützpunkt in Russland an

Die Märchenstunden der deutschen Medien

Mainstream-Pressespiegel vom 5.8.2024. TOLL: Die Helden greifen die „schutzlose Luftwaffe" des Tyrannen an. Der hat einen Durchbruch versucht. Fehlanzeige! Um aus seinem Dilemma herauszufinden, droht er Rheinmetall. Sie wollen die neue Fabrik für Tötungstechnik dem Erdboden gleichmachen. Das gehört sich nicht! Freiwillig kämpft kein Bolschewik mehr. Nur mit Folter schafft es der Tyrann, die jungen Kerle zu halten. An der Front wird gestorben oder per Kriegsgericht die Lebensberechtigung entzogen. Das Russki-Sterben wird weitergehen, da die Amis „Jumpstarts" für F16-Kampfjets vorbereiten. Flankierend dazu werden Drohnenangriffe intensiviert. International wird der Iwan überall von den Helden bejagt. Diesmal haben sie in Syrien zugeschlagen. Als höchst effektiv hat sich auch ihre Rekrutierungsmethode herausgestellt: „Rein in den Bus und ab an die Front." Habe ich „Qualitätsmedien" entnommen. Soll ich es glauben? Oder besser nicht?

Ukraine greift Russlands schutzlose Luftwaffe an

Russland droht Rheinmetall: Munitionsfabrik in der Ukraine „legitimes Ziel"

05.08.2024

Russen versuchen Durchbruch an der Ostfront

RUSSLAND

Mit Zwang zurück in den Ukraine-Krieg: Soldaten und Helfer berichten von Folter

Sterben oder vors Gericht: Russische Soldaten suchen einen Ausweg

„Jumpstart" für F-16-Kampfjets: USA rüsten Ukraine gegen Putin auf

Ukraine intensiviert Drohnenangriffe: Präzise Angriffe auf Südrussland

Ukraine greift russischen Stützpunkt an – in Syrien

Ukraine setzt auf neue Rekrutierungsmethode

Rein in den Bus und ab an die Front

Mainstream-Pressespiegel vom 6.8.2024. Sensation: Jetzt will sich der Tyrann nach 900 Tagen Inkompetenz vom Acker machen. Seine Tochter soll die Karre aus dem Dreck ziehen. Mehr als 580.000 Bolschewiken wurden bis heute niedergestreckt. Dank guter Ausbildung durch die Bundeswehr werden es täglich mehr. Das finden alle Helden toll. Als Dankeschön wollen weitere 700.000 zu uns kommen, um zu helfen, unseren Fachkräftemangel zu beheben. Die Russkis, die noch an der Front verweilen, kommen eher „schleichend" voran. Seine Jagdbomber hat der Tyrann bereits zurückgezogen, denn die Helden greifen wie jeden Tag mit Drohnen an. Mit einer neu fertiggestellten Türken-Korvette werden sie auch ihre Seehoheit absichern. Der Krieg muss es bringen! Alle Deutschen (m/w/d) ‚bis 65' werden gebraucht! (Mist – ich bin raus!) „Das Prinzip Hoffnung wird uns nicht schützen", meint „Das Kind". Habe ich „Qualitätsmedien" entnommen. Soll ich es glauben? Oder besser nicht?

Putin plant Macht-Umbruch – springt seine Tochter für ihn ein?

06.08.2024

🌐 900 Tage Krieg in der Ukraine

RUSSLAND HAT IM KRIEG IN DER UKRAINE MEHR ALS 580.000 SOLDATEN VERLOREN

Bundeswehr unterstützt ukrainische Soldaten

Ukraine rechnet mit weiteren 700.000 Auswanderern bis 2025

Trotz Verlusten an Ukraine-Front: Putins Truppen schleichen sich vorwärts

Putin zieht Jagdbomber zurück

Ukraine greift Krim mit Drohnen an

Ukrainisches Kriegsschiff in der Türkei zu Wasser gelassen

"Alle bis 65 werden bei der Bundeswehr gebraucht"

US-Waffen als "Abschreckung"
Baerbock: "Prinzip Hoffnung wird uns nicht schützen"

Die Märchenstunden der deutschen Medien

Mainstream-Pressespiegel vom 7.8.2024. Riesensause bei den Helden. Sie feiern die Ankunft der US-F16. Damit wird ihr Job, für die Amis noch mehr Russkis zu töten, erheblich effektiver. Bis tief ins Zarenreich hinein erfolgen jetzt die Angriffe. Selbst Raffinerien im Hinterland sind nicht mehr sicher und gehen in Flammen auf. Dazu benutzten sie mehr Langstreckendrohnen, als der Tyrann sie besitzt. Vor allem überziehen sie das ganze Russki-Reich mit Angriffen. Wow! Sie greifen Militärflughäfen an, versenken U-Boote. Der Tyrann „lauert" förmlich darauf, sich wenigstens 1 x zu profilieren. Darum hat er ein Märchen erfunden: Annalena B. hat es sich in Afrika vom maximal-pigmentierten Loverboy mal sich richtig besorgen lassen. Das geht zu weit! Aber gegönnt hätten wir es ihr. Habe ich „Qualitätsmedien" entnommen. Soll ich es glauben. Oder besser nicht?

Kiew feiert Ankunft der ersten F-16-Kampfflugzeuge

„F-16 in der Ukraine – das bedeutet mehr getötete Besatzer"

Putins Luftabwehr versagt: Ukrainer greifen immer tiefer in Russland an

Schwere Verluste für Russland: Größte Raffinerie im Hinterland steht in Flammen

Bericht: Ukraine nutzt mehr Langstreckendrohnen als Russland

Ukraine überzieht Russland mit Drohnenangriffen:

Ukraine greift russischen Militärflugplatz an

Ukraine: Haben russisches U-Boot versenkt

07.08.2024

Russland lauert wohl auf Schwachstelle

Putin-Trolle dichten Baerbock Escort-Affäre an

Mainstream-Pressespiegel vom 8.8.2024. Aus dem ehemaligen Putin-Freundeskreis DIE LINKE kommt ein Hinweis: „Es kann ganz schnell gehen, und wir sind im (Welt)-Krieg". Na logisch! Ist so geplant! Wenn Satan & Beelzebub aufs Völkerrecht pfeifen, sind wir gezwungen, denen die rote Karte zu zeigen. Der Heldenpräsident macht vor, wie auch unsere Visionen klingen müssen: Russland wird erobert! Die Luftwaffe wird zerstört! Die Luftabwehr ausgeschaltet. Treibstoff und Munition sind beim Iwan bereits Mangelware. En passant fackeln die Helden denen einen Flammenwerfer ab. Überall erkennbar: Russland Verluste steigen. In einen „Ort" sind die Russkis allerdings eingedrungen: Torezk = Hat ja nur 40.000 Einwohner. Umsichtig, wie der Heldenpräsident so ist, fliegt er Landsleute aus dem kriegsgefährdeten Libanon in die tod-sichere Ukraine. Welch humanitäre Größe! Habe ich „Qualitätsmedien" entnommen. Soll ich es glauben? Oder besser nicht?

➕ „Dann kann es ganz schnell gehen, und wir sind im Krieg"

08.08.2024

"Putin und Kim pfeifen auf das Völkerrecht"

Selenskyj hat eindeutige Botschaft für Putin

Krieg soll nach Russland zurückkehren

Putins Luftabwehr versagt: Ukrainer greifen immer tiefer in Russland an

„Russische Luftwaffe zerstören"

Treibstoff und Munition gehen aus: Russland gibt offenbar Flugplätze auf der Krim auf

„Feuerwerk-Show": Ukraine lässt Putins seltenen Flammenwerfer in Rauch aufgehen

Putins Truppen nehmen weiteren Ort ein

+++ 22:04 Ukraine holt Dutzende Bürger aus dem Libanon +++

Russlands Verluste steigen an

Mainstream-Pressespiegel vom 9.8.2024. Unheimlich, die militärische Kraft der Helden: Seit Kriegsbeginn haben sie 8.000 Luftziele plus „Monsterwaffe" des Iwan zerstört. Auch die „monströsen" Taten der Schergen des Tyrannen werden geahndet. Der Hass auf die Russkis treibt vor allem die „Hexen von Butscha" an, die sich auf Drohnenjagd spezialisiert haben. Der Heldenpräsident beweist Manager-Qualitäten und hat nun auch der Bürokratie den Krieg erklärt. Die Investoren aus dem Pentagon wollen es so. Zur Zielerreichung drucken sie weitere 3.5 Mrd. Dollar, um den Iwan schneller auszumerzen. Ein Frontdurchbruch des Iwan ist nirgendwo zu sehen, einige versprengte „Kleinstgruppen" wurden aber gesichtet. Große Achtung erzielten die Unbesiegbaren in Paris: GOLD für eine Heldin. Anders die Situation beim Iwan: Alles kaputt, verkrüppelt, versehrt, verarmt. Habe ich „Qualitätsmedien" entnommen. Soll ich es glauben? Oder besser nicht?

++ Ukraine: Seit Kriegsbeginn 8.000 Luftziele zerstört ++

09.08.2024

Russische Monsterwaffe zerstört

„Der Hass auf die Russen treibt sie an"

Menschenrechtler beklagt „monströse" Tat von Putins Schergen

„Hexen von Butscha" machen in der Ukraine Jagd auf Putins Drohnen

Selenskyj kündigt Entbürokratisierung beim Militär an

Ukraine erhält weitere Milliarden aus den USA

Kein Frontdurchbruch – aber russische Vorstöße in Kleinstgruppen

Verkrüppelte Soldaten, versehrte Wirtschaft – die Personalkosten des Krieges gegen die Ukraine werden für Russland horrend sein

Hochspringerin holt bei den Olympischen Spielen Gold für die Ukraine

MEIN KRIEGSTAGEBUCH ***2024***

Mainstream-Pressespiegel vom 10.8.2024. Die Macht der US-Weltregierung sucht neue Herausforderungen. Das Russki-Land ist ideales Trainings-Gelände. Nach dem Geldsegen aus White House und Brüssel hauen die Unbesiegbaren für ihre Investoren mal so richtig auf den Putz. Die Helden rücken vor. Der Krieg ist in Russland! Die Bolschewiken ergeben sich reihenweise. Sie donnern mit Tierpanzern gen Osten und haben zur Unterstützung 1 Mio. (!) Drohnen bestellt. Tausende Russkis fliehen vor der hochgerüsteten Übermacht. Kampfgruppen werden umzingelt, um sie niederzustrecken. Überall erleidet der Iwan bittere Rückschläge. Doch „der Alptraum" sind Drohnenbomben mit Lasertechnik. Damit gelang den Helden der Grenzdurchbruch. Sie erobern für uns ein verlorenes Land, in dem es keine guten Russen mehr gibt. Der Tyrann hat alle 150 Mio. Russkis als „Geiseln" verrohen lassen. Habe ich „Qualitätsmedien" entnommen. Soll ich es glauben? Oder besser nicht?

Die Welt testet Amerikas Macht.

10.08.2024

Die Ukrainer rücken vor

Der Krieg in Russland

Putins Soldaten ergeben sich!

Ukrainer stoßen mit Panzern nach Russland vor – Motive unklar

Selenskyj: Haben eine Million Drohnen bestellt

Ukraine greift russische Grenzregion an – Tausende Russen fliehen

Russische Truppen umzingelt

Erneute ATACMS-Attacke gegen Putin: Russland erleidet bittere Rückschläge

Alptraum für Russlands Armee: Drohnen-Bomben verfügen jetzt über Laser

Putin hält das ganze Land als Geisel

Grenzdurchbruch setzt Russland unter Druck

Der verlorene Glaube an gute Russen

Die Märchenstunden der deutschen Medien

Mainstream-Pressespiegel vom 11.8.2024. Das gibt ihm den Rest: Kampf-Roboter werden auf den Tyrannen angesetzt. Dazu kommt seine Angst vor Angriffen auf eine Marineparade und vor den „wirklich weitreichenden Schlägen" der Helden. Zusätzlich gibts Riesenärger im Russki-Reich: Hohe Militärs müssen wg. Korruption in den Knast. Probleme bereiten die Massen an russischen Deserteuren. Nur nach Folterung gehen diese Weicheier zurück an die Front. Doch je mehr Waffen wir liefern, desto größer die Chance auf Frieden. Fordert auch die FDP-Kampfamazone mit der Hartfaserfrisur. Deutsche Panzer in Russland. Wie damals! Seit dem Einmarsch schreiben die Helden kontinuierlich Erfolgsgeschichte. Jagdbomber werden weggeschossen, Motorrad-Brigaden nebst ihrer Mopeds enden im Gemeinschaftsgrab. Sicher ist: Bis Silvester beendet der Heldenpräsident den Krieg mit Sieg. Habe ich „Qualitätsmedien" entnommen. Soll ich es glauben? Oder besser nicht?

Kampf-Roboter gegen Putin

Ukraine will „wirklich weitreichende Schläge" führen

Russland fürchtete wohl ukrainischen Angriff auf Marineparade

Rückkehr an die Front: Russlands Umgang mit Deserteuren

Neue Skandale: Mehrere Festnahmen in Putins Armee

Je mehr Waffen die Ukraine bekommt, desto größer sind die Chancen auf Frieden

Strack-Zimmermann fordert weitere Waffenlieferungen an Kiew

11.08.2024

Deutsche Panzer in Russland

Russland verliert Putins modernen Jagdbomber

Ukraine: Selenskyj will noch bis Ende des Jahres den Krieg mit Russland beenden

Ukrainische Brigade wehrt Angriff ab – und zeigt "Motorradfriedhof"

Mainstream-Pressespiegel vom 12.8.2024. WIR kämpfen gegen den Tyrannen. Die Bolschewiken sind schockiert: Denn unsere Helden greifen mit 'deutschen Panzern' an. So geil. Unsere Panzer!! Diesmal führen deutsche Panzer garantiert zum Sieg gegen „das Böse". Kampfjets der Amis leisten ein Übriges. Hier offenbart sich ein militärisches Erfolgsdoppel. Ratzfatz werden russische Dörfer erobert. Bolschewiken kapitulieren. Jawohl, der Iwan soll den Krieg so richtig spüren. Zahlreiche Russkis sterben. Das überfordert wiederum die russischen Behörden: Wohin nur mit all den Toten? Und es wird noch schlimmer. Der Kreis Segeberg stellt ausgemusterte Feuerwehr-Fahrzeuge bereit. Wow! Unsere Sanktionen erledigen den Rest. Sie bremsen den Iwan-Handel mit dem Kinees aus. Was aber macht der Tyrann? Er malträtiert Nackte und Queere, statt sich um seinen Krieg zu kümmern. Habe ich „Qualitätsmedien" entnommen. Soll ich es glauben? Oder besser nicht?

Kampf gegen Putin

12.08.2024

Russlands Militär ist schockiert

Ukraine greift Russland mit deutschen Panzern an

Russische Dörfer erobert, Soldaten kapitulieren!

US-Kampfjets in der Ukraine

Selenskyj: Russland soll den Krieg spüren

Russlands Verluste im Ukraine-Krieg steigen weiter: Zahlreiche Soldaten sterben bei Kämpfen

Wladimir Putin in Nöten: Russlands Behörden von toten Putin-Soldaten heillos überfordert

Ukraine-Krieg: Kreis Segeberg stellt ausgemusterte Feuerwehrfahrzeuge bereit

Schlag für Putin: Sanktionen bremsen offenbar wichtigen Handel mit China aus

▣ Wie Wladimir Putin Queere und Nackte jagt

Mainstream-Pressespiegel vom 13.8.2024. Für den Tyrannen ist der Krieg nach nur einer Woche Angriff der Helden verloren. Wow! Jeden Tag machen die Helden Fortschritte. Der Verlierer muss den Notstand ausrufen. Der Angriffskrieg ist „völkerrechtlich legitim und militärstrategisch sinnvoll". Wir nähern uns dem US-Ziel der dauerhaften Vernichtung. Wird Putin nervös? Na logo! Jetzt erkennt alle Welt, wie verwundbar das Russki-Reich ist. Die erste Gazprom-Anlage gehört bereits den Helden - und damit den Amis. Bald gehört denen das Riesenreich mit all seinen Rohstoffen. In seiner Hilflosigkeit greift der Tyrann einen Supermarkt an. „Kaufen, wenn die Kanonen donnern", ist deshalb nur Investoren zu empfehlen. Viel Kohle mit dem Töten von Russkis zu machen, ist „nicht schmutzig, sondern hochverdient". Deshalb stehen CDU-Christen und FDP-Liberale hinter dem Kreuzzug der Helden! Habe ich „Qualitätsmedien" entnommen. Soll ich es glauben? Oder besser nicht?

Dutzende Ortschaften erobert
Selenskyj: "Kursk ist Putins Ende"

Ukraine macht Fortschritte

Russland ruft Notstand aus

»Der Vorstoß in Kursk ist völkerrechtlich legitim und militärstrategisch sinnvoll«

Wird Putin nervös?

Der Aggressor ist verwundbar

Gazprom-Anlage in Grenzregion eingenommen

Ukraine meldet russischen Angriff auf Supermarkt

Rheinmetalls Gewinne sind nicht schmutzig, sondern hochverdient

Rückhalt aus FDP und CDU für Angriff

Kaufen, wenn die Kanonen donnern

MEIN KRIEGSTAGEBUCH ***2024***

Mainstream-Pressespiegel vom 14.8.2024. Der Heldenpräsident läuft zur Höchstform auf: Er wird dem Tyrannen „die Fähigkeit zum Töten entziehen". So cool, so clever. Deshalb zerstört er die militärische Infrastruktur dieser abgewirtschafteten Nation und destabilisiert deren zivile Lage. Die Helden haben ein dickes Dankeschön vom Chef bekommen für die vielen gefangenen Russkis. Für den Tyrannen selbst wird es immer brenzliger. Zu Recht stellt sich die Frage, wann ihm das Kanonenfutter ausgeht. Denn seine Verluste steigen stetig. Zahlreiche Bolschewiken sterben bei massiven Drohnenattacken. Besonders ein gewaltiger „Volltreffer" brachte extreme Verluste. Als eine Art Beifang wurde eine Gas-Förderplattform erobert, ein Konvoi zerstört, ein Tyrannen-Boot versenkt. Auch die Wirtschaft taumelt am Abgrund. Was hat der Tyrann nur aus seinem Land gemacht = Einen Dritte-Welt-Staat! Habe ich „Qualitätsmedien" entnommen. Soll Ich es glauben? Oder besser nicht?

"Fähigkeit zum Töten entziehen"

Kiew zielt auf Vernichtung von militärischer Infrastruktur

Lage in Russland „destabilisieren"

Selenskyj dankt Soldaten für Gefangennahme von Russen

Verlust für Russland: Ukraine schaltet „Putin-Boot" aus

Lage für Moskau offenbar brenzlig

Gehen Russland die Soldaten aus?

»Jeder kann sehen, dass die ukrainische Armee zu überraschen weiß«

Volltreffer bringt Russland heftige Verluste bei

Ukraine zerstört russischen Konvoi mit 14 Lastwagen

Russlands Wirtschaft erleidet Rückschlag: Putin ringt weiterhin mit großem Problem

Russlands Verluste im Ukraine-Krieg steigen weiter: Zahlreiche Soldaten sterben

Ukraine meldet Angriff auf russischen Gasturm mit etwa 40 Toten

14.08.2024

Was hat Putin aus Russland gemacht?

„Massive Drohnenattacke" auf Russland

Die Märchenstunden der deutschen Medien

Mainstream-Pressespiegel vom 15.8.2024. Wahre Teufelskerle: Die Helden marschieren, die Bolschewiken reagieren. Die Unbesiegbaren zeigen dem Iwan mal so richtig, wo der Hammer hängt. Zehntausende Russkis sind auf der Flucht. Deutschland muss in diesen Zeiten unangreifbar bleiben! Deshalb werden wir das DDR-Erfolgsmodell kopieren: PLANWIRTSCHAFT bei der Energie-Erzeugung und bei der Waffenproduktion! Diese DDR-Taktik wird zur „massiven Bedrohung" für den Tyrannen. Ein „Schlag ins Gesicht". Ein wirklich gelungener Blitzkrieg, den die Helden da entfacht haben. Der Vorstoß trifft den Tyrannen „bis ins Mark". Die Kämpfe dauern an. Die Zahl der toten Bolschewiken hat 590.000 überschritten. In zehn Tagen werden wir garantiert von 600 Tsd. lesen. Denn es sterben kontinuierlich 1000 pro Tag, aber selten ein Held. Wie praktisch. Habe ich „Qualitätsmedien" entnommen. Soll ich es glauben? Oder besser nicht?

Ukraine marschiert, Moskau reagiert

Ukraine ergreift Initiative auf dem Schlachtfeld

Zehntausende Russen auf der Flucht

Deutschland muss unangreifbar sein

Kämpfe in russischer Region Kursk dauern an

Rüstungsindustrie

Mehr Planwirtschaft wagen

Massive Bedrohung für Putin

T+ „Schlag ins Gesicht für Putin"

Ukrainischer Blitzkrieg

15.08.2024

Warum der Vorstoß Putin ins Mark trifft

Putin verliert mehr als 590.000 Soldaten im Ukraine-Krieg

Mainstream-Pressespiegel vom 16.8.2024. Was für eine Blamage. Heute sind es bereits 121.000 Russkis, die „geflohen" sind. Panische Angst herrscht beim Iwan. Jetzt ist der Tyrann „angekommen in der Realität des Krieges". Der gottgleiche Heldenpräsident macht alles richtig: Der Tyrann muss zum Frieden „gezwungen werden". Der Krieg hat eine neue Dimension. Auf der Überholspur sind wie immer die Helden: Sie haben binnen weniger Tage 1.000 Quadratkilometer erobert. Doppelt so groß wie das Ruhrgebiet. Nur noch 10.000 Kilometer bis Wladiwostok! Und pro qkm haben sie pro Tag einen Bolschewiken abgemurkst. TOLL. Der Tyrann ist natürlich stocksauer, wie Insider bei BILD „auspacken". Der FDP-Faber ist hingegen todes-begeistert und will noch mehr Tötungs-Maschinen liefern. Alle Altparteien sind happy mit dem Einsatz deutscher Waffen in Russland. Wir sehnen den Weltkrieg herbei. Habe ich „Qualitätsmedien" entnommen. Soll ich es glauben. Oder besser nicht?

Blamage für Putin

121.000 Russen geflohen

Angekommen in der Realität des Krieges

+++ 20:07 Selenskyj: Russland muss zum Frieden gezwungen werden +++

Ukraine kontrolliert laut Armeechef 1.000 Quadratkilometer in Kursk

Putin verliert pro Tag mehr als 1000 Soldaten im Ukraine-Krieg

Eine neue Stufe im Krieg gegen die Ukraine

Gasstation erobert? Ukraine kann Putins Geldquellen treffen

Insider packen aus: Putin ist wütend wie seit Jahren nicht!

Ampel-Politiker lobt ukrainische Kursk-Offensive

16.08.2024

Ukraine-Krieg: Berlin für deutsche Waffen in Russland

Die Märchenstunden der deutschen Medien

Mainstream-Pressespiegel vom 17.8.2024. Na. Na. Na: "Heil den Helden"? Die SZ benutzt Vokabular aus unseligen Zeiten? Wäre nicht nötig, denn der Tyrann ist seit 2 ½ Jahren per se der Verlierer, für den die Luft „dünner" wird. Der Vormarsch bringt die Helden dem Ziel näher, den größten Flächenstaat der Welt mit 9000 Atombomben im Schnelldurchgang zu besiegen. 74 Orte haben sie sich ratzfatz unter den Nagel gerissen. Es gibt aber noch viel zu erobern. Denn jeder Russki trägt Schuld am Krieg. Die Wirtschaft des Tyrannen ist bereits am Ende. Millionen Russkis werden folgen, denn sie saufen bereits aus Pfützen, weil das Trinkwasser fehlt. Jetzt wird der Iwan von Roboterhunden gejagt. Ein 'Robby' reicht aus, um fünf Russkis zu killen. Huch! Aber der Heldenpräsident ist gütig. Er will die Gebiete nicht dauerhaft besetzen. Da der Sieg ja gelaufen ist, überweist Ursels EU 4300 Mio. frisch gedruckte Euronen für den Wiederaufbau. Alles ist so easy. Habe ich „Qualitätsmedien" entnommen. Soll ich es glauben? Oder besser nicht?

„Heil den Helden! Tod den Feinden!"

Putin, der Verlierer

Für Putin wird die Luft dünner

Selenskyj: Vormarsch in Kursk bringt uns unserem Ziel näher

Selenskij: 74 Ortschaften in Russland unter Kiews Kontrolle

Aufbereitung aus Pfützen
London: Russischen Einheiten fehlt Trinkwasser

17.08.2024

„Alle Russen tragen Schuld am Krieg gegen die Ukraine"

Ukraine: Wollen russische Gebiete nicht dauerhaft besetzen

Russlands Wirtschaft droht der Absturz

Ukraine hetzt Roboterhunde auf russische Stellungen

++ EU zahlt Ukraine-Hilfen für Wiederaufbau aus ++

Mainstream-Pressespiegel vom 18.8.2024. Erst auf dicke Hose machen und jetzt jammern? Der Heldenpräsident macht sein Ding: Stärke zeigen! Er rückt vor und stellt alles unter seine Militärverwaltung. Sobald die Bolschewiken die Helden sehen, verkrümeln sie sich. Was bleibt anderes übrig, als Junkies an die Front zu schicken. Die sind scharf auf jeden Schuss. Vor dem Weitermarsch bombardieren die Helden die Flughäfen. Die Amis empfehlen dem Iwan, abzuhauen. Die Helden sehen die eroberten Gebiete als „Pufferzone". Endlich kommt ans Licht, wer NORDSTREAM gesprengt hat: Drei Hobbytaucher sind 2022 bis zu einhundert Meter tief mit zentnerschweren Bomben auf Anweisung vom Heldenpräsidenten vom Sportboot gehoppst. Nun sind sie uns „durch die Lappen gegangen". Der Heldenpräsident hat alles gewusst, heißt es dazu aus dem Amiland. Dann ist ja alles klar. Die Milliarden der EU werden dennoch ausbezahlt. Na gottseidank! Habe ich „Qualitätsmedien" entnommen. Soll ich es glauben? Oder besser nicht?

Putin jammert

Gegen Russland hilft nur Stärke

18.08.2024

Selenskyj: „Wir rücken weiter vor"

Ukraine öffnet Militärverwaltung in Russland

Ukraine will „Pufferzone" auf russischem Gebiet errichten

Moskaus Soldaten "sind einfach abgehauen"

Russland schickt Junkies an die Front

Ukraine bombardiert russische Flugplätze weit hinter der Grenze

Putin soll Ukraine verlassen: Nach Kursk-Angriff haben USA dringenden Appell

Nord-Stream-Sprengung mit Segen von Selenskyj?

Nord-Stream-Bombenleger geht Fahndern durch die Lappen

Ukrainehilfen sollen unabhängig von Nord-Stream-Erkenntnissen bleiben

Die Märchenstunden der deutschen Medien

Mainstream-Pressespiegel vom 19.8.2024. Die US-Idee mit dem Einmarsch hat funktioniert. Der Tyrann krabbelt die „Eskalationsleiter" hoch. Ein Kreml-Sprecher warnt vor Weltkrieg. Wäre doch zu schön, wenn der Krieg bald losgeht. Ein Supergeschäft für die Cowboys. Die haben uns „erlaubt", 600 Patriots zu 'kaufen'. Für 6 Mrd. Euro. Sehr weitsichtig. Zufällig werden am Kauftag auch erste Atombomber des Iwan gesichtet. Deshalb „ködert" der Centurio junge Kerle für den geplanten Weltkrieg. Der Iwan ist längst überrumpelt. Mit hoher Geschwindigkeit stürmen die Unbesiegbaren voran und „befreien" russische Städte vor der Tyrannei. Die Geretteten sind so dankbar! Damit alles schneller geht, können Ex-Nato-Piloten im Kriegseinsatz ihre Pension aufbessern. Wie immer hat der Iwan die Arschkarte gezogen: Wer will schon freiwillig im feuchten Schützengraben sterben? Habe ich „Qualitätsmedien" entnommen. Soll ich es glauben? Oder besser nicht?

"Putin scheint bereit, die Eskalationsleiter hochzuklettern"

Russischer Abgeordneter warnt vor Weltkrieg

19.08.2024

USA genehmigen Verkauf von 600 Patriot-Raketen an Deutschland

Ostsee: Putins 'Atombomber' an Nato-Grenze aufgetaucht

Bundeswehr ködert Personal mit Prämien und Zulagen

Von Angriff überrumpelt

Kursk-Offensive hält hohe Geschwindigkeit

Ukraine meldet "Befreiung" der russischen Stadt Sudscha

Ukraine sucht ehemalige F-16-Piloten der NATO

Russland sucht verzweifelt Freiwillige für Schützengräben

Mainstream-Pressespiegel vom 20.8.2024. Die Offensive ist wie Wellness: „Tut gut"! Balsam für die Seele ist auch, dass bis heute „fast" 600.000 Russkis ermordet wurden. Wir sind uns sicher: Der Tyrann ist in der Defensive. Der Iwan kann aber kein Mitleid erwarten. Damit die Bolschewiken die Idylle nicht stören, haben die Helden alle Brücken abgebrochen. Jetzt kann der Tyrann nur noch seine Reserven verheizen. Währenddessen dringen die Helden weiter vor. Parole: Tyrann, mach Dich vom Acker! Russische Kommandeure töten bereits ihr Kanonenfutter. Wollen sie denen das Siechtum ersparen? Die Presse schreibt, dass die Helden „kein zusätzliches Geld" für den Krieg bekommen. Die AMPEL dementiert: Für Helden ist immer Geld da. Auch das Bürgergeld für >1.5 Mio. Helden „auf Besuch", wird niemals ausgehen. Gottseidank! Habe ich „Qualitätsmedien" entnommen. Soll ich es glauben? Oder besser nicht?

Die Offensive tut der Ukraine gut

Verluste für Russland: Fast 600.000 Soldaten im Ukraine-Krieg verloren

Putin in der Defensive

Wenig Mitgefühl mit Russen

20.08.2024

Ukraine zerstört wohl Brücken Russen abgeschnitten?

Ukrainische Truppen dringen tiefer in Russland ein

Selenskij: Gegenangriff soll Russlands Reserven verbrauchen

Russische Kommandeure töten eigene Soldaten

Putin soll Ukraine räumen

Bundesregierung: Ukraine erhält weiter Militärhilfe

Regierung will Ukraine offenbar kein zusätzliches Geld bereitstellen

Mainstream-Pressespiegel vom 21.8.2024. Entsetzen in Russland. Die Helden stehen vor Moskau. Massiver Drohnenangriff! 2000 Bolschewiken haben die Helden ins Loch gesteckt. Jetzt ist es wirklich an der Zeit, dass der Iwan die 'Weiße Fahne' schwenkt. Wird der Krieg in Russland entschieden? Na klar! Selbst notorische Skeptiker der Helden sind verblüfft, mit welchen Souveränität die den Tyrannen plattmachen. Sie zerstören Brücken, blockieren Versorgungsrouten, schnappen sich Panzer als „Beute", lassen Nuklear-Bomber wie Fallobst vom Himmel stürzen. Beim Vormarsch schwören sie auf deutsche Panzerhaubitzen. Feinste Tötungs-Maschinerie = Gestern gab es als Tages-Spitzenwert 1.230 tote Russkis. Jetzt hat der Tyrann Angst vor den Weltkrieg. Der wird kommen! Deshalb ziehen die Amis doch ganz nah beim Iwan 'Europas größten Militär-Standort' für den III. Weltkrieg hoch. Habe ich „Qualitätsmedien" entnommen. Soll ich es glauben? Oder besser nicht?

Entsetzen in Russland

21.08.2024

Ukraine startet Drohnenangriff auf Russland

Bereits 2000 Russen festgesetzt

Putin muss Ukraine verlassen

Wird in Kursk der Krieg entschieden?

Die Ukraine verblüfft ihre Skeptiker

Ukraine zerstört Brücke auf russischer Versorgungsroute

Putins Top-Panzer wird zur Beute

Putins Luftmacht erleidet erneut Verluste: Absturz von russischem Nuklear-Bomber

Die deutsche Panzerhaubitze, auf die die ukrainischen Soldaten schwören

Militärstadt am Schwarzen Meer

Rumänien baut Europas größten NATO-Stützpunkt

Russland befürchtet Weltkrieg

RUSSLAND HAT IN DEN LETZTEN 24 STUNDEN 1.230 SOLDATEN IM KRIEG IN DER UKRAINE VERLOREN

Mainstream-Pressespiegel vom 22.8.2024. Riesensause bei den Helden. Die Marke von 600.000 toten Russkis ist endlich geknackt. Eigene Verluste? Nicht nennenswert. Großartig, wie die Helden jetzt ihre Positionen absichern. Unsere Waffen helfen, die Russkis zu dezimieren und deren Infrastruktur zu zerstören. Nicht mal die eigenen Hubschrauber kann der Iwan schützen. Der Tyrann ist wie immer auf Dope. Im Rausch wird sein Terror gegen hilflose Zivilisten immer „unbarmherziger". Das treibt Helden-Amazonen zu Höchstleistungen. Gegen geballte Frauenpower hat der gemeine Bolschewik keine Chance! Die Finanzmisere der AMPEL ist auch gelöst. Wir klauen dem reichen Iwan „sein Erspartes" und schenken es den Helden. Klassische Sozialdemokratie! Was macht der Tyrann? Er verbreitet Fake-News von seinen Erfolgen. Keine Fake ist, dass die Amis den Russland-Feldzug geplant haben. Wer sonst? Hier gehts doch um die Weltherrschaft. Habe ich „Qualitätsmedien" entnommen. Soll ich es glauben? Oder besser nicht?

Ukraine-Luftwaffe feiert sich für weiteren Coup bei Kursk-Offensive

Russland erleidet schwere Verluste – Mehr als 600.000 Soldaten verloren

Ukrainische Armee festigt Positionen

Brücke in Kursk soll laut Russland mit westlichen Waffen zerstört

22.08.2024

Russland kann Hubschrauber in Kursk wohl nicht schützen – „praktisch nutzlos"

Putin im Rausch: Terror gegen Zivilisten immer unbarmherziger

Ukraine-Krieg: Angehende Soldatinnen berichten, warum sie freiwillig kämpfen wollen

Russisches Erspartes für die Ukraine

Kursk-Desaster zwingt Putins Propaganda zu Fake-News

Russland sieht westliche Geheimdienste hinter Vorstoß der Ukraine

Die Märchenstunden der deutschen Medien

Mainstream-Pressespiegel vom 23.8.2024. Riesiges Dilemma: für den Iwan:Rentner und Invaliden kämpfen freiwillig und für lau bei den Helden mit. Die Bolschewiken sind so dermaßen in Panik, dass aufblasbare Attrappen ausreichen, um sie „in die Irre zu treiben". Der Heldenpräsident überschreitet „die rötesten aller roten Linien", vor denen der Tyrann seit Monaten schwadroniert. Dummes Geschwätz eines feigen Hochstaplers. Der Krieg wäre längst gewonnen, wenn Hilfsbremser wie unser Kanzler gleich zu Beginn Langstreckenwaffen geliefert hätten. Nun müssen wir mitansehen, wie der Iwan sogar Landsleute ausplündert. Und er erzählt entführten Junghelden, dass ihre Väter die eigene Brut bei lebendigem Leibe fressen. Erfreulich, dass in Kürze die Amis vom „Drehkreuz Deutschland" aus neue Anweisungen für den III. Weltkrieg befehlen. Unser Kanzler will Fehler gut machen: Deutsche Waffen und Cash gibt es „as long as it takes"! Wir sind der größte Unterstützer Europas. Wahnsinn! Habe ich „Qualitätsmedien" entnommen. Soll ich es glauben? Oder besser nicht?

Russen vor Dilemma

23.08.2024

Ukrainische Streitkräfte
Hier kämpfen Rentner und Invaliden, freiwillig und unbezahlt

Aufblasbare Attrappen treiben Putins Truppen in die Irre

Selenski verkündet Gebietsgewinne in Russland – Russlands „rote Linien" sind ein Bluff

Dutzende russische Orte erobert
Selenskyj: "Röteste aller roten Linien überschritten"

Kreml-Chef in Schwierigkeiten
Putin verhält sich wie ein feiger Hochstapler

Ukraine-Krieg: Selenskyj macht Westen für Kursk-Vorstoß verantwortlich

Russen plündern wohl eigene Landsleute

AUS DER UKRAINE ENTFÜHRT
„Sie erzählen, dass wir Kinder bei lebendigem Leib essen"

Weiteres Ramstein-Treffen zur Unterstützung der Ukraine

Größter Unterstützer in Europa
Scholz: Ukraine-Hilfe wird nicht nachlassen

Mainstream-Pressespiegel vom 24.8.2024. Auf Deutschland ist Verlass! Der Vizekanzler will, dass wir bei Trumps Präsidentschaft auch ohne die Amis den Krieg gegen den Iwan weiterführen. Sein Chef ist neuerdings ebenfalls bekennender Russki-Feind. Deren „Unbesiegbarkeit" ist ein Märchen. Der Heldenpräsident beweist es täglich beim Feldzug in 'Westrussland'. Respekt: Das ist 7 x so groß wie Deutschland. Die Amis „attestieren" dem Iwan „Probleme". Er ist eindeutig in Bedrängnis, wird „überrumpelt". Der Sauhund wird sich nie wieder einen „größeren Knochen" schnappen können. Deshalb besetzen die Helden die nächste Stadt. Der Kanzler machte sich zur gleichen Zeit auf dem Weg in die Republik Moldau. Direkt gegenüber auf rumänischer Seite entsteht Europas größte US-Militärstadt. In der Region soll der Weltkrieg gegen den Tyrannen beginnen. Da können Ortskenntnisse durchaus nützlich sein. Habe ich „Qualitätsmedien" entnommen. Soll ich es glauben? Oder besser nicht?

Habeck: Wenn Trump gewinnt, lassen wir Ukraine nicht alleine

Olaf Scholz bekennt sich zu Ukraine

Selenskyj lobt Militär für Vormarsch in Westrussland

Das Märchen von der „Unbesiegbarkeit Russlands"

Pentagon attestiert Moskau Probleme

Russland „eindeutig in Bedrängnis"

Russen überrumpelt

24.08.2024

Ukraine-Angriff auf die nächste Russen-Stadt!

„Putin darf nicht mit einem noch größeren Knochen davonkommen"

Schwarzes Meer ist zentraler Kriegsschauplatz

Scholz reist nach Moldau

Mainstream-Pressespiegel vom 25.8.2024. Ruckzuck habe die Helden den Spieß umgedreht. Jetzt ist der Wendepunkt erreicht. 3.000 Bolschewiken schmoren in der Falle. Ami-Hightech zerstört mühsam zusammengeschusterte Ersatz-Brücken des Iwan. Aber der eigentlich KO-Schlag steckt hier: Moskautreue Christen im Acker-Land dürfen nicht mehr Gott huldigen, sondern nur noch dem Heldenpräsidenten. Als neues Mitglied im Strafgerichtshof zählen die Helden ab heute auch zur juristischen Flak der Amis. Eine Erfolgsgeschichte! Sie kontrollieren bereits 92 von 150.000 Iwan-Dörfern. Sensationell. Denn die Truppen des Tyrannen sind viel zu „schwerfällig", um das Land zu verteidigen. Dazu kommt eine Riesenanzahl untrainierter Kriegs-Laienspieler an der Front. Diese Erfolgs-Nachrichten sind unserem Kanzler 56 Mrd. Euro Sponsoring wert. Habe ich „Qualitätsmedien" entnommen. Soll ich es glauben? Oder besser nicht?

Wendepunkt im Krieg

25.08.2024

Russland „in Bedrängnis"

3000 russische Soldaten in der Kursk-Falle

Ukraine: Zerstören auch russische Ersatz-Brücken mit US-Raketen –

Kirche ruft moskautreue Christen zum Übertritt auf

Ukraine tritt Internationalem Strafgerichtshof bei

Ukraine verzeichnet größten Erfolg seit Kriegsbeginn

Ukraine meldet Kontrolle über 92 Ortschaften in Kursk

Putins Truppen zu „schwerfällig"

Untrainierte Putin-Rekruten an der Frontlinie?

Olaf Scholz spricht von 56 Milliarden Euro für die Ukraine

Mainstream-Pressespiegel vom 26.8.2024. Für die Helden gibt's kein Halten mehr: Sie sind "hungrig auf mehr". Der Tyrann und das größte Land der Welt sind „sehr geschwächt". Der „dümmste" von seinen vielen dummen Generälen hat schon wieder versagt. 3000 Bolschewiken stecken in der Falle! Auweia. Der chancenlose Tyrann wird Teile vom Russki-Reich an die Helden abtreten müssen. Und nicht nur das: Die Helden wollen auch schneller an die Milliarden Spareinlagen des Iwan ran, um endlich Kasse zu machen. Schließlich retten sie die westliche Welt, indem sie Häfen bombardieren und die Flotte des Iwan irreparabel zerstört haben. Eine nützliche Hilfe beim Bolschewiken-Töten sind wieder mal deutsche Tierpanzer. Deshalb weiß unser Kanzler, dass die Offensive der Helden „zeitlich begrenzt" ist. Der Iwan ist am Ende. Habe ich „Qualitätsmedien" entnommen. Soll ich es glauben? Oder besser nicht?

Die Ukraine ist „hungrig auf mehr"

Militärexperte Lange zu ukrainischer Offensive: „Putin ist sehr geschwächt"

Putins Operation scheitert

Putins dümmster General hat wieder versagt

26.08.2024

3000 russische Soldaten in der Kursk-Falle

Putin opfert Teile von Russland

Ukraine will schneller auf russische Milliarden zugreifen

Ukraine bombardiert Hafen: Russisches Schiff in Flammen

Putins Schwarzmeerflotte kann offenbar nicht repariert werden

Scholz sieht ukrainische Offensive in Russland als „zeitlich begrenzt"

Marder-Schützenpanzern gegen Putin

Mainstream-Pressespiegel vom 27.8.2024. Damit das klar ist: Die Helden retten Europa. Ohne deren Fronteinsatz wäre Europa ein vom Iwan zerstörter Kontinent. Beeindruckend, wie den Unbesiegbaren der „Hochrisiko"-Einmarsch gelungen ist. Sie „neutralisieren" (feingeistige Wortschöpfung fürs 'Töten') die Bolschewiken im Akkord. Diese sind chancenlos, da sie in Kesseln zusammengetrieben werden. Jetzt haben die Helden das „geheime Hauptquartier" des Tyrannen in die Luft gejagt. Der hat den Notstand ausgerufen. Denn jetzt beißen die Russkis wie Lemminge ins Gras. Kampfjets gehen in Flammen auf. Der Tyrann ist so pleite, dass er sein Volk um den letzten Rubel zur Anschaffung von Leichensäcken anpumpen muss. Ursel von der EU will dem Iwan ein schnelles Ende verpassen und prüft den Einsatz von NATO-Soldaten als „Ausbilder". Clever verpackt, der NATO-Kriegseinsatz. Habe ich Qualitätsmedien entnommen. Soll ich es glauben? Oder besser nicht?

27.08.2024

Wenn die Ukraine nicht gewinnt, werden wir Europa nicht wiedererkennen

Wie der Ukraine eine Hochrisikooperation auf russischem Gebiet gelang

Putins Kessel-Befreiung scheitert!

Ukraine neutralisiert Russlands Streitkräfte

Ukraine-Krieg aktuell: Bunker-Bombe sprengt geheimes Putin-Hauptquartier in die Luft

Russland erklärt Notstand

"Trotzdem gehen die Russen wie Lemminge in diesen Krieg"

Putins Kampfjets gehen Angriff in Flammen auf

Russlands Verluste im Ukraine-Krieg: Crowd Funding für Leichensäcke gestartet

EU prüft offenbar Entsendung von Soldaten in die Ukraine zur Ausbildung

Mainstream-Pressespiegel vom 28.8.2024. Jetzt hat der Tyrann regelrechtes Muffensausen. Am Unabhängigkeitstag der Helden haben wir denen ewiges Russki-Morden zugesichert. Der Heldenpräsident hat den „kranken, alten Mann vom Roten Platz" bereits informiert. Derweil jagen die Helden mit Heli & MP Drohnen, wie die Sizilianer Singvögel. Mordsangst hat der Iwan vor 'neuen' Drohnen der Helden. Beruhigend ist, dass der zukünftige US-Präsident Trump 'auf Linie' gebracht wurde. Er will sich für die Helden ebenso einsetzen, wie unser Kanzler es denen geschworen hat. Deshalb spricht der Heldenpräsident nur noch vom „gemeinsamen Sieg". Für die Wirtschaft ist das Land eine Art Cashcow: Die EU fördert Investitionen mit Milliarden an wertlosem FIAT-Geld. Auch deutsche Buben werden auf Krieg eingeschworen. Sie lernen, für ihr Land Russkis zu töten. Seid gewiss: Töten kann man lernen! Habe ich „Qualitätsmedien" entnommen. Soll ich es glauben? Oder besser nicht?

Unabhängigkeitstag der Ukraine:
Verbündete sagen Hilfe zu

Putin unter Druck

Selenskyj schickt Warnung an Putin

Selenskyj verspottet Putin:
"Kranker alter Mann vom Roten Platz"

28.08.2024

Ukrainer gehen mit Heli und
Maschinengewehr auf Drohnenjagd

Warum Russland die neue Drohne
der Ukraine fürchten muss

Selenski: Trump unterstützt die Ukraine

Olaf Scholz bekennt sich zu Ukraine

Selenskyj spricht von "gemeinsamem Sieg"

„Beste Chancen seit dem Zweiten Weltkrieg"
– EU fördert Investitionen in der Ukraine

Kann ein Mensch das Töten lernen?

 IM KRIEGSFALL IN DEUTSCHLAND

Will ich für mein Land kämpfen?

Die Märchenstunden der deutschen Medien

Mainstream-Pressespiegel vom 29.8.2024. Der Heldenpräsident ist ein Teufelskerl: Erfolge im Stakkato-Rhythmus. Jetzt schauen sich bereits 610.000 Bolschewiken die Sonnenblumen von unten an. Die halbe Welt fragt: „Wo sind deine toten Soldaten, Tyrann"? Fast 600 haben die Helden gestern aus dem Verkehr gezogen. Wenn sie anrücken, flüchtet der Iwan-Kommandeur als Erster. Der Rest versucht, den Helden die Panzer zu klauen – sie werden weggeschossen. Nie werden die Helden die eroberten Gebiete verlassen! Vor lauter Frust hat der Tyrann ein Hotel abgefackelt. Da geraten die Helden so richtig in Rage. Auf Weisung ihres US-Vorgesetzten wird die Vergeltung vorbereitet. F16-Kampfjets werden den Iwan wegbomben. Dann hätten wir den 1. Akt vom III. Weltkrieg geschafft! Die paar Kraftwerke, die der Tyrann getroffen hat, werden ruckzuck wieder geflickt. Kein wirkliches Problem! Habe ich „Qualitätsmedien" entnommen. Soll ich es glauben? Oder besser nicht?

Selenskyj meldet weitere Erfolge

Wo sind all die toten Soldaten, Herr Putin?

Putin verliert mehr als 610.000 Soldaten im Ukraine-Krieg

Als die Ukrainer kamen, ist unser Kommandeur geflüchtet

Ukraine: Haben in Kursk fast 600 russische Soldaten gefangengenommen

29.08.2024

Putins Streitkräfte entwenden ukrainische

Panzer – und werden abgeschossen

Kursk – darum kann Putin die Ukrainer nicht aus Russland vertreiben

Russische Rakete macht Hotel "dem Erdboden gleich"

Ukrainischer Oberkommandierender berät mit Nato-General

Selenskyj kündigt Vergeltung an – mit vom Westen gelieferten F-16-Kampfjets

Ukraine will Energieanlagen reparieren

Mainstream-Pressespiegel vom 30.8.2024. Der Global-Leader hat die Schnauze voll davon, wie „rücksichtslos" der Iwan sich an der Front benimmt. Der Heldenpräsident wird sich rächen und den Iwan zum Frieden „zwingen". Dabei setzt er voll auf seine neue Superrakete. Damit wird er noch tiefer ins Zarenreich vorrücken. Teil seines „Siegesplans". Dafür müssen zusätzlich westliche Waffen her, um den „Terror" schneller zu beenden. Mit Drohnen nimmt der Heldenpräsident vorab ganz Russland ins Visier. Im Acker-Land selbst muss der Tyrann sich aufs Schlimmste gefasst machen: Vergeltung droht ihm wegen Sachbeschädigung von Kraftwerken. Die Flugabwehr der Helden leistet zwar Großes, konnte aber nicht jeden Bomber abschießen. Der Heldenpräsident hat deshalb keinen Bock mehr auf das ständige Töten von Russkis. Er wünscht sich das OK seines Auftraggebers, mit dem Krieg aufhören zu dürfen. Habe ich „Qualitätsmedien" entnommen. Soll ich es glauben? Oder besser nicht?

Verlieren die USA die Geduld mit Putin?

Putin wird immer rücksichtsloser

Ukraine will Rache

Selenskyj will Russland zum Frieden zwingen

Selenskyj setzt auf neue Rakete

Ukraine will noch weiter in Russland vorrücken

Selenskyj stellt „Siegesplan" vor

„Terror schneller beenden": Ukraine will westliche Waffen gegen Russland nutzen

Selenskyj droht Russland mit Vergeltung wegen Luftschlägen

Flugabwehr bewährt sich bei schweren russischen Luftangriffen

30.08.2024

Selenskij will USA Plan zum Ende des Krieges vorstellen

Mainstream-Pressespiegel vom 31.8.2024: Die Amis haben dem Tyrannen 'ne „Klatsche" erteilt: Der Krieg reicht bis Moskau. Hui! Bei Belgograd ist ebenfalls der Durchbruch gelungen. Nun hoffen die Amis auf „baldige Reaktion", um den 'Weltkrieg für den Frieden' auszurufen. Vernünftig reden kann man mit dem Loser nicht. Wir machen deshalb Mrd. Euro an 'Sondervermögen' locker, um ihn hinzurichten. Deshalb konzentrieren sich die Helden auf „wunde Punkte": bzw. halten sein „Öl im Visier". Drei Brennstoffdepots haben sie abgefackelt. Unaufhaltsam naht die Katastrophe: Als Verantwortlicher muss der Tyrann Schadenersatz leisten. Ab und zu hat er Glück: Er konnte „mehrere Drohnen" abfangen. Die Unbesiegbaren sind Sparfüchse. Sie haben Milliarden gespart, weil der NATO-Fanclub auf Rückzahlung von Krediten verzichtet. Habe ich „Qualitätsmedien" entnommen. Soll ich es glauben? Oder besser nicht?

Klatsche für Putin

Ukraine-Krieg reicht jetzt bis nach Moskau

Ukrainischer Grenzdurchbruch bei Belgorod

USA prognostizieren baldige Reaktion

Selenskyj: Dialog mit Putin ist sinnlos

Alliierte sichern Ukraine weitere Militärhilfe zu

Putins wunder Punkt

Brände in drei russischen Treibstoffdepots

31.08.2024

Die „Katastrophe" naht: Putin muss für Russlands Wirtschaft bezahlen

Russland fängt mehrere Drohnen ab

Ukraine kann Milliarden sparen

Mainstream-Pressespiegel vom 1.9.2024. Ein Dummschwätzer, der Tyrann. Faselt was von „roten Linien". Jetzt geht es nur noch nach Plänen des Heldenpräsidenten weiter. Der verkündet Geländegewinne und bittet die Amis um "Schießerlaubnis" gemäß einer Liste mit Tötungs-Zielen. Seine Fortschritte werden den Pentagon überzeugen, endlich den III. Weltkrieg zu proklamieren: „Volles Rohr für den Frieden"! Nun steht auch die Krim erneut auf der Abschuss-Liste. Man hört, dass der Belarus-Lucky mitmischen will. Sofort bekommt er die volle Breitseite verpasst. Wenn der den Ball nicht flach hält, wird er in bewährter Taliban-Manier geköpft. Das freut die geknechteten Iwankas. Deren Funktion ist vom Regime des Tyrannen auf das reine Kanonenfutter-Gebären reduziert. Pfui: Frauenverachtend! Habe ich „Qualitätsmedien" entnommen. Soll ich es glauben? Oder besser nicht?

01.09.2024

Putins Schauermärchen von den roten Linien

Alles nach Selenskyjs Plan

Selenskyj verkündet neue Gebietsgewinne

Ukraine legt USA Liste mit Zielen in Russland vor

Ukraine bittet in den USA um Schießerlaubnis gegen Russland

Selenskyj berichtet über Fortschritte

Volles Rohr für Frieden

Ukraine attackiert Krim-Stadt Sewastopol

Angriff aus Belarus?

Ukraine droht dem belarussischen Regime

Lukaschenko könnte es den Kopf kosten

«Soldaten nicht schonen. Weiber werden neue gebären», sagte der Generalstabschef der Roten Armee.

Mainstream-Pressespiegel vom 2.9.2024. Der Tyrann ist bei den Russkis in Ungnade gefallen. „Verheerende" US-Raketen erledigen den Rest. Vorweg helfen bösartige Mini-Drohnen, seine „Späher" vom Himmel zu „rammen". Partisanen sabotieren die Panzer-Versorgung. Überall ist die Front mit toten Bolschewiken übersät. Es gibt NATO-Lob: Alles richtig gemacht! Jetzt starten die F16-Kampfjets zum Massentöten. Präzise halten die Helden ihr Tages-Tötungs-Kontingent ein = Immer exakt 1.000/ Tag. Wie praktisch: Macht den Qualitäts-Journalisten die Arbeit leichter. Stand heute: 613.000 abgemurkste Bolschewiken. Der Tyrann fliegt morgen zu den Mongolen, um zu betteln. Der Heldenpräsident hat mit dem Klon von Dschinghis Khan telefoniert und fordert, ihn nach Ankunft sofort zu verhaften. Sehr praktisch! Habe ich „Qualitätsmedien" entnommen. Soll ich es glauben? Oder besser nicht?

Putin isoliert sich immer mehr

02.09.2024

Putin-Zustimmung fällt auf Rekordtief

Verheerende US-Raketen versetzen Putin in Alarmbereitschaft

Kiews Mini-Drohnen rammen Putins Späher vom Himmel

Partisanen wollen Russlands Panzer-Versorgung im Ukraine-Krieg sabotieren

Russische Kriegsgefangene: „Alles war mit toten Körpern bedeckt"

Nato billigt erstmals Vorstoß der Ukraine nach Russland

F-16-Kampfjets im Ukraine-Krieg: Nato-Land für Einsätze in Russland

Ukraine drängt Mongolei zur Festnahme von Putin

Putin verliert mehr als 613.000 Soldaten im Ukraine-Krieg

Mainstream-Pressespiegel vom 3.9.2024. Der Tyrann im Sinkflug! In Kürze erleben wir seine Bruchlandung. Die Helden greifen an: Massiver Drohnen-angriff über Moskau: Feuer, Explosionen, Elend. Die Bolschewiken an der Front erleiden „Panzer-Schlappen". Oder ihnen werden mal so eben sieben Panzer geklaut. Das Ende der Russki-Panzer-Armada naht: Mit 4.000 Javelin-Raketen wird der Heldenpräsident den Rest schrottreif schießen. Zeitgleich werden Flugplätze angegriffen sowie die Energieversorgung weggeschossen. Ja, die Wut des Heldenpräsidenten ist groß. Jetzt haben sich auch die Ösis aufgerafft, dem Iwan den Stinkedinger zu zeigen. Der hat sich erdreistet, deren berühmtesten Reichsbürger, Adolf H., zu plagiie-ren. Geklärt werden muss jetzt die Frage, wie wir nach dem Sieg mit dem Rest des Tyrannen-Regimes umgehen. Habe ich „Qualitätsmedien" ent-nommen. Soll ich es glauben? Oder besser nicht?

Putin im Sinkflug

03.09.2024

Moskauer Raffinerie und Kraftwerk stehen in Flammen

Massiver ukrainischer Drohnenangriff trifft Moskau

Putins Truppen erleiden Panzer-Schlappe

Verluste für Wladimir Putin: Ukraine-Brigade klaut Russland sieben Panzer

Verluste durch Wunderwaffe: 4000 Javelin-Raketen sollen Putins Panzer knacken

Selenskyj will Flugplätze angreifen

Ukraine attackiert mit massivem An-griff russische Energieversorgung

Wie soll man langfristig mit Putins Regime umgehen?

Österreich ringt sich zur Abkehr von Russland durch

Selenskyjs Wut ist groß

Hitlers Überfall ähnelt Putins Invasion

Die Märchenstunden der deutschen Medien

Mainstream-Pressespiegel vom 4.9.2024. Frechheit: Der Mongole ignoriert den Haftbefehl gegen den Tyrannen. Nun muss der Heldenpräsident anderweitig für „Schwierigkeiten" sorgen. Der Erfolg kratzt am Ego des Tyrannen. Denn der Heldenpräsident beweist Dominus-Kompetenz: „Es muss richtig weh tun". Die EU reagiert devot und liefert alles für den Suizid. Der SM-Trend geht aber zu „Russen gegen Russen". Polskis bilden Russkis aus, die ihren Landsleuten Schmerz zufügen wollen. Ausgebildet wird gemäß Nato-Lehrbuch: „Töten für den Frieden"! Der Tyrann meint, diese „Mission" sei pure Provokation. Deshalb will er uns „das Licht ausknipsen". Schafft er nie, weil wir uns per „Kriegstourismus" über sein militärisches Unvermögen weiterbilden. Die Bildungstour lohnt doppelt: Günstig zu buchen ist z.Zt. Fremdbesamung im Kriegsgebiet. So kann man sich nach neun Monaten einen süßen Mini-Helden mit dem FLIXBUS ins Reihenhaus abholen. Habe ich „Qualitätsmedien" entnommen. Soll ich es glauben? Oder besser nicht?

Mongolei ignoriert Haftbefehl gegen Russlands Präsidenten

Putins Schwierigkeiten

Erfolg der Ukraine-Offensive: Kursk-Schlappe kratzt an Putins Image

EU will Kyjiw weiter Waffen liefern

Selenskyj: Russland muss den Krieg spüren

Russen gegen Russen

Ausbildung nach dem NATO-Lehrbuch

Provokation für Putin? EU uneins über Mission in der Ukraine

„Putin wird versuchen, uns das Licht auszuknipsen"

04.09.2024

Reisen in die Ukraine: "Wir verzeichnen wachsendes Interesse am Kriegstourismus"

Ein deutsches Paar erfüllt sich in der Ukraine den Kinderwunsch

Mainstream-Pressespiegel vom 5.9.2024. Ein „Anflug von Panik" im Kreml. Das Totenglöckchen bimmelt. Der Heldenpräsident, voll cool: „Alles läuft nach Plan". Dem Tyrannen fehlen schlichtweg Kämpfer, um die „horrenden Verluste" auszugleichen. Da hilft auch das Kreml-Gejammer im TV nicht weiter. Wegen der kaputtgeschossenen Infrastruktur im Iwan-Reich steht den Russkis ein „harter Winter" bevor. Die Aggressoren werden erbärmlich frieren. NATO-Mitglied Polen will über der Ukraine alles abschießen, was an Bolschewiken am Himmel frei herumfliegt. Sehr gut: Denn mit letzter Kraft beschießt der Iwan nur noch Menschen, die sich nicht wehren können: Gläubige, Waisen, Hochbetagte und Kinder. Bah – widerlich! Deshalb: Drohnenschwärme vernichten das letzte Aufbäumen des Tyrannen. Habe ich „Qualitätsmedien" entnommen. Soll ich es glauben? Oder besser nicht?

„Anflug von Panik" im Kreml | 05.09.2024

Selenskyj: Kursk-Operation "verläuft nach Plan"

Horrende Verluste für Russland im Ukraine-Krieg

Russland fehlen in Kursk vor allem frische Soldaten

Putins Gefolge jammert im Staats-TV

Russische Bevölkerung könnte harten Winter vor sich haben

Polnischer Außenminister will russische Drohnen über Ukraine abschießen

Russische Rakete zerstört Moschee

Russen bombardieren Waisenhaus

Pflegeheim von Russen beschossen

Russischer Raketenangriff beschädigt Kinderkrankenhaus

Wie die Ukraine mit Drohnenschwärmen Erfolge erzielt

Die Märchenstunden der deutschen Medien

Mainstream-Pressespiegel vom 6.9.2024. Die „bösen Überraschungen" für den Iwan reißen nicht ab. Von deutschen Politikern diplomatisch „Abschaum" genannt, werden sie die Zeche zahlen! Die Amis beteiligen sich aktiver denn je. Ihre Bomben „reißen" Stellungen des Feindes nieder. Der Tyrann hat jetzt schon Angst vor dem Atomkrieg, den die Amis derzeit im Wilden Westen proben. Zunächst geht's aber konventionell weiter: Statt 'Roter Rosen' lässt der Heldenpräsident „Drachenfeuer" über Bolschewiken „abregnen". Raketen-Drohnen werden Flugplätze „pulverisieren". Die Bolschewiken erschießen sich der Einfachheit halber gegenseitig. Der Tyrann bekommt scheinbar von allem nichts mehr mit. Er sucht als „Oberlehrer" einen Hauch von Anerkennung. Der Heldenpräsident hingegen trifft heute die Kriegs-Elite in Ramstein. Der Mann hat eben Weltformat! Deshalb fliegt unser Kanzler hin. Will er aus erster Hand zu erfahren, wie der US-Weltkrieg im Einzelnen ablaufen soll? Habe ich „Qualitätsmedien" entnommen. Soll ich es glauben? Oder besser nicht?

06.09.2024

Böse Überraschung für Russland

"Der russische Abschaum wird bezahlen"

Mit US-Bomben gegen Stellungen der russischen Armee

Neue Raketen-Drohne soll russische Flugplätze pulverisieren

Neue Drohne lässt „Drachenfeuer" auf russische Truppen regnen

Russland sieht Atomwaffen-Experimente der USA während des Ukraine-Krieges mit Sorge

Putins Spezialeinheit schießt auf Russen – wohl nicht zum ersten Mal

Putin schlüpft in die Rolle des Oberlehrers

Bericht: Selenskyj kommt zu Ukraine-Treffen in Ramstein

Scholz und Selenskyj treffen sich in Frankfurt am Main

MEIN KRIEGSTAGEBUCH ***2024***

Mainstream-Pressespiegel vom 7.9.2024. Na endlich: Die Jahre des Laien-spiels sind vorbei. Der Tyrann sieht sich im Krieg mit den Amis. Der Ami hat mit dem Helden-Centurio gedealt. Kurz danach schmeißt der Helden-präsident mehr als die Hälfte seiner Regierung raus. Sogar der Außenmi-nister muss den Schreibtisch räumen. Diplomatie-Koryphäe Annalena ist erschüttert: Er war ihr „so nah"...Hmm? In Ramstein wurde gestern alles Weitere besprochen. Jetzt werden US-Langstrecken-Raketen geliefert. Alles muss schnell gehen, bevor der zukünftige Präsident auf die Idee kommt, den Weltkrieg abzusagen. Der Tyrann lässt trotz aller Drohungen nicht locker: 50 Tote gehen auf sein Konto. Prompt rächen sich die Helden und befördern weit über 1.000 Bolschewiken ins Jenseits. Ja, die Drohnen-angriffe tun dem Iwan richtig weh. Jetzt sucht der Blender sein Heil im Atomkrieg. Das juckt den Heldenpräsident nicht die Bohne. Er lässt seine Elite-Einheiten „von der Leine": Grrr...! Habe ich „Qualitätsmedien" ent-nommen. Soll ich es glauben? Oder besser nicht?

Moskau sieht USA als Kriegspartei

US-Verteidigungsminister empfängt ukrainischen Amtskollegen

Mitten im Ukraine-Krieg: Selenskyj baut Regierung um

Ukrainischer Außenminister tritt ab – Baerbock reagiert emotional

07.09.2024

Putin lässt nicht locker

USA dürften nun auch Langstreckenraketen an die Ukraine liefern

Ukraine beklagt mehr als 50 Tote

Verheerende Opferzahlen – Russland verliert weit über 1000 Soldaten

Russland will Atomwaffen-Strategie ändern

Trump prahlt mit Plan für "garantiertes" Ende des Ukraine-Krieges

Drohnenangriffe tun Russland weh.

Die Ukraine lässt ihre Elite-Einheiten von der Leine

Mainstream-Pressespiegel vom 8.9.2024. Seit Ramstein steckt der „Schock" im Iwan: Sie werden vom Heldenpräsidenten „gezwungen", sich zu ergeben. Die Zeit spielt gegen den Tyrannen. Die Wahrscheinlichkeit, dass es mit dem III. Weltkrieg klappt, ist hoch. Mit diesem Ziel vor Augen, gibt's vom Kanzler und von Centurio alles 'für lau', was so ein Weltkrieg braucht. Auch die Tommys lassen sich nicht lumpen. Zusätzlich werfen die Amis ¼ Mrd. aus dem Nichts gezauberte $ in den Pott. Selbst die Italienerin macht Bella Figura und sichert dem Heldenpräsidenten das letzte Hemd zu. Sie alle pokern, dass der Sieg über den größten Rohstoff-Lieferanten der Welt schon bald verkündet wird: Denn der Tyrann verliert massenhaft Männer und Material. Ab sofort geht's fixer, denn „fliegende Maschinengewehre" werden ab morgen bei der Iwan-Hetzjagd eingesetzt. Habe ich „Qualitätsmedien" entnommen. Soll ich es glauben? Oder besser nicht?

Schock für Putins Soldaten

„Wir müssen Putin zum Frieden zwingen", sagt Selenskyj in Ramstein

08.09.2024

„Wir müssen Putin jetzt zeigen: Die Zeit spielt gegen Dich"

++ Scholz sagt weitere IRIS-T-Flugabwehrsysteme zu++

„Hohe Wahrscheinlichkeit für dritten Weltkrieg"

Pistorius sagt Ukraine zwölf weitere Panzerhaubitzen zu

Fliegendes Maschinengewehr gegen russische Truppen

Großbritannien liefert Hunderte Flugabwehrraketen an Ukraine

Meloni sichert Selenskyj anhaltende militärische Unterstützung Italiens zu

USA geben weitere 250 Millionen Dollar

Putin verliert Männer und Material

Mainstream-Pressespiegel vom 9.9.2024. Der US-Präsident in Lauerstellung „warnt" vor dem III. Weltkrieg? Ja sieht der denn nicht, wie wichtig dieser Krieg ist, um die „Todeswelle" zu stoppen? Im Gegensatz zu den properen Junghelden sind die Jung-Bolschewiken völlig verroht. Allein deshalb muss der Iwan weg. Zögerlichkeit kann riskant sein! Läuft alles wie geschmiert: Eine neue Waffe richtet den Iwan zugrunde. Im 'Kill House' lernen die jungen Helden das Töten. Aufblasbare Panzer sind der neueste Schrei, wie auch die Kiewer Herbst/ Winter-Mode, mit der die Unverwundbaren gegen Moskau „trotzen". Im Europarat wird über ein Sondertribunal gegen den Tyrann lamentiert. Wahnsinn! Nur noch schnell der Weltkrieg gewinnen, danach wird aus dem Iwan-Reich ein US--Satellit. Jetzt wissen wir dank Hofreiter auch, wer die Kriegs-Protagonisten sind: AFD und die Salon-Linke Sahra vom BSW. Huch! Habe ich „Qualitätsmedien" entnommen. Soll ich es glauben? Oder besser nicht?

Putins Todes-Welle schwappt über die Ukraine

Trump warnt vor dritten Weltkrieg

Verroht durch den Krieg: Junge Russen rasten immer öfter aus

Zögerlichkeit kann riskant sein

09.09.2024

Neue Waffe gegen Putin

Aufblasbare Panzer gegen Putin

Mode, um Moskau zu trotzen

Im "Kill House" lernen Ukrainer das Töten

Ukraine greift Schwarzmeerflotte in neuem Hafen an

++ Europarat diskutiert Sondertribunal zum Angriffskrieg

»Die AfD und das BSW sind die wahren Kriegstreiber«

"Russland wird einmal eine Demokratie sein"

Die Märchenstunden der deutschen Medien

Mainstream-Pressespiegel vom 10.9.2024. Der Tyrann ist „entsetzt": Die Helden haben in Afrika eine zweite Front eröffnet. Es soll schließlich ein Weltkrieg werden, der diesen Namen verdient. Russland - größtes Land der Welt - ist in „ein unermesslich tiefes Loch gefallen". Oberhalb des Loches räumen die Helden auf: Sie feuern auf den Rest der Schwarzmeer-Flotte. Sie fackeln die letzten Stellungen und Munitionslager ab. In einer Nacht haben sie 60 der letzten Drohnen schrottreif geschossen. Dazu die Probleme „im Loch": Ein ganzes Dorf ist geeint im Widerstand. Klasse! Doch so kurz vor dem Sieg macht unser Kanzler plötzlich einen auf AFD = Hat der Lack geschnüffelt? Als ob der Heldenpräsidenten da mitmachen würde! Mit dem „kranken Hirn" des Tyrannen will der nix' zu tun haben. Habe ich „Qualitätsmedien" entnommen. Soll ich es glauben? Oder besser nicht?

Putin entsetzt   10.09.2024

Ukraine soll zweite Front in Afrika eröffnet haben

Ural-Dorf wagt den Widerstand gegen Putin

Ukraine feuert See-Drohnen auf seine Schwarzmeerflotte

„Russland ist in ein Loch von unermesslicher Tiefe gefallen"

Russlands Stellung mitten im Wald abgefackelt

Ukraine schießt in der Nacht 60 russische Drohnen ab

„Das ist jetzt der Moment": Scholz für Ukraine-Friedenskonferenz mit Russland

Selenski zu Putins Frieden-Idee: "Er hat krankes Hirn"

Ukraine-Krieg: Verluste für Russland - Munitionslager geht in Flammen auf

Selenski lehnt Einfrieren des Krieges ab

Mainstream-Pressespiegel vom 11.9.2024. Mayday: Killer des Tyrannen stehen bald vor Deiner Türe. Deutschland wird angegriffen. Wir müssen unsere „Beschützer" um Hilfe bitten: Atomare US-Langstreckenraketen sind die Rettung. Sonst ist die „US-Weltordnung in Gefahr". Europa wird „Feuer unterm Dach" bekommen. Der Heldenpräsident ist uns um Längen voraus: Er plant eine „unterirdische Waffenproduktion." Bis die fertig ist, beliefern wir ihn oberirdisch „bis zum Sieg". Menschlich betrachtet, helfen wir dem Iwan aus der „Russenhölle" heraus. Denn das Land leidet: Der Tyrann bestraft protestierende Teenager, gönnt den Bolschewiken nicht mal das Handy. Jetzt ist seine Waffenfabrik in Flammen aufgegangen. Es gibt keine Munition mehr. Bei uns boomt das Wirtschaftswunder 2.0: Rheinmetall wird globaler Rüstungs-Champion! Noch eine erfreuliche Nachricht: „In 100 Jahren sind wir kriegstauglich!" Habe ich „Qualitätsmedien" entnommen. Soll ich es glauben. Oder besser nicht?

Putins Killer aktiv

II.09.2024

Deutschland wird angegriffen

Geheimdienstchefs von CIA und MI6 sehen "Weltordnung" in Gefahr

Protest gegen den Krieg

So hart bestraft Putin russische Teenager

Wenn Putin mit diesem Krieg durchkommt, dann ist Feuer unter dem Dach in Europa.

Selenskyj plant unterirdische Waffenproduktion

Waffen liefern bis zum ukrainischen Sieg

Putin-Geisel berichtet aus Russenhölle

Russische Soldaten müssen ihre Smartphones zerstören

Keine Sorge: In 100 Jahren ist die Bundeswehr abwehrbereit

Putins Waffenfabrik in Flammen: Drohnen-Angriff der Ukraine vernichtet Russlands Munition

Rheinmetall soll unser globaler Rüstungschampion werden

Mainstream-Pressespiegel vom 12.9.2024. Überall stößt der Tyrann auf Ablehnung: Für Frauen ist er aggressiv, chauvinistisch, sexistisch. Für den CIA ist er „überheblich und selbstgefällig". Der wird sich noch wundern: An der Front schießen die Helden ihm den Fuhrpark zu Schrott, vernichten Pontonbrücken und greifen 'mit Schmackes' Südrussland an. Der Start des Weltkrieges ist in Sichtweite: Was für ein gelungener Zufall, dass die Provokationen des Iwan an den Grenzen zur NATO plötzlich ansteigen. Im Nato-Land Rumänien „herrscht bereits Krieg". Andere Nato-Länder werden mit Russki-Drohnen überflogen. Deren Flugzeuge verletzten NATO-Luftraum. Alles plausible Gründe, sich noch vor der US-Wahl „zu verteidigen" und den Goldesel zu plündern. Die Holländer rüsten bereits mit Panzerflotten auf. Wir sind weiter und installieren Raketen, um Europa „zu schützen". Habe ich „Qualitätsmedien" entnommen. Soll ich es glauben? Oder besser nicht?

Front gegen Putin

„Putin war von Anfang an aggressiv, chauvinistisch und sexistisch"

CIA-Chef bezeichnet Putin im Ukraine-Krieg als „überheblich und selbstgefällig"

Rekord-Verlust für Putin: Offensive kostet Russland fast 200 Fahrzeuge an einem Tag

12.09.2024

Ukraine vernichtet Russlands Pontonbrücken

Ukraine trifft erneut Ziele in Südrussland

In Rumänien läuft die Suche nach Drohnentrümmern: „Wir haben einen Krieg an der Grenze"

Russen-Drohnen überfliegen zwei Nato-Länder

Niederlande rüsten massiv auf - eigene Panzer-Truppe geplant

Wie Iris-T künftig Deutschland und Europa schützen soll

Russische Flugzeuge verletzen wohl Nato-Luftraum

Mainstream-Pressespiegel vom 13.9.2024. Der Tyrann wagt sich nicht mehr vor die Türe. Aufgebrachte Heldinnen drohen ihm mit dem Nudelholz! Wurde diese neue Waffen-Gattung ebenfalls verdoppelt? Tusch: Die Helden bringen den Krieg zum Iwan. An ihren „großen ukrainischen Luftangriffen" verzweifelt der Bolschewik. Seine Verluste sind „dramatisch". Komplette Panzer-Divisionen „zittern" vor dem „Springteufel-Effekt". Große Schäden gabs an der Luftwaffenbasis. Ab sofort dürfen Helden NATO-Waffen auch offiziell im Russki-Riesenreich einsetzen. Die militärische Laienspielschar aus Holland hat sich auf den Ami-Deal zur Eskalation verständigt. Zeitgleich zeigen sich die Helden „großmütig": Sie spüren "keinerlei Rache-Durst". So cool! Doch Vorsicht: Der Iwan ist „die größte Bedrohung für Frieden". Wir haben gestern schon mal Weltkrieg geübt und einen „Testlauf" gemacht.Die Flucht in den Keller funktioniert. Habe ich „Qualitätsmedien" entnommen. Soll ich es glauben? Oder besser nicht?

Mit dem Nudelholz gegen Putin

Ukraine trägt Krieg vor Putins Haustür

Kiew: Haben Waffenproduktion verdoppelt

„Ukraine bringt Krieg nach Russland"

Russland "größte Bedrohung für Frieden"

Russland meldet großen ukrainischen Luftangriff

FAQ Testlauf für Alarmstrukturen

Was am Warntag wichtig ist

13.09.2024

Russlands Verluste im Ukraine-Krieg steigen dramatisch an

Ukraine darf Waffen aus Niederlande in russischem Gebiet einsetzen

Große Schäden an russischer Luftwaffenbasis

Putins Panzer zittern vor „Springteufel-Effekt" im Drohnen-Krieg

„Kein Rache-Durst" – Ukraine gibt sich in Kursk als großmütiger Besatzer

Mainstream-Pressespiegel vom 14.9.2024. Geschafft: Die NATO hat den von den Amis initiierten Stellvertreter-Krieg endlich an der Backe. Grund: Langstrecken-Waffen für die Helden! Unsere „AMPEL" findet Atomkrieg mordsgeil. Der Heldenpräsident spricht seit Ramstein nur noch von „globaler Antwort" = Weltkrieg. Den Amis ist die Nuklear-Gaudi weitere 700 Mio.$ wert. Russisch darf dafür im Acker-Land keiner mehr sprechen. Das kontrolliert die „Sprachpolizei". Der Heldenpräsident wird sogar als „Kriegsherr der Zukunft" gehandelt. Für seinen Triumph „prüfen" Amis & Tommys die Freigabe der Tötungstechnik. Zeitgleich liegt der IWF-Milliarden-„Kredit" für den Waffenkauf bereit. So ein Zufall! Eine „bittere Schlappe" quält indes den Tyrannen: Der Heldenangriff auf Moskau „entsetzt" sein Volk. Überall sterben die Männer weg. Ohne Männer kein Krieg. Habe ich „Qualitätsmedien" entnommen. Soll ich es glauben? Oder besser nicht?

Putin droht Nato bei Ja zu Raketeneinsatz mit Krieg

Ampelpolitiker für Freigabe weitreichender Waffen

Washington sagt Kiew Hilfen über 700 Millionen Dollar zu

Ukraine–Krieg: Selenskyj verspricht „globale Antwort" auf russische Angriffe

Ukrainische »Sprachpatrouillen« sollen gegen Russisch vorgehen

IWF und Ukraine einigen sich auf Milliardenkredit

Kriegsherr mit Zukunft

USA prüfen Freigabe von Langstreckenwaffen für Ukraine

14.09.2024

Großbritannien erlaubt wohl Langstreckenattacken auf Russland

Putin droht bittere Schlappe

Angriff auf Moskau entsetzt Russen

Russland sterben die Männer weg

MEIN KRIEGSTAGEBUCH ***2024***

Mainstream-Pressespiegel vom 15.9.2023. Die Amis sind völlig unbeeindruckt von den Drohungen des Tyrannen. Es gibt kein Zurück mehr! Die nukleare Abschreckung des Iwan ist „am Ende". Selbst Kinder fackeln denen die Hubschrauber ab. Tausende Russkis flüchten. So entsteht ein 'Mini-Russland' in Serbien. Die Amis sehen ihre Erfolge mit Zufriedenheit, werden aber „nachjustieren". Der Heldenpräsident scharrt mit den Hufen: Er will Russkis töten! Im Moment schafft er es mit Drohnen, die tief in Russland für Verderben sorgen. Selbst Panzerangriffe der Bolschewiken scheitern an ihm. Das schärft unsere Jugend, sich am Töten zu beteiligen. Läuft wie geschmiert: Krieg ist ein Riesengeschäft für Blackrock, Rheinmetall und andere US-Vasallen. Habe ich „Qualitätsmedien" entnommen. Soll ich es glauben? Oder besser nicht?

USA zeigen sich unbeeindruckt von Wladimir Putins Drohungen

Es gibt kein Zurück mehr

15.09.2024

Moskaus nukleare Abschreckung ist am Ende

Jugendliche fackeln russischen Hubschrauber ab

Tausende fliehen vor dem Ukraine-Krieg: Mini-Russland entsteht in Serbien

Blinken: Werden Militärhilfe für Ukraine „nachjustieren"

Selenskyj mahnt zur Eile bei Waffenlieferungen

Ukraine schlägt mit Drohnen in Russland zu. Tief in Russland

Verluste für Putin: Video zeigt planlosen russischen Panzer-Angriff

Interesse an der Bundeswehr ist seit dem Ukraine-Krieg gewachsen

Das Ukraine-Geschäft mit Krieg und Wiederaufbau

Die Märchenstunden der deutschen Medien

Mainstream-Pressespiegel vom 16.9.2024. Ist das spannend? Wir debattieren mit Leidenschaft, wann wir wie „auf Russland" losstürmen. Die FDP-Kriegsamazone (ja, die mit der Hartfaserfrisur) ist vollends aus'm Häuschen. Das Töten von Russkis ist sogar vom Völkerrecht gedeckt. Die Waffen, die zum Einsatz kommen, machen den Tyrannen ziemlich fickrig. Gestern hat man ihm - wie immer - 1.000 Bolschewiken/ Tag abgemurkst. Auf los geht's los: Wir wollen die „roten Linien" austesten, ab wann der Tyrann uns ein Bömbchen auf den Reichstag pfeffert. Der Heldenpräsident wird in Kürze den Schlachtplan verkünden. Die Zeit war nie günstiger. Die Wirtschaft des Iwan schwächelt. Kriegsvorbereitungen gibt es auch auf der Pazifik-Seite zu den USA rüber. Die Japse mobilisieren ihre Luftwaffe. Auch im Heldenland gibt es 'Stellungswechsel': Jetzt sitzen die Frauen 'oben'. Habe ich „Qualitätsmedien" entnommen. Soll ich es glauben? Oder besser nicht?

Debatte um Angriffe auf Russland

Strack-Zimmermann drängt

NATO vor direktem Kriegseintritt

Waffeneinsatz in Russland ist laut Pistorius vom Völkerrecht gedeckt

Diese Waffen machen Putin jetzt nervös

Putin verliert erneut mehr als 1000 Soldaten

Senkung nuklearer Einsatzschwelle

Rote Linien austesten

Selenskyj will den USA ukrainischen "Siegesplan" präsentieren

Ukrainische Frauen übernehmen das Steuer

Russlands Kriegswirtschaft soll bald schwächer wachsen

16.09.2024

Tokio mobilisiert Luftwaffe

MEIN KRIEGSTAGEBUCH ***2024***

Mainstream-Pressespiegel vom 17.9.2024. Auf Trump wurde geschossen! Weil er den Krieg beenden will? Ein Helden-Fan ist es gewesen. Vom aktuellen US-Amtsinhaber wird Weltkrieg III um ein paar Wochen verschoben. Die Amis taktieren zunächst „weiter vorsichtig". Außerdem hat der Iwan hat noch zu viel Manpower. Aufgeschoben heißt nicht aufgehoben. Von den 'hilflosen Soldaten' des Tyrannen werden die Helden noch viele wegschießen müssen. Seinen 'Masterplan für den Sieg' will sich der Heldenpräsident in Kürze von White House genehmigen lassen: Raketen als „Game-Changer". Nirgendwo sieht man beim Iwan Erfolge. Vielmehr geht dort „die Angst um". Per Flixbus kann jeder bequem durchs Kriegsgebiet cruisen, um sich vom Helden-Erfolg zu überzeugen. Selbst in der Luft ist der Iwan chancenlos. Deutsche Wehrmacht fängt jeden Russenflieger ab. Sondervermögen haben wir im Überfluss, um den Wiederaufbau bei den Helden zu zahlen. Habe ich „Qualitätsmedien" entnommen. Soll ich es glauben? Oder besser nicht?

17.09.2024

Trump-Attentat wegen Ukraine-Krieg? Was über den Angreifer bekannt ist

Kein US-Strategiewechsel bei Raketen großer Reichweite

Vorerst weiter vorsichtig

Putins hilflose Soldaten

Selenskyjs Masterplan für den Sieg

„Gamechanger"-Raketen gegen Putin

Selenskyj sieht keine russischen Erfolge

Ukrainische Offensive: Geht in Russland die Angst um?

Mit dem Flixbus in den Ukrainekrieg

Putins Panzerbauer prahlen mit T-90-Nachschub an Ukraine-Front

...e müssen ukrainischen Wiederaufbau finanzieren"

Deutsche Luftwaffe fängt mehrere russische Flieger ab

Die Märchenstunden der deutschen Medien

Mainstream-Pressespiegel vom 18.9.2024. Der Tyrann ist „ober-dumm"! Jetzt fehlt dem Dummen neues „Frischfleisch". Und mit „museumsreifen" Bombern kann er auch keinen Krieg gewinnen. Die Helden sind unterdessen auf dem Vormarsch. NATO-Generäle spekulieren, dass sie dem 'Oberdummen' eine Falle stellen. Wir nutzen die Zeit, um die Tötungstechnik zu optimieren. Hinzu kommt ein „Luftverteidigungsschild" über Europa. Daran zerschellen Atombomben. Statt Gebäudeschäden rieselt nur nukleares Fallout runter. Der Kanzler hat noch weitere dolle Ideen: Bei uns lebende Helden sollen den Fachkräfte-Mangel kompensieren. Die Heldinnen gehen bereits mit gutem Beispiel voran und beheben den Fuckkräfte-Mangel. 'Taurussen' will der Kanzler aber als Leistungs-Prämie noch nicht liefern. Die NORDSTREAM-Sprenger sollen vor Gericht. Das versteh', wer will: War doch schlau eingefädelt, um das Gas-Geschäft zu kappen.Habe ich „Qualitätsmedien" entnommen. Soll ich es glauben? Oder besser nicht?

Ein NATO-Luftverteidigungsschild

Russland steht vor Rekrutierungsproblemen

Putins Bomber: Mit welchen museumsreifen Maschinen Moskau die Ukraine bombardiert

Vorstoß in Kursk: Ukraine dringt in neuen Bezirk in Russland ein

"Möglicherweise läuft Russland in eine Falle"

Scholz: „Krieg ist auch aus russischer Sicht ober-dumm"

Scholz lehnt Taurus-Lieferung abermals ab

Scholz will, dass mehr Ukrainer arbeiten

Deutschland muss endlich aufrüsten

„In den Bordellen sind es mittlerweile etwa 50 Prozent Ukrainerinnen"

18.09.2024

Scholz will Nord-Stream-Sprenger in Deutschland vor Gericht stellen

Mainstream-Pressespiegel vom 19.9.2024. Uijuijui: Wir werden „mehr Druck" auf die Russkis ausüben. Der Tommy beginnt und pöbelt den Tyrannen als „imperialistischen Faschisten" an. Ein Kirchenfürst warnt vor dem Monster. Der Kinees wird gleich mit geframt. Auch er will die Welt-herrschaft der Amis zerstören. Olaf S. und Nancy F. (wo ist der A.L.B.-Traum?) zeigen dem Iwan irgendwo zwischen Zarenreich und Reich der Mitte den Stinkefinger: Sie ködern das usbekische Steppenvolk zum Umzug - „zur Beseitigung des Fachkräfte-Mangels". „Umme Ecke" will der Kanzler mit den Kasachen „kooperieren". Sauschlau! Die reich geworde-nen Hirtennomaden begreifen die Chance nicht und behaupten, der Iwan sei „unbesiegbar". Unfug! Der Tyrann ist nervös und faselt nur davon, er würde 2.4 Mio. Bolschewiken ins Rennen schicken. Wie sieht die Reali-tät aus? = Die Helden „ersticken" Gegenoffensiven "im Keim" und greifen Kasernen an. Habe ich „Qualitätsmedien" entnommen. Soll ich es glauben? Oder besser nicht?

Mehr Druck auf Russland

Britischer Außenminister nennt Putin "imperialistischen Faschisten"

Ukrainischer Erzbischof warnt Westen vor Putin

„Xi Jinping und Wladimir Putin wollen die bisherige Weltordnung zerstören"

19.09.2024

Migrations-Deal mit Usbekistan: Fachkräfte rein, Straftäter raus

Scholz will enger mit Kasachstan kooperieren

Kasachstans Präsident zu Scholz: Russland ist unbesiegbar

Putin erhöht Truppenstärke des Militärs auf rund 2,4 Millionen

Waffenfreigabe macht Putin nervös

Ukraine erstickt Russlands Kursk-Gegenoffensive im Keim

+++ 16:56 Ukrainische Luftwaffe greift russische Kaserne an +++

Mainstream-Pressespiegel vom 20.9.2024. Das Leben der Russkis ist 'desolat'. Der gemeine Iwan wird wie Schlachtvieh gehalten. Selbst die Gutmenschen von „Ärzte ohne Grenzen" haben keinen Bock mehr, denen zu helfen. Zu Recht blockiert Herr Sackerbörg Nachrichten aus dem Elends-Land für Rest der Welt. Denn der Iwan will belügen, spalten und destabilisieren. Angst krabbelt in mir hoch! Doch der Heldenpräsident vermittelt den Russkis und uns das wahre Bild des Grauens: Wir erfahren von ihm, dass der Tyrann Gefangene „mit dem Schwert hinrichtet"! Und dass er beim Schamanen „in Hirschblut badet". Außerdem betreibt der Iwan eine „Troll-Fabrik", die Lügen im Akkord herstellt. Huch! Der Heldenpräsident hat deshalb einen neuen Plan ausgeheckt, der zu 90 % fertig ist. Toll! Es ist „das Ende". Anders ausgedrückt „der Abgesang" des Tyrannen. Habe ich „Qualitätsmedien" entnommen. Soll ich es glauben? Oder besser nicht?

Menschenrechtslage in Russland ist desolat

20.09.2024

Ärzte ohne Grenzen stellt Arbeit in Russland ein

Facebook-Konzern Meta sperrt russische Staatsmedien

Moskau will den Westen mit Desinformation systematisch spalten und destabilisieren

Selenskyj will den Russen echtes Bild vom Krieg verschaffen

Putin barbarisch: „Gefangener mit Schwert hingerichtet"

Putin im Reich der Schamanen: Gerücht über Bad in Hirschblut

Russische Trollfabrik inszenierte Unfallvideo mit Harris

Ende des Ukraine-Kriegs: Selenskyjs Friedensplan „zu 90 Prozent fertig"

„Was wir hier beobachten, ist Putins Abgesang. Es ist sein Ende"

MEIN KRIEGSTAGEBUCH ***2024***

Mainstream-Pressespiegel vom 21.9.2024. Das Trampolin-Talent ist mit Verve in den Krieg gehupft. Die „Gute" steht „in der Arktis" ihren Mann und fightet dort gegen den Tyrannen. Die „böse" Sahra hingegen will die Helden „der Gewalt ausliefern". Die 'Gute' macht zusätzlich 100 Mio. € für Heizung & Warmwasser locker, während der Centurio um Milliarden fürs Russki-Töten betteln muss. Ursel von der EU ist schlauer. Sie klaut dem Iwan die Rubel und schenkt sie den Helden. Da lässt sich die AMPEL nicht lumpen und wirft 400 Mio. € in die Weihnachtskollekte zur Welt-kriegs-Finanzierung. Gut investiertes Geld: Die Helden stehen bereits im Moskauer Speckgürtel. Hier machen sie zunächst den Atombomber-Stütz-punkt platt, während der Iwan zum x-ten-Mal mit einer Großoffensive scheitert. Weil alles so gut läuft, schießen sie zusätzlich ein Militärdepot bei Moskau weg. 30.000 Tonnen Munition brennen ab. Ganz Kiew „feixt" sich eins. Habe ich „Qualitätsmedien" entnommen. Soll ich es glauben? Oder besser nicht?

21.09.2024

Baerbock stellt sich Russland in der Arktis entgegen

Baerbock: 100 Millionen Euro zusätzliche Winterhilfe für Ukraine

Wagenknecht „will Ukraine der Gewalt ausliefern"

EU hilft Ukraine mit 160 Millionen Euro aus Erlös russischer Vermögenswerte

Deutschland will Ukraine weitere 400 Millionen Euro bereitstellen

Pistorius hofft auf frisches Geld für Waffenhilfe

Als der Krieg ins Moskauer Umland kam

Ukraine greift Putins Atombomber-Stützpunkt an

Ukraine-Krieg: Russland scheitert mit Großoffensive

Kiew feixt über Brand

Militärdepot im Nordwesten von Moskau getroffen

Die Märchenstunden der deutschen Medien

Mainstream-Pressespiegel vom 22.9.2024. Der Heldenpräsident drückt aufs Tempo = Prompt steigen beim Tyrannen die Todeszahlen, vor allem im „Fleischwolf". Das Wichtigste aber ist, dass 300 Heldenorte ukrainisch umbenannt werden. Heute schenkt unsere Regierung den Helden für 1.4 Mrd. neues Kriegsspielzeug zu Weihnachten. Ursel und die EU meinen, dass der Iwan damit „im eigenen Land" getötet werden muss. Deshalb ist sie zum x-ten Mal Heldenpräsidenten gejettet. Läuft da mehr? Sie verspricht ihm 35 Mird. an Kriegs-Mitgift. Die Helden machen jetzt erstmals bei der NATO mit. Tolle Provokation! Hoffentlich lässt der Tyrann sich zum Nuklear-Angriff anfixen. Das Pentagon hat analysiert, wie schnell wir weg vom Fenster sind. Fazit: „Besuchen Sie Europa, solange es noch steht". Ob der US-Präsident die Studie gelesen hat, ist nicht bekannt. Er folgt aber dem Ratschlag und besucht in Kürze Berlin. Habe ich „Qualitätsmedien" entnommen. Soll ich es glauben? Oder besser nicht?

22.09.2024

Selenskyj drückt aufs Tempo

Verluste für Russland: Opferzahlen steigen

Neue Zahlen belegen extreme Verluste im Krieg – vor allem in Putins „Fleischwolf"

Parlament in der Ukraine benennt über 300 Orte um

Bundesregierung schnürt neues Waffenpaket für die Ukraine

EU-Parlament: Ukraine Waffen-Einsatz in Russland erlauben

Von der Leyen in Kiew

Von der Leyen will neue EU-Hilfen in Höhe von bis zu 35 Milliarden Euro für Ukraine

+++ 05:32 Ukraine nimmt erstmals an NATO-Übung teil +++

Wenn Biden Berlin besucht, endet eine Ära

"Besuchen Sie Europa, solange es noch steht!" - oder: Das Pentagon lässt die Folgen eines Atomkriegs in Europa abklären

MEIN KRIEGSTAGEBUCH ***2024***

Mainstream-Pressespiegel vom 23.9.2024. Das trifft den Tyrannen bis ins Mark: Der Siegesplan des Heldenpräsidenten ist fertig: „Der Krieg zieht die Verrückten an". Aha! Deshalb ist er auf Akquise im Mutterland des Showbiz unterwegs, um Sponsoren für seine Daily Soap zu werben. Unser Kanzler ist hingereist. Das Drehbuch schreibt vor, das dem Iwan der „schwarze Peter" untergeschoben wird. Der Tyrann hyperventiliert und tönt 'rum, dass wir Deutsche für ihn 'leichte Beute' wären. Da kennt er Schwergewicht Ricarda Lang schlecht: Die will noch in zehn Jahren den Despoten „knallhart" mit Waffen bekämpfen. Geld dafür ist genug da. Der Centurio hat es "plötzlich gefunden": 400 Mio. Der 'ehrliche' Deutsche ginge damit zum Fundbüro! Ein Tyrannen-Kumpel hat Recht, wenn er die aktuelle Situation als „Basis zum Start eines Atomkrieges" einschätzt. Dann wäre der Spuk mit dem Iwan binnen drei Tagen vorbei. Habe ich „Qualitätsmedien" entnommen. Soll ich es glauben? Oder besser nicht?

Das trifft Putin ins Mark

Ukraine: Der "Siegesplan" von Wolodymyr Selenskyj

Der Krieg zieht die Verrückten an

Selenskyj trifft Biden, Harris und Trump bei USA-Besuch

Scholz trifft Selenskyj in New York

"Wir müssen Russland den schwarzen Peter zuschieben"

»Der Kreml stuft Deutschland als leichte Beute ein«

Lang macht knallharte Putin-Ansage – und würde auch in 10 Jahren noch Waffen liefern

Wie **Boris Pistorius** plötzlich Geld fand

Putin würde Krieg gegen die Nato in drei Tagen verlieren

Putins Propagandist sieht „Basis für Start eines Atomkriegs"

23.09.2024

274

Mainstream-Pressespiegel vom 24.9.2024 Der Heldenpräsident wird den Siegesplan bis Silvester durchziehen. Alles ist beim Ami und seiner NATO eingestielt. Einmal so ein richtiges Atom-Bumbum – das war's dann. Wenn wir es nicht machen, lässt der Tyrann die AKWs bei den Helden hochgehen. Denn der Iwan ist das Böseste, was die Welt kennt: Er foltert, er tötet, er bombardiert Altenheime. Mit einem hat nicht gerechnet: Die Helden nutzen Munition vom Inder! Da kann er noch so „erzürnt" sein. Damit hat der Iwan in nur zwei Monaten 70.000 Bolschewiken erschossen. Meistens schlagen sie im Dunklen zu und vernichten den Feind in Akkord. Mit dem innovativen Bodenroboter 'Fury' heben sie die Schützengräben aus. Zeitgleich raubt Ursels EU dem Iwan die Milliarden und beklaut den Tyrannen. Habe ich „Qualitätsmedien" entnommen. Soll ich es glauben? Oder besser nicht?

24.09.2024

«Siegesplan»: Selenski will Krieg noch dieses Jahr beenden

Ukraine-Beschluss: „Weltkrieg-Atombumm"

Einsatzplan im Krieg gegen Russland steht fest

Ukraine warnt: Russland plant Angriff auf Atomanlagen

Russland bombardiert Altenheim

Russen foltern und töten

Ukraine nutzt indische Munition – Russland erzürnt

Putins Blutzoll: 70.000 Soldaten in zwei Monaten verloren

„Fury" hebt Putins Schützengraben aus

Sie schlagen im Dunkeln zu – und zerstören Putins Verteidigung

EU entzieht Russlands Wirtschaft Milliarden – und will Putin-Vermögen für die Ukraine

Mainstream-Pressespiegel vom 25.9.2024. Wie will der Tyrann den Krieg gewinnen mit einer „hilflosen" Armee? Die können nix, außer volltrunken im Nahverkehr Iwankas zu belästigen. Mit der Gurkentruppe will er uns „unterjochen"? Niemals! Jetzt hat der Heldenpräsident ihm erneut eine Friedenskonferenz angeboten - und eine Absage kassiert. Deshalb muss der Tyrann sich auf einiges gefasst machen = NATO-Beitritt der Helden plus Weltkrieg. Der A.L.B.-Traum ist ganz scharf auf Atomkrieg und erleichtert, dass die Amis bei uns dafür Raketen in Stellung bringen. Die Helden leisten derweil Vorarbeit: Sie sprengen „reihenweise" Munitionsdepots, zerstören Panzer-Konvois, überflügeln den Iwan beim Bau von Drohnen. Nicht mal Raketen kann der Iwan bauen: „Satan" explodierte schon beim Start. Allerdings gibt auch am Westen was zu meckern = Die Munition ist 'scheiße', sonst hätten die Helden längst gewonnen! Habe ich „Qualitätsmedien" entnommen. Soll ich es glauben? Oder besser nicht?

Putins hilflose Soldaten

Russinnen berichten von Belästigung durch betrunkene Soldaten in öffentlichen Verkehrsmitteln

Putin möchte den Westen unterjochen

Moskau sagt Teilnahme an Selenskyjs Friedensgipfel ab

„Die NATO-Mitgliedschaft der Ukraine wird zum Frieden führen"

Baerbock bekräftigt Ukraine-Kurs

»Ich bin erleichtert, dass die Amerikaner diese Waffen bei uns stationieren«

Kiews Drohnen jagen reihenweise Putins Munitionsdepots in die Luft

Drohnen zerstören russischen Panzer-Konvoi

Ukraine will Russland bei Drohnenproduktion überflügeln

„**Satan" explodiert: Kreml will peinlichen Raketen-Fehlschlag vertuschen**

Ukraine klagt über schlechte Munition aus dem Westen

25.09.2024

Mainstream-Pressespiegel vom 26.9.2024. Jetzt bekommt der Tyrannen Mörderangst! Unser Rhetorik-Talent wird ihn das Fürchten lehren! Sie schmiedet eine Allianz gegen ihn. Wow: Das ist mal 'ne Ansage! Sein Ende naht! Der Heldenpräsident weiß genau, was im Herbst zu tun ist: Die Helden werden siegen, Horrido! Deshalb rücken sie mit weitreichenden Waffen auf das Gebiet der Russkis vor. Doch der Tyrann trotzt und will sein Ende nicht akzeptieren. Deshalb hat er eine „Klatsche" verdient = Die Amis werden ihn mit Gleitbomben töten. Rein vorsorglich haben die Helden ein Waffenlager vom Korea-Kim hochgehen lassen. Peng und weg! Tja – der Iwan hat sein Kriegsziel verfehlt. Bei den Russkis kippt die Stimmung. Damit ist klar: Der Einmarsch des Tyrannen entpuppt sich als „Rohrkrepierer". Habe ich „Qualitätsmedien" entnommen. Soll ich es glauben? Oder besser nicht?

Putin „hat große Angst"

Wie Annalena Baerbock eine Allianz gegen Wladimir Putin schmiedet

Selenskyj: Herbst entscheidend für weiteren Kriegsverlauf

Ukraine wird gegen Russland siegen

Diese weitreichenden Waffen hat die Ukraine

Es ist Russland, das nicht reden will

Soldaten rücken auf russisches Gebiet vor

„Schockwaffe" gegen Putin? USA wollen Gleitbomben liefern

"Russland hat sich heftige Klatsche eingeholt"

Ukraine traf offenbar Waffenlager mit nordkoreanischer Munition

26.09.2024

Kriegsziele verfehlt: Russlands Stimmung gegen Putins Krieg kippt

Putins Rohrkrepierer

Mainstream-Pressespiegel vom 27.9.2024. Der Tyrann verliert die Nerven. Denn der Gottgesandte verspricht, ihn zum Frieden zu „zwingen". Es muss Schluss sein, dass er ununterbrochen foltert. Außerdem ist der dermaßen pleite, dass er seine Toten als „vermisst" meldet und danach verbuddelt, um Kosten zu sparen. Der Satansbraten zuckt aber immer noch nicht beim Thema Frieden. Das wird er bereuen! Zunächst werden Iwan und Bela-Russkis von der Schach-WM entfernt. Huch! Ferner liefert unsere Jodel-fraktion Radarsysteme, die den Bolschewiken den Flug übers Acker-Land vermiesen. Mit der Zerstörung von Munitionslagern hat der Heldenpräsident denen alle Chancen genommen. Der Ami kümmert sich um den Rest. Er fordert „schärferes Vorgehen" gegen Staaten wie Indien, Brasilien, China ff. Auch für Kölner Jecken gilt: Obacht! Der Ami mag keine „Dreigestirne". Habe ich „Qualitätsmedien" entnommen. Soll ich es glauben? Oder besser nicht?

Russland verliert die Nerven

Selenskyj verspricht Sieg: Er will Putin zum Frieden „zwingen"

27.09.2024

UN-Bericht wirft Russland Folter vor

+++ 07:38 Russische Gefallene werden wohl vergraben und als vermisst gemeldet, um Kosten zu sparen +++

"Siegesplan" von Selenskyj lässt Putin kalt

Schach - Russland und Belarus bleiben suspendiert

Flugabwehr gegen Putin: Radare aus Bayern gehen an die Ukraine

Langfristige Wirkungen im Ukraine-Krieg durch Treffer in russische Munitionslager

Blinken fordert schärferes Vorgehen gegen Russland-Helfer

Blinken warnt vor Dreigestirn Russland, Nordkorea, Iran

Die Märchenstunden der deutschen Medien

Mainstream-Pressespiegel vom 28.9.2024. Auweia: Sein „Nimbus" bröckelt! Das hat er bestimmt unserer Diplomatie-Koryphäe zu verdanken, die gegen ihn „giftet"! Das hält kein Nimbus aus! Der Chef vom 'Teppichland' stänkert auch gegen den Tyrannen. Und sein Volk lässt ihn ebenfalls hängen. Kriegsziel verfehlt = Abtreten. Aber auch „der Westen" hat versagt, wirft uns der Heldenpräsident im Amiland vor. Er hätte längst gewonnen, wären wir nicht so zögerlich gewesen. Dennoch bleibt das Heldenvolk selbstbewusst: Die gewinnen den Krieg, ohne Frage! Denn dessen Soldaten überschreiten jetzt mit 'eigenen' Haubitzen weitere Grenzen zum Iwan. Der Tyrann rasselt deshalb mit seinem „ Atomsäbel". (Wusste gar nicht, dass sein bestes Stück so bezeichnet wird.) Ist aber nicht unüblich, klärt mich ein Psychologe auf. Denn „Rüpel" wie er suchen sich quasi exhibitionistisch immer neue Opfer zum Erschrecken aus. Habe ich „Qualitätsmedien" entnommen. Soll ich es glauben? Oder besser nicht?

Putins Nimbus bröckelt

Baerbock giftet gegen Putin

28.09.2024

Irans Präsident fällt Putin in den Rücken und verurteilt „russische Aggression"

Kursk als Warnung: Russlands Bevölkerung befürwortet Rückzug aus der Ukraine

Kriegsziele verfehlt: Russlands äußert mehr Kritik an Putin

Psychologe: Rüpel suchen sich immer ein Opfer aus

Selenskyjs „Siegesplan" zeugt vom Versagen des Westens

Ukrainische Soldaten überschreiten Grenze zu Russland

Ukraine setzt auf eigene Haubitzen im Krieg – Putin wird abhängig

Ukraine selbstbewusst: Selenskyjs Volk glaubt weiterhin an Möglichkeit eines Sieges

Putin rasselt wieder mit dem Atomsäbel

Mainstream-Pressespiegel vom 29.9.2024. Endlich stecken wir mittendrin. Der Ober-Ami macht die Biege ins Pflegeheim und lässt seine Abschieds-sause in Berlin ausrichten. In der BRD wird entschieden, wie der Krieg weitergeht. Als Sahnehäubchen gibts 'ne Linie von acht Mrd. Dollar auf die Hand für den Heldenpräsidenten. Es bleibt beim Ziel: Eiserner Vorhang 2.0 geht direkt bis zur Russki-Grenze. Ist klar, dass dem Tyrannen die Muffe geht. Ihm bleibt nur, den Atom-Knopf zu drücken und uns nuklear einzu-heizen. Die Helden waren nur seine Spielwiese. Keiner weiß so richtig, was er hier will. Hier ist doch nix mehr zu holen! Bodenschätze Null. Wirtschaft kaputt, Staatsverschuldung gigantisch, Flüchtlings-Probleme unlösbar, Regierung am Ende. Mag aber sein, dass ihn das bunte Heer vom Centurio schärft! Denn er sucht „händeringend" Frischlinge = 650.000 Russkis sind schließlich tot. Habe ich „Qualitätsmedien" entnommen. Soll ich es glau-ben? Oder besser nicht?

29.09.2024

Biden lädt zu Ukraine-Gipfel in Deutschland ein

Ukraine-Krieg: Biden schnürt Waffenpaket für acht Milliarden

Über den neuen Eisernen Vor-hang wird längst verhandelt

Pistorius: Putin hat "Angst"

Putin droht mit Atom-Knopf

"Für Putins Russland ist die Ukrai-ne nur der Anfang"

Deutsche Wirtschaft wird 2024 erneut schrumpfen

Moskau sucht händeringend russische Soldaten

Putins Verluste: 650.000 Soldaten im Ukraine-Krieg verloren

»PUTIN WILL UNS VERNICHTEN«

Mainstream-Pressespiegel vom 30.9.2024. Der Centurio als Kanzler- das wär's! Die ideale Besetzung für den Weltkrieg. In den Berliner Stoßtrupp 2025 passt auch der A.L.B.-Traum: Die will dem Tyrannen schon seit Anbeginn des Krieges an die Wäsche. Der Heldenpräsident ist zufrieden vom Akquise-Trip zurück. Kamala ist ihm wohlgesonnen. Zu einer 'entsetzten Miene' führte sein Treffen mit Donald. Der will den Krieg beenden = Eine Million Tote seien genug? Niemals. Zum Glück sind alle anderen zuverlässig. Aus der SPD schallt der Ruf: „Alle Kräfte mobilisieren". Die NATO baut vis à vis vom Iwan Militäranlagen aus. Heldenfrauen ziehen 'freiwillig' in den Krieg. Schon gibt's Panzer-Mega-Explosionen beim Iwan. Wegen Drohnen aus China muss sich die NATO keine Sorgen machen. Die werden nur mit Sekundenkleber zusammengehalten. Und der Tyrann ist bald tot. Ein Landsmann droht, ihn zu erschießen. Habe ich Qualitätsmedien entnommen. Soll ich es glauben? Oder besser nicht?

⊞ Olaf Scholz raus, Boris Pistorius rein

30.09.2024

Baerbock mit Friedensplan – und Kritik an Putin

⊞ Selenskyjs entsetzte Miene zu Trumps bösem Spiel

Harris spricht Selenskyj Unterstützung zu

Selenskyj zufrieden mit USA-Besuch

SPD-Politiker Roth fordert mehr Waffen für die Ukraine: „Alle Kräfte mobilisieren"

Nato baut Kommandostützpunkt nahe russischer Grenze

Krieg gegen die Ukraine: Frauen als Freiwillige im Militärdienst

Nato besorgt: Putin produziert offenbar Drohnen in China

Russlands Drohnen nur mit „Sekundenkleber" zusammengehalten

Mega-Explosion von Russen-Panzer

Russland-Soldat droht Putin

MEIN KRIEGSTAGEBUCH ***2024***

Mainstream-Pressespiegel vom 1.10.2024. Mit dem Tyrannen kam am 25.2.2022 „das Monster der Menschheitsgeschichte" zu uns. Deshalb müssen wir die Helden bis zum St. Nimmerleinstag sponsern und bis an die Zähne bewaffnen. Das Monster muss weg – es ist eine Gefahr für die Weltherrschaft der Amis. Alle liefern deshalb artig ab, was ihre Bunker so hergeben: Gleitbomben, Flugabwehr-Raketen, Panzer. Dazu die Anweisung, alles gegen „das Monster" einzusetzen. Der Heldenpräsident schwört, dass auch Donald „auf seiner Seite" steht. Was aber macht der Iwan? Er gibt Kriegsunterricht. Wenn der Nachwuchs später fronttauglich ist, schickt er ihn in den sicheren Tod. So sind sie, die Monster. Sie sollen auch bereits Deutschland ihr Unwesen treiben. Im Garten habe ich noch keine gesichtet. Habe ich „Qualitätsmedien" entnommen. Soll ich es glauben. Oder besser nicht?

Putin brachte „Monster der Menschheitsgeschichte" zurück

»Die Ukraine muss militärisch stark sein«

Ukraine-Krieg: US-Präsident Biden genehmigt Langstreckenwaffe

Australien will Ukraine mit Abrams-Panzern versorgen

01.10.2024

Großbritannien liefert Hunderte Flugabwehrraketen an Ukraine

Litauen befürwortet Einsatz gelieferter Waffen durch die Ukraine gegen Russland

Selenskyj: Trump steht auf der Seite der Ukraine

Russland: Wie der Krieg in die Klassenzimmer einzieht

Russen-Kommandeure schicken ihre Soldaten in sicheren Tod

Wie Putin Deutschland angreift

Mainstream-Pressespiegel vom 2.10 2024. Jetzt kommt sogar unser Hüpf-Talent mit einem „Friedensplan" angesprungen. Ja, machen denn alle einen auf AFD? Merke: Die Russkis sind seit 2022 ein Mafia-Staat: 150 Millionen Mafiosi leben dort! Sie locken für Hungerlöhne und mit falschen Versprechungen „Arbeiter-Armeen" an die Front. Und der Tyrann droht schon wieder mit Atomschlag! Na und? Ja doch, er will sich Deutschland schnappen und spielt seinen Atom-„Trick" aus. Unfug! Die Russkis meinen selbst, dass ihr letztes Stündlein geschlagen hat. Alle Iwans und Iwankas sind verloren! Im Moskau sind Widerstandsbewegungen der Helden unterwegs und killen Tyrannen-Versteher. Tausende Tonnen Munition haben die Helden in die Luft gejagt. Prompt kommt die Retourkutsche: Der Tyrann will tatsächlich wegen die NORDSTREAM-Sprengung durch die Amis eine Klage einreichen = Sachbeschädigung? Habe ich „Qualitätsmedien" entnommen. Soll ich es glauben? Oder besser nicht?

Baerbock mit Friedensplan

Putins Arbeiter-Armee in der Ukraine: Hungerlöhne und falsche Versprechen

02.10.2024

Briten-Minister greift Putin frontal an: Ukraine-Angriff dient nur seinem "Mafia-Staat"

Putin droht mit Atomschlag. Na und?

Pistorius in Litauen: Warnung vor Putin - Ukraine-Krieg könnte erst der Anfang sein

Putins Atomtricks

Die Erwachsenen hält das Regime für verloren

Selenskyj wünscht sich im Oktober „Entscheidungen"

Ukraine-Ticker: Russland plant Klage wegen Nord-Stream-Sabotage

Russland verliert Tausende Tonnen Munition

Widerstandsbewegung der Ukraine: Russischer Oberst nahe Moskau getötet

Mainstream-Pressespiegel vom 3.10.2024. Nochmals: 150 Mio Russkis sind kein Staat, sondern eine 100 %-Mafia. Allerdings leiden sie unter „großen Munitionsverlusten" und malträtieren die eigene Bevölkerung. Auch der Heldenpräsident beklagt den „Terror". Nun haben sie sogar mit „mehreren Drohnen" Kiew belästigt. Denn „Herbstzeit ist Drohnenzeit": Als Strafe befördern die Helden damit Jet-Ski-Russkis ins Himmelreich. Auch die Nordsee Wikinger sind der Mafia überdrüssig. Sie schirmen sich mit einen 198-km-Maschendrahtzaun vom Iwan ab. Militärisch auf der Höhe ist unsere Diplomatie-Koryphäe: Sie klärt auf, dass nur weitreichende Waffen 'über den Minengürtel fliegen'. Wow! Wird sie unsere neue Kriegsministerin? Alles läuft nach Plan: Die Verluste des Iwan sind 3 x so hoch wie bei den Helden. Habe ich „Qualitätsmedien" entnommen. Soll ich es glauben? Oder besser nicht?

Die Waffen der Kreml-Mafia

13.21 Uhr: Briten melden große russische Munitionsverluste

Starmer kritisiert Moskaus Umgang mit eigenen Bürgern

Selenskyj beklagt den „täglichen Terror Russlands"

03.10.2024

Norwegen erwägt Errichtung eines Zauns an Grenze zu Russland

Herbstzeit ist Drohnenzeit

Fataler Schlag gegen Putins Truppen: Drohne schaltet Jetski-Soldaten aus

Verluste Russlands im Krieg sind „dreimal so hoch"

Russland greift Kiew mit mehreren Drohnen an

Baerbock: Weitreichende Waffen wichtig zur Überwindung von Minengürtel

Die Märchenstunden der deutschen Medien

Mainstream-Pressespiegel vom 4.10.2024. Der Kanzler will mit dem Tyrannen telefonieren? Vergebene Liebesmüh'! Olaf Scholz sollte sich lieber am Feldherrn der Smörrebröd-Fraktion orientieren: Dem geht der Tyrann täglich „am Arsch vorbei". Der neue Nato-Chef Rutte hingegen hat jetzt die 'Arschkarte'. Er ist beim Heldenpräsidenten zu Gast. Der liest ihm die Leviten, was seine Mitgliedschaft angeht. Alles wäre so einfach gewesen: Die Letten hätten fast den „NATO-Bündnisfall" gemeldet: Sie verwechselten einen Vogelschwarm mit der Russki-Armada. Pech! Der Heldenpräsident ist schon weiter: Er fordert als „Kraftakt" ein Atom-Bumm-Bumm. Für den Frieden! Auf deutschem Boden wird über diesen Kraftakt in zwei Wochen abgestimmt: Iwan wegbomben, einmarschieren, Schluss mit lustig. Der Tyrann ist bereits „überrumpelt" und gerät zusehends unter Druck. Sein „Blutzoll" ist extrem hoch. Habe ich „Qualitätsmedien" entnommen. Soll ich es glauben? Oder besser nicht?

Scholz will Putin anrufen

Kreml sieht keine Themen für Telefonat

Schwedens neuer Oberbefehlshaber nimmt kein Blatt vor den Mund

04.10.2024

Klopapierrolle mit Putins Konterfei

Rutte besucht Kiew - Selenskyj kritisiert NATO-Partner

Fehlalarm in Lettland: Unbekanntes Flugobjekt war Vogelschwarm

Selenskyj fordert Kraftakt für den Frieden

Selenskyj wünscht sich im Oktober „Entscheidungen"

Russlands Blutzoll weiter extrem hoch

Verluste im Ukraine-Krieg: Putin gerät zunehmend unter Druck

Putins Truppen überrumpelt

MEIN KRIEGSTAGEBUCH ***2024***

Mainstream-Pressespiegel vom 5.10.2024. Rückeroberung des Iwan gescheitert. Eine „Kleinstadt" haben die Helden zu Recht aufgegeben. Zu viel Panzerschrott. Dann hat der Iwan sich das Altmetall eben geschnappt. Die Helden haben zeitgleich ihre Tötungsquote verbessert: 1.300 tote Russkis/ Tag! Der Tyrann versucht nun, sich mit höheren Militärbudget über Wasser zu halten. Chancenlos: Die Unverwundbaren haben die Drohnenproduktion auf „mehrere Millionen p.a." geboostert. Ihre Weisungsgeber haben netterweise in Rumänien die Helden-Ausbildung übernommen. Eine weitere gute Nachricht: Bei uns werden russische Flüchtlinge jetzt konsequent abgeschoben. Wir bevorzugen nahkampf-erfahrene junge Messermänner aus dem Orient. Dann das: Der A.L.B.-Traum empört sich über den BSW-Clan = Sind alle vom Tyrannen gekauft. Die Salon-Kommunistin pöbelt zurück: Stutenbissigkeit? Nein: Der Iwan verhaftet Kinder, foltert und tötet. Er ist „das Monster" Habe ich „Qualitätsmedien" entnommen. Soll ich es glauben? Oder besser nicht?

Russen scheitern mit Rückeroberungs-Ziel

Ukrainisches Militär verlässt Frontstadt Wuhledar

Ukrainische Soldaten sollen bald in Rumänien trainieren

Russland erobert seinen „Panzer-Friedhof"

+++ 20:32 Kiew: Rund 1300 russische Soldaten täglich im September "eliminiert" +++

05.10.2024

Russland erhöht Militärausgaben deutlich

Ukrainische Rüstungsindustrie massiv hochgefahren – Produktion von mehreren Millionen Drohnen möglich

Deutschland schiebt wieder mehr nach Russland ab

Krieg gegen die Ukraine: UN werfen Russland systematische Folter vor

Wagenknecht bezeichnet Baerbock als Sicherheitsrisiko

Ukraine wirft Russland Tötung von Kriegsgefangenen vor

Russland nimmt Minderjährige fest

Baerbock macht russische Propaganda für BSW-Erfolg mitverantwortlich

Mainstream-Pressespiegel vom 6.10.2024. Fangschuss: Das x-te EU-Sanktionspaket gibt dem Tyrannen den Rest. Turbo-beschleunigt wird der Untergang der Russkis durch den „drastischen Anstieg der Kriegskosten". Die Russki-Rezession folgt unausweichlich. Dazu kommen all die unglaublichen Perversionen des Tyrannen: Er jagt und schlachtet seine Soldaten. Niemals vorher hat man so viele Leichen gesehen. Diese weidet er dann persönlich aus und handelt im Nebenerwerb mit den Organen. Bah! Seine Kriegsziele hat er komplett verfehlt. Deshalb vergiftet er mit voller Absicht die Flüsse der Helden. Die Wähler der AFD seien dringend vor dem Monster gewarnt. Wer diese Partei wählt, der wählt Flussvergiftung, Organhandel, Menschenjagd und wirtschaftlichen Untergang. Denn diese „Rechtsextremen" orientieren sich systematisch am Iwan. Himmel hilf! Habe ich „Qualitätsmedien" entnommen. Soll ich es glauben? Oder besser nicht?

EU will neue Sanktionen gegen Russland

06.10.2024

Putins Militärausgaben steigen drastischer als erwartet

Rezession bedroht Russlands Wirtschaft

Putin-Armee jagt und ermordet eigene Soldaten

Russischer Gefangener: „Habe noch nie so viele Leichen gesehen"

Putin: Schrecklicher Verdacht – handelt er mit Organen von toten Ukraine-Soldaten?

Verluste in Russland: Ziel im Ukraine-Krieg wohl verfehlt

Vergiftet Putin mit Absicht ukrainische Flüsse?

Alternative für Russland: Wie sich die AfD systematisch nach Russland orientiert

MEIN KRIEGSTAGEBUCH ***2024***

Mainstream-Pressespiegel vom 7.10.2024. Masochismus pur: Der scheidende US-Präsident Biden bekommt für sein Weltkriegs-Zündeln das Bundesverdienstkreuz. Wieso ängstigt sich eigentlich der Kanzler vor einem Atomkrieg der Amis gegen den Tyrannen? Alle Alt-Parteien schreien doch nach Krieg! Die Unbesiegbaren verkaufen derweil ihre Waffen-Kompetenz auf einer Leistungsschau. Motto: „Was bei uns Russkis tötet, ist gut für die ganze Welt". Dazu der tägliche Live-Act: „Russenjets schrotten"! Ein echter Qualitätsbeweis. Keine Frage: Der Heldenpräsident weiß , wie dem Terror ein Ende gesetzt wird. Am 12. Oktober erwartet er in Ramstein klare Entscheidungen = Der Iwan wird niemals die Weltherrschaft der Amis brechen. Die haben ja nicht einmal genug Artilleriegeschosse und müssen sich jetzt Billig-Söldner vom Kinees pumpen. Habe ich „Qualitätsmedien" entnommen. Soll ich es glauben? Oder besser nicht?

Joe Biden bekommt vor Ukrainegipfel Bundesverdienstkreuz

07.10.2024

„Kanzler Scholz ist übermäßig besorgt über möglichen Atomwaffeneinsatz"

Ukrainische Rüstungsschau zu Kriegszeiten

Ukraine greift nachts mit Drohnen an – und nimmt russische Kampfjets ins Visier

Selenskyj: "Wir können dem russischen Terror ein Ende setzen"

Selenskij fordert gemeinsame Abwehr russischer Raketen und Drohnen

Selenskyj - Russland wird nicht die Oberhand gewinnen

Putins Armee gehen Artillerie-Geschosse für Ukraine-Krieg aus

„Chinesische Söldner" für Russland im Einsatz?

Die Märchenstunden der deutschen Medien

Mainstream-Pressespiegel vom 8.10.2024. Jetzt buhlen drei Wahlverlierer...um mit Salon-Kommunistin Sahra zu koitieren? Anmachspruch: „Wie beendet man diesen Krieg?" Die Kriegsmacher aus USA haben längst die Antwort: Gleitbomben! Der Heldenpräsident will deren Siegesplan in Ramstein verkünden. Der Besuch des Ex-Hollandchef Rutte zeigt Wirkung = Kein Käse aus Holland sondern Drohnen & Kampfjets. Brav! Die Offensive des Iwan gerät ins Stocken. Das Pentagon ist sich sicher: Das Aufbäumen der Bolschewiken ist nur ein Wimpernschlag der Zeitgeschichte. Mit neuem Kanonenfutter tut sich der Tyrann schwer. Nur mit Täuschung und Zwang gelingt es, neue Todeskandidaten zu werben. Unproblematisch läuft es beim Heldenpräsidenten. Da wartet eine halbe Million darauf, sich für die Amis ins Zeug zu legen. Es bleibt dabei: Kein „Kniefall" vor dem Iwan! Wir werden in den III. Weltkrieg ziehen. Habe ich „Qualitätsmedien" entnommen. Soll ich es glauben? Oder besser nicht?

Wie beendet man diesen Krieg?

Ukraine-Krieg: Kretschmer, Voigt und Woidke fordern mehr diplomatischen Einsatz

Jetzt setzen auch die Ukrainer auf Gleitbomben

Mit Geld, Täuschung, Zwang - wie Russland seine Soldaten rekrutiert

Selenskyj will "Siegesplan" in Ramstein vorstellen

Niederlande investieren 400 Millionen Euro in Drohnen für die Ukraine

Niederlande liefern erste F-16-Kampfjets

Russlands Offensive kommt ins Stocken

Selenskyj macht mobil: Bis zu einer halben Million Soldaten will er noch ausheben

US-Experten: Höhepunkt russischer Offensive bald erreicht

Warum es keinen Kniefall vor dem Kriegsherrn Putin geben darf

08.10.2024

MEIN KRIEGSTAGEBUCH ***2024***

Mainstream-Pressespiegel vom 9.10.2024. Stell Dir vor, es 'ist' Krieg! Vor der Konferenz im Hunsrück werden wir darauf eingestimmt. Für den Nachwuchs gibts Motivationsprogramme: „Erwachsenwerden im Krieg". Nur den Kanzler plagen Ängste wegen Atom und so... Quatsch, meint CDU-Röttgen. Als ob 9.000 Atombomben ein Problem wären. Russkis, die eigene Jets abschießen und Drohnen verlieren, sind unfähig, Atomkrieg zu führen. Außerdem hat Rutte für Nachschub bei F16-Kampfjets gesorgt. Der Iwan hat fertig: Er „sehnt" sich nach Frieden. Der Tyrann ist sogar auf den Korea-Kim angewiesen, der ihn mit Munition „füttert". Zur Strafe legen die Helden reihenweise Koreaner um. Der Heldenpräsident hingegen wirkt wie zugekokst: Er erwartet eine historische Woche. Black-Rocker Merz ist ebenfalls im Rausch: Nicht labern, einmarschieren! Schließlich erdreistet sich der Iwan, US-Bürger einzulochen. Habe ich „Qualitätsmedien" entnommen. Soll ich es glauben? Oder besser nicht?

Stell dir vor, es ist Krieg.

09.10.2024

„Jugend, Ukraine, Europa: Erwachsenwerden im Krieg"

Russlands Bevölkerung sehnt sich nach Frieden

CDU-Außenpolitiker Röttgen: Scholz' Angst vor Atomkrieg durch Ukraine-Politik ist unbegründet

Ukraine: Russen schießen eigenen Kampfjet ab

Selenskyj rechnet mit historischer Woche

Russland verliert neuartige Tarnkappendrohne

F-16-Kampfjets von der Nato: Ukraine-Nachschub bei Verteidigung gegen Russland

US-Bürger drohen sieben Jahre Strafkolonie in Russland

Merz derzeit gegen Gespräche mit Russland

Kim Jong-un füttert Russland mit Munition

Nun fallen Kims Soldaten in der Ukraine

Die Märchenstunden der deutschen Medien

Mainstream-Pressespiegel vom 10.10.2024. Was ist los? Ein herbstüblicher Hurrikan hält den Ami-Chef davon ab, die Welt zu verändern? Friedens-Sause verschoben? Wo doch der Heldenpräsident in Siegerlaune anreisen wollte? Jetzt tourt der Heldenpräsident zu unseren zwei Sozi-Chefs. Allein! Man munkelt, sein Siegesplan würde „wanken". Die werden doch wohl nicht den Weltkrieg absagen? Ist doch alles so glaubwürdig inszeniert: Elend beim Tyrannen: Ein Rückschlag jagt den nächsten. Er verliert Elite-Verbände. 660.000 Russkis mussten ins Gras beißen. Weitere 133.000 will er opfern. Wie lange wird er noch durchhalten? Der „Barbar" meuchelt persönlich Gefangene -„mit dem Schwert". Und dann urplötzlich dieser Hurrikan... Alles ist „vom Winde verweht". Schluchz! Habe ich „Qualitäts-medien" entnommen. Soll ich es glauben. Oder besser nicht?

US-Präsident Joe Biden verschiebt wegen Hurrikan Deutschland-Reise

10.10.2024

Ukraine-Gipfel in Ramstein verschoben

Selenski rechnet in Ramstein mit historischen Entscheidungen

Selenskij trifft Scholz und Steinmeier in Berlin

Putin barbarisch: „Gefange-ner mit Schwert hingerichtet"

Siegesplan wankt: Selenskyj zeigt sich für Kriegsende zu Putin-Deal bereit

Verluste russischer Eliteverbände

660.000 russische Soldaten "eliminiert"

Wie lange kann Putin durchhalten?

Vom Wirbelsturm verweht

Russe schildert Ermordung ukrainischer Kriegsgefangener

Putin unterzeichnet Dekret – für 133.000 Russen wird's ernst

MEIN KRIEGSTAGEBUCH ***2024***

Mainstream-Pressespiegel vom 11.10.2024. Aha!! - Der Tyrann hat dem Ami-Chef mit Atomkrieg gedroht, wenn der nach Ramstein fliegt. Hat die Mimi sich etwa einschüchtern lassen? Dann geht's eben konventionell weiter. Läuft doch wunderbar! Hier sind neue Erfolgsgeschichten aus dem Land der Unbesiegbaren: Die Bolschewiken tappen immer tiefer in die „Heldenfalle". Der Russki erleidet „nicht tragbare Verluste". Öllager brennen, Kommando-Posten werden zerstört, Kriegsgerät geht reihenweise verloren. Dazu gewaltige Verluste des Iwan durch Storm-Shadows, Höllen- und Mega-Drohnen. Sie tüfteln an Bomben, die auf Schlitten die Russkis ins Verderben jagen. Eins ist klar: Der Tyrann darf nicht durchkommen. Dann hätten wir „Feuer unterm Dach Europa". Noch schlimmer: Die vom Tyrannen freigelassenen „Kannibalen" würden uns mit Haut und Haaren fressen. Wie grausig! Habe ich „Qualitätsmedien" entnommen. Soll ich es glauben? Oder besser nicht?

Putin drohte Biden mit Atomkrieg

11.10.2024

Kreml tappt immer tiefer in Kiews Falle

Kiews Taktik geht auf: In Pokrowsk erleidet Russland „nicht tragbare" Verluste

Ukraine zerstört drei russische Kommandoposten

Öllager auf Krim brennt nach ukrainischem Angriff

Große Verluste auf russischer Seite: Putin verliert Kriegsgeräte bei Pokrowsk

Erneuter Storm-Shadow-Angriff der Ukraine– Erhebliche Verluste für Putin

Putins Panzer im Ukraine-Krieg durch Höllen-Drohne abgefackelt

Ukraine: Soldaten ertüfteln Mega-Drohnen – Bombe per „Schlitten"

Wenn Putin mit diesem Krieg durchkommt, dann ist Feuer unter dem Dach in Europa.

Putin lässt Kannibalen frei

Die Märchenstunden der deutschen Medien

Mainstream-Pressespiegel vom 12.10.2024. Der Heldenpräsident auf Promo-Tour. In Berlin hat er Kasse gemacht: 1.3 Mrd. Wir sind Hauptinvestor! Der Ami nölt nur noch rum: „Dieser verdammte Putin". Deutschland übernimmt den Job der Iwan-Vernichter. Für die sind wir „feindliches Land, der Horror". Der Heldenpräsident ist ein Hardliner: Er hält den Druck aufs Russki-Reich aufrecht. Drohnen des Tyrannen leiden deshalb „unter Albträumen". Die Amis wollen sogar „Albtraum-Waffen" liefern. Ursels EU greift hart durch: Handlanger werden ins Loch gesteckt. Sabotage-Aktionen des Iwan werden knallhart bestraft. Überall auf unseren Straßen lauern Saboteure und wollen uns ins Chaos stürzen. Völlig verroht sind alle Russkis: Mörder morden, sobald sie zurück sind. Getreide klauen sie gleich tonnenweise. Habe ich „Qualitätsmedien" entnommen. Soll ich es glauben? Oder besser nicht?

Scholz sagt Selenskyj weitere Militärhilfe zu

Biden: "Dieser verdammte Putin"

12.10.2024

Umfrage: Russen sehen Deutschland als feindliches Land

Selenskyj: Halten in Kursk Druck auf Russland aufrecht

Horror für Putins Armee

Tontechniker wird zum Alptraum für Russlands Drohnen

Härtere Strafen für Putins Handlanger

Um Russland im Ukraine-Krieg zu zermürben: US-General listet Albtraum-Waffen gegen Putin auf

MI5-Chef warnt vor Chaos auf Europas Straßen durch russische Spione

Russland soll tonnenweise Getreide aus Ukraine entwendet haben

EU geht gegen Sabotage aus Russland vor

Russischer Kriegsheimkehrer mordet erneut

Mainstream-Pressespiegel vom 13.10.2024. Der Heldenpräsident juckelte mit einer Werbe-Tour durch Europa und forderte „Entscheidungen". Sein Sieg 2025 gilt als sicher. Die Itaker wollen deshalb eine „Wiederaufbau-Konferenz" statt einer Friedenskonferenz organisieren. Wenn's läuft, dann läufts: Der Tyrann ist in „Bedrängnis". Er verliert jede Menge Kriegsgerät, Drohnenlager und Gelände. Die Helden haben seinen „Nerv" getroffen und sein „Potential untergraben". Nicht mal in seine „Protzvilla" traut sich der Tyrann noch rein. Wegen der gewaltigen Verluste an Bolschewiken werden die Iwankas zum Dauer-Gebären gesetzlich verpflichtet. Sieben/ acht Würfe müssen es pro Iwanka sein. Als Personalausgleich sollen Dunkel-Pigmentierte in den Drohnenfabriken des Tyrannen schuften. Moderne Sklavenhaltung! Habe ich „Qualitätsmedien" entnommen. Soll ich es glauben? Oder besser nicht?

Selenskyj beendet Werbetour für „Siegesplan"

Selenskyj: „Oktober ist Zeit der Entscheidungen"

Selenskyj skizziert Kriegsende für 2025

Italien will 2025 Wiederauf-baukonferenz ausrichten

Putin in Bedrängnis: Russische Truppen verlieren Kriegsgeräte bei Pokrowsk

Ukraine vernichtet Putins Drohnenlager in Südrussland

Putin meidet seine Protzvilla am Schwarzen Meer

Ukraine erobert Gelände bei Pokrowsk zurück

Verluste für Russland: Himars-Angriff setzt Putins Waffe in Brand

Ukraine-Angriff trifft Nerv von Russlands Wirtschaft: Putins „Potenzial untergraben"

13.10.2024

„Sieben, acht Kinder": Putin-Gesetz soll bis in russische Schlafzimmer reichen

Putin verliert im Ukraine-Krieg über 1200 Soldaten – jeden Tag

Russland lockt Afrikanerinnen für Drohnenbau

Mainstream-Pressespiegel vom 14.10.2024. Alarm: Der Tyrann wird NIE sterben! Ein Wundermittel hält ihn ewig am Leben. Verhandlungen mit ihm sind illusorisch. Er muss auf dem Schlachtfeld vernichtet werden. Also: Ursel lässt neue Milliarden Euro drucken. Kanzler& Kohorte schwören sich weiterhin aufs Russki-Töten ein. Die Tommys wollen möglichst sofort einmarschieren. Litauen schickt Kampfdrohnen. Der Franzmann macht einen auf Influencer und schickt Mirage-Jets. So schwinden dem Iwan die Kräfte. Er kann nur noch Opas an die Front schicken, die von den Unbesiegbaren „um gemäht" werden. Deshalb rekrutiert er schießwütigen Nachwuchs beim Korea-Kim. Aber auch die beißen ins Gras, wie alle anderen Miet-Bolschewiken: Inder sterben, Afrikaner sterben, Nepalesen sterben. Die Front ist eine riesige Palliativ-Station. Habe ich „Qualitätsmedien" entnommen. Soll ich es glauben? Oder besser nicht?

Die Nato schlägt Alarm

14.10.2024

Wundermittel soll Putin für immer am Leben halten

„Realistische Verhandlungen mit Putin sind illusorisch"

EU schickt neues Geld in die Ukraine

„Die Bundesregierung steht weiter hinter der Ukraine"

Russisches Kanonenfutter aus Afrika

London denkt über Entsendung von Soldaten in die Ukraine nach

Ukraine bekommt 1.000 Kampfdrohnen von Litauen

Macron besucht ukrainische Soldaten

Ukraine-Verbündeter liefert Mirage-Flugzeuge im Kampf gegen Russland

Wenn die Kräfte schwinden

Putin schickt «Opas» an die Front – «werden alle umgemäht»

Kims Soldaten sterben für Putin

Indische Söldner sterben für Russland

Russland rekrutiert tausende Soldaten in Nordkorea

«Sie behandeln uns wie Hunde»: wie Nepalesen in Russlands Krieg sterben

MEIN KRIEGSTAGEBUCH ***2024***

Mainstream-Pressespiegel vom 15.10.2024. Es hat geklappt: Der Ami ist fein raus. Wir Deutsche sind der Hauptfeind. Ich bebe vor Freude. Vom nun wichtigstem Partner erwartet der Heldenpräsident jede Menge ‚Stütze'. Davon will er eine riesige Waffenproduktion aufbauen. Die Unterstützung von allem, was Russkis 'über die Klinge springen' lässt, gefällt dem SPD-Kriegsdienstverweigerer „Klingbeil" prächtig. Wir wissen durch unsere Einheiz-Presse, dass der Iwan aus dem letzten Loch pfeift: Angst, bittere Niederlagen und ständige Schläge auf seine Treibstoff-Depots zermürben ihn. Seine Achillesferse ist längst erkannt.Tragisch, dass der Wahnsinnige diese „erschreckenden Verluste" akzeptiert. Deshalb will der Heldenpräsident den Tyrannen zum Frieden „zwingen". Wäre gut, denn dann müssen wir nicht einmarschieren. Habe ich „Qualitätsmedien" entnommen. Soll ich es glauben? Oder besser nicht?

"Kreml sieht BRD als Gegner"

I5.IO.2024

Ukraine erwartet rasche Zusagen zur "Siegesplan"-Umsetzung

Neue Taktik entlarvt Russlands Achillesferse

Selenskij will Waffenproduktion in der Ukraine ausbauen

Russlands Machthaber spricht Einladung für neue „Weltordnung" aus

Lauschaktion entlarvt Furcht russischer Soldaten: „Zur Hölle, ich muss hier raus"

Bittere Verluste: F16 schießt Putins Su-Jet

Bittere Verluste für Putin: Ukraine gelingt

Schlag gegen russisches Treibstoffdepot

Putin akzeptiert erschreckende Verluste

Klingbeil: Müssen Ukraine weiter militärisch stärken

Ukraine: Selenskyj will Putin 2025 zum Frieden „zwingen"

Lauschaktion entlarvt Furcht russischer Soldaten: „Zur Hölle, ich muss hier raus"

Mainstream-Pressespiegel vom 16.10.2024. Alle Russkis wenden sich vom Tyrannen ab. Die Presse ist voll schockierender Berichte über das verrohte Volk: „Folterknechte" wüten an jeder Ecke. Behinderte Kinder werden für die Kriegsmaschinerie ausgebeutet. Ihre widerlichen Vergewaltigungsex-zesse wurden per Doku-Film festgehalten, für den es einen Filmpreis gab. Nur zwei abgehalfterte „Brüder" der Weltpolitik halten noch zum Tyran-nen: Korea-Kim und Teppichland-Masud. Der Iwan steht vor dem Abgrund. Der Rubel „taumelt". Die Amis bedrohen seine Stabilität. Selbst aus dem Gasgeschäft ist er „raus". Da bleibt kein Hoffnungsschimmer. Deshalb star-ten fleißige Heldinnen bereits mit dem Wiederaufbau, während sich ihre Männer von den Strapazen der Bolschewiken-Treibjagd erholen. Habe ich „Qualitätsmedien" entnommen. Soll ich es glauben? Oder besser nicht?

Verfehlte Kriegsziele: Russische Meinung gegen Putin wendet sich

Schockierende Berichte: So brutal wüten Putins Folterknechte in der Ukraine

16.10.2024

Russland beutet Arbeit behinderter Kinder für seine Kriegsmaschinerie aus

Doku über sexuelle Gewalt von Russen gewinnt Filmpreis

Bruderschaft mit Putin:
Putin setzt auf den Iran und Nordkorea

Russlands Wirtschaft am Abgrund: Sanktionen lassen Rubel taumeln – US-Maßnahmen bedrohen Stabilität

Putin bleibt auf Flüssiggas aus seinem Prestigeprojekt sitzen

Wiederaufbau der Ukraine: die Frauen müssen ran

MEIN KRIEGSTAGEBUCH ***2024***

Mainstream-Pressespiegel vom 17.10.2024. Heldenpräsident präsentiert Siegesplan: Rein in die NATO. Dann „alle Mann" ins Russkiland, Iwans wegbomben. Als Dank bekommen wir Billionen € zurück aus Rohstoffen. Genial. Der Rutte ziert sich noch ein bisschen. Die NATO übt die Umsetzung: Atomwaffen-Ernstfall! Für die Strategie wäre Black-Rocker Merz der ideale Kriegskanzler. Er würde Taurus liefern und militärisch aufrüsten. Gut, dass die Helden null Bock auf Waffenruhe haben. So bleibt dem Tyrannen nur der ewige Krieg, den er verlieren wird: Wir schicken noch mehr Tierpanzer. Die Attacke mit Oldtimer-Panzern haben die Helden souverän abgewehrt. Die „Blamage", die der Tyrann dabei erlebt, gibt Aufschluss über seine 'Schwachstellen'. Bei allem Erfolg mahnen Gutmenschen an, sollen wir den Iwan nicht „aufgeben". Lasst uns versuchen, ihn in die Zivilisation zurückzuholen. Habe ich „Qualitätsmedien" entnommen. Soll ich es glauben? Oder besser nicht?

Selenskyjs Plan: Nato-Einladung, Aufrüstung und Rohstoffe

17.10.2024

Nato-Chef Rutte: Kann Selenskijs Siegesplan nicht vollkommen unterstützen

NATO übt für den Atomwaffen-Ernstfall

CDU-Kandidat will starke Aufrüstung wegen Putin

Merz würde "Taurus" liefern

Wir sollten Russland nicht aufgeben

Ukraine weist Medienbericht zu Bereitschaft für Waffenstillstand zurück

Russland rüstet sich für ewig langen Krieg in der Ukraine

Enthüllt Putins Blamage in Kursk seine „versteckte Schwachstelle"?

Ukraine: Russischer Angriff mit rund 30 Panzern abgewehrt

Mehr Panzer gegen Putin: Nächste Leopard-Lieferung aus Deutschland

Mainstream-Pressespiegel vom 18.10.2024. Bei den Göttern: Biden ist Last Minute angedüst. Gibt letzte Instruktionen an sein 'World-War-Team Europe'. Im Fadenkreuz: Der Tyrann! Der muss weg. Sobald der weg ist, bricht beim Iwan „das Chaos" aus. An der Front ist bereits eine „dramatische Wende" zu erkennen: Bolschewiken rennen um ihr Leben. Denn die Helden rücken vor. Der Iwan verzeichnet „gigantische Verluste" in seinem bislang tödlichsten Monat. Seine Marine ist angesichts des Fiaskos „wie gelähmt". Jetzt kündet der Heldenpräsident den Bau von 1 Mio. Drohnen an. Wahnsinn! Es bleibt die Sorge, dass der Iwan bei uns einmarschiert. Denn „Der Westen" ist sein eigentlicher Gegner. Überall auf unseren Straßen lauern bereits Spione. Huch! Die gute Nachricht: Front-Helden können ihre Göttin online ehelichen. Witwenrente als Jackpot? Habe ich „Qualitätsmedien" entnommen. Soll ich es glauben? Oder besser nicht?

Biden auf Nachhol-Tour

Wenn Putin stürzt, bricht das Chaos aus

Dramatische Wende im Ukraine-Krieg: Putin-Soldaten geben Position auf – Ukrainer rücken vor

Gigantische Verluste: September war für Russland der bislang tödlichste Monat

Fiasko für Putins Marine: Einheiten im Ukraine-Krieg wie „gelähmt"

Ukraine verkündet Bau von einer Million Drohnen für Streitkräfte

18.10.2024

„Westen ist Gegner": Sorge in Deutschland – Russland bald für Angriff auf Nato bereit

Deutsche Geheimdienste warnen eindringlich vor russischen Spionen

Ukraine: Online-Hochzeiten sollen durch Krieg getrennte Paare vereinen

MEIN KRIEGSTAGEBUCH ***2024***

Mainstream-Pressespiegel vom 19.10.2024. Der „Große Bruder" überlässt uns mit einem „Goodbye" plus Glamour dem Schicksal, sichert den Helden jede Menge Waffen zu und erklärt Wiesbaden zum Weltkrieg-Logistik-Zentrum. Dafür hat er das Berliner Lametta verdient. Wir sind jetzt Kämpfer für die Weltherrschaft der Amis. „Im kleinen" hat der Weltkrieg bereits begonnen. Das Heldenvolk steht dabei hinter dem Heldenpräsidenten. Der gibt die Richtung vor: Atomwaffen! Das wird eine „ernste Bewährungsprobe" für den Tyrannen. Selbst sein Rubel ist nicht mehr sicher. Die Tell-Nachfahren schießen gegen den Iwan. Dann der Hammer: 49 Riesenpanzer aus 'Down Under' werden Tundra und Taiga zermalmen. Es geht noch schlimmer: Hunderte Heldinnen haben sich als „Walküren" zum Sturmlauf auf Moskau zusammengerottet. Auweia! Habe ich "Qualitätsmedien" entnommen. Soll ich es glauben? Oder besser nicht?

Der große Bruder sagt den Deutschen jetzt Goodbye

Deutschland, ein Kämpfer in Bidens "Schlacht"

60 Prozent der Ukrainer vertrauen Selenskyj

USA sagen der Ukraine "signifikante" Waffenlieferungen zu

Drehscheibe für die Ukraine in Wiesbaden

Putin in der Ukraine: Es wird mehr und mehr zum kleinen Weltkrieg

Selenskyj spricht bei EU-Gipfel von Atomwaffen-Option

Ex-Offizier: Siegesplan „ernste Bewährungsprobe" für Putin –

Schweiz verschärft Sanktionen gegen Russland

StZPlus Ukraine-Krieg

Der Sturmlauf der Walküren

19.10.2024

Ukraine-Krieg: 49 „Vorschlaghammer" – große Panzerlieferung

Mainstream-Pressespiegel vom 20.10.2024. Saugeil: Wir drohen – und zack bettelt der Tyrann um Gnade. Ja, er hat sich schwer verrechnet bei seinem Versuch, mit uns 'die Molli' zu machen. Aber er „wittert", dass hinter allem der Ami stecken könnte. Na logo – wer sonst will Weltherrscher bleiben! Vor lauter Angst übt der Iwan nun Atomkrieg. Die Frage, ob die Helden trotzdem das Russki-Reich erobern sollen, kennt nur eine Antwort: Aber hurtig! Alle machen mit: Die Wikinger liefern Kampfjets. Der Pariser schenkt Kamikaze-Drohnen. Korea-Kim schickt dem „verzweifelten" Tyrannen 12.000 Soldaten. Die ersten haben sich sofort wieder verpisst = Null-Chance auf Sieg. Wir aber haben den Jackpot gewonnen: Viele der 1.3 Mio. Helden wollen in Deutschland bleiben. Fachkräftemangel gelöst. Ich bin hin und weg! Habe ich „Qualitätsmedien" entnommen. Soll ich es glauben? Oder besser nicht?

"Frieden durch Drohungen"

Scholz: "Putin hat sich verrechnet"

Putin wittert hinter Ukraine-Siegesplan US-Verschwörung

20.10.2024

Russische Atomstreitkräfte testen Einsatzbereitschaft

Darf die Ukraine bald russisches Gebiet angreifen?

Norwegen liefert bald sechs F-16-Kampfjets

Paris liefert Ukraine neuartige Kamikaze-Drohne

Kims Soldaten für Putin: Die ersten sind schon desertiert

Ukrainische Flüchtlinge: Gekommen, um zu bleiben

Lage in der Ukraine: USA werten nordkoreanische Soldaten als Zeichen für Putins Verzweiflung

MEIN KRIEGSTAGEBUCH ***2024***

Mainstream-Pressespiegel vom 21.10.2024. Phantastische Idee: 'Wahrscheinliche'(!) Morde und Sabotage-Akte des Tyrannen 'können' der Grund für einen NATO-Einmarsch werden. Die EU agiert wie ein Kriegskabinett. Denn Nordkorea hat sich mit dem Tyrannen solidarisiert. Die Atombomben-Idee vom Heldenpräsidenten passt in die Inszenierung für den III. Weltkrieg. Wir siegen, weil die Bolschewiken am häufigsten sterben. Jetzt muss der Tyrann 'Opas' rekrutieren. Seine Jugend wird mit „Phoenix-Ghost"-Drohnen erlegt. Auf den Winter ist das Acker-Land „gut vorbereitet". Ganz lieb: Die G7 sagen „unerschütterliche Unterstützung" zu. Vorsicht ist dennoch geboten. Unser A.L.B.-Traum ist sich sicher, dass der Iwan unsere Wahlen „hybrid" manipuliert. Wie sonst wäre der Stimmverlust der GRÜNEN zu erklären? Habe ich „Qualitätsmedien" entnommen. Soll ich es glauben? Oder besser nicht?

Deutscher Geheimdienstchef bringt Nato-Bündnisfall ins Spiel

CDU-Politiker: „Sabotage und gezielte Mordanschläge sind wahrscheinlich"

Slowakischer Ministerpräsident vergleicht EU mit Kriegskabinett

Selenski macht Druck mit Atom-Option

Nordkorea beteiligt sich am Krieg in der Ukraine

Putins Soldaten sterben am häufigsten

„Phoenix Ghost" jagt Putins Truppen

Baerbock: „Putin greift Wahlen in Europa hybrid an"

Ukraine-Ministerpräsident: Sind gut auf Winter vorbereitet

Russland: Wegen der Verluste in der Ukraine steigt das Alter der Soldaten

G7 sagen Ukraine "unerschütterliche Unterstützung" zu

Die Märchenstunden der deutschen Medien

Mainstream-Pressespiegel vom 22.10.2024. Der Ami ist auf Controlling-Trip. Gerne hört er, dass der Tyrann seine Wirtschaft „zum Stillstand" gebracht hat = Gibt 400 Mio.$ Bonus. Russki-Land ist abgebrannt. Denen drohen gleich zwei Schwächen. Eine davon: Bolschewiken sterben reihenweise. 1. Sie spielen gerne Tennis und werden dabei vom Helden-Raketenhagel ausradiert. 2. Sie erschießen sich gegenseitig. 3. Sie machen „kurzen Prozess" mit eigenen Verwundeten. CDU-Kiesewetter schwört, dass der Krieg sich NIE gegen die Helden gerichtet hat. Der Tyrann will UNS schnappen! Ein Problem am Rande wurde gelöst: Beim Helden-Nachbarn Moldau wollten die Wähler NICHT in die EU. Die Präsidentin hatte um 13 Uhr verloren, da der Tyrann die Wahl „manipuliert" habe. Fünf Stunden später hatte sich das ‚Problem' erledigt. Gesiegt! Geht doch! Habe ich „Qualitätsmedien" entnommen. Soll ich es glauben? Oder besser nicht?

US-Verteidigungsminister in Kiew eingetroffen

Putin bringt Russlands Wirtschaft zum Stillstand

Austin kündigt Rüstungspaket im Wert von 400 Millionen Dollar an

Woran Putins Soldaten sterben

Putins Soldaten geraten auf Trainingsplatz in Raketenhagel

Moldaus Präsidentin beklagt beispiellose Wahlmanipulation

Viele Russen erschießen sich gegenseitig

Ukraine-Krieg: Russland macht kurzen Prozess mit eigenen verwundeten Soldaten

CDU-Politiker Kiesewetter: „Wir begreifen zu wenig, dass dies kein Krieg Russlands gegen die Ukraine ist"

Sandu verpasst Wahlsieg in Moldau

22.10.2024

Denkbar knappes Ja zur EU und Vorwürfe prorussischer Wahlfälschung

MEIN KRIEGSTAGEBUCH ***2024***

Mainstream-Pressespiegel vom 23.10.2024. BRICS-Gipfel beim Tyrannen = Lumpenball! Die UN haben Ex-Premier Guterres hingeschickt. Übelste Anbiederung! Den III. Weltkrieg haben diese BRICSer zu verantworten! BRICSer Kims „Sklaven" z.B. trainieren beim Iwan das Europäer-Killen. Das kommt einer Kriegs-Erklärung gleich! Eine 'Luftraumverletzung' kommt hinzu. Der Tyrann ist Waldfrevler! Das überzeugt selbst den letzten grünen Kriegsgegner. Selbst die US-Friedenspreis-Jüdin Applebaum empfiehlt den „militärischen Sieg". Geld ist da: Ein „Kredit" des IWF über 15.5 Mrd. $ wurde „dezent" ausbezahlt. Anders beim Iwan: Da „explodieren" die Zinsen. Raketen und Granaten gehen aus. Regierungsflieger ist abgefackelt = Elend!! Alles spricht für Einmarsch. Sollten wir verlieren, ist die Welt in drei Stunden am Arsch. Also siegen wir! So einfach! Habe ich „Qualitätsmedien" entnommen. Soll ich es glauben. Oder besser nicht?

Friedenspreisträgerin Applebaum spricht sich für "militärischen Sieg" aus

23.10.2024

Kims Kampf-Sklaven plötzlich Kreml-Soldaten

„Erster Schritt zum Weltkrieg"

Nato wirft Russland Luftraumverletzung vor

Wie Russlands Krieg die Natur in der Ukraine vernichtet

Putin fehlen Granaten

Guterres reist zu Putins BRICS-Gipfel – Ukraine kritisiert Besuch bei „Kriegsverbrecher"

Ukraine erhält weitere Finanzhilfe aus IWF-Programm

Wie lange braucht es, die Menschheit auszulöschen? Etwa drei Stunden

Die Zinsen in Russland explodieren

Gehen Russland die Raketen aus?

Russlands Flieger steht in Flammen

Mainstream-Pressespiegel vom 24.10.2024. Wir schaffen das. Der erste Schritt zum Weltkrieg ist getan. Schuld hat der Tyrann. Der hat beim Korea-Kim um Kanonenfutter gebettelt und damit der NATO den Fehdehandschuh hingeschleudert. Die Helden werden Sieger. Beweis: Sie stoßen immer tiefer ins Russki-Reich vor. Die NATO stärkt derweil die Ostflanke – entscheidend für Europas Sicherheit. Sinti-Romanien stärkt die Südseite. Mittendrin hauen die Helden auf den Putz. Sie zerlegen die größte Munitionsfabrik des Tyrannen und holen eine nach ihm benannte Drohne vom Himmel. Zur neuesten Hightech-Bestückung der Helden gehört die feuerspeiende 'Flammenwerfer-Drohne'. Die gute Nachricht zum Schluss: Die Witwe des toten Dissidenten wird den Tyrannen vom Sockel reißen und Präsidenteurin werden. Habe ich „Qualitätsmedien" entnommen. Soll ich es glauben? Oder besser nicht?

„Schritt zum Weltkrieg"   24.10.2024

Nato warnt Nordkorea vor Truppenhilfe für Russland

Ukraine wird als Sieger aus dem Krieg herauskommen

Ukraine stößt weiter in Kursk vor

NATO stärkt Ostseeflanke

Rumänien baut Europas größten NATO-Stützpunkt

Ukraine holt Putin-Drohne vom Himmel

Nawalny-Witwe will Russlands Präsidentin werden

Ukrainische "Flammenwerfer-Drohne" erstmals eingesetzt

Pistorius: Ostsee entscheidend für Europas Sicherheit

Schlag gegen Luftbasis: Ukraine attackiert wohl „größte Munitionsfabrik" Russlands

MEIN KRIEGSTAGEBUCH ***2024***

Mainstream-Pressespiegel vom 25.10.2024. Der Tyrann hat aus dem Ackerkrieg einen Weltkrieg gemacht! Der Heldenpräsident ist „erbost". Korea-Kim soll den Krieg nach Asien tragen. Da ist auch Südkorea angepisst und will ihm Soldaten ins Acker-Land schicken, um Kims Bande umzulegen. Für den Iwan ist bei allem Hickhack nur noch Elend zu befürchten. Rein wirtschaftlich ist dieser Krieg mehr als vernünftig. Er bringt mehr ein als er kostet: Ab heute „leihen" wir den Helden 50 Mrd. €, die wir mit konfisziertem Iwan-Vermögen absichern. Chapeau! Dagegen war Al Capone ein Waisenknabe. Die Tommys legen ‚ne Mrd-Schüppe druff. Und der Ami schickt 800 Mio. $ für Drohnen on top. Der Iwan hingegen liefert ‚ne Lachnummer: Schrott-Drohnen - von Kindern für 300 € gebastelt. Achtung: Beim Ami stehen russische „Propaganda-Trolle" auf der Abschussliste. Da sollten AFD & BSW hurtig auf Tauchstation gehen. Habe ich „Qualitätsmedien" entnommen. Soll ich es glauben? Oder besser nicht?

Wie Putin den Ukrainekrieg globalisiert

Nordkorea bringt den Ukraine-Krieg nach Asien

Kiew ist erbost

Neue Eskalation im Putin-Krieg? Auch Südkorea könnte Truppen schicken

Putins Sieg wäre teurer als alle Ukraine-Hilfen

„Ich fürchte das Schlimmste" – Wie Moskau im Ausland neue Soldaten rekrutiert

Wie AfD und BSW russische Propaganda verbreiten

Großbritannien leiht der Ukraine Milliarden für ihr Militär

G7 gewährt Ukraine 50-Milliarden-Kredit - und sichert ihn mit Russen-Vermögen ab

25.10.2024

Selenski: USA sagen Ukraine 800 Millionen Dollar für Drohnen zu

300 Dollar, von Kindern gebaut?
Neue russische Schrott-Drohne

USA jagen Putins Propaganda-Trolle

Mainstream-Pressespiegel vom 26.10.2024. Der Iwan ist kriegsmüde. Seine Bolschewiken streiken. Die Amis sind sich sicher, dass der Tyrann in „Schwierigkeiten" steckt. Dessen Armee ist „zu schwach" für die Ukraine. Die BRICSer verweigern ihm jedwede Unterstützung. Dazu Psychoterror des Heldenpräsidenten: Trägt ein T-Shirt mit Aufdruck "Make Russia small again". Seit Tagen dreht sich alles nur noch um Korea-Kim. Der mochte die Amis noch nie. Um sie zu ärgern, schickt er seine Jungs ins Acker-Land. Prompt werden die von den Amis als „Freiwild" deklariert. Der Iwan will auch nicht zurückstecken und bläst zum Halali auf Zivilisten. Rund um das neue Hauptquartier der Amis am Schwarzen Meer wird erneut das „Eindringen von Drohnen" gemeldet. Nur der Weltkrieg kann uns retten! Habe ich „Qualitätsmedien" entnommen. Soll ich es glauben? Oder besser nicht?

Kriegsmüdigkeit in Russland

Russische Soldaten weigern sich, Befehle auszuführen

Pentagon sieht Putin in „Schwierigkeiten"

Russlands Armee zu schwach für Ukraine

Putins Freunde verlieren die Geduld

26.10.2024

Brics-Staaten verwehren Russland weitere Unterstützung

„make russia small again"

Selenskyj provoziert mit Botschaft auf T-Shirt – Moskau reagiert

Nordkorea tritt in Putins Krieg ein!

US-Diplomat erklärt Nordkoreas Truppen in Russland zu „Freiwild"

Russen machen Jagd auf Zivilisten

Rumänien meldet Eindringen von Drohnen

MEIN KRIEGSTAGEBUCH ***2024***

Mainstream-Pressespiegel vom 27.10.2024. Huch: Den baldigen US-Präsidenten und den Tyrannen verbindet eine „geheime Allianz"? Habt acht: Luxus-Kommunistin Sahra ist deren fünfte Kolonne. Wäre doch schlimm, wenn der III. Weltkrieg abgesagt würde, nur weil Donald T. das US-Rennen für sich entscheidet. Dann wäre die „westdeutsche Zukunft" der Helden in Frage gestellt. Immerhin sind die Briten zuverlässig. Tyrann und Korea-Kim hingegen benehmen sich wie Kinder: Sie zeigen sich gegenseitig ihre Sprengköpfe. Bei soviel Infantilität driftet das Russki-Reich immer weiter ab. Die Wirtschaft steht vor großen Problemen. Zu Recht heißt es, der Tyrann ist der „Adolf Hitler unseres Jahrhunderts". Finnlands A.L.B.-Klon bestätigt: „Der denkt krank". Hier der Beweis: Jetzt will er ‚Lümmeltüten' verbieten, damit aus jedem „Schuss" ein kleiner Bolschewik wird. Habe ich „Qualitätsmedien" entnommen. Soll ich es glauben? Oder besser nicht?

»Es gibt eine geheime Allianz zwischen Trump und Putin«

„Das BSW ist die fünfte Kolonne Moskaus"

27.10.2024

Nur in der Nato hat die Ukraine eine "westdeutsche" Zukunft

Mit den Briten gegen Putin

Kim Jong-un und Putin zeigen Atomwaffen

Putin: Russland driftet immer weiter ab –

Verbietet Putin auch noch Kondome?

Putin ist «Adolf Hitler unseres Jahrhunderts

Finnische Außenministerin über Putin: „Das ist krankes Denken"

Russische Wirtschaft steht vor großen Problemen: Inflation und Fachkräftemangel

Die Märchenstunden der deutschen Medien

Mainstream-Pressespiegel vom 28.10.2024. Wer hätte das gedacht: Ein paar tausend dünne Soldaten aus dem Hungerstaat Nordkorea führen uns in den III. Weltkrieg. Der CDU-Kiesewetter kippt um und will das „mit Abschreckung" verhindern. (Er meint damit die Bundeswehr!) Die FDP-Lobbyistin bleibt ihren Auftraggebern treu: Einmarschieren! Der SPD-Roth sorgt sich, der waidwunde Tyrann könnte den Atom-Joker ziehen. Unser Kanzler bleibt cool: Der Tyrann ist „in größter Not" = Genau! Die Polen scharren mit den Hufen: Erst bis Petersburg und dann weiter bis Wladiwostok. Das erfreut Rheinmetall: Die liefern hierfür die Panzer. Südkorea ist auch bereit „tödliche" Waffen ran zu karren. Wir müssen uns dennoch sorgen. Denn die Hungerleider wollen 100.000 Soldaten zu uns schicken. Der Heldenpräsident ist somit gezwungen, ganz Europa verteidigen! Boah! Habe ich „Qualitätsmedien" entnommen. Soll ich es glauben? Oder besser nicht?

Selenskyj: Russland setzt nordkoreanische Soldaten in den nächsten Tagen ein

S+ »In der finalen Konsequenz wäre das der dritte Weltkrieg«

Kiesewetter: Mit Abschreckung dritten Weltkrieg verhindern

Strack-Zimmermann will Nato-Einsatz

Scholz: Putin ist "in größter Not"

28.10.2024

SPD-Politiker Roth wertet Russlands Schwäche als Risiko

Soldaten aus Nordkorea für Putin: Ist das nur der Anfang?

„Sankt Petersburg direkt angreifen" – Polens radikale Lehre aus dem Ukraine-Krieg

Rheinmetall liefert Kiew weitere Schützenpanzer

Südkorea bereit zur Lieferung tödlicher Waffen

+++ 20:00 Selenskyj: Werden gezwungen seln, in Europa gegen Nordkorea zu kämpfen +++

MEIN KRIEGSTAGEBUCH ***2024***

Mainstream-Pressespiegel vom 29.10.2024. Der Tyrann gilt als ein Ausbund der Verlogenheit. Vor allem prahlt er ständig. Doch innen drin ist er verzweifelt! Weil er weder ein noch aus weiß, stationiert er Atomstreitkräfte an der Ostfront. Pure Angst. Denn es braucht nicht viel, um ihm „ernste Probleme" zu machen. Wenn Russkis fliehen, blockieren die Helden die Fluchtroute mit 'Drachenzähnen' und schießen den Iwan nieder. Die Abschussquote bleibt konstant hoch. Wer trotzdem durchkommt, den tritt ein echter Schicksalsschlag. Es gibt keinen Wodka, da die Helden die Destillerien weggebombt haben. Die Katastrophe! Ein Bolschewik ohne Russendiesel läuft nicht! Es sieht so aus, dass ob wir den Weltkrieg doch noch hinbekommen. Die G7 haben die Vernichtung des Iwan „Trumpsicher" gemacht. Habe ich „Qualitätsmedien" entnommen. Soll ich es glauben? Oder besser nicht?

„Putin spricht selten die Wahrheit aus"

Putin prahlt, Experte widerspricht

Putin ist verzweifelt

Wende im Ukraine-Krieg: Putin stationiert seine Atomstreitkräfte an der Ostfront

Selenskyjs Siegesplan: „Braucht nicht viel, um Russland ernste Probleme zu machen"

Auf fliehende russische Soldaten wartet eine Überraschung

Verluste für Russland: Opferzahlen im Ukraine-Krieg bleiben konstant hoch

29.10.2024

Darum bombardiert die Ukraine Russlands Destillerien

Ukraine-Krieg entwickelt sich zum globalen Konflikt

G7 trifft Vorkehrungen, um Hilfen „Trump-sicher" zu machen

Mainstream-Pressespiegel vom 30.10.2024. 154 Mio. Russkis „verzweifelt". Es gibt keine Rückendeckung. Sie sind munitionsmäßig vom Armenhaus der Welt abhängig. Jetzt wollen diese zwei desolaten Länder die Weltherrschaft der Amis aushebeln. Kämpfen bald spindel-dürre Nord-Koreaner gegen wohlgenährte Süd-Koreaner? Spätestens dann steigen die Amis ins Getümmel ein. Der III. Weltkrieg wäre perfekt. Die Helden versuchen es subtiler: Sie bieten Koreas Hungerleidern „drei warme Mahlzeiten pro Tag plus medizinische Versorgung", wenn diese „rübermachen". „Bitte, sterbt nicht sinnlos", rufen sie ihnen zu. Es zeigt sich erneut: Der Tyrann hat „den schwersten Fehler" der letzten Jahrhunderte begangen. Die Bolschewiken stoßen täglich auf neue Schwierigkeiten. Bald sind ihre Panzer „nahezu verpulvert". Habe ich „Qualitätsmedien" entnommen. Soll ich es glauben? Oder besser nicht?

Russlands Verzweiflung im Ukraine-Krieg

Keine Rückendeckung für Putin

Putin ist von Kim abhängig: Ohne Munition aus Nordkorea geht nichts

Nordkorea lieferte Russland Waffen im Wert von mehreren Milliarden Dollar

30.10.2024

»Russland und Nordkorea arbeiten daran, die internationale Ordnung zu destabilisieren«

Bitte sterbt nicht sinnlos

Ukraine bietet Nordkorea-Soldaten an: Warme Mahlzeiten und Medizin

Ukraine-Krieg: Russlands Armee kämpft mit neuen Schwierigkeiten

»Putin hat einen der schwersten strategischen Fehler in der jüngeren Geschichte begangen«

Korea-Stellvertreterkrieg in der Ukraine?
Dann könnten die USA eingreifen

Russlands Kapital an modernen Panzern nahezu verpulvert

MEIN KRIEGSTAGEBUCH ***2024***

Mainstream-Pressespiegel vom 31.10.2024. Kontinuierlich geht es abwärts mit dem Tyrannen. In „Todesangst" ist er aus seinem Palast „geflohen" und jetzt „auf Stütze" angewiesen. Die NATO bestätigt seine irr witzigen Verluste. Aus der Not heraus schickt er Soldaten „ohne Arme und Beine" zurück in den „Fleischwolf". Mittels Propaganda will er sein Volk auf Linie trimmen. Korea-Kim, Despot im Weltarmenhaus, nutzt die „Verzweiflung" des Tyrannen zur Befriedigung seiner „Geltungssucht". Die Helden melden einen neuen Vorstoß. Der Tyrann versucht, die Unverwundbaren mit „restaurierten Rostlauben" aufzuhalten. Seine Notlage ist damit offensichtlich. Dennoch wollen die Amis, dass sich aus allem ein globaler Konflikt entwickelt. Deutschland steht dabei im Mittelpunkt! Wir sind wieder wer. Lasst uns stolz sein! Habe ich „Qualitätsmedien" entnommen. Soll ich es glauben? Oder besser nicht?

Putin in Todesangst

Putin flieht aus Luxus-Palast

31.10.2024

Putin ist laut Nato auf die Unterstützung angewiesen

Nato: Russische Verluste bei 600.000 Soldaten – jetzt sollen Nordkoreaner ran

Russland schickt Soldaten ohne Arme und Beine zurück an die Front

Putin will Volk mit Propaganda zusammenschweißen

Kims Geltungssucht und Putins Verzweiflung

Russland meldet ukrainischen Vorstoß

Riesige Verluste: Im Ukraine-Krieg muss Putin auf restaurierte Rostlauben setzen

Russlands Notlage offenbart

Ukraine-Krieg entwickelt sich zum globalen Konflikt

Putin-Angriff bald auf Deutschland

Mainstream-Pressespiegel vom 1.11.2024. Alles paletti: Korea-Kim will nur untaugliches „Kanonenfutter" entsorgen – mehr nicht! „Was zur Hölle sollen wir mit denen?", fragt sich der gemeine Bolschewik. Die Amis haben es vorhergesagt: Es war die pure Verzweiflungstat eines untergehenden Diktators. Nun bereitet er sein Volk auf den großen Krieg vor, den ER zu verantworten hat. Die Helden greifen erneut „brutal" die Krim an, klauen zum Spaß seine Uralt-Panzer und haben ihm die Kampfhubschrauber abgefackelt. Jetzt haben sie sogar das 1.700 km entferntem Tschetschenien 'en passant' angegriffen. Wahre Teufelskerle! Immer klarer zeigt sich, dass auch der Kinees den Iwan auseinanderbrechen sehen will. Der Tyrann weiß es und hat Angst vor der Isolation. Habe ich „Qualitätsmedien" entnommen. Soll ich es glauben? Oder besser nicht?

Schickt Kim nur sein "Kanonenfutter"?

01.II.2024

„Was zur Hölle sollen wir mit denen?"
Nordkorea-Soldaten erregen Unmut

USA: 10.000 Soldaten aus Nordkorea zeigen Putins Verzweiflung

Brutaler Angriff auf die Krim – Russlands Verluste nehmen rasant zu

Putin stimmt sein Volk für großen Krieg ein –

Putin-Panzer von Ukrainern entwendet und alte Mechanik enthüllt

Putin greift im Ukraine-Krieg auf restaurierte Rostlauben zurück

Putins Kampfhubschrauber gehen in Flammen auf

Ukraine hat wohl erstmals Tschetschenien angegriffen

Soll Russland auseinanderbrechen? Chinas dubiose Rolle im Ukraine-Krieg

Putins Angst vor der Isolation

Mainstream-Pressespiegel vom 2.11.2024. Der Tyrann ist in einer Notlage! Finnen haben sein Ostsee-Beach-Resort beschlagnahmt. Kims Armenhaus bestimmt anscheinend ab jetzt die Entwicklung zum III. Weltkrieg. Auf die Bolschewiken warten aber noch andere Probleme: Der Heldenpräsident stockt um 160.000 Helden auf! Selbst Centurio Pistorius hat 'nen Plan für den Krieg. Die Wikinger sichern hierzu die Front mit Flugabwehr. Deutschland hat zusätzlich 17.000 Helden im Iwan-Töten trainiert. Der Heldenpräsident verlängert Kriegsrecht und Mobilmachung. Alles gut vorbereitet, um Iwans Zivilisten vor „systematischer Folter" zu schützen. Damit sie europäische Werte kennenlernen, machen 'Freunde des alternativen Kopulieren' eine Pride-Parade nahe der Front. So süß! Habe ich „Qualitätsmedien" entnommen. Soll ich es glauben? Oder besser nicht?

Putins Notlage

02.11.2024

Finnland beschlagnahmt «Putins Strandgrundstück»

"Nordkorea ist nun aktive Kriegspartei"

Neue Probleme für Russlands Armee

Ukraine plant weitere 160.000 Soldaten ein

Norwegen stärkt ukrainische Flugabwehr

Deutschland hat schon einen Plan für den Kriegsfall!

Mehr als 17.000 Ukrainer bereits in Deutschland ausgebildet

Ukraine: Parlament verlängert Kriegsrecht und Mobilmachung

Sonderberichterstatterin prangert systematische Folter in Russland an

Ukraine: Charkiw Pride nahe der Kriegsfront

Die Märchenstunden der deutschen Medien

Mainstream-Pressespiegel vom 3.11.2024. Der Tyrann handelt wie ein Kind: Er „träumt" sich seine Welt, wie es ihm gefällt. Er sollte sich lieber fragen, wie lange das Geld noch reicht! Der Einsatz der Billig-Söldner aus dem Armenhaus der Welt ist Zeichen seiner Schwäche! Die Amis legen den Turbo ein. Sie bestrafen jeden, der ihre Sanktionen umgeht. Und die EU will konkret über den Beitritt der Helden verhandeln. Von der Front hört man Gutes: Die Helden erschüttern russische Städte mit Explosionen und Sprengungen. Kims Söldner sind längst im Fadenkreuz: Sie tarnen sich zwar in russischen Uniformen. Doch deutsche Schäferhunde wurden eigens für den Krieg ausgebildet, um auch diese Eindringlinge zu stellen. Eine Nachricht, die uns mit Stolz erfüllt: Unsere Kämpferin für den Weltkrieg, Agnes Strack-Zimmermann wurde von EMMA zum „Sexist Man Alive 2024" gekürt. Glückwunsch! Habe ich „Qualitätsmedien" entnommen. Soll ich es glauben? Oder besser nicht?

Wie Putin sich die Welt erträumt

Wann geht Putin das Geld aus?

03.II.2024

USA: Kims Söldner an der Front – Zeichen von Putins Schwäche

USA wollen mit Maßnahmenpaket Umgehung von Russland-Sanktionen stoppen

EU will mit Ukraine konkret über Beitritt verhandeln

Massive Explosionen erschüttern von Russland besetzte Stadt

Die Ukraine setzt gegen die Angreifer aus Russland wohl auf Gebäudesprengungen

USA: Nordkoreas Soldaten tragen russische Uniformen

So werden Hunde in Bitburg für den Krieg in der Ukraine ausgebildet

„SEXIST MAN ALIVE 2024" GEHT AN STRACK-ZIMMERMANN

MEIN KRIEGSTAGEBUCH ***2024***

Mainstream-Pressespiegel vom 4.11.2024. Während 700.000 Bolschewiken das Zeitliche gesegnet hat, treibt sich der Tyrann in Feld & Wald herum. Er sucht Atompilze. Kims-Rettungstruppe gibt es auch nicht für lau: 2.000 € Monat/Mann beträgt die Miete. Plus Gratis-Rückversand im Leichensack. Dafür sorgen die Amis. Rubel hat der Tyrann kaum noch. Deshalb droht den Russkis eine Rezession. Die Helden aber sind gut drauf: Sie erobern Stellungen und attackieren sogar den Ural. Wie immer sind Russkis schlecht vorbereitet. Sie taugen nur als Kanonenfutter. Vorsorglich warnt der Heldenpräsident den Kinees: Der soll Kim vor Dummheiten bewahren. Argumente gegen den Iwan liefern Experten, die Folterverbrechen aufgeschlüsselt haben. Das Schlimmste zum Schluss: Der russische Butterpreis steigt! Habe ich „Qualitätsmedien" entnommen. Soll ich es glauben? Oder besser nicht?

Putin auf Atompilzjagd

Russlands Verluste: Fast 700.000 Soldaten getötet

Putin bezahlt Kim für seine Soldaten

USA drohen Putin: "Werden in Leichensäcken zurückkehren"

Ukraine-Krieg: Russland droht wegen Kriegskosten Rezession

Ukrainische Soldaten erobern Stellungen zurück

++ Ukraine attackiert russische Region nahe dem Ural ++

04.11.2024

Russische Truppen im Ukraine-Krieg schlecht vorbereitet: „Als Kanonenfutter geschickt"

Selenskyj sendet Warnung an China

Experten schlüsseln russische

Folterverbrechen auf Russischer Butterpreis steigt

Die Märchenstunden der deutschen Medien

Mainstream-Pressespiegel vom 5.11.2024. Die Diplomatie-Koryphäe ist zum 8. Mal zum Heldenpräsidenten gedüst. Läuft da was oder will sie sich das Elend des Iwan aus der Nähe anschauen? Allein 8000 Bolschewiken haben die Helden in Kursk erlegt. Tausendfach sitzen in Kiew Nerds am Küchentisch, um wichtige Waffen-Ersatzteile für die Front am 3D-Drucker zu produzieren. Toll! Der Tyrann hinkt der Zeit hinterher: Statt mittels 3-D-Drucker zu reproduzieren sollen seine Iwankas im Neun-Monats-Rhythmus Kanonenfutter werfen! Der Heldenpräsident fordert die NATO auf, endlich Gas zu geben! Kims-Show erinnert an Adolfs lächerliche Legion Condor 1937 in Spanien. Eins ist klar: Deutschland braucht die Abschreckung. Sollte der Ami nach Trumps Wahl kneifen, ziehen wir allein gen Osten! Brandenburgs Sozialdemokraten machen mit: Waffenlieferungen!! = Töten, was die Flinten ergeben. Wir müssen dem Tyrannen zeigen, wo der Hammer hängt! Habe ich Qualitäts-medien entnommen. Soll ich es glauben? Oder besser nicht?

05.11.2024

Baerbock mit dem Nachtzug in Kyjiw eingetroffen

Düstere Rekorde: Russlands Verluste im Ukraine-Krieg neuen Höhepunkt

Kiew: 8000 russische Soldaten bei Kursk getötet

In Kiews Wohnzimmern drucken sie für die Front

Selenskij fordert Verbündete auf, in Bezug auf Nordkorea endlich zu handeln

Kims Truppen im Ukraine-Krieg: Wie einst Hitlers Legion Condor

Mehr Kinder für Putins Reich

„Europa braucht Abschreckung"

EVP-Chef Weber fordert "Plan B" für Ukraine

Ukraine-Krieg: Putin müssen rote Linien aufgezeigt werden

Brandenburgs SPD: Ukraine auch mit Waffen unterstützen

Mainstream-Pressespiegel vom 6.11.2024. Der Tyrann leidet unter Todesangst und schränkt sein Luxusleben ein. Die Stationierung unserer Landser in Litauen ist wahrhaft ein „starkes Signal". Der Oktober 2024 ist für ihn schlecht gelaufen: Mehr als 900 Panzer geschrottet und abertausende Bolschewiken verloren. Immerhin wird deren Kleidung nun von Kims Truppen aufgetragen. Die Helden melden eine Stabilisierung der Front, nachdem die Amis noch mal 425 Mio. $ rüberwachsen ließen. Frau Baerbock hat ebenfalls 200 Mio.€ ins Spendensäckel abgedrückt. Jetzt mutiert der Krieg zum „Heiligen Krieg". Und der Heldenpräsident zum „Symbol des Widerstandes". Eins ist sicher: Wir werden uns von russischen Trollen nicht einschüchtern lassen! Weg mit dem Iwan! Habe ich „Qualitätsmedien" entnommen. Soll ich es glauben? Oder besser nicht?

Putin in Todesangst: So schränkt er sein Luxus-Leben ein

Litauen: Bundeswehr-Stationierung "starkes Signal" an Russen

Drei düstere Rekorde: Russlands Verluste im Ukraine-Krieg im Oktober

Putin verliert im Oktober mehr als 900 Panzer

Russlands tote Soldaten

Nordkoreanische Soldaten marschieren in russischen Uniformen

Ukraine meldet Stabilisierung der Front

USA geben weitere 425 Millionen Dollar an Militärhilfe für Ukraine

Baerbock in Kiew: 200 Millionen Euro Zusatz-Winterhilfe

06.11.2024

Wolodymyr Selenskyj – Vom Komödianten zum Symbol des Widerstands

„Heiliger Krieg" gegen die Ukraine

Gegen die russischen Trolle

Mainstream-Pressespiegel vom 7.11.2024. Trump back. Ampel weg. Na und? Die Helden werden jetzt erst richtig mobil. Das gefällt den Ex-Russki-Fans, den LINKEN. Die wollen ihrem ehemaligen Idol so richtig eins auf die Mütze geben. NATO-Chef Rutte fordert dafür 'nen Sonderbonus aus Berlin. Dann können wir mehr Tierpanzer finanzieren, die bei den Helden als 'State-of-Art' gelten. Der Iwan hat versehentlich ein Dorf erobert. Dafür haben ihm die Helden gleich reihenweise die Drohnen weggeschossen. Aus großen weltweiten Forschungsprojekten ist der Iwan längst „rausgeflogen". Er hat keines seiner Ziele erreicht. Wenn in Kürze die Infrastruktur der Helden komplett betonumhüllt ist, hat er verloren. Habe ich „Qualitätsmedien" entnommen. Soll ich es glauben? Oder besser nicht?

TRUMPBACK

07.II.2024

Der Tag, an dem die Ampel starb

Ukraine macht mobil

++ Neuer Linken-Chef für mehr Druck auf Russland ++

Nato-Chef Rutte fordert höhere Rüstungsausgaben von Berlin

Ukrainische Soldaten loben deutschen Panzer Leopard 2

Russland: Weiteres Dorf in Ostukraine erobert

Ukraine meldet Abschuss russischer Drohnen

Russland fliegt bei weltgrößter Forschungsmaschine raus

Austin: Putin hat keines seiner strategischen Ziele erreicht

Betonhüllen gegen Russlands Angriffe

Mainstream-Pressespiegel vom 8.11.2024. Bis heute sind 700.000 Bolschewiken erlegt. Der Heldenpräsidenten bedankt sich artig bei der bald ausscheidenden Außenministerin, dass wir uns weiter am Russki-Töten beteiligen. Jetzt müssen deutsche Waffen allerdings auch die Fernostler umlegen. Kein Problem, denn die Hungerleider töten ihre Brötchengeber bereits selbst. „Die halten drei Tage durch, dann sind die weg". Ernährungstechnisch sieht es schlimm aus für die Russkis. Die futtern jetzt 'Hundefleisch'. Möglicherweise führt das zu erhöhter Flatulenz und wird als „unidentifizierbares Gas" wahrgenommen. Der Heldenpräsident fordert uns alle auf, dem Korea-Spuk ein 'hartes' Ende zu setzen. Er geht mit gutem Beispiel voran und ballert dem Tyrannen Radar und Raketen weg. Großes Kino: Unsere Noch-Regierung schwört, das Russki-Töten auf ewig zu unterstützen. Habe ich „Qualitätsmedien" entnommen. Soll ich es glauben? Oder besser nicht?

700.000 russische Verluste

Selenski dankt Baerbock für Hilfe – Augenmerk auf Nordkorea

08.II.2024

Nordkoreanische Truppen laut Bericht im Kampfeinsatz in Kursk

Schlecht ausgebildet? Nordkoreaner töten offenbar Russen

Putins Gegenoffensive: Nordkoreas Elitesoldaten „halten die drei Tage, dann sind die weg"

Russische Soldaten essen wohl Hundefleisch der Nordkoreaner

Russland setzt an der Front „unidentifiziertes Gas" ein -

Ukraine verlangt harte Reaktion auf Nordkoreas Kriegshilfe

Ukraines Treffer zerstören Putins 'Radar und Raketen

Solange wie nötig: Deutschlands Unterstützung für die Ukraine

Die Märchenstunden der deutschen Medien

Mainstream-Pressespiegel vom 9.11.2024. Eins ist klar. Seitdem Trump zum 2. Mal Präsident der Amis ist, steht das Land „am Abgrund." Er wird versuchen, sich mit dem Tyrannen zu einigen. Das wird „wohl" scheitern. Der Heldenpräsident wird siegen und warnt vor Zugeständnissen: Feind bleibt Feind! Deshalb wollen unser Noch-Kanzler und der Pariser die Produktion von Tötungsmaschinen pushen und die NATO kriegsbereit stellen. Die Noch-Außenministerin will vor ihrem Abgang noch fix die Luftverteidigung der Helden ausbauen. Ist aber schwierig, weil Drohnen aus der EU „nicht fliegen können". Wie schade. Der Heldenpräsident hat bereits telefonisch Freundschaft mit Donald geschlossen und empfohlen, ihm die Spareinlagen der Russkis zu überweisen. Seine Helden schießen als Gegenleistung die Fernost-Hunde-Fresser vom Schlachtfeld weg. Habe ich „Qualitätsmedien" entnommen. Soll ich es glauben? Oder besser nicht?

USA am Abgrund

»Er wird versuchen, eine Einigung mit Putin zu erzielen. Aber er wird wohl scheitern«

Selenskyi warnt vor Zugeständnissen an Russland

Feind bleibt Feind

Deutschland und Frankreich wollen Europas Verteidigung hochfahren

Olaf Scholz will Nato weiter stärken

09.II.2024

Baerbock fordert mehr Luftverteidigung gegen Russland

Ukraine enttäuscht von westlichen Drohnen: "Können nicht fliegen"

Selenskyj: „Ausgezeichnetes" Telefonat mit Trump

Ukraine greift nordkoreanische Truppen in Russland an

Selenskyj will eingefrorene russische Gelder für Waffenkäufe

Mainstream-Pressespiegel vom 10.11.2024. Kims-Hungerleider sind aus dem Rennen: Sie sind den Pornos verfallen und vergessen dabei das Kämpfen. Der neue „alte" Ami-Chef bricht sein Wahlversprechen, den Krieg binnen 24 Stunden zu beenden. Dummschwätzer! Außerdem ist er die Marionette vom reichsten Mann der Welt. Der Heldenpräsident hätte einen Waffenstillstand auch nicht mitgemacht. Wie üblich, steigen auch heute die Verluste des Tyrannen. Ein Russki-General wurde weggeschossen, der ein „Foltergefängnis" betrieben hat. SM? Wir betreiben den Krieg auf alle Fälle weiter, „denn Krieg ist günstiger als Nichtstun". So sehen es auch US-Rüstungsfirmen und schicken mehr Personal ins Acker-Land. Südkorea will ebenfalls Waffen liefern. Wir müssen den Iwan vernichten, denn der Tyrann führt längst Krieg gegen Deutschland. Sagt SPD-Gabriel. Habe ich „Qualitätsmedien" entnommen. Soll ich es glauben? Oder besser nicht?

IO.II.2024

Nordkorea-Soldaten verfallen den Pornos

Wegen Ukraine-Krieg: Trump bricht schon jetzt erstes Wahlversprechen

Dreier-Telefonat zwischen Trump, Musk und Selenskyj

Selenski lehnt Waffenstillstand ohne Sicherheitsgarantien ab

Putins Verluste steigen

Russland: Gefürchteter General gefallen – er soll Foltergefängnis betrieben haben

Ukraine-Hilfe ist für Deutschland günstiger als Nichtstun

US-Rüstungsfirmen dürfen Personal in der Ukraine einsetzen

Ex-SPD-Chef Sigmar Gabriel

B+ **»Putin führt längst Krieg gegen uns«**

Südkorea erwägt Waffenlieferungen an Kiew

Mainstream-Pressespiegel vom 11.11.2024. Zum Auftakt der Jecken-Saison beraten die EU-Granden über die Fortsetzung des Krieges nach dem Trump-Desaster. Es sieht gut aus! Der Iwan hat im Oktober erneut Riesenverluste gemacht. Allerdings gibt es kritische Stimmen. Die wollen nicht glauben, dass Russland „komplett" zerfällt. Miesmacher! Klar ist: Wir sichern den Helden Unterstützung bis zum Sieg zu. Der scheidende US-Chef schickt „Militärdienstleister" und hunderte Raketen. Denn westliche Waffen töten Russkis höchst effizient. Ferner werden rote Linien gesetzt, wer töten darf: Wir! Im Schauprozess wurden deshalb Bolschewiken wegen 9-fachen Mordes verurteilt. Sie sollen gefälligst lernen, die „Menschenjagd" aufzugeben. Weil das Heldenland touristisches Potential hat, erschließen US-Investoren für 1.5 Mrd. Dollar derzeit ein Skigebiet. Sehr weitsichtig. Habe ich „Qualitätsmedien" entnommen. Soll ich es glauben? Oder besser nicht?

EU-Regierungschefs beraten über Ukrainestrategie nach Trump-Sieg

Große Verluste im Oktober: Zahlreiche russische Panzer im Ukraine-Krieg zerstört

11.11.2024

S+ **»Ich glaube nicht, dass Russland zerfällt«**

EU-Außenbeauftragter sichert Ukraine nach Trump-Sieg Unterstützung zu

Kurz vor Übergabe an Trump: Biden schickt Militärdienstleister in die Ukraine

USA wollen offenbar Hunderte Raketen liefern

Westliche Waffen fügen Putin hohe Verluste zu

Russische Militärs wegen neunfachen Mords verurteilt

Russen gehen in Cherson "Menschenjagd"

Für 1,5 Milliarden US-Dollar: In der Ukraine entsteht ein neues Skigebiet

Mainstream-Pressespiegel vom 12.11.2024. Gute Nacht! Bei den Amis gehen die Lampen aus. Doch Trump will mit dem Tyrannen „dealen". Für Deutschland wäre sein Deal der Untergang. Meint CDU-Kriegsfan Röttgen. Partei-Kollege Merz hingegen „träumt" vom Deal mit seinen Arbeitgebern. CDU-Kollegin Ursel von der EU will mit Trump um 'Gas' dealen. Die EU-Spitze ist komplett in die Dealer-Szene gelandet. Klar ist, dass der Tyrann nie als Sieger hervorgehen darf. Zunächst hat der US-Dealer den Tyrannen angerufen und „gewarnt". Unser Kanzler mimt auf seinen letzten Metern neben all den Dealern den coolen Staatmann Ein Treffen zwischen dem Heldenpräsidenten und dem Dealer-CEO wird vorbereitet. Sobald der Tyrann zurückschreckt, bringen wir ihn in den Knast. Und die Welt bleibt amerikanisch. Habe ich „Qualitätsmedien" entnommen. Soll ich es glauben? Oder besser nicht?

Good night America

Trump ist ein Deal-Maker

➕ Trump-Deal mit Putin? Röttgen schildert Worst-Case-Szenario

Merz träumt bereits von Deals mit Trump

Von der Leyen sieht nach Telefonat mit Trump Option für LNG-Deal

EU braucht einen „Deal" mit den USA

12.11.2024

🔵 »Russland darf am Ende nicht als Sieger dastehen«

Trump warnt Putin

Olaf, der coole Staatsmann

Borrell: Russische Kriegsverbrechen auch nach Friedensschluss ahnden

Kiew will Treffen Selenskyjs mit Trump vorbereiten

Mainstream-Pressespiegel vom 13.11.2024. Die Helden haben den Bolschewiken den „tödlichsten Tag des Krieges" verpasst. Sie haben Drohnen bis Moskau geschickt und eine „Katastrophe" herbeigeführt. Im Kriegsgebiet sorgen ihre Treffer auf „Nato-Tank-Killer" für Jubel. Sie präsentieren neue Granatwerfer-Drohnen, erreichen Meilensteine bei der Raketenproduktion. Dafür haben sie ein dickes Lob verdient. Was macht der Iwan? Seine Korea-Liebschaft beweist seine militärische Schwäche. Ein Einmarsch wäre eine Kaffeefahrt. Denn die NATO ist dem Iwan „weit überlegen". Sagt die Kompetenz-Liga von „Greenpiss". Die grüne Kriegsamazone und scheidende Diplomatie-Koryphäe plädiert dafür, noch mehr Geld fürs Russki-Töten rauszuhauen. Noch-Kanzler Scholz und sein Vorturner, der US-Dealer, sind sich einig: Alles was den Iwan schädigt, ist richtig. Habe ich „Qualitätsmedien" entnommen. Soll ich es glauben? Oder besser nicht?

Tödlichster Tag für Russland

Drohnen in Moskau – Flugverkehr gestoppt, Häuser brennen

13.II.2024

+++ 20:41 Biden-Berater: Russlands Wirtschaftslage wegen Sanktionen "trostlos"

Ukraine erzielt im Krieg nächsten Treffer gegen „Nato Tank Killer"

Ukraine präsentiert Drohne mit Granatwerfer

+++ 20:12 Selenskyj: Ukraine erreicht Meilenstein bei Raketenproduktion +++

Armeechef lobt ukrainische Drohnentruppe

Nordkoreas Kriegsbeteiligung an der Seite Russlands ist ein Zeichen der Schwäche

Nato bleibt Russland laut Greenpeace-Studie deutlich überlegen

Baerbock: Zwei-Prozent-Ziel der Nato nicht mehr ausreichend

Trump und Scholz einig in Ukraine-Frage

MEIN KRIEGSTAGEBUCH ***2024***

Mainstream-Pressespiegel vom 14.11.2024. Global-Leader und Tyrann benehmen sich wie eine migrantische Jugend-Gang: Massenmörder = Bad Cop. Dealer = Good Cop. Wie gut, dass sich unser Noch-Kanzler (bald wieder Anwalt für Arbeitsrecht) als Mediator reinhängt. Der Good Cop will, dass der Iwan aus dem Acker-Land verschwindet. Er will dort NATO-Friedensengel für 20 Jahre stationieren. Centurio Pistorius bezweifelt, dass der Bad Cop den „Deal" akzeptiert. Die Helden „zerreiben" währenddessen Putins Bataillon und ballern ein Chemiewerk weg. Dafür liefert die EU „Millionen" Granaten. Erneut zeigt der Heldenpräsident dem Tyrannen die Rote Karte. Er verstärkt die Front und „bindet" 50.000 Bolschewiken, die er später in Ruhe töten will. Habe ich „Qualitätsmedien" entnommen. Soll ich es glauben? Oder besser nicht?

"Wie in einer Jugendbande"
Trump und Putin verblüffen Russen

Good Cop, Bad Cop

Spricht Scholz bald mit Putin?

Trump-Idee im Ukraine-Krieg: Puffer-Zone an der Front mit europäischen Truppen

Boris Pistorius sieht schnellen Trump-Deal im Ukrainekrieg kritisch

Selenskyj fordert freie Hand

Ukrainer zerreiben Putins Bataillon

Ukrainischer Drohnenangriff auf Chemiewerk nahe Moskau

Millionen Granaten für die Ukraine: Wolodymyr Selenskyj berichtet von Waffen-Lieferungen

Ukraine kündigt erhebliche Verstärkung an - und sieht Kursk-Erfolg

Selenskyj: „Haben 50.000 russische Soldaten bei Kursk gebunden"

Die Märchenstunden der deutschen Medien

Mainstream-Pressespiegel vom 15.11.2024. Neu: Wir haben es mit der „Achse der Skrupellosen" zu tun = Iwan, Teppichknüpfer, Hundefresser, Schlitzis. Wäre der Ami nicht Weltherrscher, würden massenhaft Kriege ausbrechen. Deshalb fordern unsere Mitbürger mehr Investitionen in die Wohlstandswahrung = Weltkrieg verhindert Kriege! Krieg ist „keine Aufgabe, sondern ein Investment". Die zwei Parias aufm Tandem - Korea-Kim & Tyrann – sind als Erste abzusägen. Multitalent Baerbock hat die Lösung: Die Bundeswehr marschiert ein. Wir nennen es „Friedensmission". Sauschlau! Der Heldenpräsident zeigt, wie's geht: 2.000 erlegte Russki/24 Std. sind Rekord. Die Helden dringen hierzu auf Russki-Terrain vor und fackeln alles ab. Gegenwehr? Kaum! Denn Bolschewiken benutzen „schrullige Gewehre" von den Hundefressern. Im Austausch gibt's dafür bellofreie Nahrungsmittel vom Iwan. Habe ich „Qualitätsmedien" entnommen. Soll ich es glauben? Oder besser nicht?

Die Achse der Skrupellosen

"Konflikte wie der Ukraine-Krieg werden zunehmen"

Tyrannen im Tandem

Mehrheit der Deutschen will mehr Investitionen in EU-Sicherheit „Verteidigung ist keine Ausgabe, sie ist ein Investment"

Baerbock für deutsche Beteiligung an Ukraine-Friedensmission

Verluste von Russland im Ukraine-Krieg: Fast 2000 Soldaten an einem Tag

15.II.2024

Ukraine dringt in russische Siedlung ein

Ukrainische Drohne löst Brand in russischer Grenzregion aus

Putin setzt angeblich „schrullige" Gewehre aus Nordkorea im Ukraine-Krieg ein

Im Gegenzug für Soldaten aus Nordkorea; Putins Russland schickt Geld, Lebensmittel

MEIN KRIEGSTAGEBUCH ***2024***

Mainstream-Pressespiegel vom 16.11.2024. Hurra! Der Krieg ist nah wie nie: Wählt CDU! Macht Black-Rocker Merz zum German Chancellor. Habt keine Angst vor dem III. Weltkrieg. Friedrich, der dritte Große, stellt dem Tyrannen ein „24-Stunden-Ultimatum" = Raus! Spurt der nicht, schießen teutsche Taurus ihm den Kreml weg. Der Kanzler hat wohl deshalb mit dem Tyrannen telefoniert. Hat er gedroht? Die Russkis fliehen. Weil wir den Krieg übernehmen, haben der neue US-Chef und Mister X viel Zeit, ihren Staatshaushalt zu sanieren: Jetzt müssen Taiwanesen für die Amis in die Schlacht. Der Tyrann hingegen lügt wie gedruckt: Deutschland ist eine „Bananenrepublik". FAKE!! = Wir sind der 14-größte Apfelproduzent der Welt! Soll nur davon ablenken, dass sein Russki-Land in einem Mörder-Tsunami untergeht. An der Front herrscht Endzeitstimmung. Stacheldrohnen zermürben den Iwan. Ein Ultimatum solls richten: Siegen oder sterben, Jungs! Habe ich „Qualitätsmedien" entnommen. Soll ich es glauben? Oder besser nicht?

NATO vs. Russland: Kommt bald der große Krieg?

Keine Angst vor Krieg mit Russland

Friedrich Merz: Ultimatum von 24 Stunden an Putin, sonst Einsatz von Taurus

Scholz hat mit Putin telefoniert

Russische Soldaten fliehen aus Militärbasis

Russische Soldaten tragen im Krieg wohl ukrainische Uniformen

Ukraine-Krieg: Taiwan unterstützt Kiew mit Flugabwehr

Trump macht Musk zum Berater

Moskau nennt Deutschland eine „Bananenrepublik"

16.II.2024

Verbrechensflut in Russland: Morde durch Rückkehrer aus der Ukraine

Putin stellt seinen Truppen Sieges-Ultimatum

Neue "Stacheldrohnen" sollen russische Angriffe im Ukraine-Krieg abwehren

Die Märchenstunden der deutschen Medien

Mainstream-Pressespiegel vom 17.11.2024. Der Iwan steht vor der „Sowjet-Falle" = Wirtschaft im Koma! Der Tyrann baut deshalb „potemkinsche Dörfer". Setzt 'Film-Requisiten' ein, um Macht zu demonstrieren. Hihi. Seine Bolschewiken sind als Helden kostümiert unterwegs, um nicht erschossen zu werden. Am Ende ihrer Kräfte attackieren sie verzweifelt Kindergärten. Die Währung ist ausgebrannt. Verwundete Soldaten bekommen Kopeken statt Rubel. Um Donald Trump zu ärgern, zeigt Iwan-TV Nacktbilder von Melanie. Ihr Gatte wird sich rächen. Seine Amis bauen deshalb bei den Polen einen neuen Raketenstützpunkt. Der Noch-Präsident kitzelt noch kurz vor dem Pflegeheim ein paar Milliarden $ aus dem Kongress für die Helden raus. Loyal killen diese 'offiziell' einen Russki-Offizier. Habe ich „Qualitätsmedien" entnommen. Soll ich es glauben? Oder besser nicht?

Nahende Sowjet–Falle: Putin schaltet Russlands Wirtschaft ab

Mosfilm zieht in den Krieg: Putin auf Filmrequisiten angewiesen

17.11.2024

Russische Soldaten tragen im Krieg wohl ukrainische Uniformen

Russen attackieren Kindergarten

Putin reduziert Zahlungen an verwundete Soldaten drastisch

Russisches Staatsfernsehen zeigt Nacktbilder von Melania Trump

US-Raketenstützpunkt im Norden Polens eröffnet

Bidens Regierung will US-Kongress um zusätzliches Geld für die Ukraine bitten

Ukraine bekennt sich zu Tötung von russischem Marineoffizier

Mainstream-Pressespiegel vom 18.11.2024. Nun schaut der Tyrann dumm aus der Wäsche. Der scheidende US-Imperator gibt Langstreckenwaffen frei. Der Weltkrieg-Turbo ist endlich gezündet. Bei dieser Dominanz weichen die Bolschewiken schnurstracks zurück. Helfen soll Kim mit einer Drohnen-Massenproduktion. Der Heldenpräsident wäre auch bereit, eine Atombombe zu zünden. Die haben aber nur die Amis. Deshalb gehört es sich für Europäer, sehr demütig zum imperialen Herrscher aufzuschauen. Ein Held spricht Volkes Wille aus: Nein zu Friedensgesprächen! Kämpfen bis zum Sieg! Die Unbesiegbaren haben schließlich „volle Kontrolle" und schießen dem Iwan die Flughäfen weg. Gegen den neuen 'Zehn-Punkte-Plan zur inneren Sicherheit' ist der Tyrann schier machtlos. Ärgerlich: Die Helden bekommen den Slogan: „Russisches Kriegsschiff – f**k Dich" beim EU-Patentamt nicht eingetragen. Habe ich "Qualitätsmedien" entnommen. Soll ich es glauben? Oder besser nicht?

Putin erlebt böse Überraschungen

Bidens Wende in der Ukraine-Politik

Ukrainischer Generalstab meldet Zurückweichen russischer Soldaten

Kim befiehlt Massenproduktion von Drohnen

Will Selenskyj eine Atombombe?

„Wir sollten den Amerikanern sehr demütig europäische Unterstützung signalisieren"

18.II.2024

Soldat sendet klare Botschaft an Trump: „Nein" zu Putin-Gesprächen

Ukraine meldet Abwehr von russischem Vorstoß: Haben volle Kontrolle über Kupiansk

Ukraine attackiert Flughafen in Russland

Selenskyj kündigt Zehn-Punkte-Plan für innere Sicherheit an

Slogan »Russian warship, go fk yourself« ist keine Marke**

Mainstream-Pressespiegel vom 19.11.2024. Tausend Tage, und immer noch kein Weltkrieg. Das korrupteste Land Europas gehört doch zu uns! Deshalb helfen wir denen, 'alle' Gebiete zurück zu erobern. 2025 ist alles in trockenen Tüchern. Unser Linguistik-Talent steht 100 % hinter der Bunker-Liebe aus Kiew. Sie fordert die Kriegsfortsetzung. Der Kinees steht beim Geo-Ränkespiel hinter dem Iwan. Die Japse schlagen sich auf die Seite der Helden. Die EU will huckepack mit Trump den Kinees platt-machen, anstatt ihre militärische Potenz nur am Tyrannen auszupowern. Den ersten großen Schritt zum Weltkrieg haben wir geschafft. Gefährlich sind AFD & BSW. Deren Pazifismus ist „eine echte Gefahr". Würde der Iwan siegen, schwappt das Russki-Elend zu uns, welches „noch schlimmer als der Gulag ist". Gottseidank steigen Russlands Todeszahlen „rasant". Deren Frontschweine sind immer älter, sterben dafür aber früher. Habe ich „Qualitätsmedien" entnommen. Soll ich es glauben? Oder besser nicht?

1.000 Tage Krieg

Europa kann die Ukraine auch ohne Amerika schützen

Selenskyj will 2025 Krieg beenden

Ukraine will alle besetzten Gebiete zurück

Baerbock ruft Grüne zu weiterer militärischer Unterstützung der Ukraine auf

Russische Kampfdrohnen aus China schrecken die EU auf

Tokio sagt Kiew weitere Hilfe zu

Putins Russland ist schlimmer als der Gulag

Lieber mit Trump gegen China als ohne Trump gegen Russland

Der Pazifismus von AfD und BSW ist eine Gefahr für die Ukraine

19.11.2024

Russische Soldaten sind immer älter und sterben schneller

Russlands Opferzahlen steigen rasant

Mainstream-Pressespiegel vom 20.11.2024. Das Überleben der Welt hängt vom Sieg ab. Trotzdem hat der Kanzler den Tyrannen zum Rückzug „aufgefordert". Ist der noch bei Trost? Die Population Iwan gehört ausge'merzt'. Unsere Tierpanzer zeigen ihr Können. Marschflugkörper der Helden sind serienreif. Nur zehn tote Deutsche haben wir zu beklagen. Der neue Ami-Chef nölt: Die „Schikanen" des Tyrannen müssen aufhören. Die Taiwanesen liefern „gigantische Raketen", um Bolschewiken zu töten. Die Schar der Kriegsteilnehmer wächst. Das wird ein Weltkrieg, der sich gewaschen hat. Der Milliarden-Rumms der NORDSTREAM-Sprengung ist auch geklärt. Es war der Ukro-Geheimdienst-Rentner Tschwerwinskj. Dafür kriegt er Hausarrest. Brutales Strafmaß! Schließlich war die Sprengung legitim, hört man aus der CDU. Habe ich „Qualitätsmedien" entnommen. Soll ich es glauben? Oder besser nicht?

📹 **Ukraine-Krieg bestimmt über Friedensordnung der Zukunft**

Scholz fordert von Putin Truppenrückzug

20.II.2024

„Neue Qualität" der Eskalationsspirale

Leopard-Panzer schaltet ganzen Panzer-Konvoi aus

Ukrainische Marschflugkörper sollen serienreif sein

Ukraine-Krieg: Regierung geht von zehn getöteten Deutschen aus

Russland setzt auf Offensiven – Trump: „Das muss aufhören"

Ukraine erhält gigantische Raketen gegen Putin von China-Gegner

3+ NORD-STREAM-ANSCHLAG

„Für die ganze zivilisierte Welt war es eine gute Sache"

CDU-Politiker nennt Nord-Stream-Sprengung „legitim"

Die Märchenstunden der deutschen Medien

Mainstream-Pressespiegel vom 21.11.2024. Top-Voraussetzung für den III. Weltkrieg: US-Langstrecken-Raketen = Rote Linie = NATO im Krieg gegen den Iwan. Vor Angst droht der Tyrann mit dem Atomkrieg. Hilft ihm nix! - Keinen Millimeter Acker-Land rücken die Helden raus. Vielmehr greifen sie jetzt den Iwan mit brachialer Gewalt an. Siegen ist kinderleicht: Sogar Kindergärtnerinnen stoppen Russki-Raketen. Ob wir für den Sieg Black-Rocker 'Friedrich der Dritte' oder Schwiegermutter-Liebling 'Robert der Erste' wählen -scheißegal. Beide wollen den Iwan niedermetzeln. Auch unser aller A.L.B.-Traum ist als Kriegsgöttin präsent. Sie empfiehlt, die Abschussanlagen wegzuballern. Welche Klugheit! Mit 4.000 deutschen Mini-Taurus darf geübt werden. Wir freuen uns wie Bolle, dass die Tötungs-Branche boomt. Habe ich „Qualitätsmedien" entnommen. Soll ich es glauben? Oder besser nicht?

USA riskieren "Dritten Weltkrieg"

NATO jetzt im Krieg mit Russland

Warum Putin mit Atomkrieg droht

+++ 14:23 Selenskyj bekräftigt: Ukraine tritt keine Gebiete ab +++

Ukraine greift erstmals mit weitreichenden US-Raketen Russland an

„Befreit bitte die Ukraine von Putin"

Kindergärtnerin stoppt russische Rakete

Robert Habeck würde als Kanzler Taurus-Marschflugkörper liefern

++ Baerbock: Ukraine muss Abschussanlagen treffen können ++

21.11.2024

„Mini-Taurus": Jetzt liefert Deutschland 4000 brandgefährliche KI-Drohnen an die Ukraine

Deutsche Rüstungsexporte erreichen voraussichtlich Höchststand

MEIN KRIEGSTAGEBUCH ***2024***

Mainstream-Pressespiegel vom 22.11.2024. Wieder was gelernt: „Der Weg zum Frieden führt über das Schlachtfeld". Deshalb bereitet die Bundeswehr Unternehmer auf den Kriegsfall vor. Auch Skandinavien wird auf Kriegskurs eingeschworen. Großartige Perspektive! Der Erfolg gibt den Kriegs-Fans recht: Die Russki-Verluste steigen. Bald wird das Sterben schneller vonstatten gehen, sobald die Amis noch mehr Raketen auf Russland feuern. Die zum Falken mutierte Friedenstaube der Grünen („Keine Waffen in Kriegsgebiete") findet das affengeil. Sie begrüßt jede Variante des Iwan-Tötens. Und sie droht dem 1.5 Mrd. Volk China mit Vergeltung. Donnerlüttchen! Der Noch-Chef der Verbal-Koryphäe will trotz alledem Old-School taktieren: „Reden". Wie spießig: Ballern, Töten, Zerstören ist das neue Mantra der Politik. Habe ich „Qualitätsmedien" entnommen. Soll ich es glauben? Oder besser nicht?

22.II.2024

Der Weg zum Frieden führt über das Schlachtfeld

Bundeswehr bereitet Unternehmen auf den Kriegsfall vor

Schweden, Finnland und Norwegen bereiten Bewohner auf möglichen Krieg vor

US-Raketen auf Russland feuern

London: Bisher 50.000 ukrainische Soldaten ausgebildet

Russlands Verluste im Ukrainekrieg steigen

Baerbock befürwortet Freigabe von US-Raketen

Baerbock begrüßt Putin-„Abschreckung"

Baerbock droht China

++ Scholz will mit Xi über Ukraine-Krieg sprechen ++

Die Märchenstunden der deutschen Medien

Mainstream-Pressespiegel vom 23.11.2024. Die AMPEL hat Deutschland den letzten Dienst erwiesen: Bald kommt der Weltkrieg! Ist das nicht nett? Die Bundeswehr bereitet sich aufs Russki-Töten vor. Der Noch-Kanzler warnt Xi: Wehe, Du mischt Dich ein. Der Heldenpräsident bittet um „harte Sanktionen". Logo! Wir haben historische Kompetenz im „Auslöschen". Amis liefern Tretminen, die EU steuert eine Mio. Geschosse hinzu = Der Iwan muss weg. Diskutieren bringt nix'. Die Ex-Küchenhilfe der Ex-DDR kennt die Russkis nur zu genau: „Nur unsere Angst ist deren Waffe". Der Tyrann weiß: Er wird nie gewinnen. Er weiß auch, dass seine 9.000 Atom-bomben nur Schrott sind. Er blufft: Täuscht vor, Dörfer eingenommen zu haben. Seine Drohnen sind aus billigstem Sperrholz. Recht hat die Tötungs-Industrie, wenn sie Förderung anmahnt, um mehr Tote zu liefern. Habe ich „Qualitätsmedien" entnommen. Soll ich es glauben? Oder besser nicht?

Wegen Putin: Bundeswehr bereitet auf Kriegsfall vor

Selenskyj fordert harte Sanktionen gegen Russland

Scholz warnt China

USA erlauben Ukraine Einsatz von Antipersonenminen gegen Russland

EU liefert eine Million Artilleriegeschosse

Göring-Eckardt: Angst ist "Putins größte Waffe"

Russland setzt massiv "Sperrholz-Drohnen" ein

Haken: Putin will keinen Frieden, man muss ihn dazu zwingen

„Putin selber weiß, dass Atomwaffen heute zur Kriegführung nicht mehr geeignet sind"

Einnahme von Dörfern im Ukraine-Krieg vorgetäuscht: Russische Kommandeure festgenommen

"Putin stünde vor einem Krieg, den er nicht gewinnen kann"

23.II.2024

Rüstungsindustrie fordert neue EU-Mittel für die Verteidigung

MEIN KRIEGSTAGEBUCH ***2024***

Mainstream-Pressespiegel vom 24.11.2024. Alle wollen den Iwan von der Landkarte ausradieren. Kann der Heldenpräsident hierfür eine Atombombe bauen? Nicht schnell genug. Aber wir Deutsche könnten es! Friedrich...Robert...macht hin! Wir wollen Atompilze in Tundra & Taiga wachsen sehen. Der Tyrann nässt sich ein und lässt mobile Atomschutzbunker bauen. Der Noch-Ami-Chef macht fette Geschenke = 4.6 Mrd. $ kehrt er als Weihnachts-Gratifikation aus. Die Helden müssen bei Laune gehalten werden, um den „Adolf Hitler des 21. Jahrhunderts" zu töten. Auf die Tommys ist Verlass. Mit „Storm-Shadows" schießen die Helden für die Tommys dem Iwan das Hauptquartier zu Schrott. Der ist sauer und will „westlichen Unterstützern" - z.B. uns - eine Atomrakete auf den Reichstag werfen. Wäre doch schade, wenn Friedrich, Robert & Konsorten verstrahlen. Habe ich „Qualitätsmedien" entnommen. Soll ich es glauben? Oder besser nicht?

Dritter Weltkrieg in Sicht

Bald ukrainischer Angriff?

Kann die Ukraine schnell eine Atombombe bauen?

Russen bauen mobile Atomschutzbunker

Atomwaffen-Experte: "Deutschland könnte die Bombe schnell bauen"

24.II.2024

Russlands Armee in der Krise: Putins Soldaten desertieren –

Bob Woodward bei Maischberger

"Putin ist der Adolf Hitler dieses Jahrhunderts"

Biden will der Ukraine 4,6 Milliarden Dollar an Schulden erlassen

Ukraine beschießt Russland mit britischen Raketen

Putin droht westlichen Waffengebern mit Angriff

Ukraine trifft mit Storm Shadows russisches Hauptquartier

Deutschland schickt Ukraine gepanzerte Fahrzeuge

Mainstream-Pressespiegel vom 25.11.2024. Die Eskalation zum Weltkrieg läuft wie geschmiert. "Die Lage ist ernst". Der Krieg bekommt einen „globalen Charakter"! Ja logo, so ist er geplant. Dafür hat der Tommy den Iwan mit Marschflugkörpern angegriffen. Als Retourkutsche hat der ein „Dorf" eingenommen und eine Langstreckenrakete losgejagt. Jetzt tut der Tommy so, als wäre er sauer und wirft den Tyrannen „Eskalation" vor. Echt cool! Deutschland taumelt. Schuld daran hat der Kanzler. Der will Frieden. Geht gar nicht, so kurz vor dem III. Weltkrieg. Das US-Imperium benennt neue Sanktionen. Keiner wird zulassen, dass der Tyrann nur den Hauch an Gesprächsbereitschaft spürt. Man kann es uns Deutschen nicht oft genug einprügeln: RUSSLAND IST DER FEIND. Ende der Diskussion. Habe ich „Qualitätsmedien" entnommen. Soll ich es glauben. Oder besser nicht?

Pistorius: "Lage ist ernst"

Ukraine-Krieg bekommt "globalen Charakter"

So wird sich der Krieg gegen die Ukraine weiter steigern

Britische Marschflugkörper treffen russisches Hauptquartier

Russland meldet Einnahme von weiterem Dorf

„Russen sollen Interkontinentalrakete eingesetzt haben"

Britischer Verteidigungsminister wirft Putin Eskalation vor

Deutschland taumelt

25.II.2024

Neue US-Sanktionen gegen russische Banken

Ukraine-Krieg: Russland eskaliert, weil Olaf Scholz deeskalieren will

"Russland ist der Feind"

MEIN KRIEGSTAGEBUCH ***2024***

Mainstream-Pressespiegel vom 26.11.2024. Der Weltkrieg kommt! Es gibt Pläne „der Willigen". Dazu gehören unsere Alt-Parteien - komplett kriegsgeil! Die Start könnte nicht besser terminiert sein: Der Iwan verliert täglich, weil er nur „Schrott" einsetzt. Schlechte Moral und Todesangst bewirken ein Übriges - sie desertieren in Massen. Auch Kims Hungerleider sterben wie die Fliegen, noch bevor sie an der Front gesichtet wurden. Zur Ablenkung vom Elend verbreitet der Iwan Fake-News. Er lügt, wenn er die Serien-Produktion von Hyperschall-Raketen ankündigt. Wahr ist, dass der Heldenpräsident neue Systeme zur Flugabwehr entwickelt. Alles beweist, wie schwach der Tyrann ist. Er will nur unsere Psyche testen! EU-Roberta, High-Potential und Dreifach-Mutti aus der Steueroase Malta, hat die Schnauze voll: Schießt den Iwan mit Taurus weg! Dann kann der verarmte Russki sich auch wieder Butter leisten. Habe ich „Qualitätsmedien" entnommen. Soll ich es glauben? Oder besser nicht?

26.II.2024

„Koalition der Willigen": Pläne für Konfrontation mit Putin

Russland fährt wegen Ausrüstungs-Mangel "Schrott" an die Front

Schlechte Moral und Todesangst: Soldaten desertieren aus Russland-Armee

Hunderte Nordkorea-Soldaten bereits tot – Zahl wird steigen

Putin will neue Rakete in Serie produzieren lassen

Russland verbreitet Falschnachricht zu Angriff

Selenskij: Ukraine entwickelt neue Systeme zur Flugabwehr

EU-Parlamentspräsidentin drängt auf Taurus-Lieferung an Kyjiw

Zu viele Diebstähle! Russische Läden sperren Butter weg

Putins überzogene Drohungen zeigen, wie schwach er in Wahrheit ist

Putin testet unsere Psyche

Die Märchenstunden der deutschen Medien

Mainstream-Pressespiegel vom 27.11.2024. Wie gewählt, so geliefert: Alle Altparteien wollen den Weltkrieg. Wie prickelnd: Es wird ein „ganz neuer Krieg". Er heißt „Dritter Weltkrieg". Bin schon ganz neugierig. An der Front geht es bereits „in die Verlängerung". Dafür kommen fünf Mrd. $ von der Weltbank fürs Russki-Töten. Die Tommys stehen zum Einmarsch bereit. Der Pariser gibt grünes Licht für die Schlacht zum Erhalt der US-Weltherrschaft. Selbst finnische Frauen trainieren für den Weltkrieg. Ein bisschen Oktoberfest-Stimmung allerorten. Der Iwan flüchtet angesichts seiner Chancenlosigkeit: 11.700 Deserteure haben sich vom Acker geschlichen. Nun lockt der Tyrann mit Schuldenerlass bis 91.000 € pro Jung-Bolschewik. Motto: "Schuldenfrei für Putin sterben". Habe Ich „Qualitätsmedien" entnommen. Soll ich es glauben? Oder besser nicht?

Kein Frieden mit Putin

„Ganz neuer Krieg", „Dritter Weltkrieg"

27.II.2024

Neue NASAMS in der Ukraine: Der Krieg gegen Putin geht in die Verlängerung

Ukraine erhält weitere Finanzhilfen von Weltbank

Großbritannien erklärt sich kampfbereit

Frankreich erlaubt Ukraine Einsatz weitreichender Waffen

+++ 21:54 Bericht: Finnische Frauen trainieren für den Krieg mit Russland

Russland lockt neue Soldaten mit Erlass privater Schulden

Ukraine-Krieg: 11.700 Deserteure aus Russland-Armee

Schuldenfrei für Putin sterben

MEIN KRIEGSTAGEBUCH ***2024***

Mainstream-Pressespiegel vom 28.11.2024. Seit die Amis den Start zum Weltkrieg mit Waffenfreigabe manifestiert haben, herrscht „pure Glückseligkeit". Der „Wendepunkt" ist erreicht. Der scheidende US-Präsident hat uns die Aufgabe überlassen, den Iwan auszulöschen. Der Auftrag wirkt: Die Drohungen des Tyrannen sind Zeichen „absoluter Angst". Überall regt sich der Widerstand gegen ihn. Neue „gelenkte Bomben" werden sein Ende beschleunigen. Seine „Wunderrakete" liegt in Trümmern – billiges Blendwerk. Auch seine Elitetruppen sind ein Schatten ihrer selbst. Als Rettung setzt der Tyrann jetzt auf zerlumpte Huthi-Söldner. Wenn unsere Jungs demnächst einmarschieren, dann aber Gentlemen-like. Für den Weltkrieg wurden neue „Ausgeh-Uniformen" für 825 Mio. Euro bestellt. Mir selbst wird nix' passieren. Die Regierung will „für Bürger" Schutzbunker errichten. Habe ich „Qualitätsmedien" entnommen. Soll ich es glauben? Oder besser nicht?

"Pure Glückseligkeit" bei Soldaten über US-Waffenfreigabe

Wendepunkt des Ukraine-Krieges

Biden untergräbt Trumps Friedenspläne

Widerstand gegen Putin geht weiter

Drohungen von Putin gegen den Westen: Ausdruck „absoluter Angst"

Ukraine entwickelt eigene gelenkte Bomben

Ukrainer zeigen Trümmer der neuen russischen Rakete

Russlands einstige Elitetruppen sind nichts Besonderes mehr

28.II.202

Bundesamt will für Bürger mehr Schutzbunker einrichten

Mode-Update für 825 Millionen
"Neue Ausgeh-Uniform" - das teure Projekt der Bundeswehr

Söldner aus Jemen helfen Russland

Die Märchenstunden der deutschen Medien

Mainstream-Pressespiegel vom 29.11.2024. Jetzt geht's Schlag auf Schlag. Der Heldenpräsident droht dem Tyrannen. Beruhigend: 61 % deutscher Männer wollen „Deutschland mit der Waffe verteidigen". Warum nur Männer und nicht „w" und „d"? Auch die haben ein Recht darauf, im Weltkrieg an vorderster Front zu sterben. Auch Europas Konzerne begeistern sich für die Kriegswirtschaft. Die Tommys sind bereits „kriegsbereit". Unsere Landser können sich auf erbarmungslos killende Drohnen aus Niederbayern verlassen. Der Slogan verspricht nur Gutes: "Fliegen, sprengen, töten". Die Situation an der Front ist ideal für unseren Einmarsch: Schwere Verluste für die Bolschewiken. Denn die Helden greifen konsequent Russland an! Der Tyrann wirkt dagegen „wie eingefroren". Seine Nervosität ist an seiner Mimik abzulesen: „In Wahrheit" hat er Angst vor Trump. Habe ich „Qualitätsmedien" entnommen. Soll ich es glauben? Oder besser nicht?

Schlag auf Schlag

29.11.2024

Selenskyj droht Russland

61 Prozent der Männer würde Deutschland verteidigen

So bereiten sich Europas Konzerne auf den Kriegsfall vor

Britische Armee gibt sich kriegsbereit

Kampfdrohnen aus Niederbayern

 Fliegen, sprengen, töten

Ukraine-Krieg: Neue Details – Schwere Verluste für Putins Armee

Hat Putin in Wahrheit Angst vor Trump?

Ukraine greift russische Gebiete mit Raketen an

Putin wie eingefroren

Moskaus Nervosität offenbart

Nato „im Krieg mit Russland"

Der 3. Weltkrieg hat begonnen

Mainstream-Pressespiegel vom 30.11.2024. Der Tyrann ist „völlig verzweifelt". Der Heldenpräsident wechselt die Heeresführung aus. Jetzt werden ganz harte Hunde auf ihn gehetzt. Sein Rubel verliert „dramatisch" an Wert. Seine Wirtschaft ist am Ende. Seine Atomdrohungen sind ein Schuss ins Leere. Die FDP-Kriegs-Lobbyistin bringt es auf den Punkt: Für den Einsatz von Atombomben ist der Typ „viel zu ängstlich". Bald marschieren unsere Bodentruppen bei ihm ein. Als Neo-Napoleon wird der Pariser gehandelt. Der hat von den Amis die 'Lizenz zum Russki-Töten' ergattert. Denn trotz Pleiten, Pech und Pannen will der Tyrann uns immer noch überfallen. Vollends größenwahnsinnig! Dem gilt es vorzubeugen, indem wir die Rüstungsproduktion „Just-in-Time" nahe der Front aufbauen. Das alles kann für den Tyrannen nur böse enden! Habe ich „Qualitätsmedien" entnommen. Soll ich es glauben? Oder besser nicht?

Wladimir Putin völlig verzweifelt!

Selenskij wechselt die Führung seines Heeres aus

30.II.2024

Russischer Rubel verliert dramatisch an Wert

Russland droht wirtschaftlicher „Niedergang"

Strack-Zimmermann: Putin ist zu ängstlich für die Atombombe

G7 weisen Atom-Drohungen aus Russland zurück

Schicken europäische Staaten bald Truppen in die Ukraine?

Nato-Truppen in der Ukraine: Macron könnte Europa in einen großen Krieg führen

Nato-Staaten wollen Rüstungsproduktion in der Ukraine stärken

Deutscher General warnt vor Putins Kriegsvorbereitungen

Mainstream-Pressespiegel vom 1.12.2024. Wir stehen kurz vor dem Ziel. Nach Silvester kann der Weltkrieg toben. Friedrich der Dritte findet das toll. Er hat „keine Angst vor Atomkrieg". Stellt sich nur noch die Frage, ob wir sofort oder später Bodentruppen an die Front werfen. Der baldige US-Präsident schlägt sich nun doch auf die Seite des Helden. Er verspricht neue Waffen. Töten sollen damit auch Jung-Helden ab 18 = Perfekte Jugendförderung. Da trifft den Tyrannen der Schlag. Ursel von der EU fordert zur Förderung der Jugend mehr Geld fürs Russki-Töten. Gehorsam gibt Berlin Millionen frei, während der Rubel grade mal 1 Cent wert ist. Beim Iwan herrscht Mangel an Kanonenfutter. Deshalb fordert der Tyrann alle gebärfähigen Iwankas auf, sich öfter besamen zu lassen. Doch Sperma ist auch keine Lösung! Mit 'ner lecker-warmen Borschtsch - von Helden-frauen zubereitet - gewinnt man Kriege! Habe ich „Qualitätsmedien" entnommen Soll ich es glauben? Oder besser nicht?

BND hält russischen Angriff auf Nato in kommenden Jahren für möglich

01.12.2024

Merz: Habe keine Angst vor Atomkrieg

Europäische Bodentruppen in der Ukraine?

Trump trägt Waffenhilfe mit: Plötzlich an Selenskyjs Seite?

US-Regierung rät Ukraine zur Rekrutierung von 18-Jährigen

Putin droht der Trump-Schlag

Von der Leyen fordert mehr Geld für Verteidigung

Deutschland stellt weitere Millionen für Ukraine bereit

Jetzt ist der Rubel nicht mal mehr einen Cent wert

Wladimir Putin fordert Frauen auf, mehr Kinder zu bekommen

Mit Borschtsch gegen Putin

MEIN KRIEGSTAGEBUCH ***2024***

Mainstream-Pressespiegel vom 2.12.2024. Die 'Neuen' aus der EU haben dem Heldenpräsidenten per Antrittsbesuch gehuldigt. Tolle Symbolik für „Frieden durch Stärke". Mit einem Atomschlag wäre alles im 'grünen' Bereich! CDU-Warlord Kiesewetter berichtet, dass der Tyrann uns mit Panzern ff. überrollen will. Da ist die Nuklear-Idee schon pfiffig. In unserem Cyberraum irrlichtert der Iwan bereits herum. Trump hat dagegen den Super-Tipp: Iwan zur Aufgabe „zwingen". Fertig! Finnland löst das Problem noch tödlicher: Tretminen! Die reißen jeden Bolschewiken vom Sockel. Ob jemals einer kommt, ist indes fraglich. Der November war „der verlustreichste Monat" des Tyrannen. Lange kann er das nicht mehr durchhalten. Der nächste EU-Sanktionsplan trägt dazu bei. Ein Todesstoß! Leider nicht für ihn selbst. Er bleibt „Dauerstörfaktor". Wo ist James Bond, wenn man ihn mal braucht? Habe ich „Qualitätsmedien" entnommen. Soll ich es glauben? Oder besser nicht?

Neue EU-Spitzen treffen zum Amtsantritt in Kyjiw ein

02.12.2024

„Frieden durch Stärke herstellen"

Atomschlag im Ukraine-Krieg?

Kiesewetter sieht Vorbereitung Russlands auf konventionellen Krieg gegen NATO

„Im Cyberraum befinden wir uns bereits im Krieg mit Russland."

Ukraine-Krieg: Trump will Ende erzwingen

Finnland prüft Aufrüstung mit Antipersonenminen

Wie lange kann Putin seine Kriegswirtschaft durchhalten?

Ukraine: November war verlustreichster Monat für Russland

EU-Staaten arbeiten an neuem Paket mit Russland-Sanktionen

Putin wird zum „Dauerstörfaktor" für Europa

Die Märchenstunden der deutschen Medien

Mainstream-Pressespiegel vom 3.12.204. Weihnachten naht: Gestern klopfte der Kanzler mit Kriegsspielzeug im Werte von 650 Mio. € beim Heldenpräsidenten an. Für das Spiel „Berlin ./. Kreml" haben wir den „langen Atem". In wenigen Jahren will der Tyrann uns plattmachen. Wir bitten ihn, noch zu warten, bis wir „kriegstauglich" sind. U-Boote für Mrd. € sind schließlich nicht über Nacht zu bauen. Währenddessen streiten Tyrann + Ami über die Beute. Wer kriegt was? In Anbetracht ihres Sieges wollen die Amis alles! Verzweifelt sucht der Tyrann nach Personal, um doch noch zu gewinnen. Er findet keines. Junge Bolschewiken sind nach vier Wochen tot. Um die Mortalitätsquote beizubehalten, fließen 13 Mrd. € aus Norwegen ins Heldenland. Die Wikinger verschenken den Mords-Profit aus dem Gasverkauf an uns. Nette Geste! Damit starten die Helden dann eine Gegenoffensive. Habe ich „Qualitätsmedien" entnommen. Soll ich es glauben? Oder besser nicht?

03.12.2024

Scholz kündigt Selenskij weitere Hilfen an: „Wir haben einen langen Atem"

Berlin gegen Kreml

Bis 2029 im Visier: Deutscher General alarmiert über Putins Kriegsplanung

Pistorius will Milliarden Euro für neue U-Boote ausgeben

Putin, Trump und der Kampf um den Billionen-Schatz

Lindsey Graham: Der Ukraine-Krieg als lukratives Geschäftsmodell

Die verzweifelte Personalsuche des Wladimir Putin

Russische Rekruten überleben in der Regel nur vier Wochen

Norwegen will Ukraine 13 Mrd. € geben

Ukraine plant die große Gegenoffensive

Mainstream-Pressespiegel vom 4.12.2024. Der AL.B.-Traum stromert durch Peking, um dem Kinees zu drohen: Aus dem Krieg soll Xi sich raushalten. Der Tyrann will uns aber auch ohne den Kinees angreifen. Doch womit? Er verliert doch Soldaten, „wie nie zuvor". Längst fallen massenhaft „Kriegstouristen" im Heldenland ein, um das Töten hautnah an der „Achse des Aufruhrs" zu goutieren: Zur „Achse" zählen Iwan, Teppichknüpfer, Kinees & Hungerleider: Der Hungerleider hat sich verkalkuliert. Der Iwan verliert 2000 Bolschewiken pro Tag! Der Kinees hat nach Annalenas Drohung Schnappatmung. Der Teppichknüpfer hat Israel am Arsch. Gottseidank ist der „Spuk" bald vorbei. Die EU-Neulinge haben dank einer neuen Resolution den Countdown zum Weltkrieg beschleunigt. Alles kein Problem: Nur drei Helden bedarf es, um einen Russen-Panzer zu stoppen. Da wird der Sieg zur Kaffeefahrt. Habe ich „Qualitätsmedien" entnommen. Soll ich es glauben? Oder besser nicht?

Baerbock in Peking   04.12.2024

Baerbock droht China mit Konsequenzen

Greift Putin die Nato an?

Düsterer Meilenstein: Putin verliert so viele Soldaten wie nie zuvor im Ukraine-Krieg

Kriegstouristen pilgern in die Ukraine

Nordkorea, Russland und die „Achse des Aufruhrs"

Neue Details – Russland verliert mehr als 2000 Soldaten an nur einem Tag

„Kim Jong-un hat sich verkalkuliert"

Israels Angriff auf den Iran hat Folgen für Putins Ukraine-Krieg

Wie lange kann Putin Soldaten an der Front verheizen?

Ukrainekrieg: Neue EU-Resolution bringt Europa an den Rand des dritten Weltkriegs

Drei Ukrainer halten Russen-Panzer auf

Mainstream-Pressespiegel vom 5.12.2024. „Der Krieg ist schon da". Weihnachtswunsch des Heldenpräsident ist es, Teil der Nato-Familie zu sein. Damit wäre der „Bündnisfall" da. Wir müssen dann den Helden zeigen, dass Europa zu ihnen steht. Heißt: Aufrüsten. Wann ziehen deutsche Landser Richtung Donbass? Mensch, wird sich der Tyrann ärgern. 750.000 Tote hat er bereits an der Backe. Der Weltkrieg ist besonders wichtig für den Sieg der CDU. Deutschland braucht den Führer durch Dick und Dünn: Friedrich der Dritte überzeugt die kriegsliebenden Grünen weitaus mehr als Olaf der Schreckliche. Wahrer Luxus ist, bereits einen Bunker zu besitzen. Ich gehöre zu den 0.54% Bunker-Besitzern! Unbeschädigt. Made in World War II. Da mache ist es uns gemütlich, wenn die Nuklear-Bombe den Nachbarn atomisiert. Habe ich „Qualitätsmedien" entnommen. Soll ich es glauben. Oder besser nicht?

„Der Krieg ist schon da"

Selenskyj nennt Bedingungen für Nato-Mitgliedschaft

05.12.2024

„Wir müssen den Ukrainern zeigen, dass Europa bei ihnen ist"

Bundesinnenministerin Faeser warnt vor Nato-Bündnisfall

Wann zieht die Bundeswehr in Richtung Donbass?

Putin wird sich ärgern

Ukraine-Krieg: Russlands Soldaten-Verluste nähern sich 750.000er-Marke

Botschafter sieht Krieg als wichtiges deutsches Wahlkampfthema

Brantner hält Merz für besseren Partner in Ukrainepolitik als Scholz

Nach Putins Drohung: Deutschland entwickelt neuen Bunker-Plan

Mainstream-Pressespiegel vom 6.12.2024. Der Tyrann greift zur Nazi-Keule: „Teutsche" töten seine Landsleute, um sich das Helden-Land zu schnappen. Der AL.B.-Traum ist angefressen. Sie will mit der Bundeswehr einmarschieren. Kollegen fallen ihr in den Rücken. Nix da! Der Frau liegt das Herz auf der Zunge: ER ist ein Mörder. Er „verheizt" Soldaten. Deshalb organisiert der Heldenpräsident sein Heer um. Wählt Friedrich den Dritten! Der will aktiv in den Krieg eingreifen. Wählt nicht Olaf. Der will uns Angst einflössen. So ein Krieg ist ein Super-Geschäft: Töten mit US-Kredit – um dann mit dem Geld beim Kreditgeber neue Waffen zu kaufen. Sogar wir haben erstmals Dankbarkeit fürs Mit-Töten erfahren: „Danke Olaf. Danke Deutschland". Dumm wäre es, sich jetzt vor dem Tyrannen in den Staub zu werfen. Showdown: Deutsche Drohnen verändern alles. Und Selenskyjs zweite Amtszeit wäre ein Segen. Habe ich „Qualitätsmedien" entnommen. Soll ich es glauben? Oder besser nicht?

Putin holt Nazi-Keule raus

„Wer Merz wählt, will Krieg"

Die Deutschen an der Front

Baerbock will Bundeswehr in die Ukraine schicken

Diese deutsche Drohne könnte den Ukrainekrieg verändern

Scholz gegen deutsche Truppen in der Ukraine

Putin verheizt Tausende Soldaten

Selenskyj organisiert Heer um

Merz wirft Scholz »Kriegsrhetorik« vor

Rüstungskonzerne steigern Verkäufe auf 632 Milliarden Dollar

USA kündigen 725-Millionen-Militärhilfen an

Habeck: „Nicht vor Putin in den Staub werfen"

»Danke Olaf, danke Deutschland«, ruft Selenskyj dem Kanzler hinterher

06.12.2024

Röttgen: Überlegungen Baerbocks „gedankenlos"

Doch eine zweite Amtszeit für Selenskyj?

Mainstream-Pressespiegel vom 7.12.2024. „America first" gilt auch im Ukraine-Krieg. Deshalb fordern die Amis den Iwan auf, sich „tiefgreifend zu ändern". Vorausschauend planen unsere Militärs den Tag nach dem Sieg. Der kommt schnell. Denn der Tyrann hat nicht genug Piloten. Den Helden reichen schon „einfachste Mittel", um dem Iwan die Drohnen abzuschie-ßen. Ein Experte der Bundeswehr „enthüllt" vor aller Welt die „heftigen Verluste" des Tyrannen. Zur Kompensation bleibt dem nichts anderes übrig, als Discotheken zu stürmen, um die Jungs an die Front zu schleifen. Mit noch mehr Militärhilfe wollen unsere Grünen die Ausrottung des Iwan beschleunigen. Ins gleiche Horn bläst NATO-Rutte. Centurio Pistorius hält zum AL.B-Traum: Einmarschieren! Und...„wie hältst Du es mit der Ukraine?" Wie alle anderen! = Es sind Helden. Nur der Russe ist das Böse schlechthin! Habe ich „Qualitätsmedien" entnommen. Soll ich es glauben? Oder besser nicht?

„America first" auch im Ukrainekrieg

07.12.2024

Russland muss sich tiefgreifend ändern

Die Militärs planen schon den Tag nach dem Krieg

Militärexperte Lange: „Russland hat nicht mehr genug Piloten"

Kampf mit einfachsten Mitteln: Die Drohnen-Jäger der Ukraine-Front

Ukraine-Experte der Bundeswehr enthüllt heftige Russland-Verluste

Aus der Disco in den Ukraine-Krieg: Putin lässt in Moskau Nachtclubs stürmen

Grüne fordern Scholz zu neuen Ukrainehilfen auf

Böser Russe

Rutte verspricht NATO-Hilfe für die Ukraine

Pistorius schließt Bundeswehr-Einsatz nicht aus

Wie hältst Du es mit der Ukraine?

MEIN KRIEGSTAGEBUCH ***2024***

Mainstream-Pressespiegel vom 8.12.2024. Flotter Dreier im Dom: Trump hat dem Pariser und dem Heldenpräsidenten beim Notre Dame-Richtfest die Messe gelesen: „Macht den Krieg unter Euch aus". Die Aussichten für den Tyrannen sind deshalb nicht besser. In Georgien gibt's „Ausschreitungen" gegen ihn. Amis „erdrosseln" sein Schlüsselprojekt Flüssiggas. Man hat ihn beim Kinderklauen erwischt. Seine Nichte „verrät" Militärgeheimnisse. Die Helden schießen ihm die Drohnen weg. Ihm fehlen Rubel, um Kims Soldaten durchzufüttern. Weiterhin steuert er auf 800.000 Tote hin, während die Helden nur ein Zehntel an Verlust beklagen. Die Helden haben ihren Job erfüllt: „Der Dritte Weltkrieg hat begonnen". Läuft alles nach Plan: Der Iwan schießt 'mit Signalmunition' auf provozierende deutsche Bundeswehr-Hubschrauber. Sowas ist eine Kriegserklärung! Und Kriegsamazone Annalena überlegt vorausschauend, wie man den Krieg per Kriegsanleihe gegenfinanzieren kann. Habe ich „Qualitätsmedien" entnommen. Soll ich es glauben? Oder besser nicht?

Macron, Trump und Selenskyj treffen sich zu Gespräch in Paris

08.12.2024

Selenskyj und Macron beraten über Russlands Krieg

Ausschreitungen gegen Putin

Die USA erdrosseln Putins Schlüsselprojekt

Nordkoreanische Soldaten klagen über Hunger

Putin-Verwandte verrät im TV Militärgeheimnis

Kinder verschleppt: Spur führt zu Putin

Ukraine hat Armee zufolge 30 russische Drohnen abgeschossen

Baerbock will über EU-Schulden zur Verteidigung sprechen

Ukrainischer Botschafter: "Dritter Weltkrieg hat begonnen"

80.000 tote Soldaten innerhalb ukrainischer Armee?

Russische Schiffsbesatzung schießt bei Bundeswehr-Einsatz

Russland steuert im Ukraine-Krieg rasant auf dramatische Verlust-Marke zu

Die Märchenstunden der deutschen Medien

Mainstream-Pressespiegel vom 9.12.2024. Ist BSE-Rinderwahnsinn zurück? Der neueste 'Ausbruch' heißt aber 'Russenwahnsinn'. Es ist die „größte Bedrohung", sagt Pfarrer Gauck. Der vom 'Wahnsinn befallene' Lawrow brüstete sich auf Malta: „Jedes Mittel ist recht im Kampf gegen Europa". Der AL.B.-Traum bezichtigte ihn der Lüge =„Tsunami der Desinformation". Deshalb „peitscht" der Tyrann seine Bolschewiken. Wie gut, dass die Amis den Krieg frühzeitig geplant haben. Der Noch-US-Chef schickt rasch 'ne Mrd. $ rüber, bevor sein Nachfolger die Notenpresse stoppt. Fachleute „befürworten" NATO-Truppen an der Front. Auch deutsche Truppen? Nicht „undenkbar"! Landser kennen die Gegend noch aus Einmarsch & Sieg 1941. Wir sorgen aber diesmal für Frieden. Wäre alles besser gelaufen, wenn wir den Helden nicht vor 30 Jahren ihre Atomwaffen abgeknöpft hätten. Jetzt müssen sie den Iwan konventionell töten. Habe ich „Qualitätsmedien" entnommen. Soll ich es glauben? Oder besser nicht?

"Jüngster Ausbruch russischen Wahnsinns"

Gauck hält Russland für die "langfristig größte Bedrohung"

Putin peitscht Truppen an!

Lawrow: "Jedes Mittel" im Kampf gegen den Westen

Baerbock wirft Lawrow «unerträgliche Lügen» vor

„Tsunami der Desinformation"

USA plane Niederlage Russlands

988 Millionen Dollar – USA schicken Drohnen, Panzer und Munition an die Ukraine

Deutsche Soldaten in der Ukraine? Nicht undenkbar.

Fachleute befürworten Nato-Bodentruppen zur Friedenssicherung

Die fatalen Folgen des Verzichts auf Atomwaffen

Ukraine-Krieg: Heftige Explosionen erschüttern besetzte Krim-Halbinsel

09.12.2024

Mainstream-Pressespiegel vom 10.12.2024. Trump hat keinen Bock mehr? Der kann uns mal! Wir wollen keinen Frieden! Also ist Black-Rock-Friedrich zum Solidaritätsbesuch aufgebrochen. Er verspricht dem Heldenpräsidenten, dass mit ihm das Russki-Töten weitergeht. Ein Vorturner der Bundeswehr fordert zeitgleich „Vorbereitungen auf den großen Krieg". Centurio Pistorius schärft der Einmarsch. Dazu die Parole vom Noch-Kanzler: „Wir weisen den Tyrannen in die Schranken". Supi! Hat der III. Weltkrieg damit begonnen? Nein – wir sind mittendrin. Selbst Luckys 10-Mio Belarussen sind im Krieg. Bei allem ist die Kampfeskraft der Helden 'großes Kino': Sie überraschen den Tyrannen mit immer neuen Angriffen und locken ihn in „katastrophale Fallen". Pro qkm werden 53 Bolschewiken erlegt. Seine Kriegswirtschaft hat den Tiefpunkt erreicht. Nun sollen wir aufhören? Niemals! Habe ich „Qualitätsmedien" entnommen. Soll ich es glauben? Oder besser nicht?

Donald Trump fordert sofortige Waffenruhe in der Ukraine

10.12.2024

CDU-Chef Merz in Kiew eingetroffen

Kommandeur fordert mehr Vorbereitung auf Krieg

Kein Frieden mit Putin

Pistorius offen für deutsche Beteiligung an Friedenstruppe

Olaf Scholz: „Wir weisen Putin in die Schranken"

Hat der Dritte Weltkrieg schon begonnen?

Belarus „bereits in Krieg verwickelt"

Putins Kriegswirtschaft erreicht neuen Tiefpunkt

Ukraine: Wladimir Putins Truppen geraten in katastrophale Falle

Ukraine überrascht Putins Truppen mit neuem Angriff

Ukraine-Krieg: Für jeden Quadratkilometer fallen 53 Russen

Die Märchenstunden der deutschen Medien

Mainstream-Pressespiegel vom 11.12.2024. Damit das klar ist: In Syrien ist NUR der Tyrann gescheitert. Aber: „Der Krieg wird weiterziehen", orakelt der Preisboxer. Karate-Talent Scholz hofft, gemeinsam mit dem Ami den Tyrannen zu „brechen". Der Unhold will, „dass Menschen frieren". Erfreulich, dass der Heldenpräsident „offen" ist für westliche Soldaten. Lasst uns also einmarschieren, um „das Frieren" zu beenden. Unser Vorteil: Der Tyrann steckt tief in der Scheiße: Für ihren Sieg bekommen die Helden neue Kampfjets. Als Erfolgsnachweis haben sie den Brückenkopf der Bolschewiken „zerschlagen". Bald kommt eine „irre Wunderwaffe", die den Iwan rudelweise niederstreckt. Ein Klappmesser reicht, um den „Prestige-Panzer" des Tyrannen zu „zerstören". Der Rubel-Verfall kommt zum ganzen Elend noch hinzu. Das Drama zum Schluss: Die Polizei erwischte einen Tyrannen-Agenten „nackt im Bett". Habe ich „Qualitätsmedien" entnommen. Soll ich es glauben? Oder besser nicht?

In Syrien ist Putin gescheitert

II.12.2024

Klitschko warnt: Der Krieg wird weiterziehen

Scholz: Können mit Trump Strategie für Ukraine entwickeln

Polizei erwischte Russen-Agenten nackt im Bett

Olaf Scholz: "Putin will, dass Menschen frieren"

Putins Vorteil brechen: Warum Trump für Frieden Stärke zeigen muss

Wolodymyr Selenskyj ist offen für Stationierung westlicher Soldaten

Ukraine erhält weitere F-16-Kampfjets

Ukraine zerschlägt Putins Brückenkopf

Irre Wunderwaffe gegen Putin

Ukraine zerstört mit Klappmesser Putins Prestige-Panzer

T+ Währungsverfall in Russland

Mainstream-Pressespiegel vom 12.12.2024. Seht, wie sein Imperium bröckelt: Syrien war totaler Flop für den Tyrannen. So Trump. Die FDP-Kriegslobbyistin bläst reflexhaft ins Horn des baldigen US-Imperators. Ja, der Tyrann „hat Angst" vor dem Global-Leader. Im Acker-Land beginnt der Anfang vom Ende. Auf einen Helden kommen siebzehn tote Bolschewiken. Wie schaffen die das? Mit Spezialeinheiten, die den Iwan beim Nickerchen überraschen. Mit Kamikaze-Kampfjets, die als Marschflugkörper umgenutzt werden. Mit der „Hölle" wird der Massenmord am Iwan beschleunigt. Selbst die Flut an Helden-Drohnen ist nicht mehr abzuschießen. Dem Iwan fehlt Laseroptik durch US-Sanktionen. Deren gigantische Todesrate ist dennoch eine Gefahr für uns. Auf allen tot herumliegenden Bolschewiken wachsen böse „Killerkeime", die zu uns wabern. Kramt die ollen und teuren FFP-Staubschutz-Masken aus PLANdemie-Zeiten wieder raus! Habe ich „Qualitätsmedien" entnommen. Soll ich es glauben? Oder besser nicht?

Putins Imperium bröckelt!

Donald Trump sieht in Syrien die Schwäche Wladimir Putins

12.12.2024

Putin habe Angst vor Trump

Strack-Zimmermann sieht nach Assad-Sturz Russland geschwächt

Russland und Putin sollen im Ukraine-Krieg schon fast 750.000 Soldaten verloren haben

Selenski: bislang 43'000 ukrainische Soldaten gefallen

Die "Hölle" soll mit 700 km/h bis Moskau fliegen können

Ukraine-Krieg: Spezialeinheit überrascht russische Soldaten

Kamikaze-Kampfjets als Marschflugkörper: Neue Waffe im Ukraine-Krieg?

Durch US-Sanktionen: Laser-Optik verschwindet von Putins Superpanzer

Ukraine-Krieg schafft Nährboden für Killerkeime - auch in Deutschland

Mainstream-Pressespiegel am Freitag, den 13.12.2024. 'Black Friday' für den Tyrannen. Merz ist unser Mann, der Europa „entschlossen" in den Weltkrieg führt. Wählt ihn! Die Ukraine muss stark bleiben! Der Helden-präsident verlangt „Sicherheitsgarantien". Ganz klar, dass Europa ein-springt. So fordert es der von Blackrock eingespielte Kanzler-Kandidat. Ursel haut artig 4.2 Mrd. EU € raus. Die Amis sind schlauer und geben 20 Mrd. $ "als Kredit". Schon umgarnt uns Rekrutierungs-Propaganda: „Der Krieg interessiert sich für Dich"! Es ist 'so easy', den Iwan zu besiegen: Seine Opferzahlen steigen. Er erleidet eine „Schlappe" nach der anderen. Helden-Hubschrauber zerstören seine Kamikaze-Drohnen. Zur Besche-rung ist Ministerin Schulze mit dem Cash-Koffer eingetroffen. So will sie sicherstellen, „dass die 90 Mio.€ (ohne Korruptions-Abschläge?) ankom-men". Habe ich „Qualitätsmedien" entnommen. Soll ich es glauben? Oder besser nicht?

Schwarzer Dezember für Wladimir Putin

Merz will Ukraine entschlossen unterstützen

Präsident Selenski verlangt Sicherheitsgarantien für Frieden

„Ukraine muss stark bleiben"

Merz wiederholt "Taurus"-Versprechen

Merz fordert Europa-Kontaktgruppe zur Ukraine-Unterstützung

EU gibt neue Milliardenzahlung an die Ukraine frei

USA gewähren Kiew 20 Milliarden-Dollar-Darlehen

„Der Krieg interessiert sich für Dich"

Opferzahlen für Putins Armee steigen

Schlappe für Russland: Ukraine zerstört Dutzende gepanzerte Fahrzeuge

Hubschrauber zerstört russische Kamikazedrohne

13.12.2024

Entwicklungsministerin Schulze übergibt Winterhilfe an Kiew

MEIN KRIEGSTAGEBUCH ***2024***

Mainstream-Pressespiegel vom 14.12.2024. Wenn's läuft, dann läufst: Beim Tyrannen „brennt die Hütte". Sein Kumpel aus Syrien hat ihn „in die Pleite getrieben". Der Kreml ist zum „Gnadenhof" verkommen. Rubel und Wirtschaft brechen zusammen. An der Front versenken die Bolschewiken Boote – aus „Angst" vor dem Verlust. Der Tyrann versucht mit letzter Kraft, Nomaden aus der Wüste zu locken. Gegen die Dominanz im Acker-Land haben die Wüstenfüchse keine Chance: Denn die Amis bilden Helden zu Kampfmaschinen aus. Der Heldenpräsident startet Massenproduktion von „Taurus /Made in Ukraine" und liefert 30.000 Drohnen an die Front. Neue Kampfroboter werden die Todesquote des Iwan steigern. KI-gesteuerte Marschflugkörper aus Estland morden seelenlos. Es könnte so einfach sein: 12 Patriots - und der Krieg hätte sich erledigt. Habe ich „Qualitätsmedien" entnommen. Soll ich es glauben? Oder besser nicht?

BEI PUTIN BRENNT DIE HÜTTE

Assads Flucht ist Putins Pleite

14.12.2024

Der Kreml wird zum Gnadenhof

Ukraine-Krieg belastet Rubel und Russlands Börsen immer mehr

Sabotage? Russische Soldaten sollen eigene Boote versenken – aus Angst vor Verlusten

Putin soll Kämpfer aus dem Jemen zwangsrekrutieren

Ukraine setzt auf eigene Massenproduktion von Raketen

30.000 Drohnen für ukrainische Streitkräfte

Neue Kampfroboter für den Ukraine-Krieg: System könnte Putins Verluste in die Höhe treiben

Neuer KI-Marschflugkörper: Nato-Land plant Test in der Ukraine

USA bieten an, neue ukrainische Rekruten auszubilden und auszurüsten

Ukraine: Zwölf weitere Patriots und der Krieg wird für Putin sinnlos

Die Märchenstunden der deutschen Medien

Mainstream-Pressespiegel vom 15.12.2024. Gehts nach Trump, dürfen deutsche Burschen in den Krieg ziehen. Der Pariser meint, dass 40.000 ausreichen. Keine Angst, sollte Euer Sohn dabei sein. Hochmoderne Kampfroboter schützen den Bub. Koordiniert wird alles durch den AL.B-Traum. Sie hat ihre Mischpoke zur Kriegsplanung geladen und „eiserne Sicherheitsgarantien" beschlossen. Das wirkt! Der Tyrann hat keinen Bock mehr auf Atomkrieg. Doch noch ist nicht aller Tage Abend. Die Helden wissen, dass Russkis notorische Lügner sind. Angst haben sie trotzdem: Sie warnen Landsleute vor Reisen in den Westen. Zeitgleich zur Einmarsch-Planung schränkt Ursel den Russkis die Logistik ein. Kein Seelenverkäufer seiner „Schatten-Armada" soll jemals wieder die Ostsee durchpflügen. Wir hätten längst wissen können, was für ein Hallodri der Tyrann ist: 'Uns Angie' hat jahrelang mit ihm „gekuschelt". Ein DDR-Luder? Habe ich „Qualitätsmedien" entnommen. Soll ich es glauben? Oder besser nicht?

Trump schmiedet Ukraine-Plan: Bundeswehr-Soldaten sollen an die Frontlinie

15.12.2024

Frankreich sieht Notwendigkeit von 40.000 Soldaten für die Ukraine

Hochmoderner Kampfroboter soll Soldaten schützen

Baerbock empfängt EU-Außenminister zu Gesprächen über den Krieg

"Eiserne Sicherheitsgarantien" für Ukraine

Putin hat plötzlich KEINE Lust mehr auf Atombomben

Putins „Schattenflotte" im Visier neuer EU-Sanktionen

Russland gibt Reisewarnung für USA, Kanada und EU heraus

"Wir haben zehn Jahre Erfahrung damit, wie Russen lügen"

"Mit Putin gekuschelt": Melnyk kritisiert Merkel scharf

MEIN KRIEGSTAGEBUCH ***2024***

Mainstream-Pressespiegel vom 16.12.2024. Der Tyrann „gesprächs-bereit"? Quatsch: Aus dem kommt nur „Müll" raus. Kann man nicht ernst nehmen! Der hat „rein gar nichts zu bieten". Deshalb sind die Helden nicht auf Verhandlungen scharf = Endsieg. Ende! Kursk haben sie zum „Panzer-friedhof" verwandelt. Am Himmel leiten sie Iwan-Drohnen „in die Irre". Flammenwerfer werden abgefackelt. Es geht aber nicht fix genug. Die Tötungsmaschinen-Industrie muss schneller werden, fordert EU-Centurio Kubilius. Deutsche Landser gehören an die Front! Die Helden sind beschei-dener: 12 Patriots reichen, damit der Tyrann verduftet. Ärgerlich: Den Großbrand beim Rüstungskonzern Diehl im Juni hat NICHT der Tyrann auf dem Kerbholz. Aber er hätte es sein können! Denn er und seine Komplizen haben uns überall „unterwandert". Habe ich „Qualitätsmedien" entnom-men. Soll ich es glauben? Oder besser nicht?

Russland zeigt Gesprächsbereitschaft

Putins Reden? „Intellektueller Müll. Man kann das kein bisschen ernst nehmen"

16.12.2024

"Putin und Russland können rein gar nichts anbieten"

Wie Putins Freunde Deutschland unterwandern

Ukraine verwandelt Kursk-Areal in riesigen Panzer-Friedhof – „katastrophal"

Wettrüsten am Himmel: Wie die Ukrainer Russlands Drohnen in die Irre führen

Ukraine noch nicht bereit für Verhandlungen

Thermobarischer Flammenwerfer von Putin geht in Feuerball auf

EU-Verteidigungskommissar fordert schnellere Rüstungsproduktion

Europäische Soldaten für die Ukraine

Ukraine: Zwölf weitere Patriots und der Krieg wird für Putin sinnlos

Großbrand bei Rüstungsfirma Diehl war keine Sabotage

Mainstream-Pressespiegel vom 17.12.2024. Jetzt steht der Tyrann erstmals nackend da! Und geschwächt. Das Land ist ihm entglitten: Der gemeine Iwan kann sich zu Neujahr keinen Kaviar mehr erlauben! Dennoch ist Vorsicht geboten. Ein EU-Vorturner warnt, dass der Tyrann uns - wie so viele „Randvölker" - vernichten will. Dringende Empfehlung: Vorbeugen durch Morden: Die Helden haben vorbildlich den Raketenforscher des Tyrannen getötet. Außerdem attackieren sie Ziele tief im Feindesland. Die deutsche „Qualitätspresse" jubelt. Sollte der Bolschewik mal was im Acker-Land treffen, dann helfen deutsche Löschroboter. Das beweist: Wir Europäer können Krieg. Die Vorbedingung des Sieges ist allerdings die Bekenntnis zum Waffengang — flötet Esten-Amazone Kallas. Ganz im Sinne der CDU: Die Christen („Du sollst nicht töten") sind bereit, Truppen zu entsenden. Wählt Merz! Habe ich „Qualitätsmedien" entnommen. Soll ich es glauben? Oder besser nicht?

Putin steht jetzt völlig entblößt da

Wie geschwächt ist Putin?

17.12.2024

EU-Verteidigungskommissar warnt vor russischem Angriff

Supermarkt: Inflation sorgt in Russland für leere Einkaufstüten – kein Kaviar an Neujahr

Russlands Randvölker kommen an der Front in der Ukraine nicht zufällig unter die Räder

Ukraine tötet Putins Raketen-Forscher

Ukraine attackiert russische Ziele

Deutschland hilft in der Ukraine mit Löschrobotern

„Man gewinnt keinen Krieg, wenn man nicht offen sagt, dass man gewinnen will"

Wir Europäer müssen den Ukraine-Krieg beenden

CDU-Politiker Kiesewetter über die Ukraine

»Wir sind dann bereit, Truppen zu entsenden«

MEIN KRIEGSTAGEBUCH ***2024***

Mainstream-Pressespiegel vom 18.12.2024. Der Tyrann sitzt in der Klemme. Er „flutet" das Netz mit Lügen und will den Wähler überzeugen, Ende Februar die AFD-Friedenspatrioten zu wählen. Das Ergebnis der „Lügenflut" = AFD-Höcke „träumt" von einer EU bis Wladiwostok. Infam! Die Wahrheit: Im verarmten Russki-Reich beschwört das Volk den Tyrannen, klein beizugeben. Noch-Kanzler Scholz plädiert für „Klare Linie" = Iwan Go Home! Experten empfehlen hierfür den Einsatz von 150.000 Landsern. Der Heldenpräsident unterstützt den Vorschlag: Der Tyrann ist schließlich unser aller Feind! Um ihn zu besiegen, müssen wir uns aber auf drei/vier Tage „Notlage" einstellen. Kerzen, Lampen, Wasser usw. Beruhigend, dass unsere Bunker mit „nur geringem Aufwand" wieder einsatzbereit sind. Außerdem bekommen wir eine 'Messe für Tötungstechnik'. CO2-neutrale E-Panzer aus stillgelegten VW-Werken? Das wärs doch! Habe ich „Qualitätsmedien" entnommen. Soll ich es glauben? Oder besser nicht?

Putin in der Klemme!

Lügen-Kampagnen des Kreml fluten Netzwerke

Wie Russland westliche Wähler manipuliert

Höcke träumt von Wirtschaftsgemeinschaft bis Wladiwostok

„Nein zum Krieg!": Wachsender Widerstand in Russland gegen Putin

Scholz für Ende des Ukraine-Kriegs: Klare Linie gegen Putins Russland

Bunker in Deutschland sind "mit geringem Aufwand" einsatzbereit

18.12.2024

Bis 150.000 Soldaten für Friedenssicherung in Ukraine nötig laut Experten

Selenskyj fordert Aktionen gegen Putin nach Raketenangriff

„Bereiten Sie sich auf Notlagen vor"

"Putin ist der Feind unseres Landes"

Mainstream-Pressespiegel vom 19.12.2024. Partystimmung im Acker-Land. Dem Heldenpräsident ist wieder ein Schlag gegen den Iwan gelungen. Dafür wird er heute beim Stammtisch in Brüssel einige Fleißkärtchen bekommen. „Horrende Verluste" beklagen die Russkis auch im Dezember. Ihre Wirtschaft „wankt". Eine Katastrophe jagt die nächste: Kampfjets gehen in Flammen auf, Versorgungszüge werden "zerstört". Die Krabben-Haubitze der Helden ist „jetzt noch gefährlicher". Wow! Russki-Drohnen werden „weitgehend abgefangen". Von den Hungerleidern aus Korea sind viele getötet. Die Nato-Strategen rechnen dennoch mit dem letzten Aufbäumen: Der Krieg gegen uns wird an der Grenze zu Finnland beginnen. Für die Trennung der Frauen von ihrem Lieblingshelden haben die Unbesiegbaren eine geile Lösung: Kiews Sexshops liefern alles, was Heldinnen gut tut, während ihr Hengst Europa verteidigt. Habe ich „Qualitätsmedien" entnommen. Soll ich es glauben? Oder besser nicht?

Ukraine feiert Erfolg: Kiew gelingt Schlag gegen Russland

Selenskij zu Gesprächen mit Nato und EU in Brüssel

19.12.2024

Schwere Verluste für Russland im Ukraine-Krieg: Horrende Opferzahlen im Dezember

Russlands Wirtschaft wankt

Katastrophe für Putin: Russlands Kampfjet geht in Flammen auf –

Ukrainisches Militär zerstört russischen Versorgungszug

Krabben-Haubitze der Ukrainer jetzt noch gefährlicher

Russischer Drohnenangriff weitgehend abgefangen

Viele Nordkoreaner in Kursk getötet

Krieg mit Putin? Finnlands Grenze könnte zur Frontlinie zwischen Russland und der Nato werden

Ukraine-Krieg: Sexshop soll Paaren helfen

MEIN KRIEGSTAGEBUCH ***2024***

Mainstream-Pressespiegel vom 20.12.2024.„Feldherr in Erklärungsnot"! Er hat zu verantworten, dass beim Iwan „Alarmstufe Rot" herrscht, das Zarenreich in „Chaos + Korruption" versinkt, er die „größte Niederlage des 21. Jahrhunderts" einstecken muss. Jetzt haben die Helden auch noch seinen 'Atom-General' gelyncht. Ihm bleibt trotzdem der Ruhm, als weltweit Einziger 'Hass' zu säen. Verhandeln mit ihm ist unmöglich. Der Heldenpräsident fordert „Aktionen gegen ihn". Er soll nicht weiterhin seine Helden vergiften. Alle hoffen auf Einmarsch der NATO. Nur durch Töten des Tyrannen und seiner Entourage durch eine „Friedenstruppe" entsteht Frieden. Verstanden!? Wichtige Schritte begleiten den Erfolg: Ursels Kriegsspielschar verhängt „Sanktionen" gegen einen Ex-AFD-Mitarbeiter: Konto gesperrt! Das beschleunigt den Endsieg. Zur Bolschewiken-Erneuerung wird den Russkis der 'Besamungs-Quicky' mittags abgefordert. Habe ich „Qualitätsmedien" entnommen. Soll ich es glauben? Oder besser nicht?

Feldherr Putin in Erklärungsnot:

Alarmstufe Rot in Russlands Wirtschaft:
Putin warnt vor Krise in Schlüsselbranche

20.12.2024

Putins größte Niederlage im 21. Jahrhundert

Chaos in Russland: Putins Reich versinkt in Korruption

Putins Atom-General getötet

Der von Putin gesäte Hass wird Verhandlungen lähmen

Selenskyj fordert Aktionen gegen Putin

Putin vergiftete Tausende ukrainische Soldaten

Europäische Friedenstruppen für die Ukraine?

EU verhängt Sanktionen gegen Ex-AfD-Mitarbeiter

Gebären für Putins Russland
Moskau wünscht sich Sex in der Mittagspause

Die Märchenstunden der deutschen Medien

Mainstream-Pressespiegel vom 21.12.2024. Tolle Weihnachtsbescherung: „Rüstung statt Rente". 1914 hieß das: „Gold gab ich zur Wehr. Eisen nahm ich zur Ehr". So finanzieren wir den Stellvertreterkrieg. Toll! Weshalb sollen wir Söhne zurückhalten? Niemals! Das würde uns isolieren. An die Front mit ihnen – finanziert aus 22 Mio. Renten! Bin stolz, dass meine Rente Gutes tut und Kims Hungerleider vor dem Tod bewahrt. Die laufen überall „wirr herum". Die Unbesiegbaren haben quasi „Moorhuhn Schießen" neu entdeckt. Am Himmel räumen sie mit „Wunder-Laser" auf. Auch Im Westen geht's zur Sache. Die EU sanktioniert die „Destabilisierung" des Tyrannen. Dessen Ziel ist die Beeinflussung der Bundestagswahl. Dafür hat er die AFD unterwandert, die in Wahrheit AFR heißen müsste. Gut, dass der Krieg jetzt aus Wiesbaden koordiniert wird. So sind wir sicher, dass uns nach dem „Horten von Bargeld" zu Hause kein Verlust droht. Habe ich „Qualitätsmedien" entnommen. Soll ich es glauben? Oder besser nicht?

Rüstung statt Rente   21.12.2024

Trump will europäische Friedenstruppe

„Wofür Soldaten zurückhalten?" Experte warnt vor „Isolierung" Deutschlands

Nordkoreaner sollen reihenweise bei Todesmanövern fallen

Wirr umherlaufende Nordkoreaner: Ukrainische Militärs erstaunt

Kiew kann jetzt mit Wunder-Laser russische Flugzeuge abschießen

EU verhängt erste Sanktionen wegen Destabilisierung

Das nächste Propagandaziel heißt Bundestagswahl

Die AfD ist in Wahrheit die Alternative für Russland

Nato-Kommando für Ukrainehilfen in Wiesbaden nimmt Arbeit auf

Furcht vor Russland: Europäische Nationen empfehlen das Horten von Bargeld

Mainstream-Pressespiegel vom 22.12.2024. Der Tyrann nimmt 'uns' zu Weihnachten „aufs Korn". Hat er auch was mit dem Anschlag auf dem Weihnachtsmarkt in Magdeburg zu tun? Zuzutrauen ist es ihm: 2015 hat er dort mit der Europameisterin im Kickboxen geschäkert. Obacht! Die FDP-Kriegs-Lobbyistin kündigt prophylaktisch den III. Weltkrieg an. Ist auch prickelnder, als mittels Diktatfrieden den Iwan zum Rückzug zu zwingen. Auch NATO-Rutte beschwört den Fronteinsatz. Das ist uns viele Milliarden wert. Ein paar davon legen wir den Helden am Heiligabend unter die Fichte. Dankbar dafür, jagen sie ein Haus voller Russen in die Luft. Rumms. Tot. Großartig! Der Iwan bleibt pervers wie immer und verbrennt toten Hungerleidern die Gesichter. Pfui! Wir liefern deshalb 20 Tierpanzer, bauen 4 neue U-Boote und schenken den Helden ein IRIS-T-System. Wir sind stolz, „Rekordniveau" beim Rüstungsexport erreicht zu haben. Habe ich „Qualitätsmedien" entnommen. Soll ich es glauben? Oder besser nicht?

Putin nimmt Deutschland aufs Korn

Wladimir Putin und der "Vorschlaghammer" aus Magdeburg?

22.12.2024

Strack-Zimmermann über Putins Pläne: Bereitet einen Angriff auf die Nato vor

Olaf Scholz warnt vor "Diktatfrieden"

Rutte kritisiert Debatte über Waffenruhe

Die Ukraine braucht noch viel mehr Geld

EU überweist neue Finanzhilfe an Ukraine

Ukraine sprengt Haus voller Russen

Ukraine: Russen verbrennen Gesichter gefallener Nordkoreaner

Pistorius liefert 20 neue „Marder" in die Ukraine

Aufrüstung in Milliardenhöhe
Bundeswehr erhält vier neue U-Boote

Deutsche Rüstungsexporte erreichen Rekordniveau

Deutschland liefert weiteres Iris-T System

Mainstream-Pressespiegel vom 23.12.2024. Vor Heiligabend sind sich alle einig: Der Tyrann „liebt es, zu töten". Er ist ein „Verbrecher", ein „Blödmann", ein „alter Spinner". Was der abliefert, ist nichts weiter als eine „reine Propaganda-Show." Jetzt fordert er die Amis zum „Raketen-Duell" auf. Ja sind wir auf der Kirmes? Warte ab, „Blödmann": Die „Gebärmutter-Drohne" der Helden gibt Dir den Rest. Damit demonstriert der Helden-präsident vor den Augen der Welt, dass er beim Töten das Sagen hat: Ist der Tyrann der Nächste? Zu Recht hat der Heldenpräsident kurz vor dem Sieg keinen Bock auf Frieden. Dem schließt sich Ursel von der EU an und verspricht ihm weitere 30 Mrd. Euro für das Niedermetzeln des Iwan. Leider hat unsere wehrfähige Jugend kaum Interesse am aktiven Mitwirken im Krieg. Ist auch viel bequemer, mit Tourist-Guide und Lunchpaket an die Front zu pilgern. Habe ich „Qualitätsmedien" entnommen. Soll ich es glauben? Oder besser nicht?

23.12.2024

„Putin liebt es zu töten"

Wagenknecht nennt Putin einen „Verbrecher"

Selenskyj kommentiert

Putin-Vorschlag: "Blödmann"

Ukraine-Krieg: Russische Soldaten nennen Wladimir Putin „alten Spinner"

Putins Propaganda-Show:

Putin im Höhenflug – er will „Raketenduell" mit USA

Ist Putin der Nächste?

Wie Kiew Moskau seine Macht demonstriert

Selenskyj hält von Trumps Waffenruhe nichts

"Gebärmutter"-Drohne sollen gegen Putin helfen

++ EU verspricht 30 Milliarden Euro für Ukraine ++

Mehr Kriegsdienstverweigerungen seit dem Ukraine-Krieg

Reise zum Kriegsschauplatz: Touristen pilgern an die Ukraine-Front

Mainstream-Pressespiegel vom 24.12.24. Gute Nachrichten zum Fest. Die Helden greifen „nur" noch mit Robotern an. Das trifft den Tyrannen hart: Es ist zum „Kompromiss" bereit. Denn „Geburt & Tod" sind für ihn die letzten sicheren Einkommensquellen. Im Krieg ist er stets der Verlierer: 2.200 Tote/ Tag sind Durchschnitt! Kims Hungerleider werden als Kanonenfutter verwurstet. Die militärische Ausrüstung des Iwan schmilzt wie Schnee in der Sonne. Mittels Kamikaze-Drohnen werden Motorrad-Kolonnen gestoppt. Alle NATO-Partner „bereiten sich auf Krieg vor". Alle? Oh nein! Ausgerechnet jetzt treibt es den Slowaken-Häuptling Fico zum Tyrannen auf die Couch, um nach Gas zu betteln. Eine Todsünde! Noch einer stört das Idyll: US-Milliardär Musk sieht die AFD als „Rettung für Deutschland". Der hat wohl nicht alle Kugeln an der Fichte - pöbeln die Altparteien. Habe ich „Qualitätsmedien" entnommen. Soll ich es glauben? Oder besser nicht?

Kiew greift erstmals nur mit Robotern an

Ende vom Ukraine-Krieg? Putin zu Kompromiss bereit

"Geburt und Tod sind in Russland die sichersten Einnahmequellen"

Putin hat ein Porno-Problem

Schwere Verluste für Russland: Putins Armee verliert im Ukraine-Krieg etwa 2200 Soldaten an einem Tag

24.12.2024

„Als Frontkämpfer verbraucht": Putin nutzt Kims Soldaten wohl als Kanonenfutter

Russland muss auch bei der Ausrüstung schwere Verluste im Ukraine-Krieg hinnehmen

Ukraine-Krieg: Kamikaze-Drohnen halten Putins Motorrad-Kolonne auf

„Nato bereitet sich auf Krieg vor"

Gespräch über Erdgas-Transit durch die Ukraine: Slowakischer Premier Fico besucht Putin

Musk sieht AfD als deutsche Rettung

Mainstream-Medien vom 25.12.2024. Die Helden schlagen zurück! Im Regime des Tyrannen „geht die Angst um". Dazu bei trägt unser Panzer-Nachschub, der den Iwan „das Fürchten lehrt". Der Tyrann gibt kleinlaut zu: Er hätte sich besser vorbereiten müssen. Zu spät. Der Heldenpräsident kündigt Vergeltungsschläge und Luftangriffe an. Unser Centurio weist auf die Gefahr aus Moskau hin: „Wir fahren mit Panzern nach Berlin", ist kein Scherz, sondern eine Drohung. Seit Januar sabotiert der Tyrann Deutschland. Ich hab's am Wetter bemerkt! Überall herrschte 2024 „Schattenkrieg". Vom Tyrannen stammen demnach die Chemtrails? Erfreulich, dass wir zum Kriegsende die Arbeit an der Front übernehmen werden. Auch Ursel von der EU denkt so langfristig: Das Sanktionspaket zum 4. Kriegsjahr wird grade geschnürt. Gut zu wissen für das 4. Kriegstagebuch. Habe ich „Qualitätsmedien" entnommen. Soll ich es glauben? Oder besser nicht?

Ukraine schlägt zurück

Im Russland-Regime von Wladimir Putin geht die Angst um

Kursk: Deutscher Panzer-Nachschub soll Russen das Fürchten lehren

Selenskyj droht mit Luftangriffen

Putin gibt zu: Russland hätte sich besser auf den Krieg vorbereiten sollen

Selenskyj kündigt Vergeltungsschläge gegen Russland an

„Wir fahren mit Panzern nach Berlin", sagt Putin-Propagandistin und lacht los

Pistorius warnt vor Gefahr aus Moskau

Russlands Sabotageangriffe auf Europa: Im Januar gab der Kreml den Befehl

EU will im Februar offenbar ein neues Sanktionspaket gegen Russland verabschieden

Boris Pistorius für aktive Rolle Deutschlands nach Kriegsende

25.12.2024

Putins Schattenkrieg in Deutschland

MEIN KRIEGSTAGEBUCH ***2024***

Mainstream-Pressespiegel vom 26.12.2024. Läuft doch wie geschmiert – wir „rutschen" in den Weltkrieg. Der Tyrann ist dabei eine Art tickende Zeitbombe, mahnt Centurio Pistorius an. Auf den Heldenpräsidenten aber ist Verlass. Der garantiert uns, mit weiteren Angriffen sein Zwischenergebnis von 776.090 toten Russkis noch zu toppen. Helden opfert er keine mehr. Roboter „schlagen die Truppen des Tyrannen in die Flucht". Aus den Helden wird die „Armee mit Zukunft". Bei solcher Treffer-Quote, geben wir nur zu gerne weitere „Panzer-Versprechen". Motiviert rücken die Helden vor. Abrams-Panzer der Amis werden auf Kims Kanonenfutter angesetzt. In einer ersten Welle wurden mehr als 3.000 von denen ausradiert. Eine zweite Welle zerstört den Iwan von innen. Die Insolvenz-Welle! Weitsichtig suchen die Urselaner in Brüssel nach Antworten auf „Was machen wir mit dem kaputten Russki-Reich nach dem Sieg?". Habe ich „Qualitätsmedien" entnommen. Soll ich es glauben? Oder besser nicht?

Rutschbahn in einen Dritten Weltkrieg

Pistorius warnt eindringlich vor Putin

"Ich traue Putin alles zu"

Selenskyj verspricht Putin weitere Angriffe

Abrams-Panzer der Ukraine im Duell mit Putins Nordkoreanern

776.090 tote russische Soldaten seit Kriegsbeginn

Militärroboter der Ukraine schlagen Putins Truppen in die Flucht

26.12.2024

Drapatyj: „Die ukrainischen Streitkräfte sollen eine Armee der Zukunft werden"

Ukraine-Krieg: Panzer-Versprechen aus Deutschland an Kiew

Insolvenzwelle rollt auf Russlands Wirtschaft zu

Selenskyj spricht von mehr als 3000 nordkoreanischen Opfern

Ukraine-Krieg: Europas Suche nach Antworten

Ukrainisches Militär rückt in Donezk vor

Die Märchenstunden der deutschen Medien

Mainstream-Pressespiegel vom 27.12.2024. Watt nu, Tyrann? Die Helden rüsten auf. Sie schwimmen im Geld. Kurz vor Jahresende gab es Milliarden-Nachschlag vom IWF. Eine Mrd. kommt von Tommys und Japsen oben-drauf. 86 Mio. € als Dessert von der EIB (EU-Investbank) für Investitionen in 'Schutzmäntelchen für Stromkästen'. Dazu abertausende 'Schuhkartons voller Hoffnung' von deutschen Gutmenschen. Wir stiften Waffen und Blei-Bohnen, um möglichst viele Russkis abzuknallen. Der Tyrann pfeift auf dem letzten Loch. Sein Volk befindet sich „im Krieg" gegen ihn persönlich = Die wollen ihn loswerden! Denn verwundete Bolschewiken kriegen viel weniger Schmerzens-Rubel ausbezahlt, als ihnen zustehen. Den Mangel an Panzern sollen Elektroroller und Strandbuggys ausgleichen? Mal ehrlich: Das Land hat doch fertig! Habe ich „Qualitätsmedien" entnommen. Soll ich es glauben? Oder besser nicht?

Was nun, Herr Putin?   Kiew rüstet auf

Dank Milliarden aus dem Ausland: Ukrainischer Staat sieht sich in finanziell stabilem Umfeld

Ukraine erhält milliardenschwere Finanzhilfe vom IWF

Ukraine erhält eine Milliarde US-Dollar von Japan und Großbritannien

86 Millionen Euro zum Schutz ukrainischer Stromanlagen

27.12.2024

„Schuhkartons voller Hoffnung" bringen Hilfe in die Ukraine

Deutschland liefert Kampfpanzer, Flugabwehrsysteme und Munition

Ein „Krieg" gegen Putin

Putin kürzt Zahlungen an verwundete russische Soldaten

Russland greift verstärkt auf Elektroroller und Strandbuggys zurück

Mainstream-Pressespiegel vom 28.12.2024. Hat da etwa der Slowa-ken-Häuptling Fico beim Gas-Betteln für den Westen die „Weiße Fahne" geschwenkt? Wie peinlich! Merkt Euch: „Russkis sind Mörder". Aber sie vertuschen ihre Untaten und Verluste. Beim Iwan herrscht Luftalarm: Helden-Drohnen sind überm Zarenreich auf Beutezug. Kampfjets des Iwan wurden von ihnen „ins Hinterland" verbannt. Mit Drohnen-Angrif-fen auf Panzerkolonnen geben die Unbesiegbaren dem Iwan den Rest. Die „Wunderwaffe" des Tyrannen wurde als Lüge enttarnt. Selbst in der Arktis bekommt er keinen Fuß mehr aufs Eis. Weil ihm der Nachwuchs für die Front fehlt, sollen Iwankas gebären, was der Schoß so hergibt. Acht kleine Bolschewiken sollten es schon sein. Unser Noch-Kanzler hat die einfachste Friedenslösung anzubieten: 'Gefährderansprache'. Nicht per Post, wie in Magdeburg, sondern telefonisch! Habe ich „Qualitätsmedien" entnom-men. Soll ich es glauben? Oder besser nicht?

Putin kann sich EU-Land Slowakei als Vermittler vorstellen

28.12.2024

„Russen sind Mörder"

Russland vertuscht Verluste

Ukrainische Kampfdrohnen über Russland gesichtet

Ukraine drängt Putins Jets immer weiter ins Hinterland

Ukraine-Krieg: Drohnenangriffe auf Panzerkolonne aus Russland

Forscher entlarven Putin-Lüge zu Wunderwaffe "Oreshnik"

Mysteriöse Detonationen: Putin zeigt Schwäche in der Arktis

Scholz will weiter mit Putin telefonieren

Wladimir Putin will acht Kinder pro Familie für „ewiges Russland"

Mainstream-Pressespiegel vom 29.12.2024. Der Iwan ist ausgebremst: Denn der Tyrann hat „ein Auge verloren". Nicht bekannt ist, ob es der „Abschiedsschlag" von Mr. Biden war. Weiteres Unheil droht vom Schamanen. Den fürchtet er, wie der Teufel das Weihwasser. Durch Rückbesinnung auf das Zarenreich und Kontrolle der Jugend will er sich retten. Währenddessen legen ihm die Helden die Stromversorgung lahm und haben Kims Hungerleidern „eine Lektion verpasst"! Dennoch sucht er die Konfrontation mit der NATO. Der Ausbau der Atomflotte im Norden soll den Durchbruch bringen. Denkt er! Die Wikinger kontern und rufen die Wehrpflicht aus. Im Süden verletzten seine Raketen die Grenzen von Moldau und Rumänien. Pech für uns: Der Tyrann hat anscheinend mitbekommen, dass wir nach erfolgreicher Wahl-Manipulation Moldau zum NATO-Logistik-Zentrum ausbauen. Habe ich „Qualitätsmedien" entnommen. Soll ich es glauben? Oder besser nicht?

Russland in der Ukraine gebremst

Putin verliert ein Auge

„Abschiedsschlag gegen Putin"

Rückkehr zum Zarenreich: Putin verschärft Kontrolle über Jugend

Putin fürchtet diesen Schamanen

Orte im russischen Belgorod nach Drohnenangriff ohne Strom

Mit enormen Verlusten zahlt Nordkorea für Lektionen bei Kursk

Konfrontation mit der Nato: Putin baut seine Atom-Flotte aus

NATO-Land Norwegen führt wegen Ukraine-Krieg Wehrdienst ein

29.12.2024

Kiew: Russische Rakete verletzt Luftraum von Rumänien und Moldau

Russland: Nato will Moldau zu Logistik-Zentrum für die Ukraine machen

Mainstream-Pressespiegel vom 30.12.2024. Die Helden sind 'am Ball'! Heute beschießen sie zur Abwechslung eine Rüstungsfirma. Der Tyrann hat die Kontrolle sowie „unzählige Milliarden" verloren. Sogar sein „25-Mio €-Schmuckstück" – ein Flugabwehrsystem – wurde von den Helden schrottreif geschossen. Reihenweise werden seine Tankwagen hochgesprengt. Auf der Suche nach Kriegsmuffeln durchfilzen seine Kammer-Jäger alle Datschen: „Wir finden Dich, Verweigerer", brüllen sie beim Türe-Eintreten. Anders beim Heldenpräsidenten: Freiwillige aus 50 Nationen kämpfen für die Demokratie. Im Zarenreich herrscht Ausnahme-Zustand: Die Gewalt gegen Migranten nimmt zu! Schriftsteller schreiben als Zeichen ihrer Verachtung 'putin' und 'russland' nur noch klein. Jetzt wollen die Tommys solo gegen ihn in den Krieg ziehen. Die Lage für den Iwan wird immer schlimmer. Habe ich „Qualitätsmedien" entnommen. Soll ich es glauben? Oder besser nicht?

Helden am Ball

30.12.2024

Ukraine beschießt Rüstungsfirma in Russland

Putin verliert die Kontrolle

Putin verliert unzählige Milliarden

Wladimir Putin verliert 25-Millionen-Schmuckstück bei Ukraine-Angriff

Ukraine: Wladimir Putin verliert reihenweise Treibstoff-Tankwagen

Wehrdienst in Russland

»Wir finden dich, Verweigerer«

Freiwillige aus 50 Ländern kämpfen in der Ukraine –

Die Lage wird für Putin „immer schlimmer"

Rassistische Gewalt in Russland nimmt zu

„Sie schreiben ‚russland' und ‚putin' klein – als Zeichen der Verachtung"

Eskalation mit Putin? Britische Armee gibt sich kriegsbereit

Mainstream-Pressespiegel vom 31.12.2024. Silvesterknaller: Die „Qualitätspresse" ist sich einig = Der Iwan ist an allem schuld! Nicht allein der Tyrann. ALLE 145 Mio. Russkis sind schuldig. Zur Strafe geht der Rubel den Bach runter. Im Zarenreich herrschen Chaos und Korruption. Unsere Sanktionen wirken! Der Tyrann wirkt euphorisch. Er wird doch nicht „auf Koks" mit dem Heldenpräsidenten sein? Im Rausch lässt er Passagier-Flieger in Kasachstan abschießen. Alle Kinder werden auf Krieg getrimmt. Der Rausch vernebelt ihm den Blick für Realitäten: Nicht der Iwan, sondern der 'Robocommander' der Helden feiert High-Tech-Erfolge. Sogar aus dem 'Rückraum' der Bolschewiken werden Helden-Angriffe vermeldet. Der tägliche Abschuss von Russki-Drohnen ist völlig normal und erinnert an Tontaubenschießen im Schützenverein. Habe ich „Qualitätsmedien" entnommen. Soll ich es glauben? Oder besser nicht?

Der Russe ist an allem schuld

„Alle Russen tragen Schuld am Krieg gegen die Ukraine"

Rubel verliert deutlich an Wert

Chaos in Russland: Putins Reich versinkt in Korruption

„Alarmierendes Signal" für Russlands Wirtschaft – Putin sieht Probleme durch West-Sanktionen

31.12.2024

Putin wie im Rausch!

Russisches Militär schießt Passagierjet ab

Analyse zu Putins Russland: Schüler werden „auf Krieg getrimmt"

Ukraines „Robocommander" feiert High-Tech-Erfolge gegen Russland

Selenskyj meldet Erfolge bei Angriffen auf russischen Rückraum

Ukrainisches Militär meldet Abschuss russischer Drohnen

Nachwort

Besser ein Ende mit Schrecken als ein Schrecken ohne Ende?

Das war es dann: Das dritte Kriegsjahr in der Ukraine ist vorbei. Nach allem, was uns die „Qualitätsmedien" in über 4.000 Headlines an Informationen vermittelt haben, ist der Iwan komplett kollabiert. Rund 800.000 Soldaten hat das Zeitliche gesegnet. Die Wirtschaft ist am Ende. Der Rubel wertlos. Das Volk bitterlich verarmt. Der Untergang Russlands greifbar nah. Die Ukraine hingegen stolz, erfolgreich, unverwundbar.

Andererseits trauen die, die uns ein Jahr lang den Untergang verkünden, ihren Stories selbst nicht so ganz. Über das Jahr hinweg wird der Iwan auch als latente Gefahr verkauft. Er will einmarschieren und Europa vereinnahmen. Kurios: Einerseits ist der Russe am Ende. Andererseits will er uns überfallen? Wie geht das? Vor allem aber – was will er hier? Unser Land ist über die Ohren verschuldet, hat eine marode Infrastruktur, keinerlei Energie-Reserven und eine Überfremdung mit Millionen Menschen, die sich nicht an der Steigerung des Bruttosozialproduktes beteiligen. Was will ein Land wie Russland - vierzig Mal größer als Deutschland – mit unserer ausgemergelten Scholle anfangen? Hier ist nichts vorhanden, was der Russe nicht bereits besitzt oder von seinen Freunden in China, Lateinamerika oder Indien bekommt. Man bedenke: 80 % der Weltbevölkerung steht nicht hinter der EU und den USA – sondern hinter Russland, also dem Land, von dem unsere Medien seit drei Jahren täglich verbreiten, dass es dem Untergang geweiht sei. Zu witzig!

Interessant ist immerhin, dass hinter allen Geschichten, die uns vom bösen Russen und vom guten Amerikaner aufgetischt werden, immer der Ruf nach dem Weltkrieg steckt, den der Russe anzetteln will. Das Mantra: Wir müssen uns vor dem (wohlgemerkt: „ausgemergelten") Russland schützen. Am besten mit „Friedenstruppen", die an der Grenze aufmarschieren um den Frieden abzusichern. Es ist dabei völlig normal, mit „weitreichenden Waffen" bis tief ins Russenreich einzudringen um denen die Infrastruktur zu zerstören. Aber das ist dann kein Krieg, sondern eine „friedenstiftende Maßnahme". Gesteuert wird das Ganze seit Dezember 2024 ausgerechnet von den Amerikanern aus einem Hauptquartier in Deutschland.

Ganz sicher ist, dass sich die Russen einnässen, wenn unsere Friedenstruppen einmarschieren. Sie schwenken die weiße Fahne und unterwerfen sich. Ihre 9.000 Nuklear-Sprengkörper übergeben sie uns sofort - selbstverständlich freiwillig.

Wer sich nur einen Hauch von Logik bewahrt hat, muss erkennen, dass hier ein riskantes Spiel gespielt wird. Unser ehemals schönes Land wird vollends zum Spielball von Interessengruppen, die daran interessiert sind, das größte Land der Welt kaltzustellen. Deutschland ist dabei so etwas wie ein unvermeidbarer Kollateralschaden, wenn die Weltkriegs-Nummer nicht so funktioniert, wie geplant. Wie würde Robert Habeck am Küchentisch labern: „Ist halt so..."

Unsere ehemals große Wirtschaftskraft wurde längst schon von anderen Ländern übernommen. Unsere Technik adaptiert. Der schöne Schein, der noch vorhanden ist, ist mit Schulden finanziert, die niemals zurückgezahlt werden können. Vielleicht ist deswegen – wie 1939 – der Weltkrieg die einzige Möglichkeit, von den Problemen aus zwanzig Jahren politischer Misswirtschaft abzulenken, in dem alles wieder zertrümmert wird. Der Autor (Jahrgang 1948) hat noch als Bub in Trümmern nach dem II. Weltkrieg gespielt und diese gut in Erinnerung. Er hat - wie alle anderen seines Jahrgangs - viele Jahrzehnte danach zur Prosperität dieses Landes beigetragen und kann den Niedergang beurteilen. Nun wird wieder alles kaputt gemacht. Das ist eben der Lauf der Geschichte. Kriege waren seit jeher die Lösung, wenn die Politik am Ende war. Die Geschichte wiederholt sich. Wer klug ist, richtet sich darauf ein.

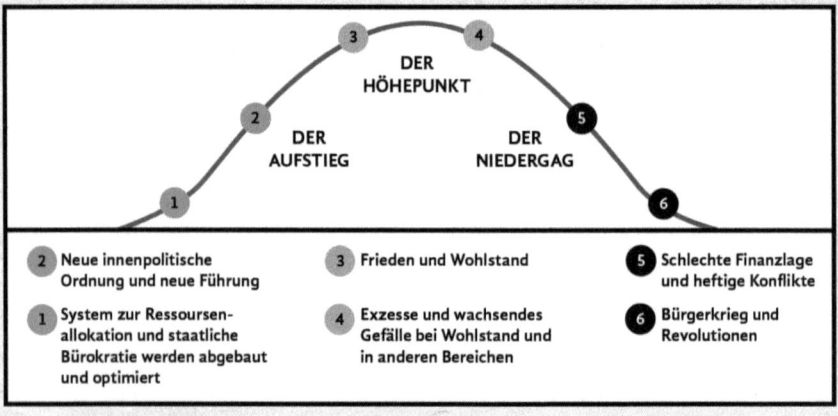

Quelle: Ray Dalio, Vom Aufstieg und Fall von Nationen, Finanzbuch-Verlag 2022

Manchmal lohnt es sich, dafür „schwere Kost" auf dem Buchmarkt zu lesen und auszuwerten. Denn so ganz neu ist, das, was derzeit passiert, nicht, wie diese Graphik aus dem Buch des amerikanischen Bestseller-Autors der New York Times, Ray Dalio, zeigt. **Wir befinden uns in Stufe Fünf.** Da beißt die Maus keinen Faden ab!

Das Kriegstagebuch 2025 erscheint im Februar 2026. So Gott will...